Lichtenberg-Jahrbuch 2024

Lichtenberg-Jahrbuch 2024

Begründet von Wolfgang Promies †

Herausgegeben im Auftrag der
Lichtenberg-Gesellschaft

von Ulrich Joost,
Burkhard Moennighoff und Friedemann Spicker

Universitätsverlag
Winter
Heidelberg

Bernd Achenbach (†) und Ulrich Joost

Lichtenbergs Schriften zu Lebzeiten

Annotierte Bibliographie und Werkkonkordanz

Universitätsverlag
Winter
Heidelberg

Bibliografische Information der Deutschen Nationalbibliothek
Die Deutsche Nationalbibliothek verzeichnet diese Publikation
in der Deutschen Nationalbibliografie;
detaillierte bibliografische Daten sind im Internet
über *http://dnb.d-nb.de* abrufbar.

Für die finanzielle Unterstützung bei der Drucklegung vorliegenden Jahrbuchs sind die Herausgeber vor allem Markus Achenbach zu großem Dank verpflichtet. Sie danken allen Bibliotheken, Archiven und privaten Besitzern für die freundlichst erteilte Erlaubnis zur Wiedergabe der in ihrem Besitz befindlichen Originale.

Manuskripte, Sonderdrucke und Bücher sind erbeten an die Redaktionsanschrift:

Lichtenberg-Forschungsstelle
Technische Universität Darmstadt
Institut für Sprach- und Literaturwissenschaft
Residenzschloss Darmstadt
Marktplatz 15
64283 Darmstadt

Redaktion: Ulrich Joost, Burkhard Moennighoff, Friedemann Spicker

ISBN 978-3-8253-9607-7
ISSN 0936-4242

© 2024 Universitätsverlag Winter GmbH Heidelberg
Imprimé en Allemagne · Printed in Germany
Gesamtherstellung: Memminger MedienCentrum, 87700 Memmingen

Gedruckt auf umweltfreundlichem, chlorfrei gebleichtem
und alterungsbeständigem Papier

Den Verlag erreichen Sie im Internet unter:
www.winter-verlag.de

Inhalt

Vorwort,
und dabei ein paar grundsätzliche Bemerkungen
über Autorenbibliographien

Die hier endlich im Druck vorgelegte Bibliographie, Frucht intensiven Sammelns und Sichtens eines halben Jahrhunderts, zahlreicher (auch zum Teil schon gemeinsamer) Vorpublikationen und kritischer Fußnoten, war vor dreieinhalb Jahrzehnten mit Schwung begonnen worden, die ungefähre Struktur festgelegt – die beiden Herausgeber hatten die Arbeit bereits um die Jahrtausendwende abschließen und vorlegen wollen. Diese Zusammenarbeit war aus der ihnen gemeinsamen produktiven Sammelleidenschaft erwachsen, welche zugleich aber immer auf die Erkundung und Erschließung von Lichtenbergs Werk abzielte. Die Arbeitsverteilung nachher ergab sich wie selbstverständlich teils aus den besonderen Interessen, teils aus den individuellen Möglichkeiten: Bernd Achenbach zum Beispiel war mit seiner umfangreichen Sammlung zu Lichtenbergs Hogarth und den von ihm daraus seit 1984 schon publizierten Erkenntnissen dazu allerdings prädestiniert, die verwickelten Auflagen der „Ausführlichen Erklärungen" auseinanderzuhalten, zu denen er sich schon früher mehrfach geäußert hatte, und nur ganz selten (z. B. S. 222 Anm. 93) habe ich ihm hier widersprochen. Mit seinem kompletten Exemplar des „Göttinger Taschen Calenders" sodann oblag es ihm, den Verfasserschaftsfragen im „Taschenbuch zum Nutzen und Vergnügen" durch genaue Lektüre der Aufsätze beizukommen und die Kupferstich-Illustrationen eingehender zu erfassen. Dagegen nutzte ich mein Exemplar des „Göttingischen Magazins der Wissenschaften und Litteratur" (in Heften größtenteils noch mit den Originalumschlägen und angeklebter Buchhandelswerbung, Schmugglerware mithin, welche der Buchbinder nachher meist entfernt und wegwirft), zur genaueren Datierung und Ergänzung von bibliographisch nie erfassten, jedoch mit der Zeitschrift transportierten verlegerischen Mitteilungen und literarischen Informationen.[1] Meine buchgeschichtlichen Studien und buchbinderischen Erfahrungen sodann kamen den besonderen Bedingungen u. a. beim Hogarth zugute (siehe etwa die Erläuterung zu Nr 411, besonders S. 266-271 sowie die dazugehörigen Anm. 113-117). Auch meine Vorarbeiten an der Tagebuch-Edition und mein damaliger leichterer Zugang zu bibliographischen Hilfsmitteln wies mir selbstverständlich die Aufgabe zu, Zeugnisse

---

1 Auf sie bezieht sich die ‚Nachschrift' in Nr †103a-i: „Avertissements von heraus zu gebenden Werken wird man mit Vergnügen einen Platz auf dem Umschlag wie gewöhnlich einräumen." – Gar nicht gesehen habe ich bislang nur den Umschlag vom Heft 5 des Jg III.

der *Entstehungs-* und *Wirkungsgeschichte* zu vervollständigen, Raubdrucke der Schriften Lichtenbergs sowie entlegene Rezensionen über ihn zu finden. Besonders verfolgte ich alles *philologisch* Relevante intensiver, da ich diesen in Bibliographien zumeist unterschlagenen Aspekt für eine notwendige Voraussetzung meiner schon lange begonnenen kritischen Gesamtausgabe ansehe; dokumentierte folglich Errataverzeichnisse und Erwähnung von Druckfehlern in Briefen und Tagebüchern, ferner auch Überlieferungsprobleme sowie Varianten, suchte mit einem Wort: den Details der Textkritik nachzuspüren.[2] Gemeinsam verfolgten wir die Schwierigkeiten der Chronologie und Autorschaft und trugen unsere Beobachtungen zusammen, diskutierten intensiv Lösungsvorschläge der aufkommenden Probleme. Nichts war uns dabei zu klein oder zu unbedeutend. So liegt jetzt weit mehr vor als eine landläufige Bibliographie, sondern einerseits ein *literaturgeschichtliches Manual für Lichtenbergs Wirken zu Lebzeiten* mit zahlreichen Hinweisen zu allen genannten Aspekten, andererseits das philologische Fundament für eine Edition seiner Werke zu Lebzeiten, die ich mir auch nicht anders vorstellen kann als in gleicher chronologischer Abfolge nach wahren Erscheinungsdaten geordnet – und nicht, wie alle bisherigen, nach zudem oft seltsam differenzierenden thematischen Aspekten, erst dann und auch nur unzulänglich begründet chronologisch.

Eine solche Bibliographie ersetzt natürlich nur diesen einen, auf den öffentlichen Lichtenberg bezogenen Teil eines noch immer fehlenden Lichtenberg-Handbuchs, bietet aber gerade in seiner Kleinteiligkeit endlich das sonst für diesen Zweck oft vernachlässigte Fundament, freilich verbal aufs Äußerste komprimiert. Vollständigkeit, die fraglos unerreichbar ist, wurde angestrebt – und daraus folgte denn auch die Mitteilung selbst winziger Kundgaben und aller uns erreichbarer Neuauflagen der Werke Lichtenbergs und deren Übersetzungen und Raubdrucke zu Lebzeiten, die nun aber infolge der chronologischen Anordnung nicht mehr bei den Erstdrucken verschwinden (von denen aus indessen auf die jetzigen Plätze verwiesen ist). Aufgenommen und mit eigener Nummer versehen wurde mithin alles aus Lichtenbergs Feder oder unter seiner gesicherten Herausgeberschaft bis zum Ende seines Todesjahrs, unbeschadet seiner Autorisation, viermal auch ungeachtet der *sofortigen* Unterdrückung des bereits Gedruckten (Nr *62, *83 und 407) bzw. Rücknahme des schon bei der Redaktion Eingereichten (Nr 404). Unsicheres ist als solches gekennzeichnet und je eigens diskutiert. Ja selbst den von Lichtenberg inspirierten und konzipierten polemischen Kupferstich gegen Zimmermann (Nr †101) haben wir wegen seiner Kombination von Bild mit Text als Werk gelten lassen (sind doch auch Emblembücher Literatur!) – und haben dabei

---

2 Ich habe hier aber davon Abstand genommen, die schon jetzt mehr als vier Hekatomben nicht von Lichtenberg selber verbuchten, sondern von mir beim Kollationieren bemerkten Druckfehler in den Erstausgaben mitzuteilen, mit denen es zumal nicht sein Bewenden haben wird: insofern sie nämlich größtenteils unter die Kategorie fallen: „findet sich von selbst", wie Lichtenberg sich einmal gegen Abraham Gottfried Kästner ausdrückte (am 7. 10 1779: Nr 1937 im Bw 3, S. 961).

ja auch eins seiner berühmtesten ‚Werke', das „Avertissement" gegen Philadelphia (Nr 61), auf unserer Seite. Ausgeschlossen sind nur (aber natürlicherweise und folgerichtig) alle Pläne und Entwürfe, die es nichteinmal in einen *bezeugten* Druck brachten. Hierzu gehört naturgemäß auch sein durch einen Brief des Verlegers Franz Varrentrapp vom 8.3.1768 an Lichtenbergs Lehrer und Förderer Abraham Gotthelf Kästner (Lichtenberg-Jahrbuch 1994, S. 222 f.) bezeugtes Vorhaben, an Varrentrapps „Deutscher Encyclopädie" mitzuarbeiten – es zerschlug sich offenbar, soll aber doch wenigstens hier erwähnt sein.

Solcher Systemzwang führte freilich dazu, dass auch einmal eine bloße Wiederholung (wie die der Preisaufgabe Nr 323 in Nr 335) und viele unrechtmäßige Abdrucke, die das damals recht löcherige Eigentumsrecht bei geistigen Gütern ungestraft zuließ,[3] hier Eingang gefunden haben, ja auch kleine Plagiate (wie z.B. Nr 88, deren Fund Lichtenberg nicht ohne Stolz meldet) oder gewiss erlaubte Übernahmen eines Gedankens und einer Formulierung durch einen Freund (wie Nr 246).

Indes: Verlegerische Zurückhaltung gegenüber unserem Plan verursachten dann doch eine gewisse Unlust bei der Weiterarbeit, nur gelegentlich wurden von mir als dem, welcher das Zusammentragen und Registrieren neuer Erkenntnisse übernommen hatte, noch Nachträge ins Manuskript eingearbeitet, das Material nicht mehr angemessen redaktionell vereinheitlicht, die Feingliederung nicht überprüft, Forschungsdesiderate zwar notiert, aber nicht ausgeglichen. Damit nicht genug: Bernd Achenbach, seit länger als einem Jahrzehnt zunehmend durch schwere Krankheit bewegungsunfähig geworden und in den letzten zwei Jahren vollständig ans Siechenlager gefesselt, war es am Ende nicht mehr möglich, seinen Teil der nie ganz aufgegebenen von ihm übernommenen Überprüfungen und allfälligen Ergänzungen durchzuführen: Schon in der Leidensphase vor der nahezu vollständigen Bewegungslosigkeit hatte er es am Ende nicht mehr vermocht, die Treppe zu seiner legendären Bibliothek im Souterrain zu meistern. Bei den weniger werdenden Begegnungen der letzten Jahre, den dafür häufigeren Telephonaten, besonders in seinen letzten Lebensmonaten, war noch viel von unserem Projekt die Rede, und bei meinem letzten Besuch wenige Tage vor seinem Tod legte mir der Freund die Vollendung unseres gemeinsamen Plans noch einmal ans Herz – unnötigerweise, denn dies ist mir seit Jahrzehnten klar: Jede Art philologischer und literaturhistorischer Arbeit an einem so verstreuten Werk wie dem Lichtenbergs wäre ohne die genaueste bibliographische Kenntnis bereits im Ansatz zum Scheitern verurteilt. Die bloße Aufzählung der Titel seiner Schriften genügt allerdings nicht, man muss auch wissen, in welchen Ausgaben sie zu finden sind, ob die Abdrucke dort jeweils zitierfähig sind – und wo man etwa sonst zuverlässige Versionen oder textkritische Hinweise bekommt, bis vielleicht doch noch eine Gesamtausgabe all

---

3 Man schaue nur einmal, wie der Herausgeber der „Allerneuesten Mannigfaltigkeiten", Johann Friedrich Wilhelm Otto, sich eben auch bei Lichtenberg im GTC und GMWL bediente (wenn ich nichts übersehen habe, unsere Nummern 180. 232. 233. 235. 254; siehe ferner noch Nr 179, die Otto indirekt heranzog).

diese und andere Schwierigkeiten ausräumen möchte. Dazu aber ist es wiederum nötig, sich die Druck-, womöglich sogar die Entstehungsgeschichte der jeweiligen Werke *genau* anzuschauen, den stemmatologischen Verzweigungen zu folgen – ja selber schon philologische Vorarbeit zur Textbesserung zu leisten.

Denn vorliegende Bibliographie will nach allem Gesagten mehr sein als eine bloße Zusammenfassung unseres Wissens aus dreizehn Jahrzehnten diesbezüglicher Lichtenberg-Forschung, die ich nämlich erst mit Friedrich Laucherts Darstellung (1893) beginnen lassen möchte. Sie soll zugleich daran erinnern, dass noch viel getan werden muss, editorisch wie berichtend: Der größte Teil der naturwissenschaftlichen Schriften Lichtenbergs ist den Literaturhistorikern verborgen geblieben (wie denn anders) – doch eben auch die Philosophen und Historiker der Naturwissenschaft haben sich zuwenig um die Edelsteine gekümmert, von denen dort selbst nach Erscheinen der Vorlesungen (VNat) noch immer welche verborgen liegen. Und vor allem: Wir haben bis heute keine vollständige kritische (und schon gar keine historisch-kritische) Ausgabe der nichtwissenschaftlichen Werke Lichtenbergs. Weniger als die Hälfte seiner Schriften zu Lebzeiten liegt angemessen ediert vor, ein beträchtlicher Anteil ist seit ihrer ersten Publikation – also seit mindestens 225 Jahren – überhaupt nicht mehr gedruckt worden, wie man jetzt genau sehen kann. So betrachtet ersetzt vorliegende Bibliographie zugleich die Prolegomena zu einer kritischen oder sogar historisch-kritischen Ausgabe dieser Werke. Ähnlich verhält es sich aber auch bei den Tagebüchern, die sogar noch zu einem Drittel in den Handschriften schlummern, und die Sudelbücher sind zwar seit 55 Jahren nahezu vollständig zugänglich, aber in beträchtlichem Umfang bezüglich der Reihenfolge der einzelnen „Aphorismen" und auch mannigfach (wiewohl zahlenmäßig bloß im einstelligen Promille-Bereich) in ihrer Textgestaltung übel verballhornt und bis zur Miss-, ja Unverständlichkeit entstellt. Nachdem die Union der Akademien nach der Fertigstellung der Edition des Wichtigsten aus Lichtenbergs Vorlesungen zur Naturlehre (VNat) vor einem Jahrzehnt eine weitere Fortsetzung der Förderung diesbezüglicher Anschlussprojekte aus Geldmangel ablehnte (Folge eines gleichzeitig beantragten Goethe-Projekts, welches alle Gelder aufsog), bin ich bei diesen Aufgaben vollständig auf meine alleinige Arbeitskraft zurückgeworfen und hoffe nur, dass mir die Kraft bleibt, möglichst viel des Begonnenen doch noch zu vollenden.

Was nun den beiden Bibliographen im Handexemplar, als Zettelkasten, dann als Typoskript beziehungsweise Computerdatei bis dahin für den eigenen Gebrauch ihrer Arbeit genügt hatte, ließ sich indessen in der alten Gestalt schlechterdings nicht kommunizieren. So fällt mir die traurige Pflicht zu, das vor 35 Jahren begonnene Projekt einer Zusammenfassung unseres Wissens und unserer Sammlungen nun allein zu vollenden. Das hat mich über die letzten neun Monate fast vollständig von allen anderen Arbeiten abgezogen, dabei immer im schmerzlichen Bewusstsein gehalten, des kritischen Auges meines Freundes, das sicherlich manchen meiner Fehler noch bemerkt hätte, entraten zu müssen. Hinausgeschoben hatten wir zudem alle Entscheidungen über die Reihenfolge der einzelnen Items (hier vor allem das Problem der echten und virtuellen Chronologie, die Ansetzung der Neuauflagen von Werken und der Fortsetzungen beziehungsweise Serien); über die Zählung der Sammelausgaben wie den Taschen-Calender (GTC) und das Magazin (GMWL); über die Werkkonkordanzen zur Wiederauffindung von Texten; über Faksimiles; über den Umfang der philologischen Hinweise und der autorschaftsbezogenen Erwägungen. Diese und andere Entscheidungen habe ich nunmehr ganz allein abschließend zu treffen gehabt, versuchte indessen dabei, mich nirgendwo gänzlich in Gegensatz zu den mir größtenteils bekannten Meinungen Bernd Achenbachs zu stellen. Mit zwei Ausnahmen: Erstens war er ursprünglich Gegner *jeder* fortlaufenden Zählung, ob sie nun numerisch oder alphanumerisch oder mit Dezimalklassifikationen angelegt sein sollte, hoffte auf weitere Funde und wusste um die Unsicherheiten der Chronologie. Wir redeten nicht mehr darüber, doch diese Entscheidung fälle ich jetzt eigenständig *zugunsten* einer Zählung, denn ohne sie wäre keinerlei Referenz möglich und folglich auch ein alphabetisches Werkregister (einer der wenigen nun wirklich bewährten Vorzüge der Jung'schen Bibliographie) schlechterdings sinnlos. Zweitens hatten wir zwar die Aufschlüsselung des Göttinger Taschen Calenders bibliographisch nach Gumberts Muster geplant, jedoch beide nicht an die über 350 bislang überhaupt nicht registrierten Kürzestartikel Lichtenbergs gedacht, die mit ihrem geringen Umfang oft weniger Sätze oder höchstens Seiten ein Analogon zum Sudelbuch ausmachen, nur eben jetzt eins in gedruckter Gestalt, insofern sie nicht immer gleich gute, aber doch ganz überwiegend treffliche Beispiele von der sicheren und unverwechselbaren Beherrschung der Kurzprosa durch den Verfasser präsentieren – über alle Bereiche des Wissens und Denkens. Sie wenigstens stichworthaft aufzuschlüsseln, erschien mir jetzt während der Arbeit als dringendes Desiderat; so habe ich es denn nachgeholt.

All diese Entscheidungen verantworte ich daher nunmehr ganz allein, ebenso wie die daraus resultierenden Durchführungen, die allesamt neu sind: sämtliche Konkordanz-Verweise auf die verschiedenen Werkausgaben und jüngeren Einzelpublikationen; alle Hinweise auf Faksimiles, alle Meta-Literaturangaben; die Verweise auf Lichtenbergs Tagebuch und die Ankündigungen seiner Vorlesungen; die Kupferstich-Nachweisungen beim GTC, die Bernd Achenbach angeregt hatte und leider nicht mehr zusammenstellen konnte; die zeitgenössischen Rezensionen und die meisten Erwägungen zu unklaren Verfasserschaften, soweit wir sie nicht früher schon gemeinsam publiziert hatten – und natürlich die Endkontrolle des Manuskripts. Daher bitte ich aber jetzt schon um Nachsicht angesichts der Legionen (wenn nicht sogar einer Myriade) von Zahlen und Daten in den Nachweisen: Jedes der hier unter *436* Hauptnummern versammelten (*412* plus *8* a-Einschubnummern als Nachzügler sowie *16* Apokrypha – nicht eingerechnet die 13 Textwiederholungen der *drei* Ankündigungen bei Nr 103a-i, 236a-d und 349a-b), die ca. *1260* einzelnen Items (denn die Bändchen des GTC mit ihren zusammen gegen 500 deutschen und französischen Positionen sind unter 44 Nummern, das GMWL mit den ca. 100 nicht von Lichtenberg stammenden Aufsätzen unter 20 Heften vereinigt) haben Erscheinungsjahr, Seitenzahlen, oft Band oder Hefttitel, häufig ins Einzelne gehende

Datierungen und Literaturangaben in ihren Anmerkungen. Hierin sind nichteinmal die jeweils nur als Gruppe gezählten Kolumnen „Merkwürdigkeiten", „Irrthümer", „Anekdoten" und „Miszellen" mit insgesamt 424 kurzen und kürzesten aktuellen Nachrichten aus der Wissenschaft eingerechnet, von denen hier (wie vorhin schon detailliert mitgeteilt) 353 zum ersten Mal überhaupt einzeln aufgeschlüsselt sind; letztere haben zudem Sachschlagwörter im Titelindex und Personeneinträge im Namenregister bekommen.Dazu kommen Verweise: Wenn ich richtig zähle, so finden sich allein in der Werkkonkordanz 230 Verweise mit Stellenangaben auf die [1]VS; 235 auf die [2]VS, über 85 auf die SB (davon 75 auf SB 3), weitere 100 (freilich meist negative Hinweise) auf beide Auflagen der VS; ferner auf Teilsammlungen (zur Auffindung von sonst schwer erreichbaren Texten) und auf Faksimiles (ca. 80) – von ca. 125 Zitierungen des „Lichtenberg-Jahrbuchs", 20 des „Photorin", 35 der „Bibliotheca Lichtenbergiana" (BL) und von über 255 Hinweisen auf Lichtenbergs „Briefwechsel" (Bw) sowie über 500 Querverweisen zwischen den einzelnen Nummern dieser Bibliographie ganz abzusehen. Hierzu stelle ich jetzt auch noch knapp 75 „verschüttete Aphorismen", die Gravenkamp 2011 aus 55 Aufsätzen im „Göttinger Taschen Calender" herausgezogen hatte und damit nebenbei eine Entstehungstechnik der kleineren Schriften Lichtenbergs im Umkehrschluss demonstrierte, wie der Sammler es (a.a.O. S. 82f.) mit dem Vergleich von J 966 und dem GTC 1793, S. 82 selber demonstrierte. Allerdings erkennt man dadurch jetzt auch ein paar Stellen, an denen sich Gravenkamp bei Aufsätzen von zweifelhafter oder inzwischen gar mit Sicherheit nicht Lichtenberg zuzuordnender Autorschaft bedient hatte, wo wir also einen redaktionellen Eingriff unterstellen müssten, um ihm das geistige Eigentum an den betreffenden „Aphorismen" zuzuerkennen.

Die meisten Ziffern, die für all das nötig wurden, habe ich, soweit sie nicht sogar erstmals angebracht wurden, neuerlich geprüft. Fehlerfrei wird das alles längst nicht sein. Bei den zeitgenössischen bislang ermittelten ca. 385 Rezensionen *über* Lichtenbergs Schriften in ungefähr 45 Journalen seiner Zeit war solche Nachkontrolle auch fern von den Quellen nur teilweise noch möglich – beileibe nicht alle finden sich bereits im Internet, von den meisten liegen mir keine Kopien vor. Ich bin daher für jedwede Rektifikation künftiger Benutzer dankbar. Mein Dank gilt nach den in früheren Publikationen bereits erwähnten Helfern der letzten Jahrzehnte jetzt vor allem einigen Kollegen und Freunden, die im vergangenen halben Jahr noch rasche Nachfragen während meiner Schlussredaktion beantworteten (und durch ihre Erinnerungen auch ein paar der schier unvermeidlichen a-Nummern für nachgeschobene Spätentdeckungen veranlassten); so Wolfgang *Böker* und Claudia *Kroke* in Göttingen, Giulia *Cantarutti* in Bologna,[4] Martel *Döring* in Nieder-Ramstadt, Wolfgang *Grüne* in Großburgwedel, Hans-Joachim *Jakob* in

---

4 Sie beschenkte uns generös mit fünf der sechs Literaturangaben, die wir zur zeitgenössischen Rezeption Lichtenbergs in Italien hier beibringen können (vgl. zu Nr 28. 42. 81. 200. 231), bevor sie diese frühe Wirkung (hoffentlich bald!) in unserm Jahrbuch eingehender darstellen wird.

Münster, Kai Torsten *Kanz* in Lübeck und Göttingen, Till *Kinzel* in Braunschweig, Georg Christoph *Lichtenberg* in Dortmund, Markus *Matthias* in Heilig Land-stichting bei Nijmwegen, jetzt in Mainz; Bärbel *Mund* in Göttingen; Gerhard *Miecke* in Hammbühren bei Celle, Peter *Reuter* in Gießen, Dirk *Sangmeister* in Erfurt und Nikosia und Martin *Siemsen* in Osnabrück – und natürlich meinen beiden Mitherausgebern des Jahrbuchs, die neben der letzten schon die Korrektur einer frühen, freilich deutlich schmaleren Version mitgelesen hatten.

Über die Bibliographie Rudolf Jungs aus dem Jahr 1972, außer Frage seinerzeit eine wichtige Pionierarbeit, wäre alles Nötige bereits durch Hans Ludwig Gumberts energische Rezension im „Euphorion"[5] gesagt worden; ich muss seine und andere Kritikpunkte dennoch im Folgenden noch einmal bündig in Erinnerung rufen, zu weitreichend entfernen wir uns hier von Jungs Konzepten, welche die ein weiteres halbes Jahrhundert zuvor schon erreichten Anforderungen und methodischen Normen *antiquarischer,* mehr noch *literaturgeschichtlicher* und speziell *philologischer* Bibliographie schlechterdings ignorierten. Trotz aller unbezweifelbaren Gravamina habe ich indessen Jungs Bezifferung, die sich wegen der radikal veränderten Abfolge und Grundanlage (in dieser Vorbemerkung nachher noch ausführlich dargelegt) unter keinen Umständen mehr zugrundelegen ließe, doch mitlaufen lassen und zusätzlich in einer Vergleichungstabelle zusammengefasst. Dies nicht etwa, um zu zeigen, was ihm entgangen ist (und schon gar nicht heben wir neuerlich seine systemischen Fehler und seine Unterlassungen und Flüchtigkeiten noch einmal je einzeln hervor), sondern weil diese Bibliographie seit ihrem Erscheinen intensiv genutzt und gewiss auch hie und da zitiert worden ist (zum Beispiel auf der Website der Lichtenberg-Gesellschaft). Dass Rudolf Jung die Originaltitel rücksichtslos typographisch vereinheitlichte, entsprach zwar verbreiteter bibliographischer Konvention (unser Bibliograph war damals schon Dozent am Bibliothekar-Lehrinstitut des Landes Nordrhein-Westfalen in Köln und wurde mit solchen Verdiensten bei ihrer Umwandlung in eine Hochschule Professor und Rektor) und erleichterte vielleicht auch mechanisches und maschinelles Suchen und Weiterverarbeiten, so wenig es auch als historiographisch angemessen erscheint, Buchtitel des 18. Jahrhunderts einer Vereinheitlichung durch die für moderne Stadtbüchereien sinnvoll gestalteten „Regeln für die alphabetische Katalogisierung" (RAK) zu unterwerfen. Aus Bequemlichkeit (um nämlich nicht das gesamte Datenmaterial umschreiben zu müssen) folge ich diesem System hier in der Anordnungstruktur und den Abkürzungsregeln trotzdem noch, wiewohl es inzwischen freilich auch schon

---

5 Gumbert 1974, S. 318-330. Zuvor hatte dieser große Sammler und Nebenstunden-Lichtenbergforscher seinem Unmut im *Börsenblatt für den Deutschen Buchhandel,* Frankfurter Ausgabe vom 29.5.1973, Bd 42, S. A 207 (Nov. / Dez., Forum) in Kurzform, aber noch schärfer Luft gemacht. Dort findet sich auch bereits ein Hinweis darauf, dass Jungs verfehlte Chronologie (die Gumbert freilich im Gegensatz zu uns gänzlich ablehnt, weil sie ‚der literarischen und wissenschaftlichen Persönlichkeit Lichtenbergs in keiner Weise gerecht werde') ‚inkonsequent und sogar falsch angewandt' sei.

wieder obsolet und seit 2015 durch das internationalere „Resource Description and Access" (RDA) ersetzt ist. Wir haben indessen Jungs orthographische Eingriffe hoffentlich vollständig zurückgenommen, haben vor allem ungezeichnete Titelumstellungen oder -kürzungen rückgängig gemacht, selbst vermeintlich ‚behutsame' orthographische Besserungen nicht nachgeahmt und vor allem nicht schulmäßig ‚korrigiert': haben daher zum Beispiel Akzentfehler in den französischen Ausgaben der Kalender diplomatisch getreu übernommen, bei der typographischen Wiedergabe von Umlautmajuskeln aus der Fraktur (z. B. „Ueber" zu „Über" etc.) oder der lateinischen Schreibung des Halbvokals u/v nicht bessernd eingegriffen – es also möglichst (und auch nur ausnahmsweise bei besonders auffälligen Druckfehlern kommentierend) bei der Version der jeweiligen Vorlage belassen. Ja ich habe jetzt in der Schlussredaktion den Antiquasatz der Lichtenbergzeit (wie vor zwei Jahrhunderten Jördens 1808. 1811 in seinen bibliographischen Angaben) als bedeutungsunterscheidend wahrgenommen und durch serifenlose (Grotesk-)Antiqua von der 𝔉𝔯𝔞𝔨𝔱𝔲𝔯 (die in klassizistischer (Sabon-)Antiqua wiedergegeben ist) deutlich sichtbar abgehoben; hoffentlich immer vollständig. Notwendig wäre das ohnehin gewesen bei den hierdurch typographisch differenzierenden Chiffren für die Rezensenten in Friedrich Nicolais „Allgemeiner deutscher Bibliothek", sinnvoll ist es in Bezug auf die damalige Wahrnehmung von Fremd- vs. Lehnwörtern – und von internationalerer Ausrichtung mancher deutscher Zeitschriften. Nur das e-Superscriptum bei der Umlautminuskel und den doppelten Bindestrich (=), beides Allographen der Frakturtype, haben wir nirgendwo nachgeahmt.[6] Nicht berücksichtigt wurden dagegen von uns der Zeilenfall innerhalb der Titel (einzige Ausnahmen: der Gedichttitel Nr 196 und in den Annotationen die hds. Widmungen Lichtenbergs) sowie der Schriftgrößenwechsel, wohl aber, wenn ein Titel *allein* aus ihr besteht, die auch gelegentlich als ‚Lutherdrucktype' bezeichnete und damals gern als Auszeichnungsschrift verwendete Frakturvariante ‚Schwabacher' (wiedergegeben als **halbfette** Schrift). Sie begegnet daher in allen Lichtenberg'schen Rezensionen in den GGA, die eben fast ausschließlich auf den Namen von **Erscheinungsorten** der besprochenen Bücher oder gegebenen Nachrichten beschränkt sind.

Dass Jung durch seine rein bibliographische Anlage und technokratisch vereinheitlichende Behandlung die ungleich ausführlicheren und doch genaueren, dabei philologisch und literarhistorisch orientierten Vorarbeiten von Friedrich Lauchert mit den Ansätzen einer Werkkonkordanz und der philologischen Leistung zahlloser Vergleichungen varianter Fassungen mit Nichtachtung strafte;[7] dass er sich

---

6 Zur Begründung siehe eingehend Joost: „Als müßte ich es mir übersetzen" (II.). Die Transliterierung der deutschen Schrift und Fraktur-Drucktype in moderne Antiqua. In: Rainer Falk/Thomas Rahn (Hrsg.): Typographie und Literatur. Basel u. Frankfurt am Main: Stroemfeld 2016, S. 305-333.
7 Wir schließen uns hingegen rückhaltlos dem Urteil Carl Schüddekopfs (in seiner Rezension über Lauchert im *Anzeiger für deutsches Altertum* 1897, S. 360-366) an: „die

nirgendwo um Datierungen bemühte, auch nirgendwo die ja oft datierten Vorreden berücksichtigte, sondern un-, ja antichronologisch durch die Anordnung nach Publikationsformen (Reihenfolge: Monographien – unselbständige wissenschaftliche Arbeiten – Almanachspublikationen – Rezensionen) die wahre Erscheinensfolge von Lichtenbergs Schriften schlicht verweigerte und dadurch an über 270 Stellen (also bei drei Vierteln seines gesamten Bestands)[8] sie um halbe, ja *ganze* Jahre verzerrt hat; dass er bei der Erfassung von Lichtenbergs Übersetzungen und von den Rezensionen über dessen Werke weit hinter seinen damaligen Möglichkeiten zurückblieb (doch auch wir werden hier noch längst keine Vollständigkeit erlangt haben)[9] – dies und mehr ist schlechterdings unverzeihlich. Bernd Achenbach und ich

nachweise Lichtenbergs, die ich an eigenen sammlungen prüfen konnte, erweisen sich durchweg als zuverlässig".

8 Jung hat in diesem Abschnitt seiner Bibliographie 369 plus zwei a-Nummern; diese *prima vista* enorm hohe Zahl kommt allerdings dadurch zustande, dass er die Jahrgänge des „Göttinger Taschen Calender" nicht jeweils als ein Ganzes auffasste, sondern alle wirklich oder vermeintlich von Lichtenberg stammenden Aufsätze einzeln bezifferte und damit 217 Nummern belegte, die in der vorliegenden Bibliographie unter den 22 Kalender-Jahrgängen und ihren Subjunktionen verschwinden. Dazu kommen bei Jung noch sechs Ko-Autorschaften mit Kästner 1766-1774 (seine Nummern 389-394), drei Publikationen in seinem Todesjahr, die aber schon vertraglich gesichert und / oder ausgedruckt vorlagen („Veröffentlichungen aus dem Nachlaß", Nr 370-372). Sie haben wir in unsere Chronologie eingearbeitet, wie auch die bereits zu Lichtenbergs Lebzeiten gedruckten Briefe, von denen Jung neben vielen der „sogenannten" Briefe nur einen einzigen kannte (seine Nr 2164) – weitere knapp zwei Dutzend, zumeist wissenschaftliche Korrespondenz, sind ihm völlig entgangen. Rechne ich alles zusammen, bringt unsere Bibliographie mehr als 1260 Items unter 435 Nummern, die ca. 385 Rezensionen *über* Lichtenberg natürlich gar nicht mitgezählt.

9 Hier sei Gelegenheit, noch auf den trefflichen Rezensions-Index der Göttinger Akademie der Wissenschaften hinzuweisen, den ich ganz zum Schluss noch einmal mit meinem Datenbestand abgeglichen habe. Wir haben zwar durch seine systematisch andere Anlage fast doppelt so viele Rezensionen zu Lichtenberg aus dieser Zeit, doch konnte ich noch ein reichliches Dutzend, das mir entgangen war, dort abschöpfen, und viele frühere Hinweise aus seiner Anfangszeit verdanke ich ohnehin dem verstorbenen früheren Leiter des Unternehmens, meinem Mentor in Studententagen und Kollegen Klaus Schmidt (vgl. Bw 5.1, S. 10). – Eberhard Hess, der 1995 an der TU Darmstadt eine Magister-Hausarbeit über ‚Lichtenberg im öffentlichen Urteil seiner Zeitgenossen' vorgelegt hatte (angeregt und betreut von Wolfgang Promies, referiert von diesem und Rudolf Drux), die im Wesentlichen aus einer sorgsam kommentierten Auswahl von ca. 100 Rezensionen über Lichtenbergs Schriften bestand, ließ sich damals ungeachtet aller meiner Bemühungen leider nicht dazu überreden, wenn schon nicht die ganze Sammlung oder eine gute Auswahl, so doch wenigstens seine bibliographischen Erkenntnisse zu publizieren. Für derlei Arkan-‚Wissenschaftler' habe ich allenfalls Spott, manchmal Mitleid, nie Freude. Vor ein paar Jahren hat er dann alle Verbindungen zu Kommilitonen und Lehrern abgebrochen, den Freitod gewählt und sein Wissen ganz mit ins Grab genommen, doch bezweifele ich, dass er seinerzeit mehr gefunden hat, als wir ohnedies schon wussten oder jetzt aus eigener Kraft mitteilen können.

haben die einfachen Mängel (das Fehlen ganzer Titel, unrichtige Kollationen und ein paar der falschen Verfasserschaftszuschreibungen und Datierungen) in einer Reihe von Einzelpublikationen[10] auszugleichen gesucht, in diesen aber beileibe nicht alle Missgriffe erwähnt. Und wir haben immer aufs Höchste das Fehlen einer zusammenfassenden Darstellung unseres nach über einem halben Jahrhundert weitverstreuten Wissens bedauert – die genannten und weitere Grundfehler von Jungs Systematik ließen sich nur durch eine komplette Neuausgabe und zum Teil einschneidend modifizierte Anordnung des Materials beseitigen. Ich kann freilich nur hoffen, dass es mir jetzt halbwegs gelungen ist, diese Ideale zu verwirklichen.

Nun ist in unserm digitalen Zeitalter und angesichts des seit diesem halben Jahrhundert permanent sich verbreitenden (ob auch immer unser Wissen vertiefenden?) Stroms der Publikationen über Lichtenberg gewiss kein Platz mehr für eine gedruckte *Gesamt*bibliographie: Die Zahl von Lichtenbergs Schriften in Einzelpublikationen und vor allem der Titel von mittlerweile erfassten Arbeiten *über* ihn hat sich seit Erscheinen Jungs zum wenigsten verdrei-, eher wohl vervierfacht. Selbst bei einem kompresseren Satz, als Jung ihn bietet, würde ihr Umfang sich den 1000 Seiten nähern, und sie wäre doch schon im darauffolgenden Jahr, spätestens ein Jahrzehnt später wieder veraltet.

Der letztere Umstand (die Erwartung einer bevorstehenden Vermehrung des Materials) greift freilich argumentativ nicht bei Lichtenbergs *zu Lebzeiten erschienenen* Schriften: Deren gegenwärtig bekannter Bestand wird durchaus Korrekturen, auch Ergänzungen durch neue Entdeckungen erfahren, jedoch entfernt nicht im gleichen Umfang wie die gegenwärtige wissenschaftliche Literaturproduktion. Wir können es mithin wagen, wenigstens diesen Teil einer Bibliographie noch zwischen zwei Buchdeckeln ergänzt und berichtigt vorzulegen, ohne während der nächsten Jahrzehnte in sehr viel mehr als einem kleineren einstelligen Prozentbereich gleich wieder durch den Antiquariatsmarkt oder neue Bibliotheksfunde genarrt zu werden. Wohl aber erwartet jeder Sammler und Antiquar, jeder Lichtenberg-Forscher und -Philologe bündige Zusammenfassung unserer in ihrer Verstreutheit vielfältig unauffindbaren Einzelkenntnisse – und eben eine Verbesserung der vorstehend angedeuteten Defekte, die sich dauerhaft beseitigen lassen sollten. Ich nenne daher hier bloß summarisch als unsere Aufgaben:

– die Überprüfung der Titel, die von Jung keineswegs überall nach Autopsie gegeben wurden und dadurch öfter schwer verballhornt sind;

---

10 *Nachlese zu Rudolf Jungs Lichtenberg-Bibliographie von 1972. I. Schriften zu Lebzeiten. Dem Andenken Hans Ludwig Gumberts.* In: *Lichtenberg-Jahrbuch 1994*, S. 297-317. Die drei anderen Folgen (*II.* In: *Lichtenberg-Jahrbuch 1995*, S. 321-357; *III.* In: *Lichtenberg-Jahrbuch 1999*, S. 324-354; *IV.* In: *Lichtenberg-Jahrbuch 2002*, S. 235-264) betreffen den postumen Lichtenberg: die Publikationen aus dem Nachlass, Werkausgaben und Teilsammlungen sowie die Arbeiten über ihn. Alle vier Folgen beziehen sich nur auf den Berichtszeitraum Jungs (bis 1971) und bestätigen nicht bloß durch ihren Umfang Gumberts demnach wirklich nicht *zu* harsche Kritik (siehe Anm. 5).

– die Änderung von Jungs unsinniger Erfassung bei Lichtenbergs Hauptwerk zu Lebzeiten, dem „Göttinger Taschen Calender",[11] bei welchem er (wie auch beim

---

11 Wenigstens an dieser Stelle ein Wort zur Vor- und Nachgeschichte dieses spielkarten-großen Almanachs, über den mit der allzu wenig beachteten kleinen Studie von Günter Peperkorn 1992 eine tüchtige, nur an wenigen Stellen korrekturbedürftige Einführung vorliegt (übrigens ist sie ebenso wie Schimpf 1993 hervorgegangen aus einer Hausarbeit in Albrecht Schönes Lichtenberg-Seminar im Winter 1977/1978), welche ich nachstehend vor allem ergänze und nur selten korrigieren muss.
Das „Taschenbuch zum Nutzen und Vergnügen" war eine Erfindung seines Verlegers Johann Christian Dieterich, der mit dem Herausgeber Emanuel Christoph Klüpfel bereits 1769 (für 1770) mit einem „Gothaischen" Taschenkalender bis 1776 reüssiert hatte und mit dessen Vorbild nach der Übersiedlung seiner Buchhandlung nach Göttingen Lichtenbergs Freund, Kommilitonen und Kollegen J.C.P. Erxleben zur Herausgabe für den ersten Jahrgang eines „Göttinger" Pendants auf 1776 gewann (Faksimile des Kupfertitels: Wagnis 1992, S. 196: Nr 374) – Lichtenberg erinnert sich also falsch, wenn er (in unserer Nr 370) Erxleben „die drey ersten Jahrgänge" zuspricht und damit den Erscheinensbeginn schon auf 1774 legt. Schon der zweite Jahrgang (auf 1777) war indessen, abgesehen von Kalendarium und Verzeichnis der Herrscherhäuser, eine Kopie des ersten – Erxleben hatte sich auf seine wissenschaftliche Produktion konzentriert, und Lichtenberg übernahm wahrscheinlich schon im Herbst 1776 (der erste Brief an Chodowiecki mit Kupferstich-Vorschlägen datiert vom 23.12.), also noch zu Lebzeiten des allzu früh am 18. August 1777 verstorbenen Freundes, die Herausgabe für die folgenden 22 Jahrgänge, während denen er zu mehr als der Hälfte die sich nun nicht mehr bloß wiederholenden Artikel selber verfasste und dieses Verlagsprodukt, welches sein Miet-Äquivalent war, zu bedeutendem Erfolg führte. Mehr als die Hälfte (Peperkorn hat – S. 45 – nachgezählt): Von 182 Artikeln des GTC (in Wahrheit sind es aber mindestens 220!) sind 74 längere Beiträge zweifelsfrei von Lichtenberg, 45 erklären sich selbst als Auszug beziehungsweise Referat aus Werken anderer. Mit Monogramm oder vollem Namen gezeichnet sind als solche nur wenige Fremdbeiträge von Johann Friedrich Blumenbach (1788, Chiffre: B.), Georg Forster (1783. 1789), Georg Heinrich Hollenberg (1782), Friedrich Ludwig Wilhelm Meyer (1792), Samuel Thomas Soemmerring (1781). Zehn ungezeichnete Artikel lassen sich durch verschiedene Hinweise Grellmann zuordnen: zweifelsfrei sieben aus den Jahrgängen auf 1786-1790, mit etwas Wahrscheinlichkeit drei weitere 1787; bei einem früher vermutungsweise zugewiesenen aus dem GTC für 1781 können wir dagegen seine Autorschaft mit Sicherheit ausschließen (siehe dort). Ebenso gehören Blumenbach, der wahrscheinlich schon in den beiden ersten Jahrgängen noch für Erxleben je zwei Artikel verfasst hatte, zweifelsfrei sieben nicht gezeichnete Aufsätze aus dem GTC für 1779f. und 1787f., mit unterschiedlichen Graden an Evidenz (zwischen sehr wahrscheinlich und bloß möglicherweise) weitere zehn aus den Jahrgängen für 1778f. 1782. 1787. 1790 und 1792. Ferner erwähnt Lichtenberg „einige herrliche Artickel", die ihm sein vier Jahre jüngerer Kollege Matthias Christian Sprengel, Historiker, für den GTC auf 1778 gegeben habe, die aber aus Papiermangel nicht mehr hineingekommen seien (vgl. an Hollenberg, 12.10.1777: Bw 1, 740: Nr 411) – sind diese doch noch im selben oder in späteren Jahrgängen des GTCs erschienen? Für je zwei Artikel in den Jahrgängen 1778 und 1782, einen in 1781 kommt Sprengel jedenfalls thematisch als Verfasser sehr in Betracht. – Durch seine „Physiognomik"-Abhandlung wusste man zwar von Anfang an, dass Lichtenberg der Herausgeber ist, und man

GMWL) gründlich die Gesamt- und Geschlossenheit dieses Werks verkennt.
Hierin ist im Einzelnen zu beanstanden:
– – die chronologisch um elf Monate zu späte Ansetzung;

spürte wohl auch immer seinen Stil und Witz in den größeren Aufsätzen und vielen
kleineren Bemerkungen. Aber erst seit dem Jahrgang für 1796 firmierte er dann auch
auf dem Titel („von G. C. Lichtenberg" beziehungsweise in der französischen Ausgabe „par M. Lichtenberg"). Nach seinem Tod im Februar 1799 ließ sich das von ihm
erreichte Niveau nicht halten; schon Christoph Girtanner, der die Nachfolge in der
Redaktion übernahm, konnte die allzu großen Fußstapfen nicht ausfüllen, und er
starb zumal schon am 17. Mai 1800. Der Gothaer Heinrich August Ottokar Reichard
irrt sich also um dies erste Jahr, wenn er behauptet: „Mir selbst fiel bald nach dem
[…] Tode des Göttinger Professors Lichtenberg die Redaction des […] Göttingen-
schen Almanachs zu, dem ich zuerst seine neue Gestalt gegeben habe." (Reichard
1877, S. 38) Es änderte sich der Kalender indessen tatsächlich mit ihm und mit einer
neuen Generation des Verlegers (Heinrich Dieterich) auch äußerlich; seit dem für
1801 zunächst mit dem Namen (jetzt *Göttingischer Taschen-Kalender für das Jahr …*
und *Göttingisches Taschenbuch zum Nutzen und Vergnügen*) und in der Titelgestal-
tung (keine gestochenen, sondern nur mehr gesetzte Titel, dafür je ein Kupferstich-
Frontispiz. Dann (mit dem Jahrgang 1804) wurde auch das bisherige Spielkartenfor-
mat, der aktuellen Mode romantischer Almanache entsprechend, vergrößert. Ob
Reichard die Redaktion des Kalenders bis 1812 (denn in diesem Herbst erschien der
letzte für 1813, mithin muss schon ein halbes Jahr vor der Leipziger Völkerschlacht
das Ende des erfolgreichen Almanachs besiegelt gewesen sein) allein innehatte, wissen wir nicht; als Beiträger wenigstens seit dem GTC für 1810 kennen wir zumindest
noch den Göttinger Privatdozenten für Klassische Philologie Wilhelm Johann Raphael Fiorillo (1778-1816), der mit R. F. signierte, einen Sohn des Kupferstechers und
Professors für Kunstgeschichte Johann Dominikus Fiorillo (vgl. Achenbach 2021,
S. 112-127, hier bes. 121. 124-126; siehe unten Nr 412). Ob er auch als Redaktor,
vielleicht sogar als Herausgeber fungierte, wissen wir nicht. – Lichtenbergs Honorar
lag übrigens im mittleren Bereich; es war sein „Hauszins", wie er ein halbdutzendmal
in Briefen erwähnt, also mit Vergrößerung des Wohnraum- und Unterrichtsbedarfs
ansteigend zwischen 150 und 300 Talern im Jahr (allerdings erhielt Chodowiecki allein noch ca. 100 Taler für seine Illustratorenarbeit! Göschen zahlte seinen Hrsgg.
4-600 Taler, vgl. Karl Heinz Hahn: Schiller, Göschen und der Historische Kalender
für Damen. In: Gutenberg-Jahrbuch 1976, S. 493). Niedrig war der Verkaufspreis
freilich auch nicht, lag ungefähr im Mittelfeld zwischen 8 und 24 Groschen damaliger
Almanachsproduktion (Vergleichspreise bei Ersch 1785 bis 1790 Bd 3, Weimar 1794,
S. 350); er kostete (wie man der alljährlichen „Nachricht" des Verlegers am Ende des
GTC entnehmen kann) anfangs ungebunden mit den Kupfern 12 Groschen (= $^1/_2$
Taler), in Pergament gebunden mit Goldschnitt 16; ab ca. 1790 wird nur mehr diese,
die in den Jahrgängen 1785 und 1786 auch mal nur 12 Gr. kostete, als einzige angeboten (wurde aber wohl doch auch später noch so geliefert), gleichzeitig gab es dann
nicht genauer ausgepreiste Vorzugsausgaben in Seide und bemalt (zum Vergleich: der
viel dickere Erxleben kostete bei Dieterich nur anderthalb Taler (= 36 Groschen);
siehe zu Nr 316.). Lichtenbergs eigenen Aufwand dagegen notiert das Tagebuch des
letzten Lebensjahrzehnts, siehe z. B. zu 307. 318. 330. 343. – Zu den Übersetzern des
Kalenders ins Französische siehe die beiden folgenden Anmerkungen.

– – der mangelnde Blick auf die Gesamtheit des Kalenders und auf die Kupferstich-Illustrationen, welche doch z. T. eng mit den Aufsätzen verknüpft sind,
sowie auf die Paratexte;

– – die unzulängliche Darstellung unsicherer Verfasserschaften im GTC, in deren Folge Lichtenberg *nicht* gehörige Artikel ihm zugewiesen, andere ihm gehörige indessen aberkannt wurden (sie werden jetzt *alle* angeführt, unsichere
Verfasserschaft je einzeln diskutiert);

– – die hier erstmalig vollständige detaillierte Aufschlüsselung der von Lichtenberg zum Teil nichteinmal numerierten, erst spät betitelten Kurz- und Kürzestartikel im GTC aus allen Wissensgebieten mit dem jeweils oft nur einen oder
ganz wenige Sätze beziehungsweise Seiten umfassenden Inhalt, verteilt auf die
ständigen Kolumnen, die er vom Anfang an (mit dem GTC für 1778) bis zu
seinem Tod systematisch betrieb: Zwanzigmal sind das mit immer wieder vari-
iertem, aber ähnlichem Titel: „[1788: ‚Einige'] Neue Erfindungen [1781 stattdessen: Entdeckungen], [1782 zusätzlich: ‚Moden,'] [1778-1782. 1784-1786.
1789-1792; 1794-1799:] und andere [1787 nur: ‚physikalische'; 1793 nur: ‚Einige
physicalische'] Merkwürdigkeiten [1798 zusätzlich: ‚Anecdoten &c.']" mit zusammen 293 Items. Erst im GTC für 1793 beginnt Lichtenberg die einzelnen
Artikel fortlaufend zu numerieren, in denen für 1794, 1796, 1798 und 1799 gibt
er ihnen dann auch teilweise Überschriften (31), die Jung schon erfasst hatte
(und wir jetzt auch übernehmen); die anderen 262 Kurzregesten sind jetzt von
mir. Nur in zwei Kalendern fehlte diese Rubrik ganz (1792. 1797), an ihrer Stelle
(und auch im GTC für 1794-1796) standen die jeweils etwas längeren „Miscellaneen" mit zusammen 56, jetzt zumeist (nämlich vierzigmal) jeweils durch
Lichtenberg überschriebenen Artikeln. Dazu tritt fünfmal die Rubrik „Gemeine Irrthümer" (1779-1781. 1785. 1788) mit zusammen 62, „Anekdoten"
(1778) mit 7 und „Bedlam für Meinungen und Erfindungen" (1791) mit 6 ebenfalls nie eigens registrierten und damit fast unauffindbaren Items, die auch nur
in einer kleinen Auswahl in den alten Werkausgaben wiederbegegnen. Jung, der
wie die meisten Bibliographen verständlicherweise den Inhaltsverzeichnissen
folgt und auf inhaltliche Erschließung verzichtet, hat in seiner Bibliographie
nur Lichtenbergs eigene Überschriften mitgeteilt. Ich habe wie angedeutet bei
den übrigen insgesamt 353 Positionen jetzt stichworthaft Regesten gegeben, jeweils möglichst auch mit den erwähnten Personen;

– – Jungs *gänzliches* Ignorieren der zumindest auf den ersten Blick sehr genauen
französischen Übersetzung des GTC, verfasst bis zum Jahrgang für 1795 von dem
französischen Sprachmeister in Göttingen, Isaac Colom du Clos (1703-1795),[12]

---

12 Bezeugt durch Pütter 2, 1788, S. 190. Zur französischen Ausgabe im Allgemeinen vgl.
Kandler 2013.

dann vermutlich entweder von François Soulange d'Artaud oder René Leroi de Chateaubourg[13]: „Almanac de Göttingue";[14]

– (ganz ähnlich wie beim GTC) die Rücknahme der Einschränkung des „Göttingischen Magazins der Wissenschaften und Litteratur" auf Artikel aus der Feder Lichtenbergs ohne Erwähnung der Beiträge der anderen Autoren, die zum Teil ja auch noch mit Lichtenbergs Anfragen beziehungsweise Antworten in Korrespondenz stehen;

– die Richtigstellung und Erweiterung der bei Jung vollkommen unzulänglichen Beschreibung der verschiedenen Auflagen der „Ausführlichen Erklärung der Hogarthischen Kupferstiche", immerhin Lichtenbergs im 19. Jahrhundert wirkungsmächtigsten Werks, sowie deren Fortsetzung; dabei auch das Verhältnis der Kalender-Vorabdrucke zu den Buchversionen;

– die Eingliederung der Artikel Kästners, die auf der Basis Lichtenberg'scher Beobachtungen entstanden und bei denen ihm folglich eine Ko-Autorschaft zusteht, in die Chronologie (Nr 1. 5. 10. 13. 18. 19. 35 – Jung verweist sie *hinter* seine Unterabteilung „Nachlass");

– die mehrmals von Lichtenberg für die „mathematische Classe" der Göttinger „Königlichen Sozietät der Wissenschaften" gestellten Preisaufgaben,[15] die Jung

13 Mir ist kein positives Zeugnis darüber bekannt, wer nach Coloms Tod Ende Januar 1795 sein Nachfolger als Übersetzer für die Kalender-Jahrgänge 1796 bis 1813 wurde: vermutlich auch wieder jemand aus dem Kreis der Sprachlehrer der Universität. Damit kommen für den gesamten Zeitraum (da sicherlich nicht alljährlich gewechselt wurde) nur in Betracht René Leroi de Chateaubourg (1751-1825), der schon seit 1785 als Professor Französisch unterrichtete (Ebel 1962, S. 159) oder / und François Soulange d'Artaud (1769-1837), Réfugié aus Frankreich, der seit Ende 1794 in Göttingen studierte und seit 1799 dort als Lektor arbeitete (Pütters Versuch 3, 1820, S. 376; Ebel 1962, S. 106. 123. 160).

14 Schon ausgeglichen durch die von mir angeregte Aufstellung, die wir hier, nur in Kleinigkeiten korrigiert, unverändert übernommen haben, von Dante Bernabei: „*Almanac de Goettingue" 1778 bis 1799. Bibliographie der französischen Ausgabe von Lichtenbergs „Göttinger Taschen Calender"*. In: *Lichtenberg-Jahrbuch 2006*, S. 254-273. – Wir haben aber die detaillierten Annotationen der deutschen Version bei der französischen nicht wiederholt und die einzelnen französischen Titel im Register nur mit der Nummer des jeweiligen Kalenderjahrgangs angezeigt – es wird keine Mühe machen, sie darunter zu finden. Dabei sind denn auch alle Verweise auf neuere französische Übersetzungen von Kalenderaufsätzen unterblieben, die m.E. nirgendwo auf die alten des französischen GTC fußen, sondern von ihren Herausgebern nach den deutschen Werkausgaben Lichtenbergs neue erhielten.

15 Die Göttinger Sozietät stellte alljährlich eine Reihe von wissenschaftlichen Aufgaben, deren Gewinner zwei Jahre später mit einem Preis von 50 Dukaten ausgezeichnet werden konnten. Jedes dritte Jahr traf das auch die Mathematische Classe, und schon im Nachruf auf Lichtenberg hatte Kästner darauf hingewiesen, dass er sich mit Meister und Lichtenberg im Turnus die Vorschläge bei der Aufgabenstellung und die Begutachtung geteilt habe. Mit Bestimmtheit können wir aber nach den überlieferten Akten nur die publizierten Aufgaben 1786 für 1788 (Nr 277) nebst Gutachten 1788:

teilweise ganz entgingen, weil die beiden mit Verfassernamen annotierten Handexemplare (das der Göttinger Akademie wie das private des Bibliothekars Reuß,
heute in der UB Tübingen) solche gesellschaftsamtlichen Mitteilungen unter
dem Namen Christian Gottlob Heynes (als des Sekretars der Sozietät) buchten;
– die allzu kühne (wiewohl nicht einmal vollständige[16]) Zuweisung von vier
brieflich durch Lichtenberg angekündigten Rezensionen,[17] die dann andere

---

Nr 295) ganz allein Lichtenberg zuweisen. Bei der Aufgabe für 1791, von Kästner
1789 gestellt: „Was für ein Verhalten ist bei schiefem Widerstande zwischen der
Größe desselben und dem Neigungswinkel?", siehe GGA 1789, S. 275 u. 2005, hat
Lichtenberg zumindest sehr wesentliche Teilnahme am Gutachten 1791 (Nr 320).
Die Preisaufgaben 1792 (Nr 323; blieb unbeantwortet) und 1798 (Nr 398; auch sie
blieb unbeantwortet) sind wieder von ihm (siehe jeweils dort). – Die Zwischenräume
bei der Aufgabenstellung erklären sich offenbar durch den erwähnten Turnus der
Fächer. Rege beteiligt war Lichtenberg jedenfalls gemäß Bw 1, S. 988 (Nr 614) und
993-999 (Nr 617) im September 1779 an der Begutachtung der wahrscheinlich von
Kästner gestellten Aufgabe über die Gesetze der der Beugung des Lichts (GGA 1777,
S. 1210; im Göttinger Archiv-Exemplar gez.: Heyne / Kästner), doch ist ihm hier
wohl keine Autorschaft zuzuerkennen. Die Aufgabe vom 16.12.1780, 153 St.,
S. 1246 f. über die Belastbarkeit von Holz beim Bauen passt zu A. L. F. Meisters ar-
chitektonischen Aufgaben – im Bw findet sich kein Hinweis darauf, und die GGA
melden 1780, S. 1181, dass keine Lösungsvorschläge eingegangen seien. Ferner war
Lichtenberg gemäß Bw 3, S. 121: Nr *1399 beteiligt an der Begutachtung der Preisaufgabe über Höhenmessen mit dem Barometer, die 1783 offenbar von Kästner gestellt worden war (vgl. GGA 1783, S. 1133. 2030; GGA 1785, S. 1931). Die Aufgabe
1789 war von Kästner gestellt worden, wie wir sahen; ebenso klingt die von 1795
überdeutlich nach diesem („Ueber die Geschwindigkeit des Lichtes der Sterne";
GGA 1795, S. 1979, wiederholt 1796, S. 1996; auch sie wurde nicht beantwortet:
GGA 1797, S. 2020).

16 Z. B. hat Lichtenberg mindestens noch den drei Zeitschriften-Herausgebern Friedrich Nicolai (am 18.2.1781: Nr 774), Christian Gottlob Heyne (u. a. am 6.5.1782:
Nr 910, 26.4.1791: Nr 1865 und folgende) und Gottlieb Hufeland (am 2.7.1792:
Nr 2111) brieflich Rezensionen angeboten, angekündigt oder sogar versprochen:
über u. a. Sigaud de la Fond (u. a.) beziehungsweise Ingen-Housz, Georg Forster beziehungsweise Hube, Scherer, André Philippe Bacher, Whitehurst – und allesamt
nicht geliefert (siehe auch die noch viel längere Liste in Bw 5.1, S. 697).

17 Weil er sie plante und Heyne, dem Herausgeber der GGA, bereits angekündigt hatte,
sind Lichtenberg durch Jung nach diesen Briefzeugnissen vier Rezensionen in den
GGA zugewiesen worden – irrig, da Lichtenberg dann doch nicht damit fertig
wurde: Zu streichen bzw. von mir unter die Apokrypha versetzt (dort Nr 9-12) sind
also Jung 145 / 146 (der einem Kommentar Leitzmanns zu Br 2, 1902, S. 27 folgte
(Brief an Heyne [vor 14. Mai 1782]: Bw 2, S. 321: Nr 911; diese schon von Hahn 1927,
S. 86 Anm. 132 nach dem Göttinger Handexemplar der GGA zurückgewiesen): Joseph Priestley: Experiments and observations relating to various branches of natural philosophy Vol. 2 (1781) beziehungsweise William Morgan: An Examination of Dr. Crawfords theory on beat and combustion (1778) (diese beiden sind von Soemmerring
verfasst, vgl. Fambach 1976, S. 98). Entsprechend Jung 192 / 193, die Lichtenberg
zwar an Heyne [Mitte Juli 1784: Bw 2, S. 873: Nr 1279] ankündigte, dann aber doch

schrieben, weil er sie schuldig blieb – sie sind jetzt unter die Apokrypha verwiesen;[18]

– die höchst asketische Angabe zeitgenössischer Rezensionen über Lichtenbergs Arbeiten,[19] auf deren Vollständigkeit auch wir freilich (wie gesagt) keinerlei Anspruch erheben können;

– das Fehlen der zeitgenössischen Übersetzungen in fremde Sprachen, bei denen aber auch ich befürchte, dass wir ebenfalls noch lange keine Vollständigkeit erreicht haben. Gerade in diesem Bereich der europäischen Lichtenberg-Rezeption wäre noch einiges zu tun und ist manches zu entdecken: Wer hätte es denn für möglich gehalten, dass Lichtenbergs „Timorus" (siehe zu Nr 28) schon im Februar 1775, anderthalb Jahre nach seinem Erscheinen, in der „Gazzetta di Milano" angezeigt und damit im gebildeten Italien wahrgenommen wurde? Mehr noch: dass er bereits zu Lebzeiten – und damit haben wir schwerlich alle einschlägigen Titel gefunden – übersetzt wurde ins *Dänische* (Nr 266-268. 311. 342. 378a.), *Französische* (neben den 22 Jahrgängen des *französischen* GTC, die sich großenteils an ein frankophiles deutsches Publikum richteten, die Nrn 111. 231. 271. 384), *Niederländische* (Nr *173a. 260. *261), *Polnische* (Nr 292), *Russische* (Nr 300) und *Schwedische* (Nr *60. 140. 141/IV. 386)?

Man erlaube mir am Ende meiner programmatischen Aufstellung der Abhilfe und Korrektur bisheriger Unzulänglichkeiten auch noch fast entschuldigend auf zwei eigene Alexandrinismen hinzuweisen, die man sonst in Werkbibliographien selten

nicht lieferte: Über Saussure: Essais sur l'hygrométrie (1783) beziehungsweise Kratzenstein: L'art de naviguer dans l'air (1784) (sie wurden nachher von A. G. Kästner verfasst, vgl. Fambach 1976, S. 117 f.)].

18 Umgekehrt finden sich aber auch noch mindestens zwei ziemlich weit gediehene Entwurfsmanuskripte von offenbar für die GGA gedachte Rezensionen im Nachlass (Publikation geplant): 1) Ms. Lichtenberg VII O Bl. 27: über eine Schrift von Wilcke über den Voltaischen Elektrophor, welche in den Kongl. Vetenikaps acad. Handlingar for År 1777, Heft 1-3 erschien (besprochen hat diese Abhandlung nachher A. G. Kästner in den GGA 1777, Zugabe, 27.-29. St. vom 3.-17.7.1779, S. 420. 421. 450, aber deutlich knapper); 2) Ms. Lichtenberg VII E 5, Bl. 10 f.: über Johann Jakob Hemmer: Anleitung […] Wetterleiter an alle Arten von Gebäuden anzulegen. Mannheim: Mittel 1786 (siehe zu Nr 119; in den GGA offenbar gar nicht angezeigt, sondern nur eine vorangegangene Version aus den Commentationes academicae 1784 durch A. G. Kästner kurz referiert: GGA 1784, 147. St. vom 11.9., Bd 2, S. 1473).

19 Hier haben uns auf meine Anregung hin Stefan Nolting (in: *Lichtenberg-Jahrbuch 1993*, S. 234-237, zum *GTC*) und Hilmar Busch (in: *Lichtenberg-Jahrbuch 1995*, S. 295 f., zum *GMWL*) vorgearbeitet. Ihre Ergebnisse konnten wir leicht ergänzt und hie und da korrigiert übernehmen, ebenso wie die Liste der einschlägigen Rezensionen, die Hans-Georg von Arburg, der mir auch vor Jahren schon freundlichst die vier bei Nr 72 mitgeteilten französischen Ausgaben von Lavaters *Physiognomischen Fragmenten* nachwies, dem Literaturverzeichnis seiner *Kunst-Wissenschaft um 1800. Studien zu Georg Christoph Lichtenbergs Hogarth-Kommentaren*. Göttingen 1998 (= *Lichtenberg-Studien XI*), S. 375 f. vorangestellt hat.

findet. Die eine ist klein. Im Kommentar zu den SB 3 (und auch noch 1999 zu seiner Edition „Lichtenbergs Hogarth") wiederholt der Herausgeber bei den Angaben zur Satzvorlage seiner Auswahl mit obsessiver Hartnäckigkeit die nun wirklich überflüssige Feststellung: „Ein Manuskript der Abhandlung ist im Nachlaß nicht vorhanden" beziehungsweise „Eine Handschrift ist nicht überliefert". Wusste er nicht, dass derlei Manuskripte im 18. Jahrhundert aus rechtlichen Gründen bis zum Verkauf einer Auflage in den Druckereien aufbewahrt und danach selten zurückgegeben, vielmehr *fast immer* alsbald vernichtet wurden? Daher sind uns (mit seltensten Ausnahmen) bis um 1800 generell handschriftlich allenfalls Duplikate solcher Werkmanuskripte überliefert. Ich habe aber nun gerade wegen dieser ihrer Seltenheit keinen Anstand genommen, neben den wenigen mir bekannt gewordenen und zumal meist fragmentarischen Werkmanuskripten[20] auch die doch offensichtlich wichtigeren von Lichtenberg aufbewahrten Vorarbeiten und Entwürfe[21] sowie seine Korrekturen auf Druckbögen oder in Hand- und Widmungsexemplaren möglichst mit Besitzangabe bzw. Nachlass-Signatur anzumerken, habe dabei eine Reihe bislang nicht identifizierter Entwürfe entdeckt und zuordnen können, freilich wieder ohne Anspruch auf letzte Vollständigkeit. Ein gutes halbes Hundert Items (Zettel, Blätter, Notizhefte und Sudelbücher) für ca. 70 seiner zu Lebzeiten bzw. im Todesjahr gedruckten Schriften sind es aber dann doch geworden – in SB findet man fast keine Spur davon, und wenn doch, ganz unzulänglich dargestellt.

Mit dem anderen Alexandrinismus wird zugleich eine Forderung Gumberts[22] eingelöst: Dem Beispiel Horst Fiedlers bei dessen Forster-Bibliographie (1972) folgend, habe ich nun auch Lichtenbergs Eintragungen in den *Vorlesungsverzeichnissen* der Göttinger Universität bibliographisch nachgewiesen: mit präzisen Stellenangaben die 57 *deutschen* Versionen in den GGA, die immer ca. 4-6 Wochen vor Vorlesungsbeginn (der wurde seit 1773 dort auch bekanntgegeben) erschie-

---

20 Nicht eigens nachgewiesen habe ich eine Anzahl postumer Abschriften von Aufsätzen Lichtenbergs, die von unbekanntem Schreiber aus Zeitschriften für die ¹VS angefertigt worden waren (siehe dazu Ludwig Christian Lichtenberg an Dieterich, 3.10.1799: Dieterich 1993, S. 293 f.) und sich im Nachlass erhalten haben (Ms. Lichtenberg XI, 2) – sie sind für die Textkritik philologisch wertlos, könnten allenfalls (wenn man das wollte) Abweichungen und Fehler in den VS erklären helfen.
21 Das ist erläuterungsbedürftig: Lichtenberg pflegte erkennbar nach einer Drucklegung nur mehr das Ungenutzte aufzubewahren, dies aber recht konsequent. Dadurch finden sich mehr Paralipomena als Parerga – und wörtliche Entsprechungen selten anderswo als im Gestrichenen. Bei den naturwissenschaftlichen Arbeiten wurden derlei oft blattweise bewahrten Überreste von ihm gern in die Vorlesungspapiere integriert, beim Kalender und der Hogarth-Erklärung gab es offenbar eine thematische Registratur, welche sich in den Nachlassmappen Ms. Lichtenberg IV, 43-46 (= GTC) und IV, 47-52 (= Hogarth) erkennen lässt.
22 Gumbert 1974, S. 330.

nen.[23] Dabei habe ich dann unter jeweils derselben Nummer nur beiläufig mit den römischen Seitenzahlen auf die gleichfalls von Lichtenberg selber verfassten *lateinischen* Eintragungen im jeweiligen *Catalogus praelectionum publice et privatim in academia Georgia Augusta per hiemem* (bzw. *per aestatem* [Jahr, Semesterbeginn]) *habendarum* hingewiesen, erschienen *Goettingae. Litteris Iohann Christian Dieterich, acad.[emiae] typogr.[aphicus]*, diesmal sogar 58mal, denn wegen ihres Versands nach auswärts wurden sie weitere zwei bis vier Wochen früher gedruckt (für das Wintersemester also zumeist an den *calendae Septembris* (dem 1. September); für das Sommersemester, weil dessen Beginn damals vom jeweiligen Oster-Termin abhängig war, also zwei bis drei Wochen vor oder nach den *calendae Martii* (dem 1. März), so dass Lichtenbergs letzte Ankündigung im *Catalogus* in der zweiten Februarhälfte und damit noch vor seinem Tod erschienen ist.[24] Die meist sehr karg gehaltenen Ankündigungstexte selber stammen unstreitig von Lichtenberg, mehr als im Orthographischen wurden wenigstens die deutschen in der Redaktion und Druckerei nicht verändert, der Wortlaut gehört Lichtenberg. Und auch das Latein, dessen Korrektheit wahrscheinlich Christian Gottlob Heyne als Wächter auch der *Catalogorum praelectionum* zu verantworten hatte (nomineller Herausgeber war der je amtierende Prorektor), dürfen wir Lichtenberg grundsätzlich zutrauen.[25] Jedenfalls deuten die Schwankungen in den Formulierungen auf eine jedesmal neue Abfassung, und da sich im Nachlass wenigstens *eine* Entwurfsnotiz von Lichtenbergs Hand offenbar aus der Mitte seiner Laufbahn als akademischer Lehrer zufällig erhalten hat,[26] dürfte *er* auch Verfasser seiner *lateinischen* Ankündigungen gewesen sein.

23 In den GGA eingeleitet: „Wir zeigen die Vorlesungen, welche bevorstehenden Sommer (beziehungsweise Winter) von den öffentlichen und Privatlehrern auf der hiesigen Universität gehalten werden, nach der Ordnung der Disciplinen an."

24 Ich habe die Texte dieser Ankündigungen in beiden Sprachen zusammengestellt in Joost 2000, S. 33-70; hier S. 59-66 (unten sind die jeweiligen Seiten angegeben). – In Heerdes *Das Publikum der Physik. Lichtenbergs akademische Hörer.* Göttingen 2006, S. 732-774, sind zudem dieser Liste jeweils die bekannten *Hörer* Lichtenbergs ihren jeweiligen Vorlesungen zugeordnet. Vgl. ferner meine Einführung zum 2. Band der Akademie-Ausgabe von Lichtenbergs Vorlesungen: *Gamaufs Erinnerungen aus Lichtenbergs Vorlesungen* (VNat 2, 2008, S. XXXII-XXXIV), wo aber nur die Ankündigungen der von *Gamauf* gehörten Vorlesungen in extenso wiedergegeben sind.

25 Freilich „erholte" auch Lichtenberg (wie er gesagt hätte) gelegentlich „sich Rats" bei ihm, vgl. etwa Bw 3, S. 1049: Nr 2031: „Bey dieser Gelegenheit bitte ich Ew. Wohlgebohren gehorsamst allenfalls die gröbern barbarismen von meinem Latein abzubürsten" – und Heynes Antwort in Nr 2032.

26 Ms. Lichtenberg VII O, Bl. 44 v.: [Vorlesungsankündigung für unbestimmtes Semester; am ehesten ähnelt sie der gedruckten Version zum Sommersemester 1784]: „G. C. L. Physicam experimentalem quinquies per Hebdomadem {ad suam compendii Erxlebiam editionem privatim} docebit Hor. IV. | Selecta quadam physicae Capita sigillatim tractare volentibus studia sua offert."

Mit diesem Streben nach Vollständigkeit ist das *Ausgeschlossene* leicht benannt: Wir haben außer einer angekündigten, aber möglicherweise dann doch nicht erschienenen Übersetzung ins Niederländische (Nr *261) und zwei nur mäßig gut bezeugten Casual-Carmina (Gelegenheitsgedichten; hier Nr *2 und Nr *†6) ausschließlich recht sicher verbürgte Drucke aufgenommen, diese aber auch dann, wenn sie derzeit noch verloren oder uns unzugänglich sind – also keinerlei Pläne und Entwürfe, auch nicht die offenbar bereits an die Redaktion abgeschickte Notiz „Für das Intelligenz-Blatt der Allgemeinen Litteratur-Zeitung in Jena" vom November 1795, die aber dort offenbar nie erschienen ist und daher unter die Postuma gehört.[27] Hierzu stelle ich noch Lichtenbergs Vorrede zu Blumhofs Übersetzung von Brisson, als geplant erwähnt in Kästners Brief an ihn vom 18.10.1794 (Bw 4, 359 f.: Nr 2452), zu der sich tatsächlich ein doppelseitig beschriebenes Blatt Notizen im Nachlass findet (Ms. Lichtenberg VII O, Bl. 41 recto und verso; von L. gezeichnet „a)" – ein „b)" wohl nie geschrieben? – jedenfalls bislang nicht gefunden). Beim Kommentar zum Bw kannte ich das Blatt noch nicht, konnte nur mitteilen, dass das Buch ohne Lichtenbergs Beitrag erschienen sei – indessen reicht doch der bloße *Plan* gemäß dem vorhin Gesagten keinesfalls zur Aufnahme in unsere Bibliographie.

Von den am Ende uns Heutigen ja viel wichtigeren Nachlasspublikationen (wie vor allem den in vorliegender Bibliographie übergangenen Sudelbüchern) sind daher hier nur mehr die zu Lichtenbergs Lebzeiten fertiggestellten, ja teils schon ausgedruckten, aber doch aus sehr unterschiedlichen Gründen nicht gleich erschienenen, sondern noch in seinem Todesjahr zu finanziellem Vorteil der Familie rasch herausgebrachten Abhandlungen und Bücher erfasst worden (Nr 402: die 5. Lieferung der „Ausführlichen Erklärung"; Nr 404: die Abhandlung über oder gegen Johann Tobias Mayer jun.; Nr 406: der Copernicus-Essay; Nr 407: die „Vertheidigung des Hygrometers und der de Lüc'schen Theorie vom Regen"). Die erstgenannte Abhandlung (Hogarth Lfg V) war bei Lichtenbergs Tod bereits in der Korrektur, die zweite hatte er schon im Oktober 1792 an den Zeitschriftenherausgeber (Gren) gesendet, und wir wissen nicht, ob Lichtenberg sie selber zurückgefordert hat oder, was weniger wahrscheinlich ist, man sie aus welchen Rücksichten auch immer nicht drucken mochte. Bei der dritten, dem „Copernicus", hatte er das Manuskript zurückgehalten wegen des Konkurses ihres Verlegers, dessen Nachfolger sie aber zu annähernd den verabredeten Bedingungen jetzt übernahm. Und die vierte, die Abhandlung gegen Zylius, war bereits drei Jahre vor seinem Tod bis zum 11. Bogen (= ‚L': bis S. 176) ausgedruckt, am 12. Bogen (= ‚M') wurde gesetzt, während Lichtenberg noch schrieb – nach dessen ersten zehn Seiten aber brach er ab und beendete das Unternehmen einstweilen (vgl. seinen Brief an Blumenbach [24.3.1796]), obgleich Dieterich das Erscheinen dieser Abhandlung bereits im Messkatalog angekündigt hatte. Offenbar hatten Lichten-

---

27 Gedruckt daher erst Br 3, 1904, S. 318: Anm. zu Nr 701, einem Brief an Loder vom 20.11.1795; dann entsprechend wieder zu Bw 4, S. 532 f.: Anm. zu Nr 2589.

berg (vielleicht nicht ganz unberechtigte) Zweifel überkommen, ob er nicht zu grob geworden – oder seine physikalische Position gegenüber dem zur Rede stehenden Problem vielleicht doch nicht ganz die richtige sei. Alle lagen also im Manuskript ganz oder nahezu fertig vor, waren von ihm selber zum Druck bestimmt gewesen, der sogar im ersten und letzten Fall schon weit gediehen war. Je ein Raubdruck (Nr 403) und ein Brief, versteckt in einem Nachruf (Nr 405), lagen außerhalb des Einflusses von Autor und Verleger. Einzig das kleine Epigramm aus seiner Frühzeit (Nr 408) hätte Lichtenberg (des bin ich gewiss) nicht selber publiziert, doch unterwerfen wir uns hier dem Systemzwang, bis inclusive 1799 alles aufzunehmen.

Das gesamte Material habe ich jetzt, wie vorhin schon eingehend begründet, wenn irgend möglich konsequent *chronologisch* angeordnet. Bei Publikationen in Periodica wurde das Datum des Hefttitels zugrundegelegt und nicht das öfter spätere des ganzen Bandes, welches ja Publikationen bloß virtuell verschiebt. Die auch sonst bei diesem Prinzip eines *wahren Erscheinens* nötigen Kompromisse sind klein gehalten worden. So konnten natürlich die indirekt ermittelten Publikationsdaten, die möglichst immer von mir angemerkt wurden, nicht als alleinige Grundlage der Ansetzung dienen; das buchhändlerische Vorausdatieren auf das Folgejahr bei Erscheinen einer Monographie im Herbst durfte ebensowenig zur Gänze ignoriert werden, Benutzer der Bibliographie könnten sonst allzu leicht an der falschen Stelle suchen. *Taschenkalender* und *Musenalmanache* vor allem, die ihr Verfallsdatum schon im Titel tragen, müssen möglichst am ersten Tag des *Geltungs*zeitraums verkauft sein, denn danach interessiert sich aus gutem Grund kaum noch jemand mehr für ihren Ermöglichungsgrund als Buch: das Kalendarium. Besonders auch angesichts der offenbaren Unkenntnis mancher Literaturhistoriker[28] über diese doch eigentlich recht einleuchtenden vorgezogenen Erscheinungsdaten ist es schlechterdings nicht zu rechtfertigen, Lichtenbergs Beiträge zum „Musen Almanach" in das Jahr zu setzen, *für* welches sie geschrie-

---

28 Man vergleiche meine Beobachtung im *Lichtenberg-Jahrbuch 2021*, S. 58 f. zu dergestalt fehlgeleiteter ‚literaturwissenschaftlicher' Wahrnehmung von Claudius' *Kriegslied* bis in daher unhaltbare Interpretationen hinein. Ja unlängst noch hat der Präsident der Goethe-Gesellschaft, ein außer Frage kundiger Literaturhistoriker, beim Göttinger *Musen-Almanach* auf 1774 dieses *Geltungs*jahr mit dem *Erscheinens*termin verwechselt, als er Bürgers *Lenore* und Goethes *Werther* anlässlich des Werther-Jahrs als unmittelbare Zeitgenossen präsentieren wollte (*Goethe-Jahrbuch 2023*, 11) – begonnen ist die tatsächlich überaus erfolgreiche Ballade schon spätestens im März 1773, am 9.9.1773 ging sie in Satz (Bürger: *Bw* 1, 2015, 388: Nr 175) und nicht, wie Wikipedia einmal wieder grundlos behauptet, „einigen Quellen zufolge 1774". Selbst Kandler 2013, S. 165 macht einmal diesen Fehler. Kundige Bibliographen lösen das Dilemma wie Fiedler (zu Georg Forster), der wie wir die Periodika an ihr wahres Erscheinungsdatum setzt, aber dann noch jeweils vom einzelnen Artikel zurückverweist, oder Kroke (zu Blumenbach), indem sie dem Geltungsjahr mit einem vielleicht etwas irreführenden „i. e." (= id est) das Erscheinungsjahr folgen lässt (z. B. „1778 [i. e. 1777]" – das lässt freilich das Ansetzungsproblem auf sich beruhen).

ben waren. Und gänzlich undenkbar war es, gerade Lichtenbergs „Göttinger Taschen Calender" in dieser Weise zu misshandeln: Gleich im ersten von Lichtenberg redigierten Jahrgang findet sich auch der Erstdruck der „Physiognomik", die ihren Verfasser im ganzen deutschen Sprachgebiet, nachher durch ihre Übersetzungen sogar europaweit berühmt werden ließ. Bei ihrer 2. Auflage, Ende Januar 1778 erschienen, hat Jung denn auch sein Prinzip über Bord geworfen und, damit das Büchlein nicht *vor* seinem Erstdruck im „Göttinger Taschen Calender" zu stehen komme, es nachträglich unmittelbar hinter diesem Erstdruck positioniert. Damit man aber die redaktionelle Manipulation nicht bemerke, musste er jetzt den folgenden Artikel in eine a-Nummer verwandeln. Entstanden war die *Almanachversion* im Sommer 1777, gedruckt also mit dem Kalender im August jenes Jahres, ausgeliefert wurde dieser zur damals nur mehr virtuellen Frankfurter Michaelis-Messe in der Woche nach dem 29. September 1777 – und bis Weihnachten, spätestens im Januar 1778, war er größtenteils verkauft. Jung hätte auch auffallen müssen, dass Kästners Rezension *vor* dem Einzeldruck erschienen war – sie bezieht sich nämlich auf die Version im Kalender. Er änderte aber nur das Erscheinungsjahr dieser Rezension in 1778 (hielt es wohl gar für einen Schreib- oder Druckfehler?). Ein Hysteron-Proteron nennt man das zu Recht, es ist aber hier wahrlich keine einsehbar berechtigte Redefigur. Ganz ähnlich verhält es sich mit den „Opera Tobiae Mayeri" (buchhändlerisch – oder wie man zu Lichtenbergs Zeit gesagt hätte: bibliopolisch, siehe Nr 368 (e6) – vorausdatiert auf 1775, erschienen im Oktober 1774), übrigens schon daran erkennbar, dass die ersten beiden Rezensionen schon im November 1774 herauskamen (siehe dort). In einem anderen Jahr schafft unser mechanistischer Bibliograph einen vierfachen Wechsel der Abfolge, indem der zu *Ostern 1791* erschienene Erxleben [Jung 271] vom im *September 1790* herausgekommenen GTC [Jung 272-280] überholt wird, auf den zwar zeitlich wieder richtig ein Aufsatz aus dem *Dezember 1791* [Jung 281] folgt, welchem aber dann eine Rezension aus dem *Januar 1791* [Jung 282] nachklappert – eine historiographisch und philologisch vollständig sinnlose Reihung. Gewiss wird man es aus Raum- und Zeitersparungsgründen in einer Bibliothek für sinnvoll halten, Bücher in einem Regal nach Größe, Inhalten, Häufigkeit des Gebrauchs (oder – wie heute üblich – einfach nur Akquisitionseingang) zu sortieren; auch mag es vor allem in Buchhandlungen ästhetisch ansprechend sein, sie nach Farben aufzustellen wie einst die Regenbogenreihe der „edition suhrkamp" oder die „Weiße Bibliothek" desselben Verlags. Indes: In einer *Bibliographie* muss dem Literaturhistoriker die genaue Chronologie das oberste Anordnungsprinzip bleiben. Sie allein macht (wichtig gerade bei einem so universalen Schriftsteller wie Lichtenberg) die Gleichzeitigkeit des Ungleichzeitigen und nach Sujet vermeintlich Nichtzusammengehörigen sichtbar, erlaubt den Zugriff ohne Kenntnis des Inhalts oder Umfangs der jeweiligen Publikation – und lässt nicht zuletzt Entwicklungsschritte des Literarischen sichtbar werden. Durch die jetzige hoffentlich einleuchtende und möglichst konsequent durchgeführte chronologische Ansetzung der Schriften Lichtenbergs und deren jeweilige Begründung steht aber nunmehr kein Jahr mehr ganz in der von Jung gegebenen Abfolge, und die eben geschilderten Probleme der *Vorausdatierung* ließen sich durch den Kompromiss einigermaßen lösen, dass die erwähnten Schriften zwar im *wahren* Erscheinungsjahr, mit dem Oktober aber schon beinahe an seinem Ende und sonach dicht genug an der Grenze zum Geltungsjahr verzeichnet sind.

Nicht zuletzt aus dieser Einsicht habe ich mich denn auch beim Heranziehen von anderen, vor allem brieflichen Quellen neben den Details der Textrevision vor allem auf Begründungen der Chronologie beschränkt. Wer nun Lichtenbergs eigene Meinung zu seinen Werken auch sonst kennenlernen möchte, sei nachdrücklich auf die Register des Briefwechsels (Bw 5,1, v. a. S. 679-701) beziehungsweise der Sudelbücher (SB I/II K, v. a. S. 1477-1482 – letzteres ist aber leider äußerst unvollständig!) verwiesen. Die über 200 Erwähnungen von ca. 50 seiner Schriften im Tagebuch 1789-1799, welches Lichtenberg in einem mit Schreibpapier durchschossenen Staatskalender (daher: SK-Tagebuch) führte, habe ich hingegen hier schon nach dem Arbeitsmanuskript meiner Edition eingearbeitet, und, da diese leider immer noch etwas warten muss, ausführlich genug zitiert. Meine Sammlung „Lichtenberg im vertraulichen Urteil seiner Zeitgenossen", gleichfalls im Manuskript schon weit gediehen und nach 35 Jahren des Sammelns und Suchens über 800 Seiten stark, wird hoffentlich auch unsere Bibliographie und die Werkausgaben bald einmal erfreulich ergänzen – sie konnte ich aber hier aus schieren Umfangsgründen nicht auch noch einfügen.

Ich habe mich bei unserer Arbeit wacker um neuerliche Autopsie bemüht, die ich nun ganz allein zu verantworten habe, kann aber nach so vielen Jahren nur mehr ausnahmsweise rekonstruieren, welche Titel wir *gar nicht* gesehen haben. Deren Zahl bewegt sich indessen im niedrigen einstelligen Prozentbereich. Fiel eine Unsicherheit ins Gewicht, habe ich ein solches Manko jetzt auch ausdrücklich thematisiert (wie zum Beispiel beim Einzeldruck der „Schwimmenden Batterien" im März 1783 (Nr *188). Möglichst jeder Titel wurde also erneut überprüft (auch hier waren zahllose Änderungen gegenüber den alten Angaben nötig), lediglich die ca. 385 nachgewiesenen Rezensionen *über* Lichtenbergs Werke aus annähernd 50 verschiedenen Zeitschriften habe ich nur zu einem Teil neuerlich aufzusuchen vermocht.

Ein Wort noch zu den schon mehrfach erwähnten Konkordanz-Angaben. Es ist heute schlechterdings unmöglich, die hier aufgeführten Originalausgaben auf *einem* und zumal *nicht* dem privaten Schreibtisch zu versammeln. Kein Sammler und schon gar kein Literaturforscher besitzt sie vollständig, aber auch keine öffentliche Bibliothek, nichteinmal die Göttinger. Das Alter dieser Drucke würde ohnehin verbieten, sie außer Haus zu entleihen, und beileibe nicht alle sind bislang im Internet erreichbar,[29] auch wenn sich das wohl allmählich ändert und sich da-

---

29 Immerhin ist mittlerweile der *GTC* für 1778 bis 1800 nach dem Exemplar der Göttinger UB (der in der Fernleihe verlorengegangene Jahrgang 1783 allerdings nach dem Ersatzexemplar aus Gumberts Sammlung, dem das Kalendarium fehlt) auf der

mit die Lage in den nächsten Jahrzehnten erheblich verbessern könnte: Indessen habe ich selber jetzt schon viele Nachprüfungen dort vorgenommen. Andererseits ist das digitale Medium weiterhin doch deutlich volatiler als die klassische Kodexgestalt des Buchs.[30] Aus all diesen Gründen habe ich versucht, möglichst alle Artikel auch von geringerem Umfang in den wichtigeren Werkausgaben Lichtenbergs, auf die sich zumal die ältere Forschungsliteratur bezieht, nachzuweisen. Dabei muss der Benutzer vorliegender Bibliographie allerdings wissen und immer bedenken, dass die ersten beiden Ausgaben der „Vermischten Schriften" (*VS*, nach ihrem Impressum beide in Göttingen bei Dieterich erschienen, doch ist die zweite in Wahrheit bereits in Leipzig produziert worden, wohin der Verlag in den 40er-Jahren an Wilhelm Vogel verkauft worden war), die die vollständigsten sind, recht freizügig mit Lichtenbergs Text verfuhren und ihn ohne Kennzeichnung im Einzelnen nicht nur orthographisch modernisiert, sondern auch sprachlich immer mal wieder „verbessert" haben (oder wie Lichtenberg gesagt hätte: „verschlimmbessert"[31]). Das geschah wohl selten oder sogar nie auf der Basis von Handexemplaren oder Manuskripten des Autors (solche Fälle sind dann eigens in den Vorreden erwähnt; siehe z. B. zu Nr 24), sondern durch pure Divination und in Schulmeistergeist. Auch wissen wir durch Achenbachs und meine Studien,[32] dass die Diete-

---

Website der Universitätsbibliothek Bielefeld öffentlich zugänglich, dort auch Boies *Deutsches Museum* und Nicolais *Allgemeine Deutsche Bibliothek*. Ebenso ist das hier oft zitierte Göttinger Handexemplar der GGA auf der Website „res docta" der Göttinger Akademie der Wissenschaften ganz gut einsehbar. Ich muss allerdings vor allzu großem Optimismus warnen: der GTC für 1779 zum Beispiel ist a. a. O. so erbärmlich reproduziert, dass er schwerlich viele Leser an den Bildschirm locken wird. Und ich entsinne mich auch, dass ich einen von Lichtenberg erwähnten Druckfehler im „Deutschen Museum" (weiß nicht mehr, welchen) dort *nicht* fand, weil ein Zeitgenosse von Lichtenberg ihn so täuschend echt mit Tinte verbessert hatte, dass er nur mehr am Original zu erkennen war. Außerdem darf ich daran erinnern, dass der Computer beim Blättern (NB nicht beim gezielten Suchen!) der Kodex-Gestalt des Buchs immer noch deutlich unterlegen ist, nicht nur perzeptiv; anderer Nachteile und zumal des „Verlustes der Aura" (Walter Benjamin) gar nicht zu gedenken.

30 Ich habe deswegen davon Abstand genommen, diese Quellen hier zu verzeichnen; denn erstens kommen jeden Monat neue Sites auch für unsere Arbeit hinzu, zweitens ist das Medium (sicherlich noch sehr lange) dergestalt dynamisch in Bewegung, dass fast ebensoviele innerhalb weniger Jahre, ja sogar Wochen wieder verschwinden, zumal da der technische Forstschritt oft dazu führt, dass viele der älteren Sites alsbald nicht mehr benutzbar sind.

31 Das Wortspiel stammt von Lichtenberg, vgl. seinen Brief an Blumenbach vom 10.6.1798 (Bw 4, S. 882: Nr 2860; dort (Anm. 12) auch zur Rezeptionsgeschichte des Ausdrucks).

32 Joost 2009, dort bes. S. 201 Anm. 10. – Achenbach 2021 (zuerst im Lichtenberg-Jahrbuch 2011), S. 264-279, besonders S. 276. Ich füge seiner Anmerkung 11 (2021) noch diese Fehler in der Ausgabe B von ¹VS Bd 1 hinzu: S. 27, Z. 11 in B: „übersetzte;" in A: „übersetzte:" S. 55, Z. 2 in B „um" in A „nun"). – Übrigens legte der Verlag Lang in Bern 1972 seinem weitverbreiteten photomechanischen Nachdruck

rich'sche Verlagsbuchhandlung von der ersten Ausgabe (¹VS: 1800-1806) im folgenden Vierteljahrhundert mehrere nicht immer leicht zu erkennende Nachschüsse (in durchaus rechtsverletzender Absicht) veranstaltete, wodurch manche unbemerkten Druckfehler entstanden sein mögen; andere verschwanden dadurch allerdings auch wieder.

Aus dem besagten Grund der Seltenheit der Originalausgaben (freilich auch der Faulheit der Herausgeber!) folgen diesen beiden Ausgaben der „Vermischten Schriften" in der Regel alle Auswahleditionen oder Teilsammlungen von Lichtenbergs Werken im 19. und 20. Jahrhundert – direkt oder (seit 1949) auf dem Umweg über die Grenzmann'sche Edition – und folglich mit allen Fehlern jener gesammelten Werke. Einzige Ausnahme macht hier doch Band 3 der „Schriften und Briefe", 1972 herausgegeben von Wolfgang Promies bei Hanser (zitiert als: *SB* 3), welcher auf die Erstdrucke zurückgeht,[33] indessen quantitativ wie numerisch nur eine Auswahl von annähernd der Hälfte der hier bibliographierten Schriften Lichtenbergs in leicht modernisierter Orthographie beibringt, und natürlich die Derivate dieser Edition. Ihm folgen nämlich nachher weitgehend Mautner mit seiner Insel-Werkauswahl (dort also Bd 2, 1983) und wohl auch gelegentlich jüngere Sammlungen. Bis es einmal eine vollständige und wissenschaftlich bearbeitete kritische oder gar historisch-kritische Werkausgabe geben wird, muss man einstweilen wo immer möglich die textkritischen Hinweise von *Lauchert* konsultieren; ich habe daher in meinen Anmerkungen auf die wichtigsten dieser seiner gründlichen Vorarbeiten noch einmal eigens hingewiesen – und diese philologische Hilfe hie und da, freilich aleatorisch, auch durch eigene Funde vor allem aus dem Briefwechsel und aus anderen Zeugnissen ergänzt. Erstmals sind aber bei uns bibliographisch möglichst alle Errata-Hinweise der Erstdrucke, die den Editoren regelmäßig entgingen, systematisch aufgeführt und durch weitere Korrigenda-Hinweise ergänzt.[34]

Auch jenseits aller textkritischen Vorbehalte bietet die Werkkonkordanz noch den Zugang zu entstehungs- und wirkungsgeschichtlichen Hinweisen in den Vorbemerkungen der VS (beider Auflagen) und den Wegweiser zum Kommentarband

der ¹VS mit sicherem (Miss-)Griff ein Exemplar eben der schlechteren Nachdruckausgabe B zugrunde.

33 Er gibt das zumindest vor, und die Stichproben bestätigen es bislang. Es bleibt aber angesichts der Schwierigkeiten bei der Beschaffung einiger Originalvorlagen doch genauerer Prüfung vorbehalten, ob der Herausgeber sich nicht etwa bloß der trefflichen textkritischen Notizen Laucherts bedient hat, um auf diesem Weg einen kritisch durchgesehenen Text zu konstituieren; geschadet hat es jedenfalls nicht. Doch beim Hogarth konnte ich mit Nr 372 (dem „Liederlichen", siehe dort) nachweisen, dass Promies wenigstens bei dieser Lieferung den Abdruck B zugrundegelegt hat, nicht die wahre Erstausgabe A.

34 Wo ich dabei keine gedruckte Quelle angebe, sondern nur Brief- oder Tagebuchdaten nenne, habe ich mir die Angaben aus zumindest damals noch ungedruckten Handschriften exzerpiert. Man wird sie hoffentlich bald in „Lichtenberg im vertraulichen Urteil seiner Zeitgenossen" wiederfinden.

von SB 3, der 1974 erschien. Bei dieser Gelegenheit erinnere ich noch an die Schriftenregister zu den Monographien von Mautner 1968 und Stern 1959 sowie zu den gesammelten Schriften von Achenbach 2021.

Unabhängig von der bloß numerischen Vermehrung und qualitativen Besserung der Titelaufnahmen und der Kollationen verachtfachte sich der Umfang bei den hier vorgelegten „Schriften zu Lebzeiten" durch zahllose Annotationen auch quantitativ (von knapp 40 Seiten bei Jung und zumal in einem jetzt viel engeren Satz auf über 230) – Einleitung, Verzeichnisse und Register gar nicht mitgerechnet. Angesichts dieses Umfangs musste ich indessen ein ursprünglich geplantes zweites Kapitel der Bibliographie mit den Publikationen aus Lichtenbergs Nachlass nach dem Jahr 1799 bis zur Gegenwart zurückstellen, die auch zwei umfangreiche Anhänge enthalten sollen: a) eine vierfache Sudelbuch-Konkordanz, b) ein kurzgefasstes Repertorium der Manuskriptbestände im handschriftlichen Nachlass und in Archiven wie Bibliotheken außerhalb der NSuUB Göttingen. Dieser zweite Teil einer Werkbibliographie soll möglichst bald einmal im Lichtenberg-Jahrbuch folgen, um einen *vollständigen* Überblick über Lichtenbergs Schriften zu ermöglichen.

Ich sehe es nicht als Schande an, die ohnedies schon recht spät festgelegte Nummernfolge doch noch achtmal durch verschluderte Nachträge unter a-Nummern gewissermaßen ‚aufgelockert' zu haben (71a. 145a. *173a. 191a. †258a. 345a. †372a. 378a), zumal da schon bei den Kalendern alphanumerische Folge eingeführt war und ich zur Vermeidung von Zahlenschinderei die drei jeweils fast zeitgleichen und fast oder vollständig wörtlichen Wiederholungen der Ankündigungen (des GMWL, 1779: †103a-i; der „zerstreuten Schriften von mir gesammelt", 1784: 236a-d; und der „Ausführlichen Erklärung", 1794: †349a-b) auf diese Weise angemessen zusammenfassen konnte. Siehe aber doch jetzt schon die Nachschrift S. 284: Mögen meine Nachfolger und Kritiker weitere Nachträge hinzutreten lassen!

Ein solches Verzeichnis liest man nicht fortlaufend: Man wird mir daher auch verzeihen, dass ich Erläuterungen desselben Sachverhalts ein paarmal, wo es mir wichtig genug schien, an verschiedenen Stellen gegeben habe, statt (wie sonst) bloß auf die erste Erwähnung zu verweisen.

Dem Andenken des Mitbegründers, langjährigen Schatzmeisters und Förderers der Lichtenberg-Gesellschaft, des findigen Sammlers und humorvollen Freundes Bernd Achenbach, welcher im vorigen Jahr noch auf dem Sterbebett, wenige Tage vor der Erlösung von seinen Leiden, mir das Versprechen abnahm, die Arbeit zu vollenden und zugleich den Druck des hier Vorgelegten durch eine namhafte Spende sicherte, sei unsere gemeinsam begonnene kritische Fleißarbeit gewidmet.

Begonnen an Lichtenbergs 225. Todestag, dem 24. Februar 2024, geschlossen an seinem Geburtstag, dem 1. Juli

Ulrich Joost

Verzeichnis der hier gebrauchten
Siglen und Abkürzungen

In den Rezensionen über die Schriften Lichtenbergs habe ich die Zeitschriftentitel möglichst durchgängig auf Siglen gebracht, die im Folgenden aufgelöst und mit bibliographischen Angaben ergänzt sind. In den Nachweisen seiner eigenen Abhandlungen und Periodica dagegen tunlichst nicht (außer bei seinen zahlreichen Beiträgen zu den Göttingischen Gelehrten Anzeigen: GGA sowie beim GTC, beim GMWL und den postumen Werkausgaben VS, SB, GW).

Es bedeuten die ersten beiden der folgenden Zeichen vor dem Titel einer Schrift Lichtenbergs

† = Verfasser- bzw. Herausgeberschaft ist nach unterschiedlichen Graden nicht gewiss (von ‚sehr wahrscheinlich‘ bis ‚nur möglich‘). – Bei den mit † gekennzeichneten aufgeschlüsselten Namen von Rezensenten der (N)ADB handelt es sich um gar nicht gezeichnete Rezensionen; sie waren nämlich (entsprechend dem Verfahren dieser Zeitschrift) dem Verfasser der jeweils nächstfolgenden Rezension zugewiesen.

* = erschlossener Text oder Abdruck bzw. bibliographisch unsichere Information, wie zum Beispiel im Fall der ‚Neujahrswünsche‘ (Nr *22).

{…} = vom Verfasser eingefügt (bei Zitaten aus der Hs.)

<…> = vom Verfasser gestrichen (bei Zitaten aus der Hs.)

¹, ² = hochgestellte Ziffern: markieren die Ausgabe / Auflage

A-E = (bei den Lieferungen der „Ausführlichen Erklärung") die von Achenbach eingeführte Zählung der Auflagen / Ausgaben der Hogarth-Erklärung; siehe Nr 411.

A-L = Lichtenbergs Bezeichnung seiner Sudelbücher (außer A und B, die daher eigentlich [A] und [B] heißen müssten; G, H und K sind hds. nicht überliefert; sie müssten daher eigentlich als *G, *H und *K bezeichnet werden). – Die Bezifferung der einzelnen Eintragungen führte Albert Leitzmann (Aph 1902-1908) ein; wir zitieren nach der Zählung von Wolfgang Promies in SB Bd 1 f. (1968 f.).

AA = Akademie-Ausgabe (siehe Georg Forster).

ABL = Auserlesene Bibliothek der Neuesten Deutschen Literatur. 1772-1781. Hrsg. von K. R. Hausen und seit 1775 von C. F. Helwing. Lemgo: Meyer.

Achenbach 1984 = Bernd Achenbach: Zur Bibliographie der ersten Buchausgabe von Lichtenbergs Hogarth-Erklärung. Nebst Notizen über ihr weiteres Druckschicksal bei Dieterich und einer vergessenen englischen Stimme im Anhang. In: Photorin. Mitteilungen der Lichtenberg-Gesellschaft. Heft 7-8. Saarbrücken 1984 (= Festschrift für Hans Ludwig Gumbert zum 80. Geburtstag am 1. Juli 1983), S. 5-33, bes. 10-20; wiedergedruckt Achenbach 2021, S. 179-212).

Achenbach 1994 = Bernd Achenbach: Hogarthische Skizzen im Göttingischen Taschenbuch nach Lichtenberg und ihr Erklärer. In: Lichtenberg-Jahrbuch 1994, S. 112-127.

Achenbach 2021 = Bernd Achenbach: „Euer Konzipient war ein sinnreicher Kopf"
und andere Beiträge zur Lichtenberg-Forschung. Göttingen: Wallstein 2021
(Lichtenberg-Studien XVII).

ADB s. (N)ADB

AGM = Altonaischer Gelehrter Mercurius. Altona: Burmeister 1780-1786.

ALZ = Allgemeine Literatur-Zeitung. Hrsg. von C. G. Schütz, G. Hufeland. Jena: Expedi-
tion; Leipzig: Churfürstl. Sächs. Zeitungsexped. 1785-1804. (Danach mit dem Fortgang von Schütz nach Halle Aufspaltung in die 1803-1849 in Halle fortgeführte –
und in die von Heinrich Karl Abraham Eichstädt hrsg. nun „Jenaische ALZ".)

Aph = Aphorismen. Nach den Handschriften hrsg. von Albert Leitzmann. Heft 1-5.
Berlin: Behr 1902-1908 (Deutsche Literaturdenkmale des 18. und 19. Jahrhunderts. Nr 123. 131. 136. 140. 141). [Von dieser ohnehin schon sehr kleinen Auflage
gibt es eine Version ohne Erscheinungsjahr mit neuem, nur vorgeklebtem Titel „B.
Behr's Verlag / Friedrich Feddersen" – also nach dem 1. Weltkrieg; ferner einen
photomechanischen Nachdruck bei Krauss Lichtenstein ca. 1970.]

AS 1800 = Georg Christoph Lichtenberg's Auserlesene Schriften. Mit 24 Kupfern nach
D. Chodowiecki. Baireuth: Johann Andreas Lübecks Erben 1800. Siehe unten Nr 409.

Ausführliche Erklärung = siehe Nr 350: 1794 (1). Nr 363: 1795 (2). Nr 372: 1796 (3).
Nr 389: 1798 (4). Nr 402: 1799 (5). Ferner unten Nr 410-412 mit der Gesamtüber-
sicht zur komplizierten Lage der Doppeldrucke und der Vergleichungstabelle der
Einzelblätter und deren Beschreibungen.

AVBA = Allgemeines Verzeichniß neuer Bücher mit kurzen Anmerkungen. Nebst
einem gelehrten Anzeiger. 1776-1784. Hrsg. von J. C. Adelung; seit 1782 von C. D.
Beck. Leipzig: Crusius.

Bauer = Jens-Heiner Bauer: Daniel Nikolaus Chodowiecki. Das druckgraphische
Werk. Hannover: Verlag Galerie J. H. Bauer 1982.

Baumgärtel = Ehrfried Baumgärtel: Die Almanache, Kalender und Taschenbücher
(1750-1860) der Landesbibliothek Coburg. Wiesbaden: Harrassowitz 1970.

Beaucamp 1991 = Gerta Beaucamp: Die „Anfangsgründe der Naturlehre" von
Johann Christian Polycarp Erxleben. Ein bibliographischer Versuch. In: Lichtenberg-Jahrbuch 1991, S. 220-228.

Bibliogenie = G. C. Lichtenberg: Die Bibliogenie oder die Entstehung der Bücher-
welt. Eingeleitet und bearbeitet von Ernst Volkmann. Weimar: Gesellschaft der
Bibliophilen. 1. Juli 1942.

BL 1982 = Bibliotheca Lichtenbergiana. Hrsg. von Hans Ludwig Gumbert. Wiesbaden: Harrassowitz 1982.

Blei 1910 = Jakob Michael Reinhold Lenz: Gesammelte Schriften. Bd 4, München
und Leipzig: Georg Müller 1910 (Bd 5: 1913).

Blumenbach Bw 6 = The Correspondence of Johann Friedrich Blumenbach. (Hrsg.
von Frank W. P. Dougherty). Volume VI: 1801-1805. Letters 1360-1787. Revised,
augmented and edited by Norbert Klatt. Göttingen: Norbert Klatt Verlag (Bro-
samen zur Blumenbach-Forschung 7).

Bogeng 1920 = G. Chr. Lichtenberg: Über Bücher-Formate. In: Vierteljahresschrift für
angewandte Bücherkunde. Hrsg. von G. A. Bogeng. Jg 2, H. 4 (1920), S. 159-161.

Br = Lichtenberg's Briefe. Hrsg. von Albert Leitzmann und Carl Schüddekopf. Bd 1-3.
Leipzig: Dieterich'sche Verlagsbuchhandlung (Theodor Weicher) 1901-1904.

Brosche 1982 = Peter Brosche: Lichtenberg-Funde in der astronomischen Literatur.
In: Das 2. Lichtenberg-Gespräch in Ober-Ramstadt 1974. Ober-Ramstadt: Verein
für Heimatgeschichte 1982, S. 59-68.

Buchmesse s. Messetermine

Bürgers Bw = Gottfried August Bürger: Briefwechsel. 6 Bde. Göttingen: Wallstein [bisher erschienen: Bd 1-3, 2015-2021].

Bw = Lichtenbergs Briefwechsel. Hrsg. von Ulrich Joost und Albrecht Schöne. Unter Mitwirkung von Julia Hoffmann (Bd 4) und Hans-Joachim Heerde (Bd 5). Bd 1-5 in 6 Bdn. München: C. H. Beck Bd 1: 1983. Bd 2: 1985. Bd 3: 1990. Bd 4: 1992. Bd 5: 2004.

BZ = Buchhändlerzeitung. Hamburg: Herold 1778-1785.

Cardanus = Ulrich Joost: Vorlesungsmanuskript und Vorlesungsnachschrift als editorisches Problem, und etwas von Lichtenbergs Vorlesungen. In: Robert Seidel (Hrsg.): Cardanus. Jahrbuch für Wissenschaftsgeschichte. Bd 1 (2000), S. 33-70. [Im Anhang: Berichte über Lichtenbergs Kolleg; Splitter von Nachschriften; Anekdoten; v. a.: Lichtenbergs lateinische Vorlesungsankündigungen (S. 59-66).]

Catalogus praelectionum = Catalogus praelectionum publice et privatim in Academia Georgia Augusta per semestre aestivum [respective:] hibernum [Jahr] inde a die […] habendarum. [Hrsg. vom Prorektor und dem akademischen Senat; redigiert von Christian Gottlob Heyne.] Gottingae Typis Io. Christian. Dieterich (das lateinische Vorlesungsverzeichnis der Göttinger Universität); https://gdz.sub.uni-goettingen.de/volumes/id/PPN687592380

Darmstädter 1931 = Ernst Darmstädter: Achim von Arnim und die Naturwissenschaft. In: Euphorion 32 (1931), S. 454-476.

del. = delineavit: hat gezeichnet.

Deneke 1934 = Otto Deneke: Göttinger Künstler 1. Göttingen: Selbstverlag 1934 (Göttinger Nebenstunden Nr 10).

Deneke 1938 = Otto Deneke: Aus Göttingen und Weimar. Göttingen: Selbstverlag 1938 (Göttinger Nebenstunden Nr 17).

Deneke 1944 = Otto Deneke: Lichtenbergs Leben. München: Heimeran 1944.

Denekes Lichtenberg-Schrank = Lichtenbergs Werke (u. a.), aus Otto Denekes Besitz; vgl. Lichtenberg-Jahrbuch 2022, S. 317-320.

Dieterich 1984 = Der Briefwechsel zwischen Johann Christian Dieterich und Ludwig Christian Lichtenberg. Hrsg. von Ulrich Joost. Göttingen: Vandenhoeck und Ruprecht 1984 (= Abhandlungen der Akademie der Wissenschaften in Göttingen Phil.-Hist. Klasse, 3. Folge Nr 146).

Dieterich 1992 = „Mein Freund, Vorschneider und Verleger": Aus Johann Christian Dieterichs Korrespondenz [1. Teil]. Hrsg. von Ulrich Joost. In: Leipziger Jahrbuch zur Buchgeschichte. Bd 2 (1992), S. 373-396.

Dieterich 1993 = „Mein Freund, Vorschneider und Verleger": Aus Johann Christian Dieterichs Korrespondenz. 2. Teil. Hrsg. von Ulrich Joost. In: Leipziger Jahrbuch zur Buchgeschichte. Bd 3 (1993), S. 277-315.

Dougherty 2000 = Frank William Peter Dougherty: Bibliographie der Werke und Schriften von Johann Friedrich Blumenbach nebst ihren Übersetzungen und Digitalisierungen. Ergänzt und mit einer Einleitung versehen von Norbert Klatt. Göttingen: Selbstverlag 2000 (Kleine Beiträge zur Blumenbach-Forschung 2).

DR = Der Reisende. Ein Wochenblatt zur Ausbreitung gemeinnüzziger Kenntnisse. Hamburg: Mathiesen 1782.

Ebel 1962 = Wilhelm Ebel: Catalogus Professorum Gottingensium 1734-1962. Göttingen: Vandenhoeck & Ruprecht 1962.

Ebel 1978 s. Kästner 1978.

Ebstein 1923 = Erich Ebstein: Über Grellmanns Mitarbeit an Lichtenbergs Göttinger Taschenkalender [1786-1790]. In: Zeitschrift für Bücherfreunde. N. F. 15 (1923), S. 145f.

EGAuN = Erlangische Gelehrte Anmerkungen und Nachrichten. Erlangen: Tetschner 1770-1787.

EGZ = Erlangische Gelehrte Zeitungen. 1790-1798.

Elogium 1799 = Elogium Georgii Christophori Lichtenberg. In consessv soc. Reg. Scientiarum recitavit Abraham Gotthelf Kaestner d. XX. April MDCCLXXXXIX. Göttingen: Dieterich 1799. [ausgekoppeltes Separatum der als 14. Bd der Commentationes Societatis Regiae Scientiarum Gottingensis nachher mit Jahr 1800 firmierend]. – Siehe auch Kästner 1978.

ELZ = Erlanger Litteratur-Zeitung. Erlangen: Palm 1790-1798.

Engelmann 1857 = Wilhelm Engelmann: Daniel Chodowiecki's sämtliche Kupferstiche. Beschrieben mit historischen, literarischen und bibliographischen Nachweisungen, der Lebensbeschreibung des Künstlers und Registern versehen. Leipzig: Engelmann 1857.
Robert Hirsch: Nachträge und Berichtigungen zu D. Chodowiecki's sämtliche Kupferstiche […]. 2. Auflage. Leipzig: Engelmann 1906.

Ernst 1913 = Daniel Chodowiecki: Sittenbilder. Mit Erklärungen von Lichtenberg. Hrsg. von Paul Ernst. Bd 1 [Abbildungen im Kupferdruck; unpaginiert]. Bd 2 [Lichtenbergs Beschreibungen: S. 1-99 wie bei Focke 1901a; S. 100-114 bringen die Kupfer und ihre Beschreibungen aus GTC 1789 und 1794 (: nur hier nachgedruckt); S. 115-193 den „Orbis pictus", aber nicht nach GMWL, sondern VS. Alles in leicht modernisierter Orthographie]. Weimar: Kiepenheuer [1913] (Weimarer Liebhaberdrucke. Bd 1 / 2).

Ersch = Ersch: Repertorium der Literatur für die Jahre 1785 bis 1790. Bd 3, Weimar 1794; bzw. f. d. J. 1791 bis 1795. Bd 1, 1. und 2. Hälfte. Weimar 1799f.; bzw. f. d. J. 1796 bis 1800. Bd 2,2. Hälfte Weimar 1807.

Eschenburg 2013 = Johann Joachim Eschenburg: Über William Hogarth und seine Erklärer. Mit einem Nachwort hrsg. von Till Kinzel. Hannover: Wehrhahn 2013 (Edition Wehrhahn 2).

EZ = Erfurtische Gelehrte Zeitungen. Hrsg. von F. J. Riedel. Erfurt: Straube 1769-1779.

Fambach 1959 = Oscar Fambach (Hrsg.): Der Aufstieg zur Klassik. In: Ein Jahrhundert deutscher Literaturkritik (1750-1850). Ein Lesebuch und Studienwerk. Band III. Berlin: Akademie-Verlag 1959.

Fambach 1976 = Oscar Fambach: Die Mitarbeiter der Göttingischen Gelehrten Anzeigen 1769-1836. Nach dem mit Beischriften des Jeremias David Reuß versehenen Handexemplar der Universitätsbibliothek Tübingen bearbeitet und hrsg. Tübingen: Universitätsbibliothek 1976 [masch.]. [Die Vorlesungseintragungen sind natürlich nicht mit Verfassernamen gezeichnet und folglich auch nicht in den Registern berücksichtigt. Fambachs Register S. 476 hat 46 Einträge; diese entsprechen genau Guthke 1963, der dem *Göttinger* Handexemplar folgte.]

f., fec. = fecit: hat (gemacht): den Kupferstich angefertigt.

FGA = Frankfurter Gelehrte Anzeigen. Hrsg. von J. H. Merck, J. G. Schlosser; K. F. Bahrdt und anderen. Frankfurt am Main: Eichenbergische Erben 1772-1790.

Fiedler = Horst Fiedler: Georg-Forster-Bibliographie 1767 bis 1970. Berlin: Akademie-Verlag 1971.

Focke 1901a = Rudolf Focke: Chodowiecki und Lichtenberg. Daniel Chodowiecki's Monatskupfer zum „Göttinger Taschen Calender" nebst Georg Christoph Lichtenberg's Erklärungen. 1778-1783. Leipzig: Dieterich'sche Verlagsbuchhandlung (Theodor Weicher) 1901.
[Wohl alle späteren Sammlungen dieser Texte gehen nicht auf die Originalausgaben des GTC (und wohl auch nicht auf Ernst 1913), sondern auf Focke 1901a zurück. Wir nennen die beiden am weitesten verbreiteten daher hier nur summarisch, zumal da sie modernisiert und schon wegen ihrer Indirektheit eigentlich nicht zitierfähig sind: Handlungen des Lebens. Hrsg. von Carl Brinitzer. Stuttgart: DVA 1971; Der Fortgang der Tugend und des Lasters. Daniel Chodowieckis Monatskupfer zum Göttinger Taschenkalender mit Erklärungen Georg Christoph Lichtenbergs 1778-1783. Hrsg. von Ingrid Sommer. Berlin: Buchverlag der Morgen 1975 (S. 57/59 bzw. 66/67 sind die Stiche 1. 2: „Geschmack" – „Gout" und 5.6: „Natur" – „Affectation" vertauscht; im Bildverzeichnis S. 227 steht die Zuordnung aber richtig. – Erschien gleichzeitig als Lizenz-Ausgabe in Frankfurt am Main: Insel und darauf fußend 1986 als Insel-TB).]
Focke 1901b = Rudolf Focke: Chodowiecki et Lichtenberg. Les tailles-douces des mois de Daniel Chodowiecki dans l'almanac de Goettingue, avec les explications de Georg Christoph Lichtenberg. 1778-1783. Leipzig: Dieterich'sche Verlagsbuchhandlung (Theodor Weicher) 1901.
Forster AA = Georg Forster: Werke. (Sämtliche Schriften, Tagebücher, Briefe). Hrsg. von Horst Fiedler, Robert L. Kahn, Brigitte Leuschner, Klaus-Georg Popp, Siegfried Scheibe, Annerose Schneider, Gerhard Steiner. 20 in 23 Bdn. Berlin: Akademie-Verlag 1958-2003. (Davon erschienen 19; es fehlen bis heute die Kommentar-Bde 6.3 und 10.2; ferner 19: Nachträge und Gesamtregister).
Forster: Kleine Schriften. = Georg Forster: Kleine Schriften. Ein Beytrag zur Völker und Länderkunde, Naturgeschichte und Philosophie des Lebens.Theil 1: Gesammlet von Georg Forster. Leipzig bey Paul Gotthelf Kummer 1788; 2-6: [Hrsg. von Ludwig Ferdinand Huber]. Berlin: Vossische Buchhandlung 1794-1797.
Forster: Sämmtliche Schriften = Georg Forster: Sämmtliche Schriften. Hrsg. von dessen Tochter [Therese Forster]. 9 Bde Leipzig: Brockhaus 1843.
Gamauf siehe VNat 2
GGA = Göttingische gelehrte Anzeigen (zu Lichtenbergs Zeit aber noch: Göttingische Anzeigen von gelehrten Sachen. Hrsg. von der Sozietät der Wissenschaften; Redaktion: C. G. Heyne u. a. Göttingen: Hager, später J. C. Dieterich). Über diese Zeitschrift vgl. Roethe 1901 und Fambach 1976 (Einleitung). – Gemäß BL 1982, S. 6 Nr 4 besaß Lichtenberg bei seinem Tod ein vollständiges Exemplar der Jahrgänge 1766-1799. (Als Mitglied der Sozietät erhielt er es seit 1777 kostenlos). https://rep.adw-goe.de/handle/11858/80 bzw. https://doi.org/10.26015/adwdocs-202
GGZ = Gothaische Gelehrte Zeitungen. Gotha: Ettinger 1774-1804.
GMA = Musen Almanach. Göttingen: Dieterich 1770-1804. Photomechanischer Nachdruck des Ganzen: Hildesheim: Olms 1979; des Jgs 1774, mit einem Nachwort von Albrecht Schöne. Göttingen: Vandenhoeck & Ruprecht 1962).
GMWL = Göttingisches Magazin der Wissenschaften und Litteratur. Göttingen: Dieterich. 1780-185.
Goedeke 4,1 = Karl Goedeke: Grundriß zur Geschichte der deutschen Dichtung. Aus den Quellen. Dritte, neu bearbeitete Auflage. Hrsg. von Edmund Goetze. Vierter

Band, erste Abteilung. Dresden: Ehlermann 1916. [Lichtenberg darin hauptsächlich S. 638-640. Photomechanischer Neudruck Berlin: Akademie-Verlag 1955.]

Gravenkamp = Horst Gravenkamp: Bei näherem Hinsehen. Beobachtungen zu Georg Christoph Lichtenbergs Sudelbüchern. Göttingen: Wallstein 2011. Hieraus vor allem S. 80-101: Verschüttete Aphorismen Lichtenbergs. Aus den Göttinger Taschenkalendern. (Zuerst 1995 und 1999; jetzt um ein Apokryphon vermindert und um zwei Stücke vermehrt).

Grellmann 1792 = Heinrich Moritz Gottlieb Grellmann: Historische Kleinigkeiten zum Vergnügen und Unterricht aus der Zerstreuung gesammelt. Göttingen: Vandenhoeck & Ruprecht 1794.

Grisebach = Eduard Grisebach: Weltliteratur-Katalog. Mit literarischen und bibliographischen Anmerkungen. 3. Auflage, Berlin: Behrs Verlag (Friedrich Feddersen) 1913 (1. Auflage 1894, 2., mit der 3. in übereinstimmender Numerierung: 1905).

GTC = Göttinger Taschen Calender.

Gumbert-Auktion 1985 = [Hans Ludwig Gumbert:] Georg Christoph Lichtenberg. Bücher und Zeitschriften aus der Sammlung H. L. G. In: Katalog F. Zisska und R. Kistner Auktion 5/I am 20.3.1985. München 1985, S. 173-182, Nr 2548-2637. [Auch in ca. 500 Exemplaren als Sonderabdruck ohne Paginierung mit Faksimile von Gumberts Sammlungs-Exlibris vertrieben].

Gumbert 1973 = Hans Ludwig Gumbert: (Rezension über Jung 1972). In: Börsenblatt für den Deutschen Buchhandel, Frankfurter Ausgabe, 29.5.1973, S. A 207 (Nov./Dez., Forum).

Gumbert 1974 = Hans Ludwig Gumbert: Eine Lichtenberg-Bibliographie. Besprechung nebst einigen Betrachtungen zur Theorie der Bibliographie. In: Euphorion 68 (1974), S. 318-330.

Guthke 1963 = Karl S.[iegfried] Guthke: Georg Christoph Lichtenberg's contributions to the Göttingische Gelehrte Anzeigen. In: Libri 12 (1962/63), S. 331-340 [vgl. auch Hahn und Fambach 1976].

GW 2 = Gesammelte Werke. Hrsg. und eingeleitet von Wilhelm Grenzmann. Bd 2. Baden-Baden: Holle-Verlag o. J. [1948]. [Titelauflagen:] Frankfurt am Main 1949: Holle-Verlag. – 2. [unveränd.] Auflage. Darmstadt: Holle-Verlag 1953. [Geht – orthographisch modernisiert – bei den uns hier interessierenden Schriften durchgängig nicht auf Erstdrucke zurück, sondern auf VS bzw. Focke 1901a].

Härtl = Heinz Härtl: Zur geistigen Physiognomie des jungen Arnim aufgrund seines frühen Briefwechsels. In: Roswitha Burwick und Heinz Härtl (Hrsgg.): „Frische Jugend, reich an Hoffen". Der junge Arnim. Zernikower Kolloquium der Internationalen Arnim-Gesellschaft (= Schriften der Internationalen Arnim-Gesellschaft 2). Tübingen: Niemeyer 2000, S. 25-30.

Hahn = Paul Hahn: Georg Christoph Lichtenberg und die exakten Wissenschaften. Materialien zu seiner Biographie. Göttingen: Vandenhoeck & Ruprecht 1927. (Vorarbeiten zur Geschichte der Göttinger Universität und Bibliothek 4).

Hasse 1997 = G. C. Lichtenberg: Observationes. Die lateinischen Schriften. Übersetzt und hrsg. von Dag Nikolaus Hasse Göttingen: Wallstein 1997.

Haug 1808 = Epigrammatische Anthologie. Hrsg. von Johann Christian Friedrich Haug und Friedrich Christian Weisser. Bd 5. Zürich: Füssli 1808. (Rezension zu dieser Sammlung: Bibliothek der redenden und bildenden Künste 6 (1809). Darin zu Lichtenberg: 2. St. S. 276 f.).

Hirsch siehe bei Engelmann

Hirth 1911 = Friedrich Hirth: Johann Peter Lyser. Der Dichter, Maler, Musiker. München und Leipzig: G. Müller 1911.

Hißmann 2016 = Michael Hißmann: Briefwechsel. Hrsg. von Hans-Peter Nowitzki und Udo Roth. Berlin: de Gruyter 2016.

inv. = invenit: hat (erfunden): den Kupferstich gezeichnet.

JJ = Journale aller Journale. Oder Geist der vaterländischen Zeitschriften nebst Auszügen aus den Werken der Ausländer. Hamburg: Chaidron 1786f.

Jördens = Karl Heinrich Jördens: Lexikon deutscher Dichter und Prosaisten. Leipzig: Weidmann. Bd 3: Klopstock-M (1808), S. 334-364; Bd 6: Supplemente (1811), S. 500-503.

Joost 2000 s. Cardanus

Joost 2009 = Ulrich Joost: Lichtenbergs „Vermischte Schriften" von 1800 und 1844. Editorische, urheberrechts- und verlagsgeschichtliche Aspekte. Mit ungedruckten Briefzeugnissen. In: Lichtenberg-Jahrbuch 2009, S. 185-203.

Joost 2013 = Ulrich Joost: „Hypothesen sind Gutachten, und Nahmen Mandate". Ungedrucktes aus Georg Christoph Lichtenbergs Notizen für die 6. Bearbeitung von Erxlebens „Anfangsgründe der Naturlehre" (1794). In: Jutta Eckle, Dietrich von Engelhardt (Hrsgg.): Durch Lebensereignisse verbunden. Festgabe für Dorothea Kuhn zum 90. Geburtstag. Stuttgart: Wissenschaftliche Verlagsgesellschaft 2013 (= Acta Historica Leopoldina 62), S. 311-326. [Mit Textpublikation].

Joost 2017 = Georg Christoph Lichtenberg: Wenn ein Buch und ein Kopf zusammenstoßen … . Aphorismen und andere Sudeleien. Hrsg. und kommentiert von Ulrich Joost. Göttingen: Wallstein 2017. – 2., durchgesehene, ergänzte und aktualisierte Auflage 2021. – 3., neuerlich durchgesehene Auflage 2023.

Joost 2023a = Ulrich Joost: Was ist ein „Stehschein"? Zu Lichtenbergs „Timorus"-Satire und der Sudelbucheintragung D 91. In: Lichtenberg-Jahrbuch 2023, S. 207-217.

Joost 2023b = Ulrich Joost: „Wasser mit fixer Lufft geschwängert". Über D 761, und dazu vier wenig bekannte Berichte Lichtenbergs von einem neuen chemischen Gerät. In: Lichtenberg-Jahrbuch 2023, S. 193-205.

Joost/Unverfehrt = Hogarth und die Nachwelt. Von Lichtenberg bis Hrdlicka. Hrsg. von Ulrich Joost und Gerd Unverfehrt. Göttingen: Kunstsammlung der Universität / Arkana-Verlag 1988 (Katalog zur gleichnamigen Ausstellung in der Kunstsammlung der Universität Göttingen im Auditorium, 13.11.-18.12.1988).

Jubilate s. Messetermine

Jung = Rudolf Jung: Lichtenberg-Bibliographie. Heidelberg: Lothar Stiehm 1972 (Repertoria Heidelbergensia II).

Jung 1971 = Rudolf Jung: Marginalien zu einer neuen Ausgabe der Briefe Georg Christoph Lichtenbergs. Mit einem bisher übersehenen echten und einem gefälschten Brief als Anhang. In: Euphorion 65 (1971), S. 312-318.

JdBK = Journal der Bildenden Künste.

JZgS = Jenaische Zeitungen von gelehrten Sachen. Jena: Cröcker [1767-1781].

Kandler 2013 = Kristina Kandler: Zum eigenen Vorteil ein bisschen Wind machen oder ‚la delicatesse du stile françois'. Der Almanach de Goettingue als transkulturelles Medium. In: Französische Almanachkultur im deutschen Sprachraum. Gattungsstrukturen, komparatistische Aspekte, Diskursformen (1700-1815). Hrsg. von Bianca Weyhers, Hans-Jürgen Lüsebrink, York-Gothart Mix, Jan Fickert. Göttingen: V & R 2013, S. 161-180.

Kanz 1991 = Kai Torsten Kanz: Miszellaneen zu Lichtenbergs Briefwechsel. In: Lichtenberg-Jahrbuch 1991, S. 104-125.

Kanz 1996 = Kai Torsten Kanz: Lichtenberg dublett oder Ein Unikat als Makulatur. In: Lichtenberg-Jahrbuch 1996, S. 204-206.

Kanz 1998 = Kai Torsten Kanz: Erxleben und Lichtenberg auf dänisch, oder: Noch ein Beitrag zur Geschichte naturwissenschaftlicher Übersetzungen. In: Lichtenberg-Jahrbuch 1998, S. 302-304.

Kanz 2012 = Kai Torsten Kanz: Spuren zu Lichtenbergs Lektüre. Zur Kommentierung von Briefen an Georg Forster und Johann Friedrich Blumenbach. In: Lichtenberg-Jahrbuch 2012, S. 151-159.

Kanz 2023a = Kai Torsten Kanz: Zwei ungedruckte Briefe Georg Christoph Lichtenbergs – Funde in schwedischen Autographensammlungen. In: Lichtenberg-Jahrbuch 2023, S. 157-167.

Kanz 2023b = Kai Torsten Kanz: Lichtenberg und der merkwürdige Basalt-Berg oder „ein emblematisches Bild der zeitgenössischen Mineralogie". In: Lichtenberg-Jahrbuch 2023, S. 169-174.

Kästner 1978 = Lobrede auf Georg Christoph Lichtenberg. 1799. (Elogium Georgii Christophori Lichtenberg Kästner 1978 = Lobrede auf Georg Christoph Lichtenberg. 1799. (Elogium Georgii Christophori Lichtenberg [siehe dort]). In: Wilhelm Ebel (Hrsg.): Göttinger Universitätsreden aus zwei Jahrhunderten 1737-1934. Göttingen: Vandenhoeck & Ruprecht 1978, S. 187-194.[35]

Köhring = Hans Köhring (Hrsg.): Bibliographie der Almanache, Kalender und Taschenbücher für die Zeit von ca. 1750-1860. Hamburg: Selbstverlag 1929. Photomechanischer Neudruck Karlshafen: Antiquariat Bernhard Schäfer 1987. [Bemerkenswert v. a. wegen der damaligen Auktions- und Antiquariatspreise.]

Kroke = Claudia Kroke: Johann Friedrich Blumenbach: Bibliographie seiner Schriften. Unter Mitarbeit von Wolfgang Böker und Reimer Eck. Göttingen: Universitätsverlag 2010 (Schriften zur Göttinger Universitätsgeschichte 2). In der elektronischen Version ergänzt und korrigiert: https://blumenbach-online.de/Einzelseiten/Bibliographie.php

Lanckoronska/Rümann = Lanckoronska/Rümann: Geschichte der deutschen Taschenbücher und Almanache aus der klassisch-romantischen Zeit. München: Heimeran 1954.

Lauchert = Friedrich Lauchert: G. Chr. Lichtenberg's schriftstellerische Thätigkeit in chronologischer Übersicht dargestellt. Mit Nachträgen zu Lichtenberg's „Vermischten Schriften" und textkritischen Berichtigungen. Göttingen [in Wahrheit: Leipzig]: Dieterich 1893.

---

35 Die neue Übersetzung durch den Herausgeber Ebel ist leichter erreichbar als das Original beziehungsweise die zeitgenössische deutsche Version und damit zumindest eine Lesehilfe. Indessen ist sie zwar wörtlich, aber oft jammervoll gestelzt und manchmal schlicht verfälschend (z.B. lässt sie das lateinische „elector" etc. stehen, statt einfach durch ‚Kurfürst' beziehungsweise ‚kurfürstlich' etc. zu übersetzen – wer soll das verstehen, der es nicht zufällig ohnehin schon weiß?); auch korrigiert Ebel das falsche Geburtsdatum (1744 zu 1742), lässt dann aber andere Fehler Kästners stehen (Ludwig *Karl* Lichtenberg: recte Christian) – und fügt neue eigene hinzu (Studienbeginn Lichtenbergs war 1763, nicht 1757). Ich verweise daher immer zuerst auf das weniger fehlerhafte lateinische Elogium 1799.

LE = Lichtenberg in England. Hrsg. von Hans Ludwig Gumbert. 2 Bde. Wiesbaden: Harrassowitz 1977.

Leitzmann 1921 = Briefe an Blumenbach. Hrsg. von Albert Leitzmann. Leipzig: Dieterich 1921.

LGA s. (N)LGA

Lichtenbergs Hogarth 1999 = Lichtenbergs Hogarth. Die Kalender-Erklärungen von Georg Christoph Lichtenbergs mit den Nachstichen von Ernst Ludwig Riepenhausen zu den Kupferstich-Tafeln von William Hogarth. Hrsg. von Wolfgang Promies. München, Wien: Carl Hanser 1999.

Lfg = Lieferung (= Heft); v. a. bei der „Ausführlichen Erklärung"; siehe Nr 410 f.

LThZ = Litteratur- und Theater-Zeitung. Hrsg. von Chr. A. von Bertram. Berlin: Wever 1778-1784.

LZ = Litteratur-Zeitung. Hrsg. von J. G. Meusel. 1799-1802.

M = Magister; Maître; Monsieur.

Männchen auf Männchen = Neusatz mit möglichst genauer Wahrung der Seitengrenzen, ja des Zeilenfalls (etwa zur Vermeidung neuer Verweise und Register oder in verschleiernder, ja betrügerischer Absicht). Zur Ermittlung solcher Nachdrucke siehe die Hinweise zu Nr 372.

Magin = Ernst Paul Heinrich Magin: Über Georg Christoph Lichtenberg und seine noch unveröffentlichten Handschriften. Hamburg 1913 (= Beilage zum Jahresbericht über das Schuljahr 1912/13 der Oberrealschule St. Georg).

Mautner 1968 = Franz H. Mautner: Lichtenberg. Geschichte seines Geistes. Berlin: de Gruyter 1968. [Mit einem trefflichen Register der behandelten Schriften Lichtenbergs. Die Mutmaßungen zu Autorschaften Lichtenbergs sind freilich pure Divination und mehrmals irrig.]

Mautner 1983 = Lichtenberg, Georg Christoph: Schriften und Briefe. Hrsg. von Franz H. Mautner. Frankfurt am Main: Insel 1983 Hier Bd 2 und 3.
Bd 1: Sudelbücher. Fragmente. Fabeln. Verse. Zu den Texten. (Mit e. Einführung) 669 S.
Bd 2: Aufsätze. Satirische Schriften. 537 S.
Bd 3: G. C. Lichtenbergs Ausführliche Erklärung der Hogarthischen Kupferstiche (mit einem Tafelbändchen: Die Kupferstiche). 456. 99 S.
Bd 4: Briefe (in 2 Teilbänden). 872 S.
(nicht seitenidentische Taschenbuch-Ausgabe Frankfurt am Main: Insel 1992:
Bd 1: Sudelbücher. Fragmente. Fabeln. Verse. Zu den Texten. (Mit e. Einführung) 766 S.
Bd 2: Aufsätze. Satirische Schriften. 600 S.
Bd 3: G. C. Lichtenbergs Ausführliche Erklärung der Hogarthischen Kupferstiche. 521 S.; 99 ungez. S. Tafeln der Kupferstiche.
Bd 4: Briefe 1766-1799. 1002 S.

Messetermine: Die hier öfter erwähnten Messetermine waren damals der nur mehr virtuelle Auslieferungstermin ‚Frankfurter Michaelis-Messe' (29.9.) und hauptsächlich die Leipziger Oster- oder Jubilate-Messe, die am 3. Sonntag nach Ostern (Jubilate) begann und zu Himmelfahrt endete.

Meusel = Georg Christoph Hamberger und Johann Georg Meusel: Das gelehrte Teutschland oder Lexikon der jetzt lebenden teutschen Schriftsteller. 4. Auflage: 4 Bde und Erg.-Bde. Lemgo 1783-1784 und ff.; 5. Auflage: 23 Bde. Lemgo: Meyer 1796-1834.

MfdB = Magazin für die Botanik. Hrsg. von Johann Jakob Römer, Paulus Usteri. 8. St. Zürich: Ziegler und Söhne 1790.

Michaelis s. Messetermine

Minerva = Minerva. Ein Journal historischen und politischen Inhalts. Hrsg. von Johann Wilhelm von Archenhol(t)z. Berlin und Hamburg: Bran 1792-1809.

MJ = Medizinisches (ab Bd 6: 1790: und Physisches) Journal. Hrsg. von Ernst Gottfried Baldinger.

ML = Medicinische Literatur des Jahres 1794. Hrsg. von P. Usteri. Leipzig: Wolf: 1796 f.

Müller von Itzehoe-Sammelband = Der Romancier und Brieffreund Lichtenbergs, Johann Gottwerth Müller, der sich selbst „von Itzehoe" nannte, besaß einen Sammelband mit „Acht kl. Schriften v. C. G. [!] Lichtenberg" (Katalog seiner Bibliothek 1829, S. 177: Nr 3114), der mit der Büchersammlung seines Erwerbers auf dieser Auktion, des Freiherrn v. Meusebach, in die Königliche Bibliothek Berlin, die heutige Staatsbibliothek Preußischer Kulturbesitz gelangte und die Signatur Yy 6331 R bekam. Sie ist seit dem 2. Weltkrieg verschollen; vielleicht mit den anderen Rara und den Handschriften der Berliner Staatsbibliothek nach Schlesien ausgelagert oder wahrscheinlicher von der Trophäenkommission in die damalige Sowjetunion entführt. Wir kennen den Inhalt dieser Buchbindersynthese, deren erste fünf Titel mit Bestimmtheit, deren letzte drei vermutlich auch monographische Publikationen und nicht die gleichzeitigen unselbständigen waren, durch Otto Denekes Abschrift des Vorsatzblatts (beim Brief an Albert Leitzmann, 30.12.1931). Der Band enthielt demnach unsere Nummern (sicherheitshalber gebe ich hier jeweils in Klammern zusätzlich die alternativ in Betracht kommenden Zeitschriftenversionen bzw. anderen Auflagen): Nr 27. 28. 72. 56. 59. 182 (oder 181?). 61c (oder 61d?). 188 (oder 196?).

MW = Medicinisches Wochenblatt fürAerzte, Wundärzte und Apotheker. Hrsg. von J. J. Reichard. Frankfurt am Main: Jäger 1780-1788.

MZ = Medicinisch-chirurgische Zeitung. Hrsg. von Johann Jacob Hartenkeil. Salzburg: Oberer 1790-1799.

NB = Notabene: Wohlgemerkt!

Nachlass = Cod. Ms. Lichtenberg: der handschriftlicher Nachlass in der NSuUB Göttingen.

Nachlaß 1899 = Aus Lichtenbergs Nachlaß. Aufsätze, Gedichte, Tagebuchblätter, Briefe, zur hundertsten Wiederkehr seines Todestages (24. Februar 1899) hrsg. von Albert Leitzmann. Weimar: Böhlau 1899.

(N)ADB = (Neue) Allgemeine Deutsche Bibliothek. Berlin und Stettin: Friedrich Nicolai; ab 1793 Kiel: C. E. Bohn.[36]

NAGM = (Neuester) Altonaischer gelehrter Mercurius. Altona: Burmeister 1787-1788.

NBsWfK = Neue Bibliothek der schönen Wissenschaften und der freyen Künste. Hrsg. von Christian Friedrich Weiße (u. a.). Leipzig: Dyck 1766-1792.

NCN = Neueste Critische Nachrichten. Hrsg. v. J. G. P. Möller. Greifswald: Selbstverlag 1750-1807.

---

36 Soweit möglich, sind die Klarnamen der kryptogramm zeichnenden Verfasser entschlüsselt nach Parthey 1842. NB: Es ist bei der (N)ADB immer genau zu beachten, ob die Kryptogramme in Antiqua (hier freilich als serifenlose Antiqua wiedergegeben) oder in 𝔉𝔯𝔞𝔨𝔱𝔲𝔯 erscheinen; auch der Zeitraum ist bei Parthey jeweils festgelegt.

Neumann = Lichtenbergs Vorreden zum Göttingischen Magazin. Gabe zur Lichtenberg-Tagung 1980 in Ober-Ramstadt. Hrsg. von Peter Neumann. [Faksimile der Erstdrucke mit einem Nachwort des Herausgebers S. 19f.] (Für die Mitglieder und Freunde der Lichtenberg-Gesellschaft in 200 Exemplaren gestiftet und gedruckt von der Saarbrücker Druckerei und Verlag).

NHGZ = Neue Hallische Gelehrte Zeitungen. Halle: Curt 1766-1792.

(N)LGA = (Neue) Leipziger Gelehrte Anzeigen oder Nachrichten von neuen Büchern und kleinen Schriften. Leipzig: Dyck 1789-1797.

NMPJ = Neues Medicinisches und Physisches Journal. Hrsg. von E. G. Baldinger. Marburg: Akademische Buchhandlung 1797-1802.

N. N. = nomen nominandum, nomen nescio: Verfasser unbekannt.

(N)NGZ = (Neue) Nürnbergische gelehrte Zeitungen. Nürnberg: Grattenauer 1789-1800.

NNS = Nachrichten von neuen Schriften. Hrsg. von J. J. Ebert. Wittenberg: Dürr 1778-1782.

NsuUB = Niedersächsische Staats- und Universitätsbibliothek.

NZGS = Neue Zeitungen von gelehrten Sachen auf das Jahr (1715-1784). Hrsg. von J. G. Krause (und anderen). Leipzig: Große (und andere).

OALZ = Oberdeutsche allgemeine Literatur Zeitung. Hrsg. von L. Hübner und A. Schelle. Salzburg: Hauptversendungsamt; Mainz: Winkopp in Kommission; Wien: Wucherer 1788-1808.

Oster-Messe s. Messetermine

Parthey 1842 = Gustav Parthey: Die Mitarbeiter an Friedrich Nicolai's Allgemeiner Deutscher Bibliothek nach ihren Zeichen in zwei Registern geordnet. Als Beitrag zur deutschen Literaturgeschichte. Berlin: Nicolai 1842.

PB = Physikalische Bibliothek. Hrsg. von Hrsg. Johann Christian Polykarp Erxleben. Göttingen: Dieterich 1775-1779.

Peperkorn 1992 = Günter Peperkorn: „Dieses ephemere Werckchen". Georg Christoph Lichtenberg und der Göttinger Taschen Calender Göttingen: Städtisches Museum 1992.

PhM 1-4 = Lichtenbergs Physikalische und Mathematische Schriften" Band 1-4; enthalten (mit doppeltem Titel) in den ¹VS Bde 6-9, Göttingen: Dieterich 1803-1806.

Photorin = Photorin. Mitteilungen der Lichtenberg-Gesellschaft. Nr 1-12 (in 10 Heften). Saarbrücken 1979-1987.

Popp 1976 = Klaus-Georg Popp: Cook der Entdecker. Leipzig: Reclam 1976 (Lizendruck Frankfurt: Röderberg 1976; unveränderte Nachdrucke zumindest: 1983. 1991).

Promies 1999 = Georg Christoph Lichtenberg mit Selbstzeugnissen und Bilddokumenten dargestellt. Reinbek: Rowohlt 1999 (romono 50090 [zuerst 1964.]).

Pupke = Über eine neue Methode, die Natur und die Bewegung der elektrischen Materie zu erforschen. Lichtenbergsche Figuren. Hrsg. in neuer deutscher Übersetzung von Herbert Pupke. (Schlußredaktion von Rudolph Zaunick.) Mit einem Titelbildnis und 6 Figurentafeln Leipzig: Akademische Verlagsgesellschaft 1956 (Ostwalds Klassiker der exakten Wissenschaften. Nr 246).

Pütters Versuch = Johann Stephan Pütter: Versuch einer academischen Gelehrten-Geschichte von der Georg-Augustus-Universität zu Göttingen. 2. Theil von 1765 bis 1788. Göttingen: Vandenhoek & Ruprecht 1788; 3. Theil, fortgesetzt vom Professor Saalfeld „von 1788 bis 1820". Hannover: Helwing 1820.

r. = recto; siehe dort.

Rausse 1911 = Hubert Rausse: Voß und Lichtenberg. In: Zeitung für Literatur, Kunst und Wissenschaft. Beilage zum *Hamburgischen* Correspondenten. Jg 34, Nr 5 v. 5.3.1911.

RBzG = Rheinische Beiträge zur Gelehrsamkeit. Mannheim: Hof- und Akademie-Buchdruckerei (Schwann und Götz) 1777-1781 Zürich: Ziegler und Söhne 1790-1795.

recto (r.) = auf der Vorderseite (eines Blatts).

Redlich 1875 = Carl Christian Redlich: Versuch eines Chiffernlexikons zu den Göttinger, Voßischen, Schillerschen und Schlegel-Tieckschen Musenalmanachen. Hamburg: Otto Meißner 1875.

Reichard = Heinrich August Ottokar Reichard: Seine Selbstbiographie, überarbeitet und hrsg. von Hermann Uhde. Stuttgart: Cotta 1877.

Reschke 1978 = Wolfgang Reschke: Daniel Chodowiecki und Klaus Ensikat. Die Illustrationen der Ausgaben des Siegfried von Lindenbergs. In: J. G. Müller und die deutsche Spätaufklärung. Hrsg. von Alexander Ritter. Studien zur Literatur und Gesellschaft im 18. Jahrhundert. Heide in Holstein: Boyens 1978, S. 146-166.

RML = Repertorium der medicinischen Litteratur des Jahres 1789[-1793]. Hrsg. von P. Usteri.

Rödel 1960 = Wolfgang Rödel: Forster und Lichtenberg. Ein Beitrag zum Problem deutsche Intelligenz und Französische Revolution. Berlin: Rütten & Loening 1960.

Roethe 1901 = Gustav Roethe: Göttingische Zeitungen von gelehrten Sachen. In: Festschrift zur Feier des hundertfünfzigjährigen Bestehens der Königlichen Gesellschaft der Wissenschaften zu Göttingen. Beiträge zur Gelehrtengeschichte Göttingens. Berlin: Weidmann 1901, S. 567-688; darin zu Lichtenberg S. 651 f.

Rosenberg 1927 = Goethe, Jean Paul, Lichtenberg und anderes aus der deutschen Literatur. Katalog 13 des Antiquariats Heinrich Rosenberg. Berlin 1927 [S. 70-80, Nr 1428-1579: Georg Christoph Lichtenberg].

Rotes Buch = auch „Calender Buch": Hds. Notiz- und Exzerptbuch mit Vorarbeiten zum GTC, begonnen 1780 und von Lichtenberg bezeichnet nach der Farbe des Kleisterpapiereinbands (134 S., Publikation geplant) (Nachlass: Ms. Lichtenberg IV, 46).

Sangmeister 2005 = Dirk Sangmeister: Rezension über Lichtenberg: Briefwechsel Bd 5. In: Lichtenberg Lichtenberg-Jahrbuch 2005, S. 241-248.

Sangmeister 2023 = Dirk Sangmeister / Ulrich Joost: Lichtenberg-Funde in Breslauer Zeitschriften des 19. Jahrhunderts und im Nachlass Wolfram Suchier. In: Lichtenberg-Jahrbuch 2023, S. 227-231.

SB = Schriften und Briefe. Hrsg. von Wolfgang Promies. München: Hanser 1967-1992. Photomechanischer Nachdruck. Frankfurt: Zweitausendundeins 1992 (u. ö.). Hier v. a. SB 3 = Bd 3: Aufsätze, Entwürfe, Gedichte, Erklärung der Hogarthischen Kupferstiche. München: Hanser 1972. In SB 1 und 2: Die Sudel-, in 2: Die Tagebücher – siehe hierzu unten: SK-Tagebuch).

Schimpf 1993 = Wolfgang Schimpf: Konrad Siegmund Ziehen. Bibliographischer Beitrag zur Geschichte einer nichtaufgeklärten Epoche. In: Lichtenberg-Jahrbuch 1993, S. 221-233. [Ein Addendum zu Schimpfs Studie: „Furor poeticus" oder „transzendentale Ventriloquenz"? Lichtenbergs Verhältnis zur Schwärmerei. In: Lichtenberg-Jahrbuch 1990, S. 52-70.]

sc., scil. = scilicet (es ist zu wissen erlaubt): ergänze, das heißt.

sc., sculp. = sculpsit: hat (den Kupferstich) gestochen.

Schrapel 2004 = Claudia Schrapel: Eine neue Text-Zuschreibung: Fiorillo, Lichtenberg und Hogarth. In: Dieselbe: Johann Dominicus Fiorillo. Grundlagen zur wissenschaftsgeschichtlichen Beurteilung der „Geschichte der zeichnenden Künste in Deutschland und den vereinigten Niederlanden". Hildesheim, New York: Olms 2004, S. 429-449.

Stern = J.[oseph] P.[eter] Stern: Lichtenberg. A Doctrine of Scattered Occasions. Reconstructed from his Aphorisms and Reflections. Bloomington/Ind.: Indiana Univ. Press 1959.

SK-Tagebuch = Lichtenbergs ‚Staatskalender-Tagebuch‘, von 1789 bis 1799 geführt in einem mit Schreibpapier durchschossenen Exemplar des „Königl. Groß-Brittannischen und Churfürstl. Braunschweig.Lüneburgschen Staats-Kalenders […] worin das Staats-Verzeichniß der Königl. Regierungen, und übrigen Hohen Civil- und Militair-Bedienten in den Deutschen Ländern […] Lauenburg, gedruckt in der Berenbergschen Buchdruckerey"; Handschrift im Nachlass (Ms. Lichtenberg IV, 9: 1789-1799), nur teilweise gedruckt in den SB 2, S. 695-859. Nachtrag ebd. S. 868; hier nach dem Druckmanuskript meiner kritischen Gesamtausgabe von Lichtenbergs Tagebüchern.

Sommerfeld = Martin Sommerfeld: Friedrich Nicolai und der Sturm und Drang. Ein Beitrag zur Geschichte der deutschen Aufklärung. Halle an der Saale 1921.

TGA = Tübingische Gelehrte Anzeigen auf das Jahr (1783-1807). Hrsg. von C. F. Schnurrer: ab 1793 von J. F. Gaab. Tübingen: Reiß; seit 1790: Schramm.

TM = Der Teutsche Merkur (1 Jg 1773: Der Deutsche Merkur): Hrsg. von Christoph Martin Wieland. Weimar: Verlag der Gesellschaft (seit 1774: Hofmann). 1773-1793; dann: Der Neue Teutsche Merkur.

Tütken = Johannes Tütken: Privatdozenten im Schatten der Georgia Augusta. Teil II. Biographische Materialien zu den Privatdozenten des Sommersemesters 1812. Göttingen: Universitätsverlag 2005.

v., verso = auf der Rückseite (eines Blatts).

VNat = Georg Christoph Lichtenberg. Gesammelte Schriften. Historisch-kritische und kommentierte Ausgabe. Hrsg. von der Akademie der Wissenschaften zu Göttingen und der Technischen Universität Darmstadt. 7 Bde. Göttingen: Wallstein 2005-2017.

VNat 1 = Lichtenbergs annotiertes Handexemplar von J.C.P. Erxlebens „Anfangsgründe der Naturlehre". Vorwort von Klaus Peter Lieb und Ulrich Joost. Bearbeitet von Wiard Hinrichs, Albert Krayer und Horst Zehe. Göttingen: Wallstein 2005.

VNat 2 = Gottlieb Gamauf: Erinnerungen aus Lichtenbergs Vorlesungen. Bearbeitet von Albert Krayer, Klaus Peter Lieb und Ulrich Joost. Göttingen: Wallstein 2008.

VNat 6 = Katalog von Lichtenbergs Physikalischem Apparat (KLPA). Bearbeitet von Albert Krayer und Thomas Nickol. Göttingen: Wallstein 2017.

VS = ¹VS und ²VS:

¹VS = Vermischte Schriften [1. Ausgabe]. Bd 1-9, hrsg. von Ludwig Christian Lichtenberg und Friedrich Kries. Göttingen: Dieterich 1800-1806. (Darin Bd 6-9 mit Nebentitel: Physikalisch-Mathematische Schriften 1-4, 1803-1806). – Eine allgemeine Charakteristik, Inhaltsverzeichnisse zu rascher Übersicht und erste Rezensionen über die einzelnen Bände bietet Jördens Bd 3, S. 341-357.

²VS = Vermischte Schriften [2. Ausgabe]. Hrsg. von Lichtenbergs Söhnen. Bd 1-14, Göttingen [in Wahrheit: Leipzig]: Dieterich 1844-1853. (Bd 1 f.: Aus den Sudel-

büchern; Bd 3-6: Schriften zu Lebzeiten; Bd 7 f.: Briefe; Bd 9-14: Hogarth-Erklärungen).

Wagnis 1992= Georg Christoph Lichtenberg 1742-1799 – Wagnis der Aufklärung [zugleich Katalog der] Ausstellung Mathildenhöhe Darmstadt 28. Juni bis 30. August / Niedersächsische Staats- und Universitätsbibliothek Göttingen 1. Oktober [1992] bis 18. Dezember 1992 [recte: verlängert bis 3. Januar 1993]. München: Hanser 1992.

Weinhold = Karl Weinhold: Christian Heinrich Boie. Beitrag zur Geschichte der deutschen Literatur im achtzehnten Jahrhundert. Halle: Buchhandlung des Waisenhauses 1868.

Willnat = Elisabeth Willnat: Johann Christian Dieterich. Ein Verlagsbuchhändler und Drucker in der Zeit der Aufklärung. Frankfurt am Main: Buchhändler-Vereinigung 1993. (Archiv für Geschichte des Buchwesens 39).

WLN = Christian Gottfried Gruners Wöchentliche Litterarische Nachrichten. Erfurt „Bey Albrecht und Compagnie" 1781.

WNGS = Wöchentliche Nachrichten von Gelehrten Sachen. Hrsg. ist unbekannt. Regensburg: Keyser 1740-1783.

WGZ = Würzburger Gelehrte Anzeigen.

Lichtenbergs bis 1799 veröffentlichte Schriften

1766

1. Nachricht von dem im April zu Göttingen gesehenen Kometen. [Nach Beobachtungen von Lichtenberg. Als Verfasser zeichnet sein Lehrer Abraham Gotthelf Kästner.] In: Hannoverisches Magazin 4 (1766), 33. St. vom 25.4., Sp. 523-526.

    [Jung 389]

*2. [Mutmaßlicher Titel: ‚Ode auf die Vereinigung der schwedischen Litteratur mit der deutschen': Casual-Carmen anlässlich der Hochzeit von Johann Philipp Murray mit Sophie Dorothea, geb. Friedrichs, am 15.5.1766.] Bislang kein Exemplar ermittelt; war vielleicht auch, damaligem Gebrauch durchaus noch entsprechend, nicht namentlich gezeichnet. Bezeugt durch Lichtenbergs Brief an Johann Christian Kestner, 30.3.1766: „Der Direktor der hiesigen löblichen deutschen Gesellschafft, der HE. Professor und Stilist Murray hat vor einem Jahr einen Bogen von einem Werck drucken lassen, und statt der Fortsezzung hält er den dritten Feyertag mit der ältesten Friederichs [!] Hochzeit, und ich habe auf diese Vereinigung der schwedischen Litteratur mit der deutschen eine gantz artige Ode à 4 Reichsthaler 16 Groschen gemacht, die Sie ehestens bekommen werden, und die Sie so gar durchlesen sollen, so bald Sie Miene machen werden mir nicht zu verzeihen. Ich hatte eigentlich auf 4 Thaler accordirt, aber vor zwey satyrische traits die ich von Anfang angebracht habe, habe ich einen Gulden extra angesezt, weil man Satyrische Einfälle bey einer Hochzeit Ode niemals mit acordiren kan." (Bw 1, S. 6: Nr 4).

3. Versuch einer natürlichen Geschichte der schlechten Dichter, hauptsächlich der Deutschen. In: Gelehrte Beyträge zu den Braunschweigischen Anzeigen 1766. 40. St. vom 17.5., Sp. 313-320.
    [Gezeichnet: „Göttingen. G. C. L." – Als Faksimile wiedergegeben mit einem Nachwort des Wiederentdeckers Friedrich Voit in: kleine texte 2 (Hrsg. von Karl Riha). Siegen: Selbstverlag 1977, S. [2-5], dann von Voit (mit Abdruck in Neusatz): Eine vergessene Satire G. C. Lichtenbergs. In: Jahrbuch des Freien Deutschen Hochstifts (1978), S. 1-27.]

4. Von dem Nutzen, den die Mathematik einem Bel Esprit bringen kan. In: Hannoverisches Magazin 4 (1766), 62. St. vom 4.8., Sp. 981-992.
    [^{1}VS 3, S. 1-18. ^{2}VS 3, S. 53-62. GW 2, S. 195-201. SB 3, S. 311-316. Lauchert S. 7f.; mit den Lesarten. – Gumbert-Auktion 1985, Nr 2558 (behauptet, Jung habe ein falsches Datum, 1767 sei richtig: Das stimmt nicht).]

    [Jung 1]

1767

5.   **Göttingen**. [Bericht über Lichtenbergs und Erxlebens Beobachtungen eines Erdbebens am 12./13.4. in Göttingen. Verantwortlicher Verfasser: A. G. Kästner.][37] In: GGA 1767. 51. St. vom 27.4., S. 401-403.

[Anonym gedruckt; Verfasserschaft bestimmt nach dem Göttinger Handexemplar der GGA (danach Hahn, S. 83); nicht im Tübinger Handexemplar (Fambach 1976; beginnt erst 1769). – Vgl. auch Elogium 1799, S. 2 (deutsch in: Kästner 1978, S. 188); bei Guthke 1963 übergangen.]

[Jung 390]

*†6.   [Casual-Carmen (Funebral-Gedicht) auf den Tod seines Mitschülers Christian Algeier im Mai 1767].

In B 40, also im Spätsommer oder Frühherbst 1768 und damit mehr als ein Jahr später, notierte L. den Anfang eines Gedichts zu Algeiers Tod im Mai 1767; nach der langen Distanz muss es ihm entweder vorgelegen haben, oder er wusste es auswendig; daraus und aus dem Umstand, dass fremde Texte im Sudelbuch damals zumeist als solche bezeichnet sind, lässt sich vermuten, dass dies Gedicht von ihm verfasst (oder zumindest mitverfasst) wurde und vielleicht zur Beerdigung für die Angehörigen, die nicht anreisen konnten, gedruckt vorlag.

1768

7.   Das Hausbuch. In: Gelehrte Beyträge zu den Braunschweigischen Anzeigen. 1. St. vom 2.1.1768, Sp. 1-8.

[Gezeichnet: „L.". – Als Faksimile wiedergegeben mit einem Nachwort von Friedrich Voit. In: kleine texte 2 (Hrsg. von Karl Riha). Siegen: Selbstverlag 1977, S. [6-9].]

8.   Ueber die Wochenblätter überhaupt, als eine Einleitung zu dem Göttingischen. In: Göttingische Gelehrte Beyträge zum Nutzen und Vergnügen 1 (1768), 1. St. vom 6.4., Sp. 2-8.

[Gezeichnet: „L."; zur Verfasserschaft S. den folg. Aufsatz. – Wiedergedruckt im Anhang zur Dissertation von Thomas Kempf: Aufklärung als Disziplinierung. München: Iudicium, S. 257-259. Vgl. Deneke 1944, S. 79.]

[Jung 2]

---

37   Alle Artikel in den GGA erschienen ungezeichnet, auch wenn in der 3. Pers. über die Verfasser gehandelt wurde (zur Diskussion darüber und interne Begründung vgl. Roethe 1901, S. 651 f. Bw 1, S. 792 f.: Nr 449). Wir kennen die Namen aus zwei annotierten Exemplaren, in die die seinerzeit verantwortlichen Redakteure sie eingetragen haben (das eine im Besitz der Akademie der Wissenschaften, der Herausgeberin der GGA, mit Eintragungen seit 1760; das andere, ein privates des Bibliothekars Jeremias David Reuß Reuß', dessen Eintragungen erst 1769 beginnen, im Besitz der UB Tübingen).

9. Nachricht [von einer Naturerscheinung am Jacobi-Kirchturm während eines Gewitters]. In: Göttingische Gelehrte Beyträge zum Nutzen und Vergnügen 1 (1768), 20. St. vom 20.8., Sp. 203-204.
    [Gezeichnet: „L." – Verfasserschaft dieses Aufsatzes (und damit wohl auch des vorigen) ergibt sich aus GMWL 3. Jg (1783), 5. St., S. 752f., wo L. schreibt: „Beym Jacobi-Thurm hab ich es [das Leuchten der Turmspitzen] im August 1768 zuerst bemerkt und eine Nachricht davon in den damaligen hiesigen Wochenblättern bekannt gemacht." Nicht wiedergedruckt. Vgl. Deneke 1944, S. 76.]

    [Jung 3]

1769

10. **Göttingen.** [Bericht über den Venusdurchgang vom 3.6. Unter Assistenz von Lichtenberg. Verfasser: A. G. Kästner.] In: GGA 1769. 73. St. vom 19.6., S. 665-667.
    [Anonym gedruckt; Verfasserschaft bestimmt nach dem Göttinger Handexemplar der GGA (danach Hahn, S. 83) bzw. dem Tübinger Handexemplar (Fambach 1976, S. 3); bei Guthke 1963 übergangen. – S. 666 Druckfehler: parallatischen *lies:* parallaktischen – Vgl. auch Elogium 1799, S. 3 und 1. Anm. (deutsch in: Kästner 1978, S. 189; Anm. fehlt dort). – Auszugsweise wiedergedruckt bei Hahn, S. 8.]

    [Jung 391]

11. Ueber eine Abhandlung die Ableitung des Blitzes betreffend. In: Allgemeine Unterhaltungen 1769. 78. St. vom 7.10., S. 611-618.
    [Gezeichnet: „G. C. L." – S. 615 Druckfehler **Noller** *lies:* **Nollet**].

12. Ueber das Spiel mit den künstlich verflochtenen Ringen, welches gewöhnlich Nürnberger Tand genannt wird. In: Göttingische Anzeigen von gemeinnützigen Sachen 1769, 80. St. vom 14.10., S. 637-640.
    [Gezeichnet: „G. C. L." – Von L. im GTC für 1781 wiederholt, siehe Nr 131 (e). S. a. Deneke 1944, S. 79.]

    [Jung 4]

1770

13. **Göttingen.** [Bericht über einen Kometen nach Beobachtungen von Lichtenberg und Kaltenhofer am 30.6. und 1.7. Verfasser: A. G. Kästner.] In: GGA 1770. 82. St. vom 9.7., S. 705-707.
    [Anonym gedruckt; Verfasserschaft bestimmt nach dem Göttinger Handexemplar der GGA (danach Hahn, S. 83) bzw. dem Tübinger Handexemplar (Fambach 1976, S. 11); bei Guthke 1963 übergangen. – Druckfehler S. 707 oben: nordlicher

lies: nördlicher. – Vgl. auch Elogium 1799, S. 3 und 2. Anm. (deutsch in: Kästner 1978, S. 189; Anm. fehlt).]

[Jung 392]

14. [Vorlesungsankündigung Lichtenbergs zum Wintersemester 1770/1771 (Beginn: 15.10.). Lateinisch im „Catalogus Praelectionum", p. VIII; datiert vom herausgebenden „Prorector Georgivs Lvdovicvs Boehmer": „Kal. Septembr." [= 1.9.] 1770; deutsch in:] GGA 1770. 110. St. vom 13.9., S. 964. [Regest mit deutschen und lateinischen Zitaten: Cardanus S. 59.]

15. Betrachtungen über einige Methoden, eine gewisse Schwierigkeit in der Berechnung der Wahrscheinlichkeit beym Spiel zu heben, von Georg Christoph Lichtenberg, Professor der Philosophie, nebst einer Anzeige seiner Vorlesungen. Göttingen: [Johann Christian Dieterich] 1770. 23 S. 4°. [Programmschrift zur Wahrscheinlichkeitstheorie; offenbar fortgeführt durch einen nicht gedruckten Akademievortrag 1780 (Nr 121, siehe dort). – Titelblatt-Faksimile: Promies 1999, S. 43. Die Anzeige von der Ernennung Lichtenbergs zum Professor Philosophiae Extraordinarius erschien in den GGA 1770. 83. St. vom 12.7., S. 713 (Terminus ante quem non); ausgegeben wurde die Abhandlung zum Wintersemester: Terminus post quem non also Mitte September 1770. – Wiedergedruckt SB 3, 9-23. Die deutsche „Anzeige seiner Vorlesungen" ist ausführlicher als im „Catalogus Praelectionum" bzw. den GGA (s. Nr 14). – Gemäß BL 1982, S. 303 (Anhang I) besaß Lichtenberg bei seinem Tod noch 44 Exemplare davon. – Denekes Lichtenberg-Schrank Nr 4. – Gumbert-Auktion 1985, Nr 2559.]
Rezensionen: [A.G. Kästner], in: GGA 1770, 127. St. vom 22.10., S. 1105-1107. – WNGS 1771, Bd 32, S. 267f. – NHGZ 1771, 65. St. vom 12.8., S. 516f. – †Sh. [J.H. Lambert], in: ADB, Bd 15 (1771), S. 572f. [außer dem Anfangs- und Schlusssatz nahezu wörtliche Wiedergabe der Aufgabenbeschreibung aus Lichtenbergs eigenem Text (a.a.O., S. 5f.).]

[Jung 5]

1771

16 [Vorlesungsankündigung Lichtenbergs zum Sommersemester 1771 (Beginn: 22.4.). Lateinisch im „Catalogus Praelectionum", p. VIII; datiert vom herausgebenden „Prorector Rvdolphvs Avgvstvs Vogel": „IX. Martii" 1771; deutsch in:] GGA 1771. 35. St. vom 23.3., S. 299. [Regest mit deutschen und lateinischen Zitaten: Cardanus S. 59.]

17. Elemente der partialen Mondfinsterniß, welche sich den 29ten dieses Monats früh ereignen wird, für den Meridian von Göttingen berechnet (*) von G.C. Lichtenberg. In: Göttingische Anzeigen von Gemeinnützigen Sachen 1771. 32. St. vom 24.4., S. 247f.

18.   **Göttingen.** [Bericht über Lichtenbergs weitere Beobachtungen des Kometen am 15. und 16.5. Verfasser: A. G. Kästner.] In: GGA 1771. 63. St. vom 27.5., S. 537-539.
[Anonym gedruckt; Verfasserschaft bestimmt nach dem Göttinger Handexemplar der GGA (danach Hahn, S. 83) bzw. dem Tübinger Handexemplar (Fambach 1976, S. 17); bei Guthke 1963 übergangen. –Vgl. auch Elogium 1799, S. 3 und 3. Anm. (deutsch in: Kästner 1978, S. 189; Anm. fehlt).]

[Jung 393]

19.   **Göttingen.** [Bericht über Lichtenbergs Fortsetzung der Kometen-Beobachtung am 21. und 24.5. Verfasser: A. G. Kästner.] In: GGA 1771. 75. St. vom 24.6., S. 641-642.
[Anonym gedruckt; Verfasserschaft bestimmt nach dem Göttinger Handexemplar der GGA (danach Hahn, S. 83) bzw. dem Tübinger Handexemplar (Fambach 1976, S. 18); bei Guthke 1963 übergangen. – Vgl. auch Elogium 1799, S. 3 (deutsch in: Kästner 1978, S. 189).]

[Jung 393]

20.   [Vorlesungsankündigung Lichtenbergs zum Wintersemester 1771/1772 (Beginn: 14.10.). Lateinisch im „Catalogus Praelectionum", datiert vom herausgebenden „Prorector Ioannes Philippvs Mvrray": „prid. Kal. Septembr. [= 31.8.]" 1771, p. VIII; deutsch in:] GGA 1771. 112. St. vom 19.9., S. 971 f.
[Regest mit deutschen und lateinischen Zitaten: Cardanus S. 59.]

21.   Elemente der partialen Mondsfinsterniß, die den 23ten Octobr. dieses Jahres vorfallen wird, für den Meridian von Göttingen berechnet, nebst einigen Erläuterungen. In: Hannoverisches Magazin 1771, 83. St. vom 18.10., Sp. 1313-1326.
[Unterzeichnet: „Göttingen. G. C. Lichtenberg." Wiedergedruckt in ¹VS 8, S. 30-51. Lauchert S. 60.]

[Jung 6]

*22.   [Anonymer Einzeldruck von anderthalb Dutzend Neujahrswünschen; Göttingen: Johann Christian Dieterich.]
[Bezeugt durch H. C. Boies Brief an seine Schwester Ernestine Voß, 20.1.1773: „Neujahrswünsche werden hier auch genug gedruckt herumgegeben. [...] Das meiste, das man sieht, ist elend Zeug. Ein Freund von mir [Lichtenberg, wie aus dem im Brief folgend zitierten Epigramm hervorgeht] hat einige drucken laßen, sie sind aber zu muthwillig. Hier ist einer an mich, zu schmeichelhaft, aber schön". Kein Exemplar bislang registriert (was bei dieser Art grauer Literatur noch nichts besagt – sie ist anonym und wird weggeworfen): Sollte Lichtenberg einen Vorschlag irrig für vollzogen an Boie gemeldet haben? Dafür spräche der Brief an Dieterich vom 3.1.1773 aus Osnabrück: „Warum sind nicht wenigstens einige meiner Neujahrswünsche gedruckt worden? und doch wird so viel albernes Zeug gedruckt." (Bw 1, S. 217: Nr 118); vielleicht hat er aber auch nicht rechtzeitig Belegexemplare erhalten. Vgl. nämlich noch Lichtenbergs Briefe an

Dieterich und Sprickmann vom [Dezember 1772]: Bw 1, S. 205 f.: Nr 109. S. 207-210: Nr 110 und die Parallelen im Sudelbuch C. – Zwei davon nahm Boie in den GMA für 1774 auf, siehe Nr 33 f. – Derlei Einzeldrucke zum privaten Hausgebrauch bezeugt zudem eine Werbeanzeige der Dieterich'schen Buchhandlung für Akzidenzdrucke (in den „Göttingischen Anzeigen von Gemeinnützigen Sachen" 1770. 100. St. vom 12.12.), worin u. a. „Wünsche aufs 1771. Jahr" zum Preis von „3 ggr." angeboten werden.]

1772

23. [Vorlesungsabsage Lichtenbergs (wegen Vermessungsreise) zum Sommersemester 1772 (Beginn: 4.5.). Lateinisch im „Catalogus Praelectionum", datiert vom herausgebenden „Prorector Gotthilf Travgott Zachariae": „XXV. Mart." 1772, p. 8; deutsch in:] GGA 1772. 42. St. vom 6.4., S. 360.
[Regest mit deutschen und lateinischen Zitaten: Cardanus S. 59.]

24. [Vorlesungsabsage Lichtenbergs (wegen Vermessungsreise) zum Wintersemester 1772/1773 (Beginn: 19.10.). Lateinisch im „Catalogus Praelectionum", datiert vom herausgebenden „Prorector Ioan. Stephanvs Pvtter [!]": „Kal. Septembr." [= 1.9.] 1772, p. VIII; deutsch in:] GGA 1772. 111. St. vom 14.9., S. 959.
[Regest mit deutschen und lateinischen Zitaten: Cardanus S. 59.]

1773

25. Einige Versuche mit Polypen. In: Hannoverisches Magazin 1773, 5. St. vom 15.1., Sp. 71-80.
[Datiert: „Osnabrück, im December 1772"; gezeichnet: „G. C. Lichtenberg, Prof. der Phil. und Math. zu Göttingen." – Hds. Entwurfsfassung; vermutlich um den Jahreswechsel entstanden, im Sudelbuch D 683 (im Nachlass: Ms. Lichtenberg IV, 28 p. 6'-11'). Siehe auch Nr 193. Druckfehler von Lichtenberg angeführt im Brief an Schernhagen, 20.1.1773 (Bw 1, 226: Nr 125). – Nicht wiedergedruckt, vgl. Vorrede ¹VS 3, S. VIII. Lauchert S. 60.]
[Jung 9]

26. [Vorlesungsabsage Lichtenbergs (wegen Vermessungsreise) zum Sommersemester 1773 (Beginn: 26.4.). Lateinisch im „Catalogus Praelectionum", datiert vom herausgebenden „Prorector Ioan. Stephanvs Pvtter [!]": „XX. Mart." 1773, p. VIII; deutsch in:] GGA 1773. 42. St. vom 8.4., S. 360.
[Regest mit deutschen und lateinischen Zitaten: Cardanus S. 59.]

27.   Patriotischer Beytrag zur Methyologie der Deutschen, nebst einer Vorrede über das Methyologische Studium überhaupt. [Göttingen: Johann Christian Dieterich] 1773. 16 S.

[S. 1: Titel; S. 3: Widmung „Allen [...] Rothen Nasen [...] Der Sammler"; S. 5-11: „Vorrede", datiert (nicht gezeichnet): „Geschrieben vor der Jubilate Messe 1773" [1773: vom 2.5. bis 16.5.]: S. 12-16: „Der Beytrag selbst." Ausgeliefert schon Mitte April (vgl. Bw 1, S. 258-260: Nr 152 (an A.G. Kästner, [Ende April 1773]). – Einen im Druck nur zu kleinen Teilen übernommenen Entwurf der „Vorrede" zur „Methyologie" bietet C 209; einen ihm vermutlich erst nach Erscheinen des Bändchens zugegangenen Zettel mit niederdeutschen Ergänzungen von Heinrich Christian Boies Hand klebte Lichtenberg sich in den vorderen Innendeckel desselben Sudelbuchs und schrieb mit Blei noch zwei dazu (bis auf einen gedruckt [1]VS 3, S. 42 (Reihenfolge: 1. 9.11.12. 2.5.6.7. 3.4. 8.10.) S. 38 (14). 39 (15.16), danach [2]VS 3, S. 78. 75. 76; dann von Albert Leitzmann in den Anmerkungen zu Aph Heft 2, Berlin 1904, S. 220, danach in den SB 3K, S. 145; nach der Hs. in Bw 1, S. 268: Nr 158). – Von diesem äußerst seltenen Druck gibt es zwei Versionen: eine ohne Vignetten, die ihr Besitzer Gumbert 1983 photomechanisch reproduzieren ließ (siehe unten), und eine sonst identische mit zwei Vignetten von Meil[38] (auf dem Titelblatt und am Schluss). Diese Vignetten sind nach einem Original in Lichtenberg'schem Familienbesitz im Photorin Heft 11-12 (1986), S. 35 und 38, welche ich dem Hrsg. der Zeitschrift vermittelt hatte, von diesem einigermaßen zusammenhanglos reproduziert (die erste dann von mir in Wagnis 1992, S. 166 zu Nr 305 wiederholt). Der Text des Titels ist typographisch so angeordnet, dass der Raum für die Vignette als ausgespart erscheint; daher dürfte die Fassung mit den Vignetten die ältere sein oder doch wenigstens der luxuriösere Abzug vom selben Satz. – Ein weiteres Exemplar *mit* den Vignetten weist Leitzmann für die UB Jena nach in Aph Heft 2, Berlin 1904, S. 239f. (in der Anmerkungen zu C 157 seiner Zählung; dort auch eine eingehende Kollation mit den VS; die wieder stark eingegriffen haben; [1]VS 3, S. V: „erscheint hier mit einigen Redensarten, wodurch das Betrunkenseyn in unserer Sprache ausgedrückt wird, vermehrt"). Lauchert (1893, S. 8f.) konnte keinen Erstdruck auftreiben und bietet daher keine Varianten, weist nur auf die eben erwähnten Zusätze der Herausgeber in VS hin, von denen wir indessen nicht wissen, ob Lichtenberg sie nur im Sudelbuch (siehe oben) oder, wofür die veränderte Reihenfolge in VS spräche, in einem Handexemplar notiert hat. – Das Exemplar im Müller von Itzehoe-Sammelband (vgl. Siglen-Verzeichnis) ist mit diesem verschollen.[39] – Lichtenbergs scherz-ernsthaftes Lexidion wurde unautorisiert 1783 nachgedruckt in Nr 198. –

38 Otto Deneke weist im Brief an Martin Domke 7.10.1933 darauf hin, dass es unklar bleibe, ob es sich um Johann Heinrich (so glaubt Promies in SB 3K, 144) oder Johann Wilhelm Meil (so Joost im Registerband zu Bw: 5,1, S. 758) handle, und dass (wäre es der letztere), diese Vignetten in Wilhelm Dorn: *Verzeichnis der von dem Radierer Johann Wilhelm Meil illustrierten Bücher und Almanache*. Berlin 1928 fehlen würden. Non liquet. Es waren übrigens vermutlich für ganz andere Bücher angefertigte Druckstöcke, die Dieterich noch in seiner Druckerei zur Verfügung hatte.

39 Martin Breslauer (*Versteigerungskatalog Grisebach* 1930 Nr 375 nahm allerdings die ohne Kupfer für die ältere (kannte er die andere überhaupt?), ebenso Hans Ludwig Gumbert (im Anhang zum folgend nachgewiesenen Faksimile 1983, S. 16); Otto De-

Faksimile nach dem Exemplar des Herausgebers (Gumbert-Auktion 1985, Nr 2612a) als Beilage bzw. „Anhang II" zu: Georg Christoph Lichtenbergs Fragmente einer Trink- und Rauschlehre (Pinik und Methyologie). Zu seinem 80. Geburtstag hrsg. und in 300 Exemplaren gestiftet von Hans Ludwig Gumbert. o. O. [Utrecht] 1983. 16 S. (Faksimile) und 36 S. – Wiedergedruckt [1]VS 3, 19-42 (nach dem Erstdruck, aber ergänzt: siehe oben). [2]VS 3, 63-78 (unverändert nach [1]VS). GW 2, S. 203-216. SB 3, S. 317-325 hat den Erstdruck zugrundegelegt oder zumindest den VS-Text vermittelst Leitzmanns Kollationen emendiert.]
Rezension: N. N.: AVBA 1776, 1. St. vom Januar, S. 25.

[Jung 8][40]

28. Timorus, das ist, Vertheidigung zweyer Israeliten, die durch die Kräftigkeit der Lavaterischen Beweisgründe und der Göttingischen Mettwürste bewogen den wahren Glauben angenommen haben, von Conrad Photorin, der Theologie und Belles Lettres Candidaten. Berlin [vielmehr: auf Vermittlung von Friedrich Nicolai (Berlin) verlegt in Riga durch Johann Friedrich Hartknoch, gedruckt bei Johann Jakob Kanter in Königsberg][41] 1773. 78 S.
[S. 1: Titel; S. 3: Widmungsblatt „An die Vergessenheit"; S. 5f.: die Widmung selber: „Allerdurchlauchtigste, Großmächtigste Monarchin" etc.; S. 7-10: „Vorrede des Herausgebers", am Schluss datiert (nicht gezeichnet): „Geschrieben im August 1771". S. 11-78: das ‚Werckchen'. – Diese Datierung (vielleicht fingiert, um auf den ursprünglichen Anlass hinzuweisen) ist am Ende der Polemik erweitert wiederholt: „Geschrieben zu G .... im August 1771": Entstanden ist sie aber wohl erst ab dem Sommer 1772 in Stade.[42] Datierung des *Drucks* ergibt sich aus den Briefen Boies an Nicolai (Weinhold, S. 164): 15.4.1773 (Manuskriptsen-

neke im erwähnten Brief an Martin Domke, 7.10.1933, war (ohne Angaben von Gründen) jedoch auch unserer Ansicht.

40 Erschien im April, ca. einen Monat vor dem *Timorus*; daher ist die Reihenfolge gegen Jung geändert.

41 Vgl. zu dieser schon früher von mir angestellten Kombination zuletzt noch Dirk Sangmeister, der (zunächst zweifelnd) in der Universitätsbibliothek Tartu /Estland ein zur „Leipziger Michaelmesse 1783" gedrucktes „Verzeichniß der Bücher, welche Johann Friedrich Hartknoch in Riga verlegt" fand – darin auf S. 21 der „Timorus" von „Conr. Photorin". Dort wird der Preis mit „vier Groschen" angegeben (Sangmeister 2005, S. 246f.). – Der Grund für dieses Vorgehen dürfte darin zu suchen sein, dass nur mit so einem Trick eventuellen Rechtsstreitigkeiten vor oder mit den Bücherzensurbehörden des alten Deutschen Reichs aus dem Weg gegangen werden konnte, denn Hartknoch war zwar auch in Leipzig vertreten, hatte aber seinen Hauptgeschäftssitz im damals russisch-livländischen Riga und ließ öfter bei Kanter im zwar preußischen Königsberg drucken, welches damals aber staatsrechtlich als ehemals polnisches Lehen ebensowenig zum Reich gehörte wie die baltische Ostseemetropole. So erklärt sich auch Lichtenbergs Bemerkung im Brief an Ramberg, 25.12.1777: „Das Buch von Leibes und Lebensstrafen ist eine Erdichtung von mir, und die gantze Stelle von dem Königsbergischen Setzer, (denn da ist Timorus gedruckt), erbärmlich verhunzt" (Bw 1, S. 745: Nr 417; zielt auf SB 3, 215: „Vom Ursprung der Lybes und Lebensstrofen").

42 Vgl. Mautner 1968, S. 85.

dung), 10.5.1773 (Bestätigung des Fremddrucks) und 5.6.1773 (Dank kurz nach Erscheinen) sowie Brandes an Heyne 18.6.1773 (bislang früheste Leserreaktion); ferner Lichtenberg an Nicolai 20.7.1773 und 3.4.1774. – Den Vornamen des Pseudonyms hatte Lichtenberg seinem Vater abgeborgt, der Nachname ‚Photorin‘ ist die vermeintlich wörtliche (etymologisch falsche) Übersetzung seines eigenen ins Griechische (φωτὸς ὄρος, des Lichtes Berg). – Zu den nicht zustandegekommenen Fortsetzungen vgl. Joost 2023a, S. 207-217. – Gemäß BL 1982, S. 303 (Anhang I) besaß Lichtenberg bei seinem Tod noch zehn Exemplare davon. Das Exemplar im Müller von Itzehoe-Sammelband (vgl. Siglen-Verzeichnis) ist mit diesem verschollen. – Ein seiten- und zeilenidentisches Faksimile, jedoch im Neusatz: Timorus, das ist Vertheidigung zweyer Israeliten (die durch die Kräftigkeit der Lavaterischen Beweisgründe und der Göttingischen Mettwürste bewogen den wahren Glauben angenommen haben. Von Conrad Photorin. Berlin 1773). Hrsg. von Herrmann Meyer. Mit einem Nachwort von Martin Domke. Berlin: Druckerei Arthur Scholem 1926. 78, XVI (+ III) S. Privatdruck in 222 handnumerierten Exemplaren. (Widmung S. (XVIII): „Den Teilnehmern am Festessen anlässlich der Jahresversammlung der Soncino-Gesellschaft der Freunde des jüdischen Buches am 5. Dezember 1926 zu Berlin gewidmet von Reinhold und Erich Scholem") (= Jung 2161).]
[AS 1800, S. 279-350. [1]VS 3, S. 43-138 (lt. Vorbericht dieses Bandes S. V hat dieser Abdruck „einige, wiewohl nur unbedeutende Verbesserungen, die von dem Verfasser angemerkt waren, erfahren" – vermutlich folgt er aber nicht einem heute verschollenen Handexemplar, sondern der Liste „Einige Verbesserungen von Ausdrücken im Timorus" (D 106); auch bringt er anhangsweise zwei Fragmente zu einer Fortsetzung (S. 139-146; [2]VS 3, S. 129-133 – bis auf den Schluss des zweiten, welches deutlich variant ist und, falls nicht von den Herausgebern umgeschrieben worden, auf eine jetzt verschollene Handschrift zurückgreift, entsprechen sie ziemlich genau den Sudelbucheintragungen C 254. 256). [2]VS 3, S. 79-128 (folgt [1]VS, enthält aber offenbare Druckfehler). GW 2, S. 1-41 (folgt [2]VS). SB 3, S. 205-236 (folgt dem Erstdruck, nimmt aber die wichtigsten Textbesserungen aus D 106 bzw. von Lauchert S. 9-11, v.a. – Lesarten – S. 10 f.; Nachweise nur in SB 3K, 1974, S. 84 und pass.). – Denekes Lichtenberg-Schrank Nr 7; vgl. auch Lichtenberg-Jahrbuch 2022, S. 66. 225. 301. 308. 318.]
Rezensionen:[43] **BD** [= Karl Friedrich Cramer]:[44] Der Deutsche, sonst Wandsbecker Bothe 1773, No 99 von Dienstag, 22.6., S. [3 f.] (wiedergedruckt Deneke 1944, S. 187 f., und Lichtenberg-Jahrbuch 1991, S. 128 f.). – N.N. [Lichtenberg vermutet (Bw 1, 347: Nr 189) Johann Balthasar Kölbele oder Johann Christoph Friedrich Schulz]: FGA 1773, St. LVII vom 16.7., S. 474 f. (wiedergedruckt mit Referat von Lichtenbergs Reaktionen: Deneke 1944, S. 189 f.). – Em. [= Friedrich Nicolai]: ADB, Anh. zu Bd 13-24 (1770-1775), Abt. 2 [Vorrede des Bandes datiert 16.4.1776], S. 950-953 (wiedergedruckt Deneke 1944, S. 192 f.). – N.N.: Gazzetta di Milano 1775, numero 6, 8. febbraio, p. 46.

[Jung 7]

---

43 Referiert und z. T. zitiert bei Mautner 1968, S. 93.
44 Vgl. Annette Lüchow: *„Er tadelt und lobt mich mehr als ich verdiene". Eine Rezension über Lichtenbergs „Timorus" und ihr Verfasser.* In: *Lichtenberg-Jahrbuch 1991,* S. 125-130; dort mit Abdruck der Rezension und der plausiblen Zuweisung der Verfasserschaft an Carl Friedrich Cramer (ebd. 128 f.).

29. Ueber die geographische Lage der Stadt Osnabrück. In: Westphälische Beyträge zum Nutzen und Vergnügen. Osnabrück 1773. 34. St. vom 21.8., Sp. 263-268.
[Eigentlich ein Brief an das Geheime Rats-Kollegium in Hannover, datiert: „21. Jenner 1773" und so nach der Hs. (mit kleinen orthographischen Ungenauigkeiten und „Januar"): Bw 1, S. 227-229: Nr 126. – Im (offenbar durch Möser veranlassten) Druck der „Westphälischen Beyträge" ungezeichnet. Wiederholt (jedenfalls ohne Lichtenbergs Autorisation und Wissen) in Nr 47 und 84.]

30. [Verschiebung der Vorlesungsankündigung Lichtenbergs (wegen Vermessungsreise) zum Wintersemester 1773/1774 (Beginn: 18.10.) auf Mitte Oktober nach seiner Rückkehr. Lateinisch im „Catalogus Praelectionum", datiert vom herausgebenden „Prorector Ioan. Stephanvs Pütter": „Kal. Septembr." [= 1.9.] 1773, p. VIII; deutsch in:] GGA 1773. 110. St. vom 13.9., S. 948.
[Regest mit deutschen und lateinischen Zitaten: Cardanus S. 60.]

31. Nähere Bestimmung der geographischen Lage von Osnabrück. In: Westphälische Beyträge zum Nutzen und Vergnügen. Osnabrück 1774. 43. St. vom 22.10., Sp. 337-344.
[Im Druck ungezeichnet. Wiedergedruckt Bw 1, S. 468-472: Nr 260, aber nicht, wie dort angenommen, an G. W. von dem Bussche [spätestens Sommer 1774], sondern gemäß Thomas Kempfs Forschungen (Lichtenberg-Jahrbuch 2, 1989, S. 87-96) wahrscheinlicher an Franz Christian de Benoit, und ist auf den Jahreswechsel 1773/1774 zu datieren – demnach hinter Bw 1, Nr 231 anzusetzen.]

32. Etwas von dem Cometen. In: Gemeinnützige Abhandlungen auf das Jahr 1773. Bd 1, Th. 2, St. 91 vom 25.12., S. 730-731.
[Datiert: „Geschrieben den 6 December 1773". Gezeichnet: „G. C. Lichtenberg, P. P. E." – Wiedergedruckt in E. Ebstein: Aus Lichtenbergs Correspondenz 1905, S. 22 f.]

[Jung 10]

33. An ***. [Epigramm.] In: [Heinrich Christian Boie (Hrsg.):] Musen Almanach A[nno] MDCCLXXIV. Göttingen, bey J. C. Dieterich [1773], S. 30.
[Gezeichnet: „G. L." – Faksimile: GMA 1962. 1979. – Zu diesem Neujahrsgedicht vgl. Sudelbuch C 91 und Bw 1, S. 207-210: Nr 110 (dort: „Deutsch, unerschöpflich, rein", mit kleinen Varianten); ferner oben Nr *22.]

34. Zum Neuenjahr. An Chloen. [Epigramm.] In: [Heinrich Christian Boie (Hrsg.):] Musen Almanach A[nno] MDCCLXXIV. Göttingen, bey J. C. Dieterich [1773], S. 73.
[Gezeichnet: „G. L." – Faksimile: GMA 1962. 1979. – Zu diesem Neujahrsgedicht vgl. Sudelbuch C 91 und Bw 1, S. 206: Nr 109 (dort: „An ein artiges Frauenzimmer", mit kleinen Varianten); ferner oben Nr *22.]

35.   **Göttingen.** [Bericht über eine von Lichtenberg verfertigte, der Sozietät vorgelegte Zeichnung von der scheinbaren Bahn des 1773 f. von Messier entdeckten Kometen. Verfasser: A. G. Kästner.] In: GGA 1774. 12. St. vom 27.1., S. 97-99.

[Anonym gedruckt; Verfasserschaft bestimmt nach dem Göttinger Handexemplar der GGA (danach Hahn, S. 83) bzw. dem Tübinger Handexemplar (Fambach 1976, S. 39); bei Guthke 1963 übergangen. – Vgl. auch Elogium 1799, S. 3 und 4. Anm. (deutsch in: Kästner 1978, S. 189). – Referiert dann auch in: NZGS 1774. Basel, den 16. Merz Nr VIII, S. 113 f. und in 1774: Monathlicher Nachtrag Für die WNGS 1774. IX. St. des Monaths Septembris. / In Teutschland Bd 35, Nachlieferung 9, S. 67-72.]

[Jung 394]

36.   Von dem Stand des Jupiter und der Venus in diesem Monat. In: Gemeinnützige Abhandlungen auf das Jahr 1774, Bd 2, Th. 1, 6. St. vom 12.2., S. 47-48.

[Datiert: „Geschrieben den 7 Febr.", gezeichnet: „G. C. Lichtenberg P. P. E." – Wiedergedruckt in E. Ebstein: Aus Lichtenbergs Correspondenz. 1905, S. 23-25.]

[Jung 11]

37.   **Göttingen.** [Kurzbericht Lichtenbergs über weitere Kometenbeobachtung vom 4./5.2.; verfasst von A. G. Kästner.] In: GGA 1774. 30. St. vom 10.3., S. 249.

[Anonym gedruckt; Verfasserschaft bestimmt nach dem Göttinger Handexemplar der GGA (danach Hahn, S. 84; Guthke 1963, S. 334 Nr 1) bzw. dem Tübinger Handexemplar (Fambach 1976, S. 40). – Referiert dann auch in: NZGS 1774. Basel, den 25 May Nr XVIII, S. 277.]

38.   Bemerkungen eines weißlichten Streifens am Himmel den 14 März 1774. In: Gemeinnützige Abhandlungen auf das Jahr 1774, Bd 2, Th. 1, 11. St. vom 19.3., S. 85-87.

[Anhang (S. 87) „Auf Verlangen" zu einer Abhandlung von A. G. Kästner; gezeichnet: „G. C. Lichtenberg, Prof." – Beide wiedergedruckt in E. Ebstein: Aus Lichtenbergs Correspondenz 1905, S. 28 f.]

[Jung 12]

39.   [Verweis auf Vorlesungsankündigung Lichtenbergs zum Sommersemester 1774 (Beginn: 18.4.) „künftig" auf das „Schwarze Brett". Lateinisch im „Catalogus Praelectionum", datiert vom herausgebenden „Prorector Georg. Henr. Ayrer": „VI Mart." [= 6.3.] 1774, p. VIII; deutsch in:] GGA 1774. 41. St. vom 5.4., S. 348.

[Regest mit deutschen und lateinischen Zitaten: Cardanus S. 60.]

40. **Göttingen**. [Referat Lichtenbergs (in der 3. Pers.) über seine Versuche zu Tobias Mayers Farben-Triangel vor der Göttinger Sozietät.] In: GGA 1774. 106. St. vom 3.9., S. 905-907.

[Anonym gedruckt; Verfasserschaft bestimmt nach dem Göttinger Handexemplar der GGA (danach Hahn, S. 84; Guthke 1963, S. 334: Nr 2) bzw. dem Tübinger Handexemplar (Fambach 1976, S. 42).]

41. [Verweis auf Vorlesungsankündigung Lichtenbergs zum Wintersemester 1774/1775 (Beginn: 17.10.), „wenn er aus England zurückgekommen seyn wird" am „gewöhnlichen Orte" (scil.: dem „Schwarzen Brett). Lateinisch im „Catalogus Praelectionum", datiert vom herausgebenden „Prorector Io. Petrvs Millervs": „Kal. Septembr." [= 1.9.] 1774, p. VII; deutsch in:] GGA 1774. 111. St. vom 15.9., S. 955.

[Regest mit deutschen und lateinischen Zitaten: Cardanus S. 60.]

42. Tobiae Mayeri in universitate litt.[erarum] Gottingensi quondam professoris ac Soc.[ietatis] reg.[iae] scient.[ientiae] sodalis; astronomi celeberrimi opera inedita. Vol. I Commentationes Societati Regiae scientiarum oblatas, quae integrae supersunt, cum tabula selenographica complectens. Edidit et observationum appendicem adiecit Georgius Christophorus Lichtenberg, prof. philos. et soc. reg. sc. sodalis. Gottingae: Dieterich 1775. 110 S., 3 Falttaf.

[Enthält von Mayer: I. De variationibus Thermometri accuratius definiendis S. 1-10; II. Observationes astronomicae quadrante murali habitatae in observatorio Gottingensi S. 11-20; III. Methodus facilis et accurata computandi eclipses solares in dato loco conspicuas S. 21-30; IV. De affinatate colorum commentatio S. 30-42; V. De novo fixarum zodiacalium catalogo commentatio S. 43-48; Fixarum zodiacalium catalogus novus ex observationibus gottingensibus ad initium anni 1756. Constructu S. 49-74; VI. De motu fixarum proprio commentatio S. 75-81. Von Lichtenberg (gleichfalls in lat. Sprache): Widmung an „Georgio III" p. III und V f. (mit lateinischer Widmungsepistel); Praefatio p. VI f. (datiert vom 28.8.1774; sie ist wiedergedruckt als Prooemium ad opera inedita Tobiae Mayer[i] spectans. In: Vox Latina. Tomus 41 (2006) Fasc. 164, p. 175 f.); „Appendix observationum, quae ad locorum quorundam in commentationibus et tabulae selenographicae Mayerianae huic fasciculo adiectae illustrationum pertinent" S. 83-110: [Ad] I. (85-91. [Ad] II. 91 f. [Ad] IV. 93-103. Ad Tabvlam [...] 104-107. [Ad] Longitudines [...] 108-110)". – Möglicherweise stehen vier lateinische Seiten im Nachlass (Ms. Lichtenberg VII H Bl. 14 f.) im Zusammenhang mit Lichtenbergs Commentatio I. (vgl. p. 89), doch habe ich keine wörtlichen Entsprechungen gefunden. – Druckfehler von Lichtenberg angeführt im Brief an Johann Gottlieb Stöcker, [Anfang August 1774] (Bw 1, S. 465: Nr 257); weitere in einem Errata-Verzeichnis.

Ausgeliefert bereits *Ende Oktober 1774* (die ersten Rezensionen darüber erschienen schon im November 1774; siehe unten). – Mehr nicht erschienen: Erst 1972 gab Eric G. Forbes aus dem im Besitz von NSuUB und Akademie in Göttingen befindlichen Nachlass Mayers drei weitere Bände heraus (The unpublished Writings of Tobias Mayer. I: Astronomy and Geography. II. Artillery and Mechanics. III. The Theory of the Magnet; Mayers Text deutsch bzw. lateinisch,

der Kommentar von Forbes englisch). – Gemäß BL 1982, S. 49 Nr 228 besaß
Lichtenberg bei seinem Tod nur mehr ein Exemplar davon. Die Ausgabe war
dann gemäß einer gedruckten Verlagsanzeige Göttingen: Dieterich 1831 noch
lieferbar und wurde sogar noch mit anderen Restbeständen aus dem 18. Jhdt. für
32 Mark von dem nun in Leipzig ansässigen Verlag in einer Verlagsmitteilung
angeboten, angeheftet an Leitzmann 1921 (S. [1] von 4). – Photomechanisch (erheblich verkleinert) reproduziert in: T. Mayer: Schriften zur Astronomie, Karto-
graphie, Mathematik und Farbenlehre. Band III: Opera posthuma et inedita.
Reprint von Monographien und Beiträgen, die zwischen 1767 und 1826 erschienen sind. Mit einer Einleitung hrsg. von Karin Reich und Erhard Anthes. Hildesheim: Olms-Weidmann 2006, S. 347-472 der Gesamtpaginierung des Bandes. – Ins *Englische* übersetzt wurde Lichtenbergs 1. Band: T. Mayer: Opera
Inedita. The First Translation of the Lichtenberg Edition of 1775. By Eric G.
Forbes. London: Macmillan / New York: American Elsevier Pub. Co 1971. 166
S. – Ins *Deutsche* übersetzt ist durch Hans Ludwig Gumbert nur die Widmungs-
epistel (in LE 2, S. 202) und die Vorrede (LE 1, S. 335); diese und Lichtenbergs
eigene Anteile an der Edition („Appendix observationum", s. o.) bei Hasse 1997,
S. 55-141, synoptisch mit dem Faksimile des lateinischen Textes. – Denekes
Lichtenberg-Schrank Nr 10. – Gumbert-Auktion 1985, Nr 2560.]
Rezensionen: [A. G. Kästner]: GGA 1774, 139. St. vom 19.11., S. 1185-1189. –
[E. G. Baldinger:] NHGZ 1774, 93. St. vom 25.11., S. 743-745. – [A. G. Kästner]:
Beytrag zu den Erlangischen gelehrten Anzeigen, 2. Woche, 14.1.1775, S. 25-29.
(= Textübernahme aus den GGA; gekennzeichnet: G. A. 139. St.). – N. N.: NGM
1775, 8. St. vom 23.2., S. 63. – N. N.: JZgS 1775, XXXVIII. St. vom 12.5., S. 314-
320. – Sp. [= C. F. G. Meister]: ADB, Bd 33, 2. St. (1778), S. 362-370. – N. N. [ver-
mutl. vom Hrsg. Johann Christian Polykarp Erxleben selbst:] PB Bd 1 (1775),
4. St., S. 394-413. – N. N.: WNGS 1775, Bd 36, 25. St., S. 193-195. – *Italienisches*
Referat: N. N.: „Meteorologica" in der „Antologia Romana". Tomo IV, Roma:
presso Gregorio Settari Librajo al Corso 1778, p. 52-55.

[Jung 13]

1775

43. **Göttingen.** [Brief an Abraham Gotthelf Kästner, „Kew den 20 Dec. 1774".
Mitgeteilt durch den Empfänger]. In: GGA 1775. 13. St. vom 31.1., S. 97-99.
[Ohne Namen des Herausgebers gedruckt; dieser bestimmt nach dem Göttinger
Handexemplar der GGA bzw. dem Tübinger Handexemplar (Fambach 1976,
S. 45). Über Cox's ‚Perpetualmotion' und Westminster Abbey. Wohl unautori-
siert nachgedruckt in Nr 45. – Unautorisierte bloße Zusammenfassung davon,
mit der Mitteilung der Beförderung von Lichtenberg, Erxleben und Meiners zu
Ordinarien, als: „Göttingen, vom 24. Febr." in: Dienstägige Frankfurter Kayserl.
Reichs-Ober-Post-Amts-Zeitung. Nr 34 vom 28.2.1775, S. [2 f.]. – Wieder (unter
Auslassung der Kästner'schen Kommentare) im Bw 1, S. 484 f.: Nr 267; von
Gumbert zuvor schon (in LE 1, S. 271: Brief IX) mit den Kommentaren in seinen
Anmerkungen (in LE 2, S. 206). – Vgl. auch Elogium 1799, S. 5 und 2. Anm.
(deutsch in: Kästner 1978, S. 191; Anm. fehlt); dann auch bei Lauchert S. 5; bei
Guthke 1963 und Jung übergangen.]

44. [Verweis auf Vorlesungsankündigung Lichtenbergs zum Sommersemester 1775 (Beginn: 1.5.), „wenn er aus England zurückgekommen seyn wird". Lateinisch im „Catalogus Praelectionum", datiert vom herausgebenden „Prorector Io. Petrvs Millervs": „XV. Martii" 1775, p. VII; deutsch in:] GGA 1775. 34. St. vom 21.3., S. 296.
[Regest mit deutschen und lateinischen Zitaten: Cardanus S. 60.]

45. **Göttingen.** [Brief an Abraham Gotthelf Kästner, „Kew den 20 Dec. 1774"]. In: Hamburgische Addreß Comtoir-Nachrichten 1775, 24. St. vom 23.3., S. 189 (unter „IX. Gemeinnützige Anzeigen").
[Wohl unautorisiert nachgedruckt nach Nr 43; siehe dort.]

46. [Vorlesungsankündigung Lichtenbergs zum Wintersemester 1775/1776 (Beginn: 16.10.), „wenn er aus England zurückgekehrt seyn wird". Lateinisch im „Catalogus Praelectionum", datiert vom herausgebenden „Prorector Chr. Fr. Ge. Meister": „XX. Augusti." [= 20.8.] 1775, p. VII; deutsch in:] GGA 1775. 105. St. vom 2.9., S. 907 f.
[Regest mit deutschen und lateinischen Zitaten: Cardanus S. 60.]

47. Die geographische Lage der Stadt Osnabrück. In: Justus Möser: Patriotische Phantasien. Herausgegeben von seiner Tochter J.[ohanna] W.[ilhelmina] J.[uliana (Jenny)] v. Voigt, geb. Möser. Zweyter Theil., Berlin, bey Friedrich Nicolai 1776 [recte: 1775]. Nr 92, S. 489-492.
[Siehe oben Nr 29, der folgend Jenny von Voigt den Text Lichtenbergs unter Veränderung der 1. Pers. in die 3., sonst aber nahezu wörtlich, für ihren Vater gekapert hat (oder war es sogar Justus Möser selbst?). – Der Band erschien schon 1775 und ist vordatiert: Denn auf diesen Abdruck weist dann gleich Anton Friedrich Büsching hin: Geschichte der Landcharten von dem Bistum Osnabrück, in dess. Wöchentliche Nachrichten von neuen Landcharten 4. Jg 1. St. vom 1.1.1776, S. 489-492.]

1776

48. Brief aus England an Herrn Hofrath [Abraham Gotthelf] Kästner. In: Deutsches Museum 1776, Bd 1: 1. St., (Jenner 1776), S. 79-84.
[Datiert „vom 16ten Okt. 1775". Über neue wissenschaftliche Entdeckungen in England (der Empfänger referiert selbst in den GGA 1776 vom 15.2., Bd 1, 20. St., S. 164: „vornämlich von Hrn. Hornsbys Observatorio und Hr. [J. R.] Forster" [über dessen Reise mit Cook]). Wiedergedruckt nur Bw 1, S. 559-563: Nr 288. Erwähnt 1799 von Kästner (1978, S. 191), dann auch bei Lauchert S. 5, fehlt bei Jung. – Einen Druckfehler, der im Bw noch nicht berücksichtigt ist, korrigiert A. G. Kästner im ungedruckten Brief an August Ferdinand Graf von Veltheim, 4.4.1776: 22 Fuß in loco] 22 Fuß in 1000. – Gumbert-Auktion 1985, Nr 2615.]

49.   [Vorlesungsankündigung Lichtenbergs zum Sommersemester 1776 (Beginn: 22.4.). Lateinisch im „Catalogus Praelectionum", datiert vom herausgebenden „„Prorector Chr. Frider. Georg. Meister": „XX. Februar." [= 20.2.] 1776, p. VII; deutsch in:] GGA 1776. 27. St. vom 2.3., S. 227.
[Regest mit deutschen und lateinischen Zitaten: Cardanus S. 60.]

50.   **Göttingen.** [Referat (in der 3. Pers.) von Lichtenbergs Bericht vor der Göttinger Sozietät am 10.2.1776 über eine Verbesserung der Priestley'-schen Methode der Wasserschwängerung mit fixer Luft (= kohlensäure-haltiges Wasser herzustellen), und über die Präsentation von Vaugondys Seekarte]. In: GGA 1776. 56. St. vom 9.5., Bd 1, S. 473-476.
[Anonym gedruckt; Verfasserschaft bestimmt nach dem Göttinger Handexemplar der GGA (Guthke 1963, S. 334: Nr 3) bzw. dem Tübinger Handexemplar (Fambach 1976, S. 53). – Der Hauptteil wiedergedruckt durch Joost 2023b, S. 196-198. Siehe auch Nr 51. 165. 239(e)13.]

†51.   Beschreibung eines neuen Werkzeuges, wodurch man das Wasser sehr bequem mit fixer Luft schwängern kann. In: Physikalisch-chemische Abhandlungen von Joh. Christ. Polykarp Erxleben Professor zu Göttingen. Bd 1, Leipzig: Weygand 1776, S. 353-357.
[„Herr Professor Lichtenberg hat dieß Werkzeug kürzlich aus England mitgebracht, und mir die Erlaubniß ertheilt, eine Beschreibung davon zu geben" (S. 353) „Herr Prof. Lichtenberg hat mir übrigens folgende Nachricht von diesem Werkzeuge mitgetheilt" (S. 356; das Folg. also vermutlich wörtlich von Lichtenberg, lediglich von Erxleben redigiert). – Die Widmungsvorrede zu dem Bändchen datiert vom 20. Juni 1776, es erschien also wenigstens sechs Wochen nach dem voranstehenden, von Lichtenberg allein verantworteten Referat (Nr 50). Wiedergedruckt durch Joost 2023b, S. 199f.]

52.   Brief aus England [an Heinrich Christian Boie. Gezeichnet „G.C.B." Dies S. 1152 korrigiert: „l.[ies] G.C.L. (Der Verfasser ist der Hr. Prof. Lichtenberg in Göttingen.)"]. In: Deutsches Museum 1776, Bd 1: 6. St. Junius, S. 562-574.
[Der erste der legendären Theaterbriefe aus London, dieser fiktiv datiert: „London, den 1 Oktob. 1775". – Fortgesetzt mit Nr 58 und (1778) Nr 79. Vgl. Dieterich 1984, S. 91: Nr 47. – Wiedergedruckt: AS 1800, S. 59-89. ¹VS 3, S. 241-280. ²VS 3, S. 199-220. SB 3, S. 326-338. Lesarten bei Lauchert S. 12. Diplomatisch getreu wiedergedruckt durch Gumbert (in LE 1, S. 342-352: Anhang VIII). Einziger textkritischer Abdruck: Bw 1, S. 534-547: Nr 285; dort sind die Druckfehler des Erstdrucks (nachgewiesen a.a.O., S. 546) teils korrigiert nach den „Errata" im Deutschen Museum 1776, Bd 2, S. 762 und 858, teils (die letzte) emendiert durch Konjektur. – Zu den vom Hrsg. Boie unterdrückten Passagen, die Lichtenberg dann mutmaßlich in der „Physiognomik"-Abhandlung im GTC für 1778 = Nr 73(a), vor allem in deren 2. Auflage (Nr 73; dort S. 56-61 = SB 3, S. 279 Z. 13 bis 281 Z. 14 v.u.) verwendete, vgl. Joost: I "Briefe aus England" di Lichtenberg e qualche considerazione sul saggio nel Settecento. In: Giulia Cantarutti (Hrsg.): Prosa saggistica di area tedesca. Bo-

logna: Il mulino 2011, S. 53-71 (deutsche Fassung geplant für das Lichtenberg-Jahrbuch 2025). –
Unautorisierte Nachdrucke: Nr 53 und 55. Übersetzung ins Schwedische: Nr *60.
– *Rezensionen*: (über das ganze DM-Heft; zu Garricks Spiel nur je ein Satz [A. v. Haller:] GGA 1777, 18. St. vom 10.2., S. 138 ff.; hierin S. 143: „Eine Nachricht von Garriks vortrefflichem Spiele; man merkt auch die Vorstellung in den Muskeln des Gesichts an, durch welche er sich das Ansehn eines Trunkenbolds zugeben weiß"; [C. G. Heyne,]: GGA 1777, 19. St. vom 13.2., S. 148 ff.; hierin S. 151: „Brief aus London über Garrik; ein vortrefflich Stück von einem der feinsten Bemerker, und mit der Sprache geschrieben, welche nur Leute in ihrer Gewalt haben, die für sich denken.", letzteres zitiert auch bei Lauchert S. 11 – dort mit falscher Jahresangabe 1776). – Ein paar weitere Urteile: G. A. Bürger schon am 4.7.1776 an H. C. Boie: „Lichtenbergs Brief über Garrick ist herrlich". Vgl. noch (Karl August Böttiger): Entwicklung des Ifflandischen Spiels. Vierzehn Darstellungen auf dem Weimarischen Hoftheater. Im Aprilmonath 1796. Bd 1, Leipzig: Göschen 1796, S. 296. 308. In demselben Zusammenhang noch in Der Theatralische Eulenspiegel: Eine Wochenschrift. Erstes Quartal X. 1797, S. 148 (findet ihn „sehr treffend"). Und Heinrich Heine wird Lichtenbergs Beschreibungen noch 1839 in der Einleitung zu „Shakespears Mädchen und Frauen" loben (Werke. Hrsg. von Oskar Walzel u. a. Bd 8, Leipzig: Insel 1913, S. 176. 596 f.); dann noch Arthur Schopenhauer in Welt als Wille und Vorstellung II, 2, 22 (in Grisebachs Ausgabe Bd 2 (1892), S. 332).]
[Jung 17/I]

53. Garrik. In: Hamburgische Addreß Comtoir-Nachrichten 1776, 57. St. vom 22.7., S. 449 ff.
[Gekürzter, jedenfalls nicht autorisierter Nachdruck von Nr 52.]

54. [Vorlesungsankündigung Lichtenbergs zum Wintersemester 1776/1777 (Beginn: 14.10.). Lateinisch im „Catalogus Praelectionum", datiert vom herausgebenden „Prorector Chr. Frider. Georg. Meister": „XX. Augusti." [= 20.8.] 1776, p. VI; deutsch in:] GGA 1776. 104. St. vom 29.8., S. 892.
[Regest mit deutschen und lateinischen Zitaten: Cardanus S. 60.]

55. Ueber Garrick und einige englische Schauspieler. In: Christian August Bertram (Hrsg.): Allgemeine Bibliothek für Schauspieler und Schauspielliebhaber. Bd 1, 3. St. Frankfurt und Leipzig 1776, S. 151-178.
[Jedenfalls nicht autorisierter Nachdruck von Nr 52 mit neuer Überschrift des jetzigen Herausgebers, kennt die Fortsetzung noch nicht und wird daher vor November erschienen sein; „3. St." deutet auf Juli bis September (im betreffenden Heft kein weiterer Datierungsanhalt gefunden). Das seltene Blatt findet sich http://digital.onb.ac.at/OnbViewer/viewer.faces?doc=ABO_%2BZ253422107].

56. Epistel an Tobias Göbhard in Bamberg über eine auf Johann Christian Dieterich in Göttingen bekannt gemachte Schmähschrifft. o. O. [Göttingen: Dieterich] 1776. 40 S.
[S. 1: Titel; S. 2 vacat; S. 3 f.: „Vorerinnerung des Herausgebers" (gezeichnet: „Friedrich Eckard" – bei diesem Pseudonym bediente Lichtenberg sich des

Mädchennamens seiner Mutter), S. 5-40: das ‚Sendschreiben'. – Erschienen September oder Anfang Oktober 1776, vgl. Lichtenberg an Schernhagen, 29.10.1776 (hier wird schon die Antwort eines Ungenannten erwähnt); ferner G. H. Hollenberg, 21.11.1776 (Bw 1, S. 636: Nr 333 bzw. S. 648: Nr 344). Zur Entstehung siehe noch Dieterichs Brief an Ludwig Christian Lichtenberg, 9.9.1776 (Dieterich 1992, S. 376). – Fortgesetzt durch Nr 59 (siehe dort).
Noch 1795 wird Johann Christian Friedrich Roch (Materialien zu einer Geschichte des Buchhandels. Leipzig: Feind 1795, S. 73) ausgerechnet den trockenen J. G. H. Feder für den Verfasser halten, wohl wegen dessen Abhandlungen im GMWL I,1, S. 1-37; I,2, S. 220-42; I,3, S. 459-466 (siehe unten Nr 109/I. 113/V. 123/V). – [1]VS 3, S. 147-196. [2]VS 3, S. 137-162. SB 3, S. 237-252. – Lauchert S. 14f. mit Textkritik. – Lit.: Ernst Martin Gräf: Versuch einer einleuchtenden Darstellung des Eigenthums und der Eigenthumsrechte des Schriftstellers und Verlegers und ihrer gegenseitigen Rechte und Verbindlichkeiten. Leipzig, in Kommission bei den Gebrüdern Gräff 1794, S. 212-213 (erklärt, die von Lichtenberg bekämpften Schriften nicht zu Gesicht bekommen zu haben). – Gemäß BL 1982, S. 303 (Anhang I) besaß Lichtenberg bei seinem Tod nur mehr ein Exemplar davon. – Das Exemplar im Müller von Itzehoe-Sammelband (vgl. Siglen-Verzeichnis) ist mit diesem verschollen. – Denekes Lichtenberg-Schrank Nr 12. – Gumbert-Auktion 1985, Nr 2616.]
Rezension: N. N.: NGM 1776, 41. St. vom 10.10., S. 322.

[Jung 14]

57. An das gelehrte Zeitungskomtoir! [Brief von Lichtenberg]: In: FGA. [Hrsg. von Johann Konrad Deinet]. Frankfurt am Main 1776. Nro LXXXIX vom 5.11., S. 712
[Antwort auf die Behauptung im 86. St., die in der folgenden Woche von Schubart in dessen Teutscher Chronik 1776, 87. St. vom 28.10., S. 684 wiederholt worden war, Lichtenberg sei „der Verfasser des Büchleins über die Ehe", und deren pointierte Zurückweisung; datiert „Göttingen den 29. Okt. 1776", gezeichnet „G. C. Lichtenberg". Wiedergedruckt durch Jörg-Ulrich Fechner in den Wolfenbütteler Notizen zur Buchgeschichte Jg 3, H. 2 vom Oktober 1978, S. 282; dann im Bw 1, S. 640: Nr 335. Siehe unten Apokryphon 1.]

58. Brief aus England [an Heinrich Christian Boie; am Schluss gezeichnet: „G. C. B." Dies S. 1152 korrigiert: „l.[ies] G. C. L. (Der Verfasser ist der Hr. Prof. Lichtenberg in Göttingen.)"]. In: Deutsches Museum 1776, Bd 2: 11. St. November, S. 982-992.
II. [Brief]: Fiktiv datiert: „London, den 10. Oktober 1775". Fortsetzung von Nr 52, fortgesetzt durch Nr 79. Wiedergedruckt AS 1800, S. 90-109. [1]VS 3, S. 241-280. [2]VS 3, S. 199-220. SB 3, S. 338-346. Diplomatisch getreu wiedergedruckt durch Gumbert (in LE 1, S. 352-359: Anhang VIII). Einziger kritischer Abdruck: Bw 1, S. 547-556: Nr 286; dort sind die Druckfehler des Erstdrucks (nachgewiesen a. a. O., S. 555) teils korrigiert nach den „Errata" im Deutschen Museum 1776, Bd 2, S. 1152, teils (die erste) emendiert durch Konjektur. – Vgl. Lauchert S. 11-13. – Gumbert-Auktion 1985, Nr 2615.]

[Jung 17/21]

59. Friedrich Eckardt an den Verfasser der Bemerkungen zu seiner Epistel an
     Tobias Göbhardt. o. O. [Göttingen: Dieterich] 1776. 24 S.
     [S. 1: Titel (mit einem seit den VS immer weggelassenen Motto aus „Mösers Pa-
     triotischen Phantasien T. II. p. 640-407.‟ über das „Recht der Erstgeburt‟; S. 2
     vacat; S. 3-24: das ‚Sendschreiben‘. – Erschienen Ende November/ Anfang De-
     zember 1776, vgl. Lichtenberg an G. H. Hollenberg, 19.12.1776 (Bw 1, S. 659:
     Nr 358). – ¹VS 3, S. 197-230. ²VS 3, S. 163-183. Nicht in SB. – Lit.: Lauchert
     S. 15 f. – Gemäß BL 1982, S. 303 (Anhang I) besaß Lichtenberg bei seinem Tod
     nur mehr ein Exemplar davon. Das Exemplar im Müller von Itzehoe-Sammel-
     band (vgl. Siglen-Verzeichnis) ist mit diesem verschollen. – Denekes Lichten-
     berg-Schrank Nr 14. – Fortsetzung von Nr 56, siehe dort.]
                                                                          [Jung 15]

*60. [Brief aus England über Garrick.] In: Carl Christoffer Gjörwell (Hrsg.):
      Allgem. Bibliothek (1776?).
      [Angabe nach Jördens Bd 6, S. 501: Nachtrag zu Bd 3, S. 348, Z. 10. Vermutlich
      eine Zusammenfassung oder Übersetzung von Nr 52 (und 58?) ins *Schwedische*,
      verfasst vermutlich vom Herausgeber. Auch erwähnt in einer nicht näher be-
      schriebenen Quelle „1796, S. 57‟. – Bislang kein Exemplar gefunden. In der „All-
      männa bibliioteket‟, an die man am ehesten hätte denken können, steht es angeb-
      lich nicht.]

                                    1777

61. **Avertissement.** 2° (Folioblatt 33 x 21 cm, einseitig bedruckt, anonym.]
     [Zur Entstehung vgl. Dieterich 1984, S. 77 f.: Nr 34. – Hier eine stemmatologi-
     sche Zeugen-Recensio:
     a) 1. Auflage: Am Schluss datiert: „Göttingen, 7. Jänner 1777‟. Bislang einziges
     bekanntes Exemplar, früher im Städtischen Museum, jetzt in der NSuUB Göt-
     tingen (dem Nachlass zugeschlagen: Ms. Lichtenberg V, 18A); Faksimile (ver-
     kleinert) im Photorin Heft 10 (1986), S. 34; dann (in Originalgröße): „Avertisse-
     ment‟ gegen Jakob Philadelphia 1777. Faksimile des Erstdrucks. Mit einer
     Einführung [„… wie Satyre das Complement der Gesetze seyn kann‟] von Ul-
     rich Joost. Der Lichtenberg-Gesellschaft zu ihrer Jahrestagung 2004 gewidmet.
     Darmstadt: Lehrdruckerei der Technischen Universität 2004. 44 + 4 ungezeich-
     nete S., 10 Abb., 1 Faksimile. Ergänzungen und Korrekturen dazu Lichtenberg-
     Jahrbuch 2005, S. 230 f.
     *b) 2. Auflage: Titel wahrscheinlich identisch, sicherlich auch anonym, hatte
     aber vermutlich – wie der folgende Druck („dritte Auflage‟) nahelegt – einen
     Kritik abwehrenden Zusatz „auf Verlangen zweite Auflage‟. Hier vielleicht be-
     reits statt der Schlussvignette der Göttingen-Holzschnitt mit den gegeneinan-
     derstehenden Wetterfahnen. Bislang ist noch kein Exemplar nachgewiesen; Exis-
     tenz und Erscheinensdatum „10. Jenner 1777‟ aber durch Lichtenbergs Brief an
     Schernhagen 16.1.1777 (Bw 1, S. 684: Nr 374) wahrscheinlich; ebenso die Leit-
     variante, mit der man erkennen kann, dass *alle* folgenden Abdrucke auf dieser
     oder der folgenden Auflage fußen: Congreß *1.Auflage lies:* ehrwürdigen Con-
     greß *2.Auflage*

c) „Auf Verlangen 3. Auflage", anonym, datiert „Göttingen, den 13ten Jenner 1777". Wahrscheinlich sonst im Text unveränderter Abdruck nach der „2. Auflage". Einziges in einer Bibliothek nachgewiesenes Exemplar befindet sich im Germanischen Nationalmuseum Nürnberg (verkleinert faksimiliert Joost 2004, S. 25), spätestens jetzt mit dem *Göttingen*-Holzschnitt statt der Schlussvignette und auch ohne Lichtenbergs Namen. 3. Aufl. – Ein Exemplar dieser Auflage im Müller von Itzehoe-Sammelband (vgl. Siglen-Verzeichnis) ist mit diesem verschollen.
– Immer noch ohne Lichtenbergs Namen, jedenfalls unautorisiert nachgedruckt zumindest als:
d) – – „Auf Verlangen dritte Auflage. Avertissement."; gezeichnet: „**, den 13ten Jenner, 1777", folgt also wohl c), 1792 in Nr 327; und erwähnt im
e) – –Berlinischen Archiv der Zeit Nr VIII, Juni 1796, S. 543-550; hier S. 546 („Zur Geschichte natürlicher Wundertäter") entschuldigt ein Ungenannter das *Fehlen* des Textes mit diesem Hinweis: „Wie gern theilten wir ihn unsern Lesern mit! Wie wenig würden wir uns eine solche Indiskretion zum Vorwurf machen! Aber leider sind wir nicht im Besitz dieses Schatzes, und rufen dem geitzigen Zurückhalter [Lichtenberg] desselben mit den Fröschen in der äsopischen Fabel zu: ‚Dieses was dir eine Kleinigkeit und ein Spiel dünkt, ist eine große Sache für uns!'." (Es folgt dort dann eine Übersetzung von Jonathan Swifts Satire, die Lichtenberg sich offenkundig zum Vorbild für seine Satire genommen hatte).
Dieser Wunsch geht dann in Erfüllung, wohl erstmals mit dem die folgende Drucktradition bestimmenden, heute verbreiteten Titel „Anschlagzettel über Philadelphias Kunststücke zu Göttingen" im September 1796 in Nr 375.
f) – – – Diesem Druck offenbar folgend, 1798 in Nr 400; danach wieder (bereits außerhalb unseres Berichtsfensters) als: „Philadelphia's Zaubereien (Ein Anschlagzettel in seinem Namen von Lichtenberg)". In: Gemeinnützliche Blätter für das Großherzogtum Frankfurt. 1811 Bd 1,1, Nr 18, S. 74-76 [Gumbert-Auktion 1985, Nr 2621] – und öfter.
– – – Zuvor aber schon in ¹VS 3, S. 231-238; vielleicht direkt nach Biester 1796 (Nr 375) oder zumindest mit dessen Titelgebung, aber unter Kenntnis der 3. bzw. vielleicht der 2. Auflage: Hat statt der Schlussvignette den Göttingen-Holzschnitt mit den Wetterfahnen, diese aber jetzt gleichgerichtet – Faksimile Joost 2004, S. 23). Diesem Abdruck, zwar mit der Variante seit der 2. Auflage und der Datierung der 1., jedoch mit dem nicht von Lichtenberg stammenden und sonach falschen Titel folgen bislang *alle* Werkausgaben, v. a. ²VS 3, S. 185-188. SB 3, S. 253-255 (in VS und SB sogar als umgangssprachlicher „Anschlag-Zeddel im Namen von Philadelphia"). – Lauchert S. 17. Zur weiteren Wirkung noch Achenbach 2021, S. 394-397.]

[Jung 18]

*62.   [Betrachtungen über die Höhe des Brockens, gegen eine Abhandlung von E. A. W. Zimmermann in Braunschweig.] In: Deutsches Museum 1777. Bd 1: 1. St. Januar.
[Verloren, in Lichtenbergs Nachlass nicht mehr auffindbar; auch der genaue Titel der Abhandlung ist nicht sicher bekannt. Der Aufsatz wurde nämlich auf Drängen A. G. Kästners durch Lichtenberg, obwohl er bereits ausgedruckt war, ungefähr zum Jahreswechsel auf eigene Kosten wieder zurückgezogen und komplett vernichtet – bis auf ein oder ganz wenige inzwischen auch verschollene

Exemplare, die er an interessierte Studenten verlieh (vgl. Lichtenberg-Jahrbuch 2007, S. 242); inzwischen verschollen. – Datiert nach dem Bericht Lichtenbergs an Schernhagen, 2.12. 1776: „Heute gehen meine Betrachtungen über die Höhe des Brockens nach Leipzig zum Druck ab" und Boies Brief an Voß, 2.1.1777. – Vgl. Joost: Mehr als ein Erratum in den Errata [II.]. In: Lichtenberg-Jahrbuch 2007, hier S. 241 f. – Albert Krayer hat Lichtenbergs Notizen für die Abhandlung aus der Handschrift (im Nachlass: Ms. Lichtenberg VII M 1-6) mitgeteilt, kommentiert und dabei ihren Inhalt und die Entstehungsumstände rekonstruiert: Lichtenberg und die Höhe des Brockens. In: Lichtenberg-Jahrbuch 2013, S. 199-223. – Eventuell gehören hierzu noch ein paar bislang unbeachtete diagonal durchstrichene (demnach vermutlich: verarbeitete) Zeilen im Nachlass: Ms. Lichtenberg VII H Bl. 3: „HE. Prof Zimmermanns Barometer sind von der Hitze sehr verändert worden, wie man sieht, ist die <Hitze> {Wärme} welcher das untere Barometer ausgesezt wird, viel größer als die Wärme des Oberen <und> so geben sie die Höhen zu groß. Und umgekehrt kommen sie der Wahrheit nach oder der Fehler wird negativ. | Ist die Wärme beyder groß aber nicht sehr unterschieden so geben sie die Höhen zu klein".]

63. An die Herausgeber des Deutschen Museums. In: Deutsches Museum 1777. Bd 1: 2. St. Februar, S. 190-192.
[Über die Bewohner von Tierra del Fuego. Gezeichnet und datiert: „Göttingen, 6. Jan. 1777. G.C.L.". – Anonymer und sicherlich nicht autorisierter Teilabdruck davon („Diese Menschen … mit ihnen sprechen wollte"): Nr 71a. Als zu unbedeutend nicht in VS (vgl. ¹VS 3, S. XIII f.). Lauchert S. 17 f. (mit Abdruck der Einleitung S. 18). – Vollständig erst wiedergedruckt Bw 1, S. 676-679: Nr 370. – Gumbert-Auktion 1985, Nr 2615.]

[Jung 19]

64. **Göttingen**. [Deutsches Résumé von Lichtenbergs Vortrag während der Sitzung der Sozietät der Wissenschaften zu Göttingen am 14.12.1776 der lateinischen **Observationes astronomicae** (diese gedruckt in den Novi Commentarii 7 (1776) über die Ortsbestimmungen Hannover, Osnabrück und Stade = unten Nr 66).] In: GGA 1777. 16. St. vom 6.2., S. 121-123.
[Von ihm selbst verfasst. Anonym gedruckt; Verfasserschaft bestimmt nach dem Göttinger Handexemplar der GGA (danach Hahn, S. 84; Guthke 1963, S. 335: Nr 4) bzw. dem Tübinger Handexemplar (Fambach 1976, S. 57). – Im Nachlass (Ms. Lichtenberg VII H Bl. 9 f.): einige deutsche und lateinische Notizen, entweder für diesen Vortrag oder für seine Ausarbeitung, von deren Wortlaut sie aber stark abweichen. Ebd. noch Bl. 3 r.+ v.: dt.-lat. Notizen (Auswahl der besten Observationen; „Erst die Bemühungen erzählt, den Quadranten zu prüfen").]

65. [Vorlesungsankündigung Lichtenbergs zum Sommersemester 1777 (Beginn: 14.4.). Lateinisch im „Catalogus Praelectionum", datiert vom herausgebenden „Prorector Ernestvs Godofredvs Baldinger": „Kal. Martiis. [= 1.3.] 1777, p. VI; deutsch in:] GGA 1777. 33. St. vom 17.3., S. 259.
[Regest mit deutschen und lateinischen Zitaten: Cardanus S. 60.]

66. Observationes astronomicae per annvm 1772 et 1773 ad sitvm Hannoverae, Osnabrvgi et Stadae determinandum institvtae, in consessv Soc. Reg. Scient. enarratae d. XIV decembr. MDCCLXXVI a G. C. Lichtenberg. In: Novi Commentarii Societatis Regiae Scientiarum Gottingensis. Commentationes physicae et mathematicae classis 7 (1776), S. 210-232.

[Der Band der Abhandlungen erschien erst im April 1777, jedoch mit verzögertem Titel 1776 (vgl. die Quittung vom 4.5.1777 im Akademie-Archiv, erwähnt im Bw 1, S. 659: Anm. zu Nr 357), was (genau wie beim *Lichtenberg-Jahrbuch*) zu mancherlei Missverständnissen in der Literatur und Bibliographie führt. Im Nachlass: Ms. Lichtenberg VII H Bl. 3 verso: lat. Entwurf zu vorliegendem Druck, S. 212 („non quem solum osorem" etc.); ferner Beobachtungen und Berechnungen zur Längenbestimmung, u. a. zu Nr 66, S. 230 und pass.; Paralipomena: VII H Bl. 10 recto: lat. Exzerpt aus einer Epistel von Maximilian Hell an Kästner, 6.2.1773; verso über Landkarte von Rizzi Zannoni – Ins *Deutsche* übersetzt: Hasse 1997, S. 8-52, synoptisch mit dem Faksimile des oben bibliographierten lateinischen Textes. – Ein ausgekoppelter Separatabzug (wie bei Nr 81/82 bzw. Nr 98/99) ist bislang nicht nachgewiesen. – Gumbert-Auktion 1985, Nr 2561; dort mit diesesmal berechtigter Kritik an Jungs Datierung auf das Vortrags- statt auf das Erscheinensdatum.]

[Jung 16]

67. **Göttingen.** [Deutsches Résumé eines wegen Unpässlichkeit Lichtenbergs durch A. G. Kästner am 3.5. vorgelesenen Sozietätsvortrages über Versuche mit dem Elektrophor]. In: GGA 1777. 72. St. vom 16.6., S. 569-572.

[Anonym gedruckt; Verfasserschaft bestimmt nach dem Göttinger Handexemplar der GGA (danach Hahn, S. 84; Guthke 1963, S. 335: Nr 5) bzw. dem Tübinger Handexemplar (Fambach 1976, S. 59). Vgl. auch Elogium 1799, S. 6 und 1. Anm. (deutsch in: Kästner 1978, S. 192 Anm. 4). – Wiedergedruckt durch Pupke, S. 15-17. – Die referierte Abhandlung selber siehe unten Nr 81/82.]

68. Etwas für das Wort Entsprechen. In: Hannoverisches Magazin 73. St. vom 12.9.1777, Sp. 1165-1168.

[Gezeichnet: „Göttingen. L.". – Wiedergedruckt mit überzeugender Begründung der Zuweisung von Brigitte Erker im Lichtenberg-Jahrbuch 1989, S. 80-86].

69. [Vorlesungsankündigung Lichtenbergs zum Wintersemester 1777/1778 (Beginn: 13.10.). Lateinisch im „Catalogus Praelectionum", datiert vom herausgebenden „Prorector Ernestvs Godofredvs Baldinger": „Kal. Septembr." [= 1.9.] 1777, p. VII; deutsch in:] GGA 1777. 111. St. vom 15.9., S. 891.

[Regest mit deutschen und lateinischen Zitaten: Cardanus S. 60.]

GTC für 1778

70. Goettinger Taschen Calender vom Jahr 1778. [Göttingen] bey Joh. Chr. Dieterich [1777].

[Gestochener Kupfertitel mit den einander zugewandten Profilporträts von König Georg III. und seiner Frau Charlotte Sophie von Mecklenburg-Strelitz, der Titel darunter in der Kartusche; gezeichnet: „D. Chodowiecki fec." – dies und die folgenden Blätter = Engelmann 1857, Nr 195. Bauer, Nr 407 f.), 16 Modekupfer: Frauenzimmerköpfe (davon 2 gezeichnet: „D. Chodowiecki f."). – (unpag. 56) S. Kalender mit 12 Kupfern („D. Chodowiecki del. et. sc." = Engelmann 1857, Nr 188 (ebd. S. 116 eine Charakteristik der einzelnen Blätter durch den Künstler selbst). Bauer, Nr 381-392): „Der Fortgang der Tugend und des Lasters" [physiognomische Abbildungen, siehe unten]. S. 1-88: Genealogisches Verzeichniß der vornehmsten jetzt lebenden hohen Personen in Europa; neue Zählung S. 1-91: [Kalender-Aufsätze, siehe unten]; S. 91-96: Maße, Münzen, geogr. Lageangaben; S. 96-98: Inhalt; S. 98: [Buchhändlerische] Nachricht [des Verlegers Dieterich über Preise, Rabatte und Ausstattung des GTC]. S. [99 f.]: „An den Leser" [siehe unten: (u)].[45]

[Um ca. 20 % vergrößertes Faksimile; umfasst Mode- und Monatskupfer, Zeitrechnung und Kalendarium (Genealogie ist fortgelassen) sowie den sozusagen redaktionellen Teil S. 79-214. Mit einem Nachwort von Siegfried Frey (36 unpaginierte Seiten). Mainz: Dieterich'sche Verlagsbuchhandlung 1991. – Kupfertitel-Faksimile: Wagnis 1992, S. 196: Nr 374. – Hds. Vorarbeiten Lichtenbergs im

45 Von diesem Jahrgang an übernahm Lichtenberg den bereits seit zwei Jahren bestehenden Taschen Calender von seinem 1777 verstorbenen Studienfreund und Kollegen Erxleben (der Vertrag über den Wechsel war aber wahrscheinlich schon Ende 1776 geschlossen worden!) für 22 Jahre bis zu seinem Tod; vgl. oben Anm. 11-13.
Der Vorgänger: Goettinger Taschen-Calender vom Jahr 1776. [Göttingen] bey Joh. Chr. Dieterich [1775]. (Kupfertitel). [Hrsg. von Johann Christian Polykarp Erxleben] (Frontispiz): Deux femmes à la nouvelle mode. Zwey Frauen Zimmer nach der Mode von 1775. 2 Modekupfer; dazu 1 unpag. Bl.: „Der Verleger dieses Calenders, bemüht denselben auch dem schönen Geschlechte so angenehm als möglich zu machen, hat ihm noch einige Kupfer beygefügt, worauf die neuern Arten von Kopfputz und sonst einige Frauenzimmertrachten vom Jahre 1775 vorstellig gemacht sind. Er wird hierinn alle Jahr fortfahren und in der Folge im Stande seyn, seine Leserinnen auch von dieser Seite in einem noch ungleich höhern Grade zu befriedigen, als es in diesem Jahre hat geschehen können."– (55 unpag.) S.: Kalender mit 12 Kupfern (nicht gez.; Menschen der Welt vom „Europäer" bis zum „Oran Ootan"): 1 unpag. S. „Geburtstage des Kön. Großbrittanisch. Chur-Braunschweig-Lüneburgischen Hauses"; dann S. 1-97: Genealogisches Verzeichniß der vornehmsten jetzt lebenden hohen Personen in Europa; – Neue Zählung S. 1-115: [literarischer Teil]; S. 116-134: Maße, Münzen, geogr. Lageangaben; S. 134-146 Postabgangszeiten etc. S. 146-148: Inhalt; S. 148: Nachricht [des Verlegers über den Kalender]. – Der folgende Jahrgang (für 1777) war bis auf das Kalendarium unverändert.

Nachlass: Ms. Lichtenberg IV, 43: ungedrucktes Notizheft, 14 Bl. (Publikation geplant). – Aus dem Brief von Lenz an Iselin, Zürich 28.9.1777: „Daß Herr Lavater in einem Almanach von Prof. Lichtenberg aus London angegriffen worden", geht hervor, dass zumindest der Inhalt des GTC schon um den 20.9. (also noch vor Erscheinen) bekannt gewesen sein muss. – Lit.: Lauchert S. 19-22; Köhring S. 154; Lanckoronska/Rümann S. 15; Jung 22-40. – Zum GTC allgemein vgl. Anm. 11.]
Rezensionen: [A. G. Kästner]: GGA 1777, 128. St. vom 25.10., S. 1025-1028 (daraus wiedergedruckt der Absatz S. 1026 über „Physiognomik": Lauchert S. 19). – N. N.: NHGZ 1777, 71. St. vom 1.9., S. 563 f. – N. N.: EZ 1777, 82. St. vom 13.10., S. 680 f. – N. N.: NGZ 1777, LXXXVII. St. vom 31.10., S. 731-733. – N. N.: FGA 1777, Nr XCIV und XCV vom 25. und 28.11., S. 758 f. – Z. [d. i. J. M. R. Lenz:] Nachruf zu der im im Göttingischen Almanach Jahrs 1778 an das Publikum gehaltenen Rede über Physiognomik. In: TM 1777, Bd 4 (November), S. 106-119 [nur zur Physiognomik-Abhandlung. Wiedergedruckt in Lenz 1910 Bd 4, S. 270-279 (Anm. S. 395 mit der irrigen Angabe zum Erstdruck: Deutsches Museum); mit korrekter Erstdruck-Angabe in Sigrid Damm (Hrsg.): Lenz: Werke und Briefe. Bd 2, Leipzig: Insel 1987, S. 761-768; Anmerkungen S. 937 f.[46] – Lichtenbergs Reaktion: siehe Lichtenberg-Jahrbuch 1991, S. 90]. – N. N.: BZ 1778, 1. St. vom 1.1., S. 6. – N. N.: AVBA 1778, 1. St. vom Januar, S. 47.)

(a) S. 1-24. Ueber Physio[g]nomik[47], und am Ende etwas zur Erklärung der Kupferstiche des Almanachs.

1. Auflage der berühmten Abhandlung, die aber immer nach der 2. (Nr 72) zitiert wird; siehe dort. – Auf die hier bibliographierte erste aber bezieht sich die ausführliche Erwiderung auf (oder gegen) Lichtenberg durch den Betroffenen, Johann Caspar Lavater: Erstes Fragment. Anmerkungen zu einer Abhandlung über Physiognomik, im Göttinger Taschencalender aufs Jahr 1778. In: Ders.: Physiognomische Fragmente, zur Beförderung der Menschenkenntniß und Menschenliebe. Bd 4. Leipzig und Winterthur: Weidmanns Erben und Reich / Heinrich Steiner und Compagnie 1778, S. 1-38. (Fernere Erwähnung Lichtenbergs noch ebd. S. 469 Fußnote: „Beyläufig mögen auch einige neuere physiognomische Schriften […] und alles was von Herrn Lichtenberg wider mich herausgekommen ist, und herauskommen wird – gelesen und – wie man will, entweder nach der **Schärfe des Witzes**, oder nach dem **Gehalte von bestimmten Beobachtungen** geprüft werden."; ein Zitat ohne Namensnennung Lichtenbergs ebd. S. 318 f. = Nr 71). Photomechanischer Nachdruck des Werks nach einem zeitgenössisch hds. annotierten Exemplar, das die Namen vieler der anonym abgebildeten Personen preisgibt, hrsg. von Walter Brednow. Leipzig: Edition Leipzig 1969. – Gumbert-Auktion 1985, Nr 2572. – Lavaters Abhdlg besprochen in NZGS 1778, Bd 64, Lieferung 62 vom 3.8., S. 489-496. – Die Polemik gegen Lichtenberg wieder in der etwas anders gegliederten Neuausgabe: Physiognomische Fragmente zur Beförderung der Menschenkenntniß und Menschen-

---

46 Lies aber im Text S. 768 Z. 7 v. u. müßen] müßigen; in den Anmerkungen handelt es sich bei dem dort nur übersetzten, nicht nachgewiesenen lateinischen Zitat „quid dignum" etc. um Horaz: *Ars poetica* V. 138, und J. C. Gottsched überträgt es (vor seiner *Critischen Dichtkunst*) zwar in Alexandrinern, aber dennoch dem Gemeinten angemessener als die Hrsg.in: „Was wird der Praler doch für Wunderwerke bringen".
47 Wahrscheinlich Druckfehler.

liebe. Verkürzt herausgegeben von Johann Michael Armbruster. Bd 2 (Kapitel XIII). Winterthur: Heinrich Steiner und Compagnie 1784, S. 265-319. – Lavaters ‚Anti-Lichtenberg' ist mehrfach in *französischer* Übersetzung erschienen, mindestens einmal zu Lichtenbergs Lebzeiten:[48] Remarques sur une dissertation physiognomonique de Monsieur le professeur Lichtenberg. In: Essai sur la physiognomonie, destinée à faire connoître l'Homme et à le faire aimer. Par Jean Gaspard Lavater. 4 vols. Imprimé à La Haye: Van Karnebeek [und zumindest Bd 4:] Isaac van Cleef 1781-1803, hierin: Vol. 1 (1781), S. 237-290 [Der Übersetzer ist vielleicht Pieter van Cleef]. Ferner ins *Niederländische* (dort anders angeordnet, vgl. Joost im Lichtenberg-Jahrbuch 2015, S. 149-153) durch Johan Willem van Haar: Anmerkingen of eene verhandelingh over de Physiognomie. Van den heere professor Lichtenberg. In: Over de Physiognomie door J. C. Lavater. Tweede deel. Amsterdam: Johannes Allart. 1781, S. 276-342.[49] (= unten Nr 71a). – [Jung 22]

(aa) S. 24-31: Einiges zur Erklärung der Kupferstiche. [Jung 22a]

[Vgl. Dieterich 1984, S. 37: Nr 10. – Wiedergedruckt AS 1800, S. 247-257 (unter dem Titel: „Doppelter Lebensweg in Kupfern nach Chodowiecky"). Lauchert S. 20: Auszug (nur zum letzten Kupferstich). Focke 1901a, S. 3-7; Repr. der Stiche S. I-III; Ernst 1913, Bd 1: Kupferstiche (unpaginiert); Bd 2, S. 19-34 (Text). GW 2, S. 595-601 (ohne die Stiche). Vgl. auch Joost/Unverfehrt S. 73f. Nr 29.]

(b) S. 31-35: Zubereitung des Eises in Indien.

[[2]VS 6, S. 289-291. Nicht in [1]VS.] [Jung 24]

(c) S. 35-38: Vom Dsiggetéi.

[In VS nicht wiedergedruckt.] [Jung 25]

†(d) S. 38-44: Physiologie des Laufes menschlichen Lebens

[Verfasser vermutlich J. F. Blumenbach, insofern nur er selbstverständlich über das anthropologische und medizinische Wissen verfügte; auch die stilistische Physiognomie deutet eher auf ihn denn auf Lichtenberg als Verfasser hin. Kroke

---

48 Später gab es noch zumindest drei postume Ausgaben: Les Etudes de la physionomie: III. Remarques sur une dissertation physiognomonique de Lichtenberg. In: L'art de connaître les hommes par la physionomie, par Gaspard Lavater. Nouvelle édition, corrigée et disposée dans un ordre plus méthodique, précédée d'une notice historique sur l'auteur, augmentée d'une exposition des recherches ou des opinions de la Chambre, de Porta, de Camper, de Gall, sur la physionomie; d'une Histoire anatomique et physiologique de la face, avec des figures coloriées; et d'un très-grand nombre d'articles nouveaux sur les caractères des passions, des tempéramens et des maladies, par M. Moreau, docteur en médecine. 10 vols. Paris: L. Prudhomme 1806-1809; hierin Vol. 3, S. 183-225; unter derselben Überschrift in der 2. Aufl.: L'art de connaitre les hommes par la physionomie, par Gaspard Lavater. Nouvelle édition, corrigée et disposée dans un ordre plus méthodique, précédée d'une notice historique sur l'auteur, augmentée d'une exposition des recherches ou des opinions de la Chambre, de Porta, de Camper, de Gall, sur la physionomie; d'une Histoire anatomique et physiologique de la face etc; par M. Moreau (de la Sarthe), Professeur à la Faculté de médecine de Paris; [...] rédigée par M. Sue, Professeur de médecine légale à l'Ecole de médecine de Paris. 10 vols. Paris: Depélafol 1820; hier Bd 3, S. 179-221; schließlich mit wörtlicher Überschrift und gleicher Pagina in einem im Format etwas verkleinerten Nachdruck 10 vols. Paris: Depélafol 1835.

49 Ebd. noch S. 161: L.s Schattenriss, S. 160f.: dessen physiognomische Analyse ohne Nennung seines Namens.

S. 219: Nr 1009 rekapituliert unsere alte Vermutung, ferner Dougherty 2000, S. 27; Leitzmann 1921, S. 99 unterstellte schlicht Lichtenbergs alleinige Autorschaft beim GTC, das hat kein Gewicht. In VS nicht wiedergedruckt.] [Jung 26]

(e) S. 44-46: Besondere Achtung einiger Völker gegen die Damen.
[[1]VS 4, S. 413-417. [2]VS 5, S. 247-249] [Jung 27]

(f) S. 46-58: Neue Erfindungen und Physikalische Merkwürdigkeiten.
[Weder Bezifferung noch Titel von Lichtenberg.]
[(1) Elektrizität des Zitter-Aals S. 46f. – (2) Künstlicher Zitterfisch S. 47. – (3) Hartleys Brandschutz (siehe Nr 88) S. 47. – (4) Saussüre über Intension der magnetischen Kraft S. 47. – (5) Wurm Gordius Medinensis S. 48. – (6) Delucs Fund von Ammonshörnern auf 7844 Fuß S. 48. – (7) Dess. Hygrometer S. 48. – (8) Wolken im Flintglas S. 48. – (9) Natur der Sonnenflecken S. 48-50. – (10) See ohnweit Teneriffa ganz weiß S. 50f. – (11) Rowning erfindet Rechenmaschine zum Wurzelziehen S. 51. – (12-14) Verbesserungen der Schifffahrt durch Cooks Reisen S. 51f. – (15) Hells Theorie des Nordlichts S. 52. – (16) Mako und Lambert zum Nordlicht S. 52. – (17) Messungen zum Höhenflug von Kanonenkugeln S. 52-54. – (18) Metallveredelungen für Uhrpendel S. 54. – (19) Wilckes Elektrophor schon 1762 S. 54. – (20) Taschenelektrophore S. 54. – (21) Anziehende Kraft der Berge in Peru S. 54-56. – (22) Pendelabweichungen ebendort S. 56. – (23) Linds Taschen-Anemometer S. 56f. – (24) Neue Versuche zur Hitzedolenz menschlicher Körper S. 57f. – (25) Lambert und Röhl über Farbenveränderungen auf dem Mond S. 58. – Nichts daraus in [1]VS wiedergedruckt; nur Nr 3. 20. 253 von S. 47. 54. 58 in [2]VS 6, S. 460f. (wo „Röhl" infolge der in der Tat oft schwer zu entziffernden Schrift G. C. Lichtenbergs jr. zu „Kühl" wurde). – Nr 3 entstand 1777 nach einer diesbezüglichen Notiz im Sudelbuch E, p. LXXVII (von 1775; fehlt in SB 1 bzw. 2, nur gedruckt bei Gumbert LE Bd 1, 1978, S. 210) – und wurde nichtautorisiert nachgedruckt bereits in Nr 88; siehe dort.] [Jung 28]

†(g) S. 59-66: Künsteleyen der Menschen an Bildung ihres Körpers.
[Verfasser vermutlich J. F. Blumenbach. Kroke S. 219: Nr 1010 rekapituliert unsere alte Vermutung und Stern 1959, S. 346 Anm. 30 („may well have been the author"). Dem widerspricht Mautner 1968, S. 203 Anm. 151 mit Hinweis auf den Brief Lichtenbergs an Blumenbach, 12.11.1786 (Bw 3, S. 291: Nr 1488), aus dem er folgert, dass Blumenbach nie früher zum GTC beigetragen habe; letzteres ist unrichtig (s. Anm. 11). – [2]VS 6, S. 306-311. Nicht in [1]VS.] [Jung 29]

(h) S. 66-69: Englische Moden.
[[2]VS 6, S. 312-315. Nicht in [1]VS.] [Jung 30]

(i) S. 70f.: Art der Chineser, Perlen zu machen.
[[2]VS 6, S. 316f. Nicht in [1]VS.] [Jung 31]

†(j) S. 71f.: Neueste sichere Volksmenge von den brittischen Colonien in Nordamerika.
[Nicht in VS. – Lauchert (zu j und k): „Darauf folgen statistische Notizen". Beide (j und k) könnten von M. C. Sprengel stammen, vgl. Anm. 11.] [Jung 32]

†(k) S. 72: Neueste Handelsbilanz zwischen Grosbrittannien und Nordamerika.
[Nicht in VS; vgl. zum vorangehenden Titel.] [Jung 33]

(l) S. 73-74: Anekdoten.
[Weder Bezifferung noch die Titel von Lichtenberg.]

(1) Liste der Preise für im Krieg verlorene Soldatenkörperteile aus Holland. – (2) Zahl der „Purganzen" und „Clystiere" Ludwig XIII. – (3) Straußfedern in England 1775. – (4) Verordnung Heinrich VIII. an seine Bedienten. – (5) Diktum Omais über die Nacktheit in England S. 74 – (6) Unreinlichkeit der Sachsen in Dänemark „zu den Zeiten der Heptarchie" [6.-9. Jhdt]; ‚Üppigkeit' im alten Schweden. – (7) Bericht von Selbstentzündung von Kanonen aus „einige[n] der ersten politischen Zeitungs-Blätter[n]" von 1631 auf der „Königl. Bibliothek" in Hannover. „Dieser Fehler, in den die ersten Zeitungen verfielen, scheint nun das ganze Geschlecht derselben angesteckt zu haben." – ²VS 6, S. 291-293. Nicht in ¹VS.] [Jung 34]

†(m) S. 75-76: Proben sonderbarer Verschwendung aus den Ritterzeiten.
[²VS 6, S. 315 f. Nicht in ¹VS.] [Jung 35]

(n) S. 76-80: Der vollkommenste Weg-Messer (Hodometer.)
[¹VS 6, S. 161-169; nicht in ²VS. Wiedergedruckt: Photorin Heft 9 (1985), 49-51.] [Jung 36]

(o) S. 81-82: Eine astronomische Betrachtung bey diesem Hodometer.
[¹VS 6, S. 82 f.; nicht in ²VS.] [Jung 37]

†(p) S. 82-83: Würkung der Musik auf einige Thiere.
[Verfasser: Marville; von Lichtenberg bearbeitet. – ²VS 6, S. 293 f. Nicht in ¹VS.] [Jung 38]

(q) S. 83-84: Ellenmaaß, in Theilen 1440 auf den Pariser Fuß.

(r) S. 84-85: Meilenmaaß.

(s) S. 85-89: Vergleichung der St. Peters Kirche in Rom mit der St. Pauls Kirche in London, und beyder mit dem Weltgebäude.
[²VS 6, S. 194-297. Nicht in ¹VS.] [Jung 39]

†(t) S. 90-91: Nachricht von Capitain Cook's dritter Reise.
[Der genannte Gewährsmann („Weltumsegler") ist jedenfalls Georg Forster. – In VS nicht wiedergedruckt.] [Jung 40]

† (u) S. [99-100:] An den Leser.
[Zwar unterzeichnet „Der Verleger", jedoch wohl von Lichtenberg verfasst; vgl. an Hollenberg, 12.10.1777 (= Johann Christian Dieterich). Entschuldigender Hinweis auf die „physikalischen Merkwürdigkeiten" als einen kleinen Ersatz für weniger gelehrte Artikel (siehe Bw 1, 740: Nr 411).]

71. Almanac de Goettingen pour l'année 1778. [Göttingen] chez I. C. Dieterich [1777].
[Übersetzung des GTC durch Isaac Colom du Clos (vgl. Anm. 12).] – (Nicht paginiert: 15 Kupfer mit Frisur- und Hutmoden). – (Nicht paginiert:) Epoques de l'année 1778. (7 S.) – (Nicht paginiert: Kalendarium 12 x 4 = 48 S. und 12 gezählte Monatskupfer). – (Nicht paginiert:) Jours de naissance de la Maison Royale. (1 S.) – p. 1-84: Etat présent des Maisons Souveraines, & de celles des Princes les plus considérables de l'Europe.
p. 1-32: Sur la science physionomique, et vers la fin quelques remarques sur les tailles douces de cet almanac.
p. 25-32: Quelques explications des tailles douces.
[Wiedergedruckt Focke 1901b, S. 3-7; Repr. der Stiche S. I-III.]

1778

71a.   Hier einige Gesichter von **Terra** [!] **del Fuego**, die aus dem **deutschen Musäum** genommen sind. In: Johann Caspar Lavater: Physiognomische Fragmente, zur Beförderung der Menschenkenntniß und Menschenliebe. Bd 4. Leipzig und Winterthur: Weidmanns Erben und Reich / Heinrich Steiner und Compagnie 1778, S. 318 f.
Anonymer und sicherlich nicht autorisierter Teilabdruck davon („Diese Menschen ... mit ihnen sprechen wollte") nach Nr 63; siehe dort. – Zur Bedeutung dieses Bandes für Lichtenbergs Werk, dessen „Vorrede" vom „20. December 1777" (S. VII f.) datiert (also wohl gleich nach dem Jahreswechsel erschienen sein dürfte), siehe zu Nr 70 (a).

72.   Ueber Physiognomik; wider die Physiognomen. Zu Beförderung der Menschenliebe und Menschenkenntniß. [Motto:] Not working with the Eye, without the Ear, / And, but in purged Judgment, trusting neither. Zweyte vermehrte

Auflage. Göttingen, bey Johann Christian Dieterich 1778. (VIII S.), 93 S., (3) S. vacant.[50]

[Bl. 1: Titel (Faksimile: Wagnis 1992, S. 180); Bl. 2: Widmung: „An den Verleger"; Bl. 3-4: [Vorwort, 3 S.]; S. 1-19: Einleitung zur zweyten Auflage [datiert: „Göttingen im Jänner 1778."]; S. 21-93 die Abhandlung. – AS 1800, S. 157-246. [1]VS 3, S. 401-526. [2]VS 4, S. 3-72. GW 2, S. 43-99. SB 3, S. 256-295. – Hds. Vorarbeiten Lichtenbergs im Nachlass: Ms. Lichtenberg V, 10a-c: ein ungedrucktes Notizheft „P. | Abhandlung über Physiognomick", 30 p; bzw. (b) „Einige Anmerckungen zur Physiognomik" und (c) 18 Zettel (Publikationen in Vorbereitung). – Lauchert eingehend zur Entstehung der Abhandlung (S. 23 f.); ausführliche Textkritik sowohl zwischen den beiden Fassungen (A = 70(a) und B = 72), S. 24-29) als auch zwischen B und VS (S. 29 f.); ferner zu Lichtenbergs aus der Abhandlung folgenden Konflikten ebd. S. 30 f. – Eine Liste „An wen ich Abhandlungen schicken muß" (nach der Handschrift: Ms. Lichtenberg IV, 43, p. 19) im Bw 5,1, S. 227. Gemäß BL 1982, S. 303 (Anhang I) besaß Lichtenberg bei seinem Tod noch vier Exemplare der Schrift. – Hds. gewidmete Exemplare: „Des HE. Prof. [Ernst Gottfried] Baldinger Wohlgeboh*ren* | von dem Verfasser." ist über dessen Schwiegersohn v. Gehren in die ULB Darmstadt gelangt, Signatur U 933; „Dem HE. HofR. [Georg] Brandes von dem Verfasser" (mit Brandes' Bibliothek in die LHB Oldenburg); für J. A. Dieze (nur Titelblatt mit Widmung:) „Seinem Freund Dietz der Verfasser GCL.": Hauswedell und Nolte, Auktion 270, 18.-20.5.1988, S. 508: Nr 3332; dann wieder Antiquariatstage Köln im „Gürzenich", 21.-14.9.1989, in Privatbesitz); das Exemplar „HE. Dr Reinhold Forster von dem Verfasser" befand sich um 1900 in Eduard Grisebachs Bibliothek (vgl. Grisebach 1913, S. 368 Nr 1514); das Exemplar im J. G. Müller von Itzehoe-Sammelband (siehe Siglen-Verzeichnis) ist mit diesem verschollen. – Denekes Lichtenberg-Schrank Nr 17. – Gumbert-Auktion 1985, Nr 2570. – Zur 1. Auflage siehe oben Nr 70(a). – Übersetzung ins *Niederländische*: Nr *173a.]

Rezensionen: Vgl. auch oben die Rezensionen zum GTC für 1778 mit der 1. Aufl. der Abhandlung; ferner: [Johann Georg Zimmermann:] Ueber einige Einwürfe gegen die Physiognomik […]. In: Deutsches Museum 1778, 1. Bd S. 193-198. [Hierzu wiederum NZGS auf 1778, Bd 64, St. 34 vom 27.4., S. 269-272.] – M. [= Johann Heinrich Merck]: TM, April 1778, Bd 2, S. 80 f. – N.N.: GGZ 1778, 20. St. vom 11.3., S. 155-158. – N. [Georg Wilhelm Petersen?:][51] ADB, Anh. zu Bd 25-36 (1780), Abt. 2, 1273-1276. – N.N.: EZ 1778, 15. St. vom 19.2., S. 121-123. – N.N.: NHGZ 1778, 22. St. vom 19.3., S. 173 f. – N.N.: AVBA 1778, III. St. vom März, S. 182 f. – N.N.: NZGS 1778, Bd 64, Nr XXVII vom 2.4.,

---

50 Rosenberg 1927, S. 73 Nr 1490 beschreibt ein Exemplar auf Schreibpapier (unbeschnitten) mit 12 Kupferdrucken aus dem GTC [1778] von Chodowiecki im Anhang: „Die Kupfer sind auf dem gleichen Papier aufgeklebt, aus dem das Buch besteht, (s. Wasserzeichen)". Rosenberg folgert daraus (vermutlich irrig), dass der Verleger einige Exemplare gesondert mit Kupfern habe herstellen lassen; in Wahrheit wird es sich um die Buchbindersynthese eines zeitgenössischen Lesers oder späteren Sammlers handeln.

51 Verfasser, der als N zeichnet, bestimmt nach Parthey 1842, S. 20 f.; Sommerfeld S. 231 f. behauptet aber (mit Indizien), dass alle Physiognomik-Rezensionen vom Verleger und Herausgeber der ADB stammen: von Friedrich Nicolai selbst. Freilich könnte er auch die Chiffre für ein Initial genommen haben (was sonst aber offenbar nie in der ADB begegnet).

S. 213-215. – N.N.: NGM 1778, 24. St. vom 11.6., S. 189f. – N.N.: NNS 1778,
54. St. vom 7.7., S. 425-427. – N.N.: JZgS 1779, 12. St. vom 8.2., S. 100-102. – 53.
[d.i. (lt. dessen Bw 2016, S. 1779) Michael Hißmann]: ABL 1780, 18. Bd, LXI. St.,
S. 367f. – N.N.: Lausitzisches Magazin oder Sammlung 11. Jg 1778, S. 324-326
(unter VII: Vermischte Nachrichten und Anmerkungen).– Vgl. noch unten Apokrypha Nr 3 und 5; ferner [Friedrich Christoph Müller:] Physiognomisches Cabinet für Freunde und Schüler der Menschenkenntnis. Mit eingedruckten Kupfern. 3 Teile. Frankfurt und Leipzig [in Wahrheit Münster]: Perrenon 1777,
passim; schließlich auch Georg Gustav Fülleborn: Abriß einer Geschichte und
Litteratur der Physiognomik. In: Beiträge zur Geschichte der Philosophie 2
(1797), St. 8, S. 1-188. [über Lichtenberg S. 180-184; gute Zusammenfassung der
Kontroverse.]

[Jung 23]

73. Etwas über den fürchterlichen Cometen, welcher, einem allgemeinen Ge-
rücht zufolge, um die Zeit des ersten Aprils unsere Erde abholen wird. In:
Göttingische Anzeigen von gemeinnützigen Sachen 1778. 9. St. vom 28.2.,
S. 36-39.
[Gezeichnet **G.C. Lichtenberg**. Unter der Rubrik: Gelehrte Sachen. – Umge-
hend unautorisiert nachgedruckt Nr 74 und 75. Postum wiedergedruckt in
²VS 5, S. 144-150; nicht in ¹VS und SB 3. Nach dem Erstdruck in: Photorin
Heft 10 (1986), S. 69-71. – Lauchert mit Textkritik (Kollation des Erstdrucks mit
VS) S. 32f.]

[Jung 41]

74. Etwas über den fürchterlichen Cometen, welcher, einem allgemeinen Ge-
rücht zufolge, um die Zeit des ersten Aprils unsere Erde abholen wird. In:
Westphälische Beyträge zum Nutzen und Vergnügen, 13. St. vom 28.3.1778,
Sp. 97-104.
[Jedenfalls unautorisierter Nachdruck von Nr 73. Hiernach wiedergedruckt in
Holger Böning (Hrsg.): Justus Möser – Anwalt der praktischen Vernunft. Der
Aufklärer, Publizist und Intelligenzblattherausgeber. Zugleich ein Lesebuch
zum Intelligenzwesen, zu Aufklärung, Volksaufklärung und Volkstäuschung mit
Texten von Justus Möser sowie von Thomas Abbt, Johann Wolfgang von Goe-
the, Johann Gottfried Herder, Georg Christoph Lichtenberg und Jean Paul. Bre-
men: Edition Lumière 2017, S. 302-306. – Vgl. auch Wolfgang Hollmann: Justus
Mösers Zeitungsidee und ihre Verwirklichung. München 1937, S. 132.]

75. Etwas über den fürchterlichen Cometen, welcher, einem allgemeinen Ge-
rücht zufolge, um die Zeit des ersten Aprils unsere Erde abholen wird, von
G.C. Lichtenberg. (Göttinger Anzeigen). In: Olla Potrida. 1. Vierteljahr-
gang Januar, Februar, März. Berlin in der Weverschen Buchhandlung 1778,
S. 182-187.
[Jedenfalls unautorisierter Nachdruck von Nr 73.]

76. [Vorlesungsankündigung Lichtenbergs zum Sommersemester 1778 (Beginn: 4.5.). Lateinisch im „Catalogus Praelectionum", datiert vom herausgebenden „Prorector Lüdervs Kvlenkamp": „XX. Mart." [= 20.3.] 1778, p. VII; deutsch in:] GGA 1778. 42. St. vom 6.4., S. 339.
[Regest mit deutschen und lateinischen Zitaten: Cardanus S. 60.]

77. **Göttingen.** [Deutsches Résumé von Lichtenbergs lateinischem Vortrag vor der Sozietät]. In: GGA 1778. 43. St. vom 9.4., S. 345-348.
[Anonym gedruckt; Verfasserschaft bestimmt nach dem Göttinger Handexemplar der GGA (danach Hahn, S. 84; Guthke 1963, S. 335: Nr 6) bzw. dem Tübinger Handexemplar (Fambach 1976, S. 66). – Wiedergedruckt durch Pupke, S. 29-31. – Die referierte Abhandlung selber siehe unten Nr 81/82.]
[in Jung 20]

78. [Unter der Rubrik:] Auszüge aus Briefen. [Brief an den Herausgeber des Deutschen Museums, Mitteilungen aus einem Brief Reinhold Forsters über Neuerscheinungen auf dem englischen Büchermarkt.] In: Deutsches Museum 1778, Bd 1: 4. St. April, S. 382-384.
[Datiert: „Göttingen, den 9ten März 1778"; gezeichnet: „G. C. L." – Lauchert S. 33. (mit Abdruck der Einleitung). Vollständig im Bw 1, S. 800-802: Nr 456.]
[Jung 43]

79. Brief aus England [an Heinrich Christian Boie]. In: Deutsches Museum 1778, Bd 1: 1. St. Jänner, S. 11-25; 5. St. Mai, S. 434-444. [Fortsetzung von 1776: Jung 17.]
[III. [Brief.] Fiktiv datiert: „London, den 30. Nov. 1775" bzw. an Schluss „London den 2. Dezember 1775." Wiedergedruckt AS 1800, S. 110-156. [1]VS 3, S. 241-280. [2]VS 3, S. 199-220. SB 3, S. 347-367. Diplomatisch getreu wiedergedruckt durch Gumbert (in LE 1, S. 359-376: Anhang VIII). Einziger kritischer Abdruck: Bw 1, S. 582-602: Nr 294; dort sind die Druckfehler des Erstdrucks (nachgewiesen a. a. O., S. 601 f.) teils korrigiert nach den „Errata" im Deutschen Museum 1778, Bd 1, S. 192 und 570, teils (die erste und die beiden letzten) emendiert durch Konjektur. – Lauchert S. 13 f.; dort ist die Einleitung wiedergedruckt. – An Carl Friedrich Hindenburg schrieb Lichtenberg [Mitte Januar 1778]: „Meinem Brief über das englische Theater hat HE. Weygands Setzer wieder die gewöhnliche Ehre angethan ihn mit Druckfehlern, und sein Corrector mit einer feinen Orthographie zu mißhandeln. Sistem und Szenen, voriges Jahr druckten sie mir gar einmal Zilinder. Ich will HE. Weygand schreiben das er meine Aufsätze künftig jemand zu corrigiren geben solte der Ordokrafi verstünde" (Bw 1, S. 776: Nr 432). – Gumbert-Auktion 1985, Nr 2615.]
[Jung 42]

80. An die Leser des Deutschen Museums. In: Staats- und gelehrte Zeitung des Hamburgischen unpartheyischen Correspondenten 1778, Nr 89 vom 5.6.
[Datiert: „21. Mai 1778". – Nachgedruckt in Nr 84 (vermutlich von Lichtenberg autorisiert) und (unautorisiert und gegen Lichtenbergs Willen, jedenfalls in pole-

mischer Absicht): Nr 85. – Wiedergedruckt [1]VS 3, S. 582-588. [2]VS 4, S. 103-106.
SB 3, S. 551 f.; im Bw 1, S. 831-833: Nr 484; dort Entstehungs- und Überlieferungsvarianten nach dem Autograph im Nachlass: Ms. Lichtenberg V, 8b. –
Lichtenberg erwähnt im Brief an Schernhagen, 8.6.1778 (Bw 1, 843: Nr 489) un-
spezifisch „derbe Druckfehler drinn". – Lauchert S. 31 f. (mit Einführung in den
Konflikt): Lichtenberg antwortete auf die anonyme Abhandlung „Ueber einige
Einwürfe gegen die Physiognomik, und vorzüglich gegen die von Herrn Lavater
behauptete Harmonie zwischen Schönheit und Tugend", im Deutschen Museum
3. St. (März 1778) S. 193-198 und ebd. 4 St.: April 1778, 289-317: „Johann Kaspar
Lavaters Anmerkungen zu einer Abhandlung über Physiognomik im Göttingischen Taschenkalender aufs Jahr 1778" (Auszug aus den „Physiognomischen
Fragmenten" Bd 4, 1778).]

[Jung 45]

81.   De nova methodo naturam ac motvm flvidi electrici investigandi. Commentatio
      prior, experimenta generaliora continens. Lecta in consessv Soc. Reg. Scient.
      ennarratae d. XXI. Febr. MDCCLXXVIII. In: Novi Commentarii Societatis Re-
      giae Scientiarvm Gottingensis. Commentationes physicae et mathematicae
      classis 8 (1778), S. 168-180. Mit 4 Kupfertafeln.
[Gedruckt im Mai 1778; vgl. Bw 1, 826. 830: Nr 478. 482. – Ein hds. gewidmetes
Exemplar: „Sr Wohlgeboh*ren* dem HE. Prof. [Ernst Gottfried] Baldinger | von
dem Verfasser." Ist über dessen Schwiegersohn v. Gehren in die ULB Darmstadt
gelangt, Signatur 33/3276. – Gemäß BL 1982, S. 303 (Anhang I) besaß Lichtenberg bei seinem Tod nur mehr ein Exemplar davon. – Deutsches Résumé des
Vortrags von Lichtenberg: Nr 77. Fortgesetzt 1779: Nr 98/99, siehe dort.
Übersetzung ins *Französische* siehe unten 1780 (Nr 111). – *Italienisches* Referat:
N. N.: „Elettricità" in der „Antologia Romana". Tomo VIII, Roma: presso Gregorio Settari Librajo al Corso 1782, p. 158 f.; etwas weniger genau wird auf die
Entdeckung hingewiesen in den Opuscoli scelti sulle Scienze e sulle Arti. Tratti
dagli atti delle Accademie, e dalle altre Collezioni Filosofiche e Letterarie, dalle
Opere più recenti Inglesi, Tedesche, Francesi, Latine e Italiane, e da Manoscritti
originali e inediti. Milano: Giuseppe Marelli. Tomo V (1782), p. 375.– Ins *Deutsche* übersetzt unter dem seither üblichen Titel „Von einer neuen Art die Natur
und Bewegung der elektrischen Materie zu erforschen. Erste Abhandlung" zuerst (wahrscheinlich durch Friedrich Kries): [1]VS 9, S. 49-80, danach SB 3, S. 24-
34; zuvor durchgesehen, den VS aber noch recht eng angeschlossen, Pupke,
S. 17-28; zuletzt neuerlich gründlich durchgesehen und verbessert bei Hasse
1997, S. 142-171, synoptisch mit dem Faksimile des oben bibliographierten lateinischen Textes. –
Rezension: Dw. L. [= v. Crell und Klügel]: ADB, Bd 40, 2. St. (1780), S. 326. Eingehend behandelt durch Tiberius Cavallo in den Philosophical transactions 70
(1780), P. 1, S. 15-29 (siehe zu Nr 159). – Frühe Literatur: Jean-André Deluc:
Part II, Chapitre III (Du fluide Électrique), Section XII: Des Figures électriques de M.
le Professeur Lichtenberg. In: Idées sur la météorologie. Tome 1, Londres: T. Spilsbury 1786 f., S. 490-517 (von Lichtenberg rezensiert, siehe unten Nr 286. Nr 271).
(Ins Deutsche übersetzt von Jakob Heinrich Wittekopp): Von den elektrischen
Figuren des H. Professor Lichtenberg. Bd 1, Berlin und Stettin bey Friedrich
Nicolai 1787, S. 390-411. – Verhandeling over zeekere onderscheidene Figuuren,

welken door de beede Soorten van Electriciteit vorden voorbragt door A.[driaan] Paets van Troostwijk en C.[ornelis] R.[udolphus] T.[heodorus] Krayenhoff (vgl. dazu Moriz Kuhn: Ueber die Lichtenberg'schen Figuren. (Ein Jahrhundert nach ihrer Entdeckung.). In: Jahres-Berichte der K.K. Ober-Realschule am Schottenfelde in Wien. Wien: Seidel & Sohn 1879, S. 6). – Deutsch unter dem Titel: Ueber die Lichtenbergischen Figuren auf dem Elektrophor. Leipziger Sammlungen zur Physik und Naturgeschichte. Ivten Bandes 4tes Stück 1790, S. 357. – [Jan Ingen-Housz:] Der heilige Schein, ein electrischer Versuch aus einem Schreiben, an den Hrn. Grafen Max v. Lamberg. Wien, den 20. Oct. 1781. In: Magazin für das Neueste aus der Physik und Naturgeschichte Bd 1 (1782), 3. St. S.76-79. – Joost: Neue Anwartschaft auf das Erstgeburtsrecht bei den Lichtenbergschen Figuren. In: Lichtenberg-Jahrbuch 1993, S. 179 (Böckmann, Klincock).]

[Jung 20]

82.   [Separatdruck mit neuem Titelblatt und eigener Paginierung:] De nova methodo naturam ac motvm flvidi electrici investigandi. Commentatio prior. Gottingae: Dieterich 1778. 15 S. 4 Taf.
[Gemäß BL 1982, S. 303 (Anhang I) besaß Lichtenberg bei seinem Tod noch zwei Exemplare davon. – Gumbert-Auktion 1985, Nr 2562.]

[Jung 21]

*83.   Conrad Photorin: Dritte Epistel an Tobias Göbhard.
[Streitschrift gegen Johann Georg Zimmermann, von der jetzt nur mehr Fragmente überliefert sind. Zum Pseudonym vgl. oben zu Nr 28. – Gedruckt in der ersten Maihälfte 1778 und (veranlasst vermutlich durch offiziöse Anweisung der Regierung in Hannover zu Zimmermanns Schutz; vgl. u.a. Georg Brandes an C.G. Heyne, schon 16.3.1778) von Lichtenberg gleich in der zweiten Hälfte des Monats wieder kassiert: Nach dem Bericht von J.C. Dieterich (an L.C. Lichtenberg, 11.9.1799; Dieterich 1984, S. 69f.: Nr 30) war die Schrift bereits ausgedruckt und dann komplett von Lichtenberg vernichtet, während Dieterich auf der Leipziger Oster-Messe war (10.-24.5.1778; zurück also um den 1. Juni). Das bestätigt glaubhaft Lichtenbergs Brief an Schernhagen, 14.5.1778 (Bw 1, S. 828: Nr 481), dass ein Bogen (also 16 Seiten) seiner Schrift bis zur fertigen Korrektur gesetzt sei – einer Schrift, die für das Museum zu groß wäre (an dens., 15.4.). Wahrscheinlich gehören zu den Spolien dieser Polemik eine zuerst postum in ¹VS 3, S. 546-581 gedruckte Streitschrift Lichtenbergs (auch SB 3, S. 539-550) sowie eine Mappe mit unzusammenhängenden Fragmenten im Nachlass: Ms. Lichtenberg V, 18, die Leitzmann schon 1899 herauszugeben plante, es aber dann doch unterließ (vermutlich kapitulierte er vor der Schwierigkeit, eine Ordnung hineinzubringen – es gibt aber wohl gar keine) – ich werde sie demnächst im Lichtenberg-Jahrbuch kommentiert herausgeben (ein Zettel schon Lichtenberg-Jahrbuch 1991, S. 90). Unhaltbar ist hingegen Jungs Annahme (Jung 1971, S. 314f.), es handele sich stattdessen um die von Otto Deneke (übrigens in der erwähnten Nachlassmappe) entdeckte und 1938, S. 1-7 (hier S. 7) publizierte, aus der gesamten gedruckten Auflage herausgeschnittene Vorrede Lichtenbergs zu der von ihm in satirischer Absicht veranstalteten Sammlung von Zimmermanns Erzählungen (siehe unten zu Nr 100). Der Verleger Dieterich meint im Brief vom 11.9.1799 (siehe oben) mit „Bogen" hier wie auch sonst in allen Fällen

Druckbogen (siehe oben); ferner wurde die von Jung favorisierte Sammlung, der erwähnte „Versuch in anmuthigen und lehrreichen Erzählungen", erst im *Juni 1779* gedruckt, zu einer Zeit, da Dieterich gewiss nicht mehr in Leipzig war (die Messe ging 1779 nur bis zur Woche von Himmelfahrt, 9.5., Dieterichs Abfahrtstermin fiel schon auf den 13.5.).]

84.   An die Leser des Deutschen Museums. In: Nebenstunden einiger Gelehrter in und außerhalb Göttingens vom 20.6.1778, S. 306-308.
[Wahrscheinlich autorisierter Nachdruck von Nr 80.]

85.   An den Herausgeber des Deutschen Museums. Hrsg. von Johann Georg Zimmermann. In: Deutsches Museum. 7. St., Juli 1778, S. 88-91.
[Weder mit Lichtenbergs Wissen noch Einverständnis wiederveröffentlicht und glossiert; siehe oben Nr 80.]

86.   [Vorlesungsankündigung Lichtenbergs zum Wintersemester 1778/1779 (Beginn: 14.10.). Lateinisch im „Catalogus Praelectionum", datiert vom herausgebenden „Prorector Lüdervs Kvlenkamp": „Kal. Septembr." [= 1.9.] 1778, p. VII; deutsch in:] GGA 1778. 111. St. vom 14.9., S. 898 f.
[Regest mit deutschen und lateinischen Zitaten: Cardanus S. 60 f.]

87.   Die geographische Lage der Stadt Osnabrück. In: Justus Möser. Patriotische Phantasien. Neue verbesserte und vermehrte Auflage. Herausgegeben von seiner Tochter J.[ohanna] W.[ilhelmina] J.[uliana (Jenny)] v. Voigt, geb. Möser. Zweyter Theil., Berlin, bey Friedrich Nicolai 1778 Nr 83, S. 360-363.
[Siehe oben Nr 29, Diesen Bericht hat Möser selbst oder seine Tochter Johanna Wilhelmina Juliana (Jenny) v. Voigts dann nach Nr 47 wiederholt. Von hier gelangte er (immer noch als von Möser) in dessen spätere Werkausgaben bis hin zur Akademie-Ausgabe Bd 5, Osnabrück 1945, S. 301-304.]

88.   [Hartleys Vorschlag zu Brandschutzmaßnahme in London im Artikel] Feuer-Anstalten, Feuer-Löschungsanstalten. In: Johann Georg Krünitz: Oekonomische Encyklopädie oder allgemeines System der Staats- Stadt- Haus- und Landwirthschaft. Bd 13, Berlin: Joachim Pauli 1778, S. 25.
[Nichtautorisierter wörtlicher Abdruck mit kleiner Auslassung durch Krünitz nach dem GTC für 1778, S. 47 (oben aus Nr 70 (f) 3; siehe dort. Lichtenberg hatte es bemerkt, an Blumenbach [Juli 1788?] schrieb er (Bw 3, S. 547 Nr 1617): „Die Nachricht unten hat er mir abgestohlen, ich fühle meine Worte […] Er hat gantze Artickel aus dem Taschencalender u dem Magazin abgeschrieben" – zumindest noch Nr 185 (siehe dort).]

GTC für 1779

89.   Goettinger Taschen Calender vom Jahr 1779. [Göttingen] bey Joh. Chr. Diete-
       rich [1778]. [Gestochener Kupfertitel mit den einander zugewandten Profil-
       porträts des britischen Königspaars (von Daniel Chodowiecki, wie GTC
       für 1778 – siehe dort –, ungezeichnet und vermutlich in Göttingen nach-
       gestochen]; 7 Modekupfer (2 gezeichnet: „Chodowiecki" = Engelmann
       1857, Nr 258. Bauer, Nr 577f.), (unpag. 44) S. Kalender mit 12 Kupfern
       (gezeichnet „D. Chodowiecki inv. et sc."): [Natürliche und affectirte Hand-
       lungen des Lebens. Erste Folge. = Engelmann 1857, Nr 256. Bauer, Nr 553-
       564.] – [Zweiter Titel]: Taschenbuch zum Nutzen und Vergnügen fürs Jahr
       1779. Mit Kupfern von Chodowiecki, nebst den neuesten Damens-Moden,
       in Kupfer. Göttingen, bey Johann Christian Dieterich. S. 1-72: Genealo-
       gisches Verzeichniß der vornehmsten jetzt lebenden hohen Personen in
       Europa; S. 1-127: [Kalender-Aufsätze, siehe unten]; S. 127-133: Maße,
       Münzen, geogr. Lageangaben; S. 134-135: Inhalt; S. 136: [Buchhändleri-
       sche] Nachricht [des Verlegers Dieterich über Preise, Rabatte und Ausstat-
       tung des GTC]. Druckfehlerkorrektur (siehe unten zu S. 99).]
       [Um ca. 20% vergrößertes Faksimile: unpag. Mode- und Monatskupfer samt
       Beschreibung, Zeitrechnung und Kalendarium (56 S.); Genealogie 72 S. sowie
       den redaktionellen Teil, der erst erst mit diesem Jahrgang den zweiten Tiel führt:
       „Taschenbuch zum Nutzen und Vergnügen fürs Jahr" 1779. 136 S. Mit einem
       Nachwort von Ulrich Joost (14 unpaginierte Seiten). Mainz: Dieterich'sche Ver-
       lagsbuchhandlung 1996. – Lit.: Lauchert S. 34-40; Köhring S. 154; Lancko-
       ronska/Rümann S. 15; Jung 50-62. Gumbert-Auktion 1985, Nr 2592. – Zum
       GTC allgemein vgl. Anm. 11.]
       Rezensionen: N.N.: FGA 1778, Nr LXXIX vom 2.10., S. 626-628. – N.N.:
       NHGZ 1778, 84. St. vom 22.10., S. 670f. – N.N.: NGZ 1778, LXXXVIII. St.,
       3.11., S. 804-806. – Buchhändlerzeitung 1779. 1. St. vom 7.1., S. 5-6.
(a)   S. 1-31: Ueber das Weltgebäude.
       [[1]VS 6, S. 172-210.] [Jung 50]
       1. Maaßstab. S. 3-5 [[1]VS 6, S. 175-177.] – 2. Ausdehnung des Weltgebäudes. 5-18
       [[1]VS 6, S. 177-194.] – 3. Neigung zum Untergang. S. 18-25 [[1]VS 6, S. 195-204.] –
       4. Ein Paar Neuigkeiten vom Monde. S. 25-30 [wiederholt Nr 149 / II, siehe
       dort; [1]VS 6, S. 204-210.] – 5. Nachricht, eine Erscheinung am Saturn betreffend.
       S. 30-31.
       [In VS nicht wiedergedruckt. – Auf eine Bemerkung S. 82 im Kontext von Aber-
       glauben („erwarten wir im Jahr 1789 oder 90 einen Cometen") bezieht sich ein
       „Bur. Aus Bl.[ankenburg?]" im Braunschweigischen Journal. 3. Bd 1791, S. 466:
       „Insonderheit rufe ich Herrn Professor Lichtenberg zu Göttingen auf, der ihn
       [den Kometen] schon am Ende des Jahres 1789 bis in die Mitte 1790 erwarten
       ließ, die Ehre der astronomischen Untrüglichkeit zu retten."]
(b)   S. 31-34: Ueber die Vornamen. Ein Beytrag zur Geschichte menschlicher
       Thorheiten
       [[1]VS 4, S. 418-422. [2]VS 5, S. 250-252] [Jung 51]

†(c) S. 35-37: Die Honigweiser.

[Kroke S. 219: Nr 1011, Dougherty 2000, S. 28 folgend: von J.F. Blumenbach. Wir stimmen dem zu, denn der Stil des Artikels ähnelt dem Lichtenbergs gar nicht. In der Online-Version weist Kroke dann noch auf den wichtigeren Umstand hin, dass Blumenbach den Artikel leicht verändert in sein kurz danach erschienenes „Handbuch der Naturgeschichte" Göttingen: Dieterich 1779, S. 97f. und 222f. übernommen und damit als sein Eigentum deklariert hat. – Krokes Hinweis (S. 219) auf Leitzmann 1921, S. 95f., der dem widerspreche, führt dagegen in die Irre: Leitzmann bezieht sich auf den *nächstjährigen* GTC für 1780, S. 41 (vgl. auch Bw 1, S. 862: Nr 505 Anm. 4). Dass Lichtenberg freilich gerade um die Zeit der Redaktion des GTC bei Blumenbach nach einem solchen Vogel fragt, der ähnliche Eigenschaften hat wie die im Artikel beschriebenen, legt die Vermutung nahe, dass die Erkundigung durch diesen Artikel ausgelöst wurde. – In VS nicht wiedergedruckt.] [Jung 52]

(d) S. 37-44: Neueste Geschichte der Blitz-Ableiter.

[Jedenfalls unautorisiert nachgedruckt in Nr 129 und in Nr 235. – ^{1}VS 6, S. 210-220.] [Jung 53]

†(e) S. 45-57: Etwas vom Akademischen Museum in Göttingen.

[Verfasser ist zweifelsfrei J.F. Blumenbach, vgl. Lichtenberg an Johann Andreas Schernhagen, 27.8.1778: „Blumenbach spricht in der Beschreibung [Nr 89(e)] von gediegenem Zinn" (Bw 1, S. 875: Nr 520). Kroke S. 220: Nr 1012, Dougherty 2000, S. 28 folgend: von J.F. Blumenbach. Sie weist noch hin auf die frühe Zuschreibung durch Friedrich Karl Gottlob Hirsching: Nachrichten von sehenswürdigen Gemälde- und Kupferstichsammlungen […] in Teutschland […]. Dritter Band. Erlangen: Johann Jakob Palm 1789, S. 183 (dort mit unrichtiger Seitenangabe „49-57"). Irrig dagegen von Peperkorn S. 37 Lichtenberg zuerkannt. – In VS nicht wiedergedruckt.] [Jung 54]

(f) S. 58-71: Seltsame Moden und Gebräuche. [Jung 55]

1. Mama und Mummum. S. 58f.

[^{2}VS 6, S. 461. Nicht in ^{1}VS.]

2. Ein sittsamer Gebrauch zu Coventry in Warwickshire. S. 59-61.

[^{1}VS 4, S. 534-536. ^{2}VS. 5, S. 323-325. Mitteilungen der Lichtenberg-Gesellschaft. Brief 44 (Mai 2012), S. 9.]

3. Das Eselsfest. S. 61-63.

[^{1}VS 4, S. 536-538. ^{2}VS 5, S. 326f.]^{52}

4. Abschieds Complimente der Chineser. S. 63f.

[In VS nicht wiedergedruckt, aber bei Lauchert S. 36f.],

---

52 Geht zurück auf einen Aufsatz von Johann Georg Meusel, wie Achenbach im *Lichtenberg-Jahrbuch 1997*, S. 222-224 in Ergänzung zu *Photorin* Heft 3 (1980), S. 64, nachgewiesen hat (wieder in Achenbach 2021, S. 63-66). Demnach folgt auch der Abdruck von Karl Friedrich Flögel: *Geschichte des Groteskekomischen, ein Beitrag zur Geschichte der Menschheit.* Liegnitz und Leipzig: Siegert 1788, S. 167ff. nicht Lichtenberg, sondern geht über das *Hannoverische Magazin* zurück auf Meusel. Dieser Strang fortgesetzt in der Bearbeitung des Werks von Friedrich W. Ebeling, Leipzig 1862, die 1982 vom Verlag Harenberg in Dortmund photomechanisch reproduziert wurde (dort S. 228-230).

5. Alte Hofetiquette. S. 64-65.

['2VS 6, S. 461. Nicht in '1VS.]

6. Besondere Arten von Aussteuer. S. 65.

[In VS nicht wiedergedruckt.]

7. Etwas zur Geschichte des Leibes nach dem Tode bey verschiednen Völkern. S. 66-68.

['1VS 4, S. 539-541. '2VS 5, S. 328-330.]

8. Fortrücken der Essenszeit in England. S. 68f.

[In VS nicht wiedergedruckt, aber bei Lauchert S. 37 und Achenbach 2021, S. 162.]

9. Nachtrag von minder wichtigen Moden. S. 69-71.

['1VS 4, S. 541-544. '2VS 5, S. 331-333.]

(g) S. 72-81: Einige gemeine Irrthümer. [Bezifferung, nicht aber die Titel von Lichtenberg.]

[(Allgemeine Einleitung) S. 73; dann jeweils nur ein oder ein paar Sätze: – 1) Zwerg-Nation auf Madagascar … Riesen-Nation der Patagonen eine Fabel S. 73. – 2) Diamant nichts weniger als beständig (vgl. Rudolf Drux im Lichtenberg-Jahrbuch 2009, S. 7-22) S. 73f. – 3) Versteinerungen in Gyps selten, aber existent S. 74. – 4) Leute in China, die Neugeborne wegwerfen, werden doch bestraft S. 74. – 5) Falschheit der Projektion von Regenbögen und Kugeln S. 74. – 6) Maulesel empfangen und gebären doch S. 74. – 7) Straßenraub in England nicht häufiger als in Frankreich S. 75. – 8) Bälle aus Federharz (Kautschuk) springen nicht höher, als sie gefallen sind S. 75. – 9) Geburtenzahl zwischen Mädchen und Jungen nicht gleich S. 75. – 10) Existenz von versteinertem Holz noch nicht ausgemacht S. 76. – 11) Es gibt *doch* Hermaphroditen S. 76. – 12) „Dr. Robertson vermuthet," dass man den Spaniern in Amerika in Bezug auf Grausamkeiten Unrecht täte S. 76. – 13) Zum Menschenhandel S. 76f. – 14) Zum Geschlecht bei den Bienen S. 77. – 15) Stärke eines Models lässt keinen Rückschluss auf die Stärke des Werks zu S. 77. – 16) Sterblichkeitsstatistik zwischen Stadt und Land S. 77f. – 17) Peterskirche in Rom nicht die größte Kirche der Welt S. 78. – 18) Bären leben des Winters nicht von ihrer Tatze S. 78. – 19) Bäume setzen nicht einen Ring pro Jahr an, sondern zwei S. 78. – 20) Gewitter kommen nicht zurück, es sind neue S. 78. – 21) Gewitter ziehen nicht dem Wind entgegen S. 79-81. – 22) Der Kuckuck frisst nicht die Vögel, die mit ihm ausgebrütet wurden S. 81. – Davon nur Nr 1. 5. 6. 8. 9. 11. 15. 19-21 in '2VS 6, S. 454-457. Nicht in '1VS. – Ein „verschütteter Aphorismus" aus Nr 8: Gravenkamp, S. 84. – S. 77f. mit Nr 14-20 sind umgedruckt (‚Karton', vom Buchbinder ausgewechseltes Blatt); die ursprüngliche Version bislang noch nicht wieder entdeckt (vgl. aber Bw 1, S. 875: Nr 520: An Johann Andreas Schernhagen, 27.8.1778).] [Jung 56]

(h) S. 81-82: Beytrag zur neusten Geschichte der Feld-Gespenster.

['2VS 6, S. 322f. – Siehe auch Alessandro Volta: Briefe über die entzündbare Luft die aus den Sümpfen entstehet. Zürich 1778.] [Jung 57]

(i) S. 83-96: Neue Erfindungen, Physikalische und andere Merkwürdigkeiten.

[Weder Bezifferung noch Titel von Lichtenberg.]

[(1) Neue Entwicklung in der Typometrie durch Preuschen in Karlsruhe mit einer Karte von Sizilien S. 83f. – (2) van Swinden beschreibt 58 Arten Thermometer S. 84. – (3) Achard hat Eier mit Elektrizität ausgebrütet S. 84f. – (4) Fixierung von Bildern (wir würden sagen: ‚Photographieren') mit dem Bononiensischen Stein

S. 85 (vgl. Gravenkamp, S. 52-62 – zuerst im Lichtenberg-Jahrbuch 2007, S. 55-64). – (5) Magellan und Landriani messen in Italien Luftqualität mit neuen Eudiometern S. 85. – (6) Ramsden konstruiert neues Mikrometer für Astronomen S. 85. – (7) Derselbe entwickelt durch genauere Skalenteilung neuen (weniger fehleranfälligen) Sextanten; wird dafür prämiert. S. 85f. – (8) Ingenhouß bestätigt die magnetische Kraft von Platin S. 86. – (9) Magellan konstruiert ‚doppelten Sextanten' S. 86. – (10) John Mudge, Bruder des Uhrmachers, erfindet neue Metalllegierung für Teleskop-Spiegel und verfeinert die Politurtechnik bei Parabol-Spiegeln. S. 86f. – (11) Dr. Hook in England, Dellebarre in Frankreich verbessern die Mikroskope nennenswert S. 87f. – (12) Wesentliche Verbesserung der Camera Obscura in England S. 88. – (13) Gründler entdeckt bei Eidechseneiern Leuchten im Dunkeln S. 89. – (14) Dupont über Regeneration von Pflanzen S. 89. – (15) Erwähnung dreier farbenblinder Brüder S. 89. – (16) Mouroux glaubt, dass Pflanzenfarben in Glas übergehen können S. 89. – (17) In England will jemand ein Lampen-Chronometer für Nachtwächter erfunden haben S. 89f. – (18) Sanders hat in der Schokolade Elektrizität entdeckt, Hemmer eine andere in der Flamme S. 90. – (19) Köstlin will gefunden haben, dass positive Elektrizität Pflanzenwachstum fördert, negative dagegen hemmt; Achard findet, dass Eis bei –13 Grad Fahrenheit idiolektrisch werde („woran wir nicht zweifeln") S. 90f. – (20) Fontana hat Wasserwaagen aus Aether ohne Luftblasen verfertigt, die Neigungen von 1 Sekunde anzeigen; ferner ein Multifunktionsgerät: Spazierstock, Hygro-, Baro-, Thermometer, Boussole, Mikroskop mit Beleuchtung, Sezierbesteck und Fernrohr in einem; weitere Geräte im Cabinet des Großherzogs von Toscana S. 91f. – (21) Derselbe F. hat Verbesserung an den Pendelstangen von Uhren angegeben S. 92f. – (22) v. Engeström prophezeit Vulkane in England S. 93. – (23) Pater Minasi gibt neue Beobachtungen bei Spinnen bekannt S. 93f. – (24) Derselbe verfertigt Papier aus Aloe S. 94. – (25) „Ein gewisser Prinz" will nachgewiesen haben, dass es keine dreifarbigen Kater gibt S. 94. – (26) Piaggio, bekannt durch Restauration der bei Portici ausgegrabenen Papiere, will mit 12 Kupferplatten 479 Millionen verschiedene Tapeten herstellen können S. 94. – (27) Es habe Frauenzimmer gegeben, die 2 ½ Jahre nichts gegessen und 25 Jahre nicht geschlafen haben sollen S. 94. – (28) Bei Weisenburg (Kanton Bern) sah A. v. Haller einen Gras fressenden Mann S. 95. – (29) „Siebdrehen" (vgl. Bw 3, 31: Nr 1351 und Anm.) begegnet schon bei Lukian (Pseudomantes) und in Theokrits 3. Idylle (V. 31) S. 95. – (30) Deluc berichtet, die Reisegesellschaft habe beim Abstieg vom Buet den Druck der Atmosphäre auf ihre Körper nur an den Instrumenten bemerkt. S. 95. – (31) Abt Mazzuchi hat der Harmonika von Franklin eine ganz neue Einrichtung gegeben S. 95f. – (32) Volta ‚schießt' mit einem Gasgemisch (offenbar Methan und Wasserstoff), welches durch elektrischen Funken gezündet wird S. 96. – Davon wiedergedruckt nur obige Nrn 2. 25. 26. 27. 29 von S. 84. 94. 95, unter dieser Gesamtüberschrift in den ²VS 6, S. 461f.] [Jung 58]

(j) S. 97-101: Von Thieren als Wetter-Propheten.

[²VS 6, S. 323-325; L. nennt einen Druckfehler im Bw 1, S. 876: Nr 520: An Johann Andreas Schernhagen, 27.8.1778; demnach gehören die Zeilen 8-12 von S. 99 unter „Regenwetter" Z. 3f. von unten; diese Korrektur gedruckt S. 136.] [Jung 59]

(k) S. 101-103: Sold der Europäischen Truppen in Diensten der engl. ostindischen Compagnie.

[In VS nicht wiedergedruckt.] [Jung 60]

(l) S. 103-115: Die Tabacks-Pfeiffen-Fabrik. [In VS nicht wiedergedruckt.]
[Jung 61]

(m) S. 116-127: Etwas zur Illumination der Kupferstiche zu diesem Calender.
[Chodowiecki (siehe oben): 1.2: „Der Unterricht L'instruction"; 3.4: „Die Unter-
redung La conversation"; 5.6: „Das Gebeth La priere"; 7.8: „Der Spatzier Gang La
promenade"; 9.10: „Der Grus La reverance"; 11.12: „Der Tanz La dance" – Verfasser der „Illumination" wahrscheinlich Lichtenberg. Fortgesetzt im GTC
1780. – Wiedergedruckt Focke 1901a, S. 8-13; Repr. der Stiche S. IV-VI; Ernst
1913, Bd 1: Kupferstiche (unpaginiert); Bd 2, S. 35-50 (Text). GW 2, S. 602-608
(ohne die Stiche).] [Jung 62]

90. Almanac de Goettingen pour l'année 1779. [Göttingen] chez I.C. Dieterich
[1778].
[Übersetzung des GTC durch Isaac Colom du Clos (vgl. Anm. 12).] (Nicht
paginiert: 7 Kupfer mit Kleider- und Frisur-Moden). – (Nicht paginiert:)
Epoques de l'année 1779. (5 S.) – (Nicht paginiert: Kalendarium 12 x 4 =
48 S. und 12 gezählte Monatskupfer mit unterschiedlichen Themen der
Gesellschaft). – (Nicht paginiert:) Jours de Naissance de la Maison Royale.
(1 S.) – p. 1-68: Etat présent des Maisons Souveraines, & de celles des Princes
les plus considérables de l'Europe. – (Nicht paginiert:) Manuel contenant diverses connoissances curieuses et utiles pour l'année 1779. Orné de taille-
douces gravées par Chodowiecki, avec les modes les plus modernes des Dames, gravées en taille-douce. À Gottingue, chez Jean Chrêtien Dieterich.
p. 1-32: Du Sistème du Monde. 1) Mesure. – 2) Etendue de l'Univers. – 3) Penchant vers la ruïne. – 4) Une couple de nouvelles de la Lune. – 5) Avis touchant
un Phénomène à la planète de Saturne.
p. 32-36: Sur les noms de bâtème. Addition à l'histoire des folies humaines.
p. 36-38: Les indicateurs du miel.
p. 38-46: Histoire la plus moderne des barres électriques à détourner la foudre.
p. 46-60: Quelques avis du Muséum de curiosités de l'Academie de Gottingue.
p. 60-74: Plaisantes Modes et Coûtumes. 1) Mama et Mummum. – 2) Modeste
coutume à Coventry en Warwickshire. – 3) La fête de l'ane. – 4) Complimens
des Chinois pour prendre congé. – 5) Ancienne Etiquette de la Cour. – 6) Ma-
nieres particulieres de doter. – 7) Quelques additions à l'histoire du corps après
la mort chés divers peuples. – 8) Précession du tems de prendre le repas en
Angleterre. – 9) Supplément par raport [!][53] à des Modes moins importantes.
p. 74-84: Quelques Erreurs communes.
p. 84-85: Remarque pour servir d'addition à l'histoire la plus moderne des fan-
tômes de la campagne.
p. 86-100: Nouvelles Inventions, Curiosités de physique et autres choses remarquables.

---

53 Wahrscheinlich Druckfehler.

p. 100-105: De quelques Animaux Prophétes du tems.

p. 106-107: Solde des Troupes Européennes au service de la compagnie des Indes orientales d'Angleterre.

p. 108-120: La Fabrique des Pipes à Tabac.

p. 121-133: Quelque chose touchant l'enluminure des tailles-douces de cet Almanac.

[Wiedergedruckt Focke 1901b, S. 8-13; Repr. der Stiche S. IV-VI.]

L'instruction – La conversation – La priere – La promenade – La reverence – La dance.

p. 133-134: Miles. – p. 135-136: Mesures des Grains en pouces cubes de Paris. – p. 136-139: Monnoyes. [Fehler der Seitenzählung: springt von 136 auf 139]. – p. 140-143: Longitude et Latitude géographique de divers endroits. – p. 143-145: Table des Matieres. – p. 146: Avertissement.

91. Die Hexe, die ich meine. Parodie. [Epigramm.] In: [Gottfried August Bür-ger (Hrsg.):] Musen Almanach A[nno] MDCCLXXIX. Göttingen, bey J. C. Die-terich [gestochener Titel; gedruckt:] Poetische Blumenlese Auf das Jahr 1779. Göttingen bey Johann Christian Dieterich [1778], S. 12-14.
[Gezeichnet: „***". – Faksimile: GMA 1979. – Siehe auch Nr 106 (MA für 1780) und Nr †309 (MA für 1791). – Ko-Produktion mit G. A. Bürger, vgl. dess. Bw 2, S. 617: Nr 705; demnach sind die Idee und mindestens zwei Strophen von Lich-tenberg, die übrige Ausführung von Bürger. – Wiedergedruckt Lauchert S. 184-186; Consentius 2, 1914, S. 18 und Anm. S. 345; SB 3, S. 640-642.]

[Jung 64]

92. Neueste Versuche zu Bestimmung der zweckmässigsten Form der Gewit-terstangen. An den Herausgeber des Deutschen Museums. In: Deutsches Museum 1778, Bd 2: 10. St. Oktober, S. 351-362.
[Datiert und gezeichnet: „Göttingen, im August 1778". Nimmt gleich am An-fang Bezug auf Nr 89 (d), die schon vorher geschrieben war und mit dem GTC für 1779 unmittelbar vor dem Oktober-Heft des Museums vorlag. – Lt. ¹VS Bd 8, S. VII danach „fast ganz" (und wahrscheinlich nicht autorisiert) abge-druckt in Friedrich August Weber: Vom Gewitter und Gewitterableiter. Zürich und Leipzig 1792. – ¹VS 8, S. 3-29. Nicht in ²VS. Lauchert S. 34 mit Textkritik (Varianten in VS. Ergänze dazu noch Druckfehler im „Museum", über die sich Lichtenberg an Schernhagen, 29.10.1778 (Bw 1, S. 914: Nr 546) beklagt; sie sind beim Abdruck im Bw 1, S. 881-889: Nr 524 zur Emendation verwendet: rich-tigste *lies:* wichtigste. – Stufen *lies:* Nuten – fornen *lies:* ferner].

[Jung 44]

93. **St. Petersburg.** [Rezension über:] Dimitri v. Gallitzin: Lettres sur quelques objets d'Electricité addressée à l'Academie Imperiale des Sciences de St. Pe-tersbourg. St. Petersburg 1778. In: GGA 1778. 120. St. vom 5.10., S. 969-972.

[Anonym gedruckt; im Göttinger Handexemplar der GGA irrig Johann Friedrich Gmelin zugewiesen; von Guthke 1963, S. 335: Nr 7 und ebd. S. 333f. mit Blick auf das Tübinger Handexemplar Expl. von Reuß (vgl. auch Fambach 1976, S. 69) zu Recht als Versehen richtiggestellt. Übrigens schon von Lauchert S. 174 ohne Kenntnis dieser Handexemplare aus Lichtenbergs Brief an Nicolai vom 18.2.1781 richtig kombiniert.]

[Jung 46]

1779

94. **London.** [Rezension über:] Tiberius Cavallo: A complete treatise of electricity in theory and practise, with original experiments. London 1777. In: GGA 1779. Zugabe, 6. St. vom 6.2., S. 81-90.
[Anonym gedruckt; Verfasserschaft bestimmt nach dem Göttinger Handexemplar der GGA (danach Hahn, S. 83 Anm. 97; S. 84; Guthke 1963, S. 335: Nr 9) bzw. dem Tübinger Handexemplar (Fambach 1976, S. 78).]

[Jung 65]

95. **Ebendaselbst.** [= Leipzig.] [Rezension über:] Tiberius Cavallo: Vollständige Abhandlung der theoretischen und praktischen Lehre von der Elektricität, nebst eigenen Versuchen. Leipzig 1779. In: GGA 1779. Zugabe, 12. St. vom 20.3., S. 191f.
[Anonym gedruckt; Verfasserschaft bestimmt nach dem Göttinger Handexemplar der GGA (danach Hahn, S. 84; Guthke 1963, S. 335: Nr 10) bzw. dem Tübinger Handexemplar (Fambach 1976, S. 78). – Rezension der deutschen Übersetzung von Nr 94. Siehe auch Nr 217 (zur 2. Auflage).]

[Jung 66]

96. [Vorlesungsankündigung Lichtenbergs zum Sommersemester 1779 (Beginn: 19.4.). Lateinisch im „Catalogus Praelectionum", datiert vom herausgebenden „Prorector Lüdervs Kvlenkamp": „Kalend. Mart." [1.3.] 1779, p. VII; deutsch in:] GGA 1779. 35. St. vom 22.3., S. 282f.
[Regest mit deutschen und lateinischen Zitaten: Cardanus S. 61.]

97. **Göttingen.** [Deutsches Résumé von Lichtenbergs lateinischem zweiten Vortrag zu den Staubfiguren super nova methodo vor der Sozietät der Wissenschaften am 19. Dezember 1778; dieser dann gedruckt in den Commentationes Societatis. Classis mathematicae 1 (1779), S. 65-79: Nr 98f.):] In: GGA 1779, 39. St. vom 29.3., S. 313-316.
[Anonym gedruckt; Verfasserschaft bestimmt nach dem Göttinger Handexemplar der GGA (danach Hahn, S. 84; Guthke 1963, S. 335: Nr 8) bzw. dem Tübinger Handexemplar (Fambach 1976, S. 74). Wiedergedruckt durch Pupke, S. 45-47.]

98.   Commentatio posterior super nova methodo natvram ac motvm flvidi electrici investigandi. Recitata d. XIX. Dec. MDCCLXXVIII. In: Commentationes Societatis Regiae Scientiarvm Gottingensis. Classis mathematicae 1 (1779), S. 65-79. Mit 2 Kupfertafeln (1 davon gefaltet).
[Fortsetzung von Nr 81. Résumé durch Lichtenberg: Nr 97. Separatdruck mit eigenener Pagina: Nr 99. – Gemäß BL 1982, S. 303 (Anhang I) besaß Lichtenberg bei seinem Tod nur mehr ein Exemplar davon. – *Französische* Übersetzung: Nr 111. – Gumbert-Auktion 1985, Nr 2563. – Ins *Deutsche* übersetzt zuerst in [1]VS 9, 1806, S. 81-126 (wahrscheinlich durch Friedrich Kries). Dann durchgesehen, den VS aber noch recht eng angeschlossen, Pupke, S. 31-45; nicht wiederholt in den SB 3, 1972). Zuletzt gründlich durchgesehen und verbessert bei Hasse 1997, S. 172-203, synoptisch mit dem Faksimile des oben bibliographierten lateinischen Textes.]
Rezensionen: Mw. [A. G. Kästner]: ADB, Bd 40, 1. St. (1780), S. 172-174. – L. Dw. [=Klügel und v. Crell]: ADB, Bd 41 (1780), 2. St., S. 332f.

[Jung 47]

99.   De nova methodo natvram ac motvm flvidi electrici investigandi. Commentatio posterior. Gottingae: Dieterich 1779. 16 S., 2 Taf. 4°.
[Sonderabzug von Nr 98. – Gemäß BL 1982, S. 303 (Anhang I) besaß Lichtenberg bei seinem Tod noch 41 Exemplare davon. – Gumbert-Auktion 1985, Nr 2562.]

[Jung 48]

†100. Zimmermann, Johann Georg: Versuch in anmuthigen und lehrreichen Erzählungen, launigten Einfällen und philosophischen Remarquen über allerley Gegenstände. Zweyte, mit einem Fragment und dem Sendschreiben des Hrn. Hofr. [A. G.] Kästners an den Verfasser vermehrte Auflage. [Hrsg. von Georg Christoph Lichtenberg.] Göttingen: [Dieterich] 1779. 90 S.
[Gemäß A. G. Kästner an Lichtenberg, 15.6.1779 (Bw 1, 957f.: Nr 590) kurz zuvor erschienen. – Lichtenbergs Vorrede ist nachträglich aus allen gedruckten Exemplaren entfernt worden, sie beginnt mit Bogensignatur A 3. Vgl. den vollkommen plausiblen Nachweis von Otto Deneke 1938, S. 1-7, mit Abdruck der Vorrede nach dem Autograph im Nachlass: Ms. Lichtenberg IV, 37, Bl. 26; etwas buchstäblicher bei Joost: „Eine „Physiognomik des Stils" gegen „Don Zebra Bombast". Lichtenbergs Polemiken gegen Johann Georg Zimmermann. In: Wolfenbütteler Forschungen Bd 82: Johann Georg Zimmermann – königlich großbritannischer Leibarzt (1728-1795). Hrsg. von Hans-Peter Schramm. Wiesbaden: Harrassowitz 1998, S. 123-137. – Denekes Lichtenberg-Schrank Nr 24. – Gemäß BL 1982, S. 303 (Anhang I) besaß Lichtenberg bei seinem Tod noch drei Exemplare davon.]
Rezension: N. N. [Michael Hißmann?]: ABL Bd 20. Lemgo1781, S. 44f.

[Jung 49]

†101. Johann Georg Zimmermann [satirischer Kupferstich].
[Anonym gedruckt. – Einziges bekanntes Exemplar im Kestner-Museum Hannover. Danach in Originalgröße faksimiliert und eingehend analysiert in: Die Physiognomik des Stils und ein Stich gegen den „Ritter Löwenzahn" Johann

Georg Zimmermann. Als Jahresgabe für die Lichtenberg-Gesellschaft hrsg. von Ulrich Joost. Ober-Ramstadt (gedruckt bei Reinheimer in Darmstadt) 2016. – Darin ist das Erscheinen des von Göttingen nach Hannover geschickten Stichs auch mithilfe der Zeugnisse zuverlässig datierbar auf Anfang August 1779 (S. 32: Brief von Marcard an seine Eltern, Hannover, 27.8.1779: „seit 14 Tagen hier zu sehen") und die von Lichtenberg immer geleugnete Urheberschaft sehr plausibel gemacht.] a. a. O.

102.　An den Herausgeber des Museums. In: Deutsches Museum 1779, Bd 2: 8. St. August, S. 145-156.
[Über den Dramatiker Rudolf von Bellinckhaus. Wiedergedruckt unter dem Titel: „Von ein paar alten deutschen Dramen" in ¹VS 4, S. 1-26. ²VS 4, S. 121-137. GW 2, S. 217-228. SB 3, S. 368-376. Erneut gedruckt Bw 1, S. 943-952: Nr 582. Dort sind die Druckfehler des Erstdrucks (nachgewiesen a. a. O., S. 952) teils korrigiert nach den „Errata" im Deutschen Museum 1779, Bd 2, S. 288, teils (der erste) emendiert nach dem Kustoden. – Lit.: Lauchert S. 40 mit den Varianten zu VS.]

[Jung 63]

103.　[Vorlesungsankündigung Lichtenbergs zum Wintersemester 1779/1780 (Beginn: 11.10.). Lateinisch im „Catalogus Praelectionum", datiert vom herausgebenden „Prorector Gottfried Less": „Kal. Septembr." [= 1.9.] 1779, p. VII; deutsch in:] GGA 1779. 111. St. vom 13.9., S. 898f.
[Regest mit deutschen und lateinischen Zitaten: Cardanus S. 61.]

†103a. Nachricht. In: Göttingische Anzeigen von gemeinnützigen Sachen, 28.8. 1779, S. 147.
[Ankündigung, das GMWL betreffend. Zwar unterzeichnet „Johann Christian Dieterich", dürfte sie dennoch wohl von Lichtenberg stammen. – Datiert: „Göttingen, den 1. Sept. 1779.", wurde sie schon in der letzten Augustwoche versendet. Verbürgt sind
†*103b. Einzeldrucke zum individuellen Verschicken; vgl. an C. G. Heyne, 11.8.1779 (Bw 1, S. 965: Nr 598 Anm. 1) – Der Text wurde mindestens noch gedruckt
Nr †103c. In: Casselische Policey- und Commercien-Zeitung vom 30.8.1779 [kein Exemplar ermittelt].
Nr †103d. In: Wochenblatt für's Schöne Geschlecht. Ilmenau 1779. Hrsg. von Charlotte Henriette Hezel Drittes Hefft, auf die Monate September und Oktober; unpag. auf dem Umschlag.
Nr †103e. In: Neuer gelehrter Mercurius, 2.9.1779, S. 278f.
Nr †103f. In: GGZ, 4.9.1779, S. 584.
Nr †103g. In: NHGZ, 23.9.1779, S. 608.
Nr †103h. In: NCN 1779, Bd 5, Lieferung 41 vom 9.10., S. 328.
Nr †103i. In: Neueste Mannigfaltigkeiten. 1780, Bd 3, S. 384.
Ferner zu Michaelis 1779 in Nr 104 (p), siehe dort – daher auch bei Lauchert S. 44 – und als Zusammenfassung, bloß mit Auszügen (dem wir deswegen keine eigene Nummer gewähren), gezeichnet „Hollenberg". In: Wöchentliche Osnabrückische Anzeigen 46. St. vom 13.11.1779, Sp. 383f.

104. Goettinger Taschen Calender vom Jahr 1780. [Göttingen] bey Joh. Chr. Dieterich
[1779]. [Gestochener Kupfertitel von D. Chodowiecki (S. GTC für 1778) mit
den einander zugewandten Profilporträts des britischen Königspaars, der Titel darunter in der Kartusche; gezeichnet: „Sturm sc.“] 9 Modekupfer (im
franz. Kalender: D. Chodowiecki f., im deutschen Kopien von Endner) [hierzu
Artikel „Ueber die Kopfzeuge“ von Lichtenberg, siehe unten Nr 104 (n)],
(unpag. 47) S. Kalender, mit 12 Kupfern (D. Chodowiecki sculps. bzw. inv. et
sc.) [(Natürlich und affectirte Handlungen des Lebens, zweite Folge; siehe
unten); diese und die andern Blätter Chodowieckis = Engelmann 1857,
Nr 321. 319. Bauer, Nr 565-576]. – [Zweiter Titel]: Taschenbuch zum Nutzen
und Vergnügen fürs Jahr 1780. Mit Kupfern von Chodowiecki, nebst den
neuesten Frauenzimmer-Moden, in Kupfer. Göttingen, bey Johann Christian Dieterich. S. 1-70: Genealogisches Verzeichniß der vornehmsten jetzt
lebenden hohen Personen in Europa; S. 1-141: [Kalender-Aufsätze, siehe
unten]; S. 142-150: Münzen, Maße, geogr. Lageangaben; S. 150-152: Inhalt;
S. 153: [Buchhändlerische] Nachricht [des Verlegers Dieterich über Preise,
Rabatte und Ausstattung des GTC]. S. 154-156: Nachricht [siehe unten!]
[Hds. Vorarbeiten im Nachlass: Ms. Lichtenberg IV, 44: ungedrucktes Notiz-
heft, 16 Bl. (Publikation geplant). – Denekes Lichtenberg-Schrank Nr 16. – Lit.:
Lauchert S. 40-44; Köhring S. 154; Lanckoronska/Rümann S. 15; Jung 69-82. –
Zum GTC allgemein vgl. Anm. 11.]
Rezensionen: [A. G. Kästner]: GGA 1780, 7. St. vom 15.1., S. 51 f. – Anzeige in:
Wochenblatt für's Schöne Geschlecht (Hrsg. von Charlotte Henriette Hezel, Il-
menau) 1779, 63. St. Auf den 8ten December, (Mittwochs), S. 490-493 (Anzeigen
neuer Schriften Nr 52.).[54] – [Michael Hißmann (lt. dessen Bw 2016, S. 1779)]:
ABL 1780, Bd 18, S. 360-366 [der Schluss wiedergedruckt im Lichtenberg-
Jahrbuch 1993, S. 23].

(a) S. 1-8: Vergleichung der Mahlerey auf einem Schmetterlings-Flügel mit einem Meisterstück in Mosaischer Arbeit.
[[1]VS 4, S. 423-432. [2]VS 5, S. 253-257.] [Jung 69]

(b) S. 8-19: William Crotch, das musikalische Wunderkind.
[[1]VS 4, S. 433-448. [2]VS 5, S. 258-266. Erläutert wiedergedruckt durch Joost im
Lichtenberg-Jahrbuch 1989, S. 110-114. – Zwei „verschüttete Aphorismen“ von
S. 8-10: Gravenkamp, S. 84.] [Jung 70]

†(c) S. 20-29: Die Insul Enganho.
[Verfasser: C. Miller[55]; von Lichtenberg bearbeitet. – In VS nicht wiedergedruckt.] [Jung 71]

---

54 „Dieser Taschenkalender […] gibt uns das Vergnügen, dem Publiko abermals eine
Erscheinung bekannt zu machen, die seit mehrern Jahren die Lieblingslektüre des
feinern Theils der Nation gewesen ist, und welche man auch für dieses Jahr der Meis-
terhand des Hrn. Prof. Lichtenberg zu verdanken hat.“
55 Vgl. A. G. Kästner in den GGA, 7. St. vom 15.1.1780, 51-53.

(d) S. 29-34: Ein Paar Feyerlichkeiten und Gebräuche.
[Nicht in [1]VS. Der Anfang in den [2]VS 6, S. 325 f.; dort nicht wiedergedruckt ist die Mitteilung über den im Jahr 1600 vom Landgrafen Moritz von Hessen gestifteten Temperanz-Orden (GTC S. 31-34, auszugsweise mitgeteilt aus einem Programm des Prof. Curtius zu Marburg).] [Jung 72]

†(e) S. 34-39: Vom Nyl-ghau.
[Beschreibung dieses indischen Tiers, nach William Hunter; von Lichtenberg? – In VS nicht wiedergedruckt.] [Jung 73]

(f) S. 40-43: Fortsetzung des Artickels von einigen gemeinen Irrthümern.
[Bezifferung, nicht aber die Titel von Lichtenberg.]
[23) Caver [recte: Carver?] über das mangelnde Haarwachstum der nordamerikanischen Indigenen. – 24) Watson, nicht Franklin habe die Annahme von positiver und negativer Elektrizität vorgeschlagen. – S. 41: 25) Honig-Guckuck (s. u.). – 26) Tabak nicht nach Tabago, sondern umgekehrt benannt (siehe unten). – S. 41 f.: 27) Hanf um Kohlbeete. – S. 42: 28) Der Maulwurf fresse doch Wurzeln. – 29) wahrscheinliches Übergewicht beim Spiel Paar oder Unpaar (siehe unten). – S. 42 f.: 30) Morell leugne die monströsen Vögel auf Madagaskar. – S. 43: 31) Kröpfe bei Alpenbewohnern rühren nicht vom Wasser dort (siehe unten). – 32) ,durch die Nase reden' (siehe unten). – 33) Kolibris ernähren sich nicht bloß vom Saft der Blumen. – Nr 25 fast wörtlich dem Brief an Blumenbach [Juli/August 1779] entsprechend (Bw 1, 861 f.: Nr 505.); Nr 26. 29. 31. 32 wiedergedruckt in [2]VS 6, S. 457-458. [Jung 74]

(g) S. 44-48: Zwo Warnungen.
[In VS nicht wiedergedruckt.] [Jung 75]

(h) S. 49-66: Möglichst zuverlässige Angaben von der Volksmenge, den Einkünften, dem Vertheidigungsstande der meisten europäischen Mächte im Jahr 1779.
[In VS nicht wiedergedruckt.] [Jung 76]

(i) S. 66-73: P. Jaquet Droz und H. E. Jaquet Droz Vater und Sohn. [In VS nicht wiedergedruckt.] [Jung 77]

(k) S. 74-82: Proben seltsamen Appetits.
[[2]VS 6, S. 327-330. Nicht in [1]VS.] [Jung 78]

(l) S. 82-102: Neue Erfindungen, physikalische und andere Merkwürdigkeiten.
[Weder Bezifferung noch Titel von Lichtenberg.]
[(1) Dr. Price „Untersuchungen über die Gesundheit der Städte": in „Europa Neapel die gesundeste und Stockholm die ungesundeste. In England ist Manchester die gesundeste" S. 82. – (2) Pompeo Savini verfertigt Wachsgemälde in Tobias Mayers Technik (siehe oben Nr 40 und Nr 42 Kap. IV) S. 82. – (3) Der Glasschleifer Sylva in Venedig verfertigt achromatische Ferngläser besser als Dollond S. 83. – (4) In Schottland hat man das Metall Tuttaneg oder Tintenaque, das bisher aus Indien und China bezogen wurde S. 83. – (5) Hr. Wales hat neue und überraschende Beobachtungen zur Abweichung der Magnetnadel angestellt, die inzwischen von Cook und Fourneaux bestätigt wurden S. 83-85. – (6) Hr. Navarre hat ein Iconantidiptisches astronomisches Fernrohr erfunden S. 85 f. – (7) Franklin hat in Amerika Fliegen in Madeira ertränkt und sie in England wieder aufgeweckt S. 86. – (8) Lassones „zähe Materie": Seignette-Salz und Kalkwasser S. 86 f. – (9) Speechley, Gärtner des Herzogs von Portland, benutzt

für Ananaspflanzen Eichenblätter S. 87 f. – (10) Telgersma hat gefunden, dass sich Leidener Flaschen leichter laden lassen, je öfter sie gebraucht wurden S. 88. – (11) Cassini findet in Paris die Refraktion südlich vom Zenith stärker als nördlich S. 88. – (12) Messier und Bode haben jetzt 75 Nebelsterne bestimmt S. 88. – (13) Hoffmann in Münster löst Bernstein in „Campher und dephlegmirtem Weinstein" S. 88. – (14) La Roche verfertigt Relief-Karten von Frankreich S. 88 f. – (15) Marcorelle zu Narbonne hat bei einer Sonnenfinsternis (24.6.1778) die Sonnenwärme gemessen; glaubt, damit die Größe der Finsternisse bestimmen zu können S. 89. – (16) Poczobout und Strzecky in Wilna haben Sterne beim Adler zu einem neuen Bild zusammengesetzt, das sie nach dem polnischen König Poniatowski nennen wollen S. 89. – (17) Ähnlich hat Le Monnier ein Sternbild Le Solitaire genannt S. 89 f. – (18) Versuch von Fontana zur Hygroskopie von Weinsteinsalz S. 90. – (19) Le Brun in St. Domingo beschreibt heilkräftige Anwendungen des Kaffees als Bad S. 90 f. – (20) Naturalien-Kabinett zu Pisa hat einen Kristall, darin eingeschlossen ein Wassertropfen mit einem Insekt darauf S. 91. – (21) v. Engeström beschreibt ein mineralogisches Taschen-Laboratorium S. 91. – (22) Jonas Montadon beschreibt eine Maschine, die an einem Tag 100 Pfund „Taback rappen kann." S. 91. – (23) Pickel in Würzburg hat aus mehrfach abwechselnd gefirnisten und im Backofen gedörrten Holzscheiben Elektrophore hergestellt S. 91 f. – (24) Josef Müller hat in Tirol Turmaline entdeckt (werden eingehend beschrieben); auch im Freibergischen hat man sie gefunden S. 92 f. – (25) Cavallo hat neben seinen großen noch Taschen-Elektrometer konstruiert, die nun auch in Göttingen für einen Dukaten das Stück verfertigt werden S. 93. – (26) Die englische Commission für die Meereslänge hat dem Uhrmacher Mudge, Schüler von Graham, 3000 Taler gezahlt für Verbesserung von Harrisons letzter Seeuhr (bereits an Land getestet); gibt eine Beschreibung S. 94-96. – (27) Mikro- und Megameter für astronomische Winkelmessungen; weder Maskelyne noch Boscovich, die sich um die Priorität der Erfindung streiten, sondern Abbé Rochon hat dieses Mikrometer erstmals beschrieben, und bereits 1768 kannten Wilson, Irwin und Lind sie daher S. 96 f. – (28) Messiers neue Saturn-Beobachtungen, die de Lalande durch eine Benennung honoriert hat S. 97 f. – (29) Macquer jr., Lavoisier und Brisson machen Versuche mit Berniers Brennglas S. 98. – (30) Man will Blitzableiter im antiken Indien aus Photius bei Ktesias ableiten, und Wilcke vermutet in Spießen der Lappländer solches Wissen S. 98 f. – (31) Wilson referiert die Methode des Gowin Knight, künstliche Magnete zu machen (ähnliches Verfahren wie Ingenhousz) S. 99 f. – (32) Delucs Methode, relative und absolute Ausdehnung von Körpern zu messen (Lichtenberg kündigt an, sie andernorts bekannt zu machen: Nr 131 k1). S. 100. – (33) Dasselbe verspricht er für Campers neue Entdeckungen über den Orang Utang (siehe Nr 131 (d)?) S. 100. – (34) Neue Marmorfunde nahe der Baumannshöhle bei Blankenburg im Harz S. 101. – (35) Bericht über die Rettung der Mannschaft eines am 5.7.1779 (also unmittelbar vor Abfassung dieses GTC) gestrandeten Schiffs in der Elbmündung (auf dem Vogelsand) durch ausgelaufenes Öl (siehe auch Nr 131 k7). S. 101. – (36) Silberschlag hat universales astronomisches Messinstrument „Uranometer" entwickelt; ob es, wie Ramsdens „Aequatorial-Instrument" seinen Zweck erfüllt, ist noch zu prüfen S. 102. – (37) 1779 explodierten die Pulvermagazine in Kopenhagen, Wien und Oran S. 102. – Davon wiedergedruckt nur Nr 15 und 19, von S. 89 bzw. 90 f., in den ²VS 6, S. 462 f.; nicht in ¹VS. Ferner Nr 7 von S. 86 und Nr 30 von S. 98 f. bei Lauchert S. 42 f.] [Jung 79]

†(m) S. 102-115: Der Harz.

[Nicht von Lichtenberg, man beachte allein die für den GTC ungewöhnliche Personalstruktur und den bei Lichtenberg insgesamt seltenen ‚hohen Ton'. Verfasser ist J. F. Blumenbach (vgl. auch Kroke Nr 794). Schon Otto Deneke wies darauf hin (Deneke 1934, S. 57), bemerkte dabei aber nur, dass dies an einer andern Stelle auch ausdrücklich gesagt werde; womit er vermutlich Kästner meinte, der die Autorschaft bereits in seiner Rezension des Kalenders in den GGA 1780, 7. St. vom 15.1., S. 51-53 verriet. – Mautners unbegründete Divination (in seiner sonst trefflichen Darstellung 1968, S. 280 f.), dass Lichtenberg der Verfasser ist, sei „kaum zu bezweifeln", erweist sich sonach als irrig – und die Aufnahme des Artikels in Wolfgang Promies' Lichtenberg-Auswahl „Vermächtnisse" (Reinbek: Rowohlt 1972 = Rowohlt Klassiker Nr 541), S. 200-204, als ganz verfehlt. – In VS nicht wiedergedruckt.] [Jung 80].

(n) S. 115-127: Ueber die Kopfzeuge. Eine Apologie für die Frauenzimmer-Moden und ihre Abbildungen im Calender.

[[1]VS 4, S. 449-463. [2]VS 5, S. 267-275. Wiedergedruckt Lichtenberg-Jahrbuch 1996, S. 7-10 und eingehendem Kommentar von Irene Hölzel S. 11-19. – Hds. Vorarbeit im Nachlass: Ms. Lichtenberg IV, 40, entstanden im Frühsommer 17779 und daher vermutlich aus dem Sudelbuch *G exzerpiert; die ungestrichenen (= nicht verwendeten) Notizen in SB 2: UB 44 f. nach Magin S. 31. – Ein „verschütteter Aphorismus" von S. 123: Gravenkamp, S. 85. – S. 127: eins der bekanntesten Lichtenberg-Apokrypha („Wie irren allesammt …") – einem Zitat nach Albrecht von Haller, welches zuerst nachgewiesen wurde durch Achenbach 2021, S. 391-393.] [Jung 81]

(o) S. 127-141: Erklärung der Monats-Kupfer.

[Chodowiecki (siehe oben): Gegensatz von Natur und Affektation [2. Folge, Fortsetzung vom GTC 1779] in verschiedenen Situationen. 12 Bl. Chodowiecki: 1: „Natur" 2: „Affectation"; 3.4: „Empfindung Sentiment"; 5.6: „Geschmack Gout"; 7.8: „Kunst Kenntniss Connoissance des Arts"; 9.10: „Böses Wetter Mauvais tems"; 11.12: „Reitbahn Manége". – Verfasser der „Erklärung" wahrscheinlich Lichtenberg.– Erklärung zu den Bl. 4 und 8 wiedergedruckt bei Lauchert S. 43 f., das Ganze Focke 1901a, S. 14-18; Repr. der Stiche S. VII-IX; Ernst 1913, Bd 1: Kupferstiche (unpaginiert); Bd 2, S. 51-65 (Text). GW 2, S. 609-6 (ohne die Stiche).] – Hds. Arbeitsnotizen aus einem Notizheft im Nachlass: Ms. Lichtenberg IV, 45, synoptisch mit dem GTC-Text mitgeteilt von Joost im Lichtenberg-Jahrbuch 1993, S. 7-23.]

Vgl. dazu ferner: T. [= Christian Friedrich Timme]: Beurtheilung der Kupferstiche im Göttingischen Taschenkalender, auf das Jahr 1780. In: Meusel's Miscellaneen artistischen Inhalts Bd 6 (1780), S. 23-32. – Chodowiecki ließ gegen diese Kritik in Heft 4, S. 26-31, eine „Vertheidigung gegen zween Aufsätze im 3ten Heft dieser Miscellaneen" einrücken, auf die Timme in Heft 5, S. 53, mit einer „Antwort auf Herrn Chodowieckis Vertheidigung" reagierte. – Abdruck der Kontroverse auch in Ferdinand Meyer: Daniel Chodowiecki der Peintre-Graveur. Im Lichte seiner und unserer Zeit dargestellt. Berlin: Mückenberger 1888, S. 44-53.

†(p) S. 154-156: Nachricht.

[Ankündigung, das GMWL betreffend; unterzeichnet zwar: „Göttingen, den 1. Sept. 1779. Johann Christian Dieterich", dürfte es aber wohl von Lichtenberg stammen. Wurde auch als Einzeldruck verschickt; vgl. an C. G. Heyne, 11.8.1779

91

(Bw 1, S. 965: Nr 598 Anm. 1) – kein Exemplar ermittelt. – Text wiedergedruckt bei Lauchert S. 44. Zuvor schon (ohne Hoffnung auf Vollständigkeit) erschienen in: Nr †103a, siehe dort.]

[Jung 82]

105. Almanac de Goettingen pour l'année 1780. [Göttingen] chez I. C. Dieterich [1779].

[Übersetzung des GTC durch Isaac Colom du Clos (vgl. Anm. 12).] (Nicht paginiert: 9 gezählte Kupfer mit Hutmoden für Damen und 12 gezählte Modekupfer mit verschiedenen Untertiteln). – (Nicht paginiert:) Manuel contenant diverses connoissances curieuses et utiles pour l'année 1780. Orné de taille-douces gravées par Chodowiecki, avec les modes les plus modernes des Dames, gravées en taille-douce. À Gottingue, chez Jean Chrêtien Dieterich. (1 S.) – (Nicht paginiert:) Epoques de l'année 1780. 445me bissextile. (8 S.) – (Nicht paginiert: Kalendarium 12 x 4 = 48 S.) – (Nicht paginiert:) Jours de Naissance de la Maison Royale. (1 S.) – p. 1-64: Etat présent des Maisons Souveraines & de celles des Princes les plus considérables de l'Europe.

p. 1-8: La peinture qui se trouve sur l'aile d'un papillon comparée à un Chef-d'oeuvre [!] d'ouvrage à la mosaïque.

p. 8-20: William Crotch, merveilleux enfant Musicien. (Kupfer mit Silhouette: William Crotch 3. Jahre 7. Monath alt).

p. 20-29: L'Ile Enganho.

p. 29-34: Quelques solemnités et coutumes.

p. 34-39: Du Nyl-ghau.

p. 40-43: Continuation de l'article de quelques erreurs communes.

p. 44-48: Deux Avis salutaires.

p. 49-69: Supputations fondées sur ce qu'il y a de plus digne de foi par ra-port [!][56] à la Population, aux Revenus, et à l'état de défense de la plupart des Puissances de l'Europe dans l'année 1779.

p. 69-76: P. Jaquet Droz et H. E. Jaquet Droz, Pere et Fils.

p. 76-84: Exemples d'un Apétit [!][57] singulier.

p. 85-105: Nouvelles Inventions, Curiosités physiques et autres.

p. 106-119: Du Hartz.

p. 119-132: Des Coëffures [58]. Apologie des Modes des Dames et des figures de ces modes dans l'Almanac.

p. 132-147: Explication des tailles-douces placées à chaque mois de l'almanac. [Wiedergedruckt Focke 1901b, S. 14-18; Repr. der Stiche S. VII-IX.]

---

56 Wahrscheinlich Druckfehler.
57 Wahrscheinlich Druckfehler.
58 Damals geläufige Schreibung, allerdings allmählich im Übergang; vgl. C. F. Schwan: Nouveau Dictionnaire Francois-Allemand. Tübingen: Cotta 1808, S. 393. Siehe auch unten Nr 302, Anm. 88.

p. 148-149: Comparaison de chaque Marc ou Livre du poids de l'or, de l'argent, de la monnoye, et du commerce de plusieurs lieux, par grains ou parties nommées as, poids de Troyes d'Hollande. – p. 150-15: Miles. – p. 151-152: Mesures des Grains en pouces cubes de Paris. – p. 152: Autres mesures des Solides. – p. 152-153: Monnoyes. – p. 153-155: Longitude et Latitude géographique de divers endroits. – p. 156-157: Table des Matieres. – p. 158: Avertissement. – p. 159-160: Avis.

†106. Zank mit Hymen. Bey Phrynens Vermählung. [Epigramm.] In: [Gottfried August Bürger (Hrsg.):] Musen Almanach A[nno] MDCCLXXX. Göttingen, bey J. C. Dieterich [gestochener Titel; gedruckt:] Poetische Blumenlese Auf das Jahr 1780. Göttingen bey Johann Christian Dieterich [1779], S. 152 f. [Gezeichnet: „***". – Faksimile: GMA 1979. – Siehe auch Nr 91 (im MA für 1779). – Zuschreibung und Wiederabdruck durch Joost im Göttinger Jahrbuch 1978, S. 150 f. Den dort gegebenen Argumenten ließe sich noch hinzufügen, dass die Autoren-Sigle dieselbe ist, mit der im Jahr zuvor „Die Hexe, die ich meine" gezeichnet war, und das Horaz-Motto (Carmina I, 24, 1 f.) zu Lichtenbergs Standard-Zitatenschatz gehörte (noch 1782 in Nr 177, der 2. Polemik gegen Voß, benutzt er es ironisch S. 150).]

107. **London.** [Rezension über:] Benjamin Wilson: An Account of experiments made at the Pantheon on the nature und use of conductors, to which are added some experiments with the Leyden phial. Read at the meeting of the Royal Society. London 1778. In: GGA 1779. Zugabe, 46. St. vom 13.11., S. 721-728. [Anonym gedruckt; Verfasserschaft bestimmt nach dem Göttinger Handexemplar der GGA (danach Hahn, S. 84; Guthke 1963, S. 335: Nr 11) bzw. dem Tübinger Handexemplar (Fambach 1976, S. 79). – Zu Wilsons Schrift über diese Versuche vgl. Lichtenberg an J. H. A. Reimarus, 2.9.1779 (Bw 1, S. 976 f.: Nr 610). Eine frühere Arbeit Wilsons exzerpierte Lichtenberg schon in England (Ms. Lichtenberg VIII G3, Bl. 23, datiert Dezember 1774). Gleichfalls im Nachlass (Ms. Lichtenberg VII O, Bl. 29-33) ein gründliches Exzerpt, anscheinend aus diesem Buch Wilsons und vielleicht anlässlich dieser Rezension angefertigt.]

[Jung 67]

1780
GMWL Jg 1, Gesamtübersicht und 1. St.

108. Göttingisches Magazin der Wissenschaften und Litteratur. Herausgegeben von Georg Christoph Lichtenberg und Georg Forster. Göttingen, bei Johann Christian Dieterich 1780-1785. [Im Folgenden gleichförmig so und hier zitiert als: GMWL; es erschienen 20 Hefte: 3 Jahrgänge à 6 und vom vierten nur mehr zwei. – Die Schreibung in der Verlagsangabe ist – eine Ausnahme in Dieterichs Verlag – „bei" (außer und offensichtlich versehentlich in Jg 3, 1. und 2. Stück (= Heft): „bey"; offenbar der

in Nr 110 programmatisch verkündeten Anpassung an allgemeinere Orthographie folgend. –
Photomechanischer Neudruck aller Hefte, jetzt in 7 Bdn.: Osnabrück: Otto Zeller 1977. Ingesamt ca. 3222 S., 17 Abb. auf Tafeln. Übergangen sind in diesem Neudruck, dem bei der Reproduktion das Exemplar der NsuUB Göttingen zugrundegelegt wurde, alle der in diesem Originalexemplar seinerzeit vom Buchbinder entfernten (und auch sonst zumeist fehlenden) Heftumschläge[59] mit Verlagsmitteilungen Dieterichs, Buchankündigungen und Reklame, die freilich manchmal für Datierungen wichtig werden konnten. Diese Umschläge habe ich vor allem nach meinem eigenen Exemplar in Einzelheften für die vorliegende Bibliographie herangezogen; nicht erreichbar war mir nur der Umschlag von Jg 3, St. 5, der auch dort fehlte). Im Neudruck fehlen außerdem (aber nicht in dessen Vorlage) GMWL I, 5. St. zu Böckmanns Aufsatz S. 217 zwei gefaltete Kupferstiche, einer davon auf graublauem Papier. – Denekes Lichtenberg-Schrank Nr 25. – Gumbert-Auktion 1985, Nr 2612. – Als Jahresgabe für die Lichtenberg-Gesellschaft erschien: Lichtenbergs Vorreden zum Göttingischen Magazin [= Nr 110. 148. 190 f.]. Faksimile des Erstdrucks. Hrsg. von Peter Neumann. Gestiftet und hergestellt von der Saarbrücker Druckerei und Verlag. Saarbrücken: SDV 1980. 20 S. – Literaturhinweise: Lauchert S. 44-58. Fiedler S. 29 Nr 45. Jung bringt vom GMWL nur (und diese nichteinmal ganz vollständig) Aufsätze Lichtenbergs: Nr 83-94. 109-116. 130-138. 140-144. 159 f. sowie eine (sehr vorläufige!) Datierungsübersicht S. 21, die ich bereits in den Abkürzungsverzeichnissen vom Bw (ab Bd 2; von Band zu Band korrigiert und ergänzt) sehr verbessern konnte und nun neuerlich durchgesehen und in Kleinigkeiten korrigiert habe. – Die Zusammenarbeit mit Forster und dessen Beteiligung stellt Lauchert S. 102-105 unseres Erachtens weitgehend zutreffend dar, wiewohl noch allzu positiv; auf breiterer Quellenbasis, als es seinerzeit möglich war und daher

---

59 Diese Heftumschläge, die beim Einbinden vom Buchbinder entfernt wurden, bestanden aus etwas stärkerem geglättetem beigen Papier, das vorn und hinten mit aus Zierleisten und -ecken zusammengesetzter rechtwinkliger Kassettenornamentik bedruckt war und auf dem Rücken jeweils mit dem Quertitel: „Göttingi-|sches | Magazin | 1.(-4.) Jahrgang | 1.(-6.) Stück" beschriftet wurde. Auf deren Innenseiten aber waren einseitig bedruckte und um die erste Lage herumgelegte Einzelblätter wie Vorsätze angeklebt, so dass (soweit ich sehe, fast in jedem Heft) vorn und hinten Verlagsmitteilungen standen; vor allem Neuerscheinungen („hat bey mir die Presse verlassen"), Ankündigungen („werden … erscheinen"), Angebote auf Kommissionsware anderer Verlage, (meist befristete) Preissenkungen und „Anzeigen" / „Avertissements" von Subskriptionen (Vorbestellungen) und Pränumerationen (Subskriptionen mit Vorauszahlung des Preises): mithin alles Vorläufer der Buchhandels- und Verlagsreklame. Soweit diese Nachrichten mehr betrafen als bloße Neuerscheinungen, vor allem eigens datiert sind, habe ich sie ebenso wie auch einige (einzelnen Heften am Schluss angeklebte) Ankündigungen jeweils mitgeteilt. Sie bieten damit zumindest einen Terminus ante quem non für das jeweilige Heft und werden wegen ihrer Tagesaktualität in aller Regel selten länger als ein paar Wochen vor dem Erscheinen gedruckt worden sein. Die Datierung des letzten Heftes des GMWL (Jg 4, St. 2) wäre ohne seinen Umschlag bis heute nicht möglich – wir haben bei ihm bislang keinen anderen Anhalt als die dort stehende datierte Anzeige.

den Wandel der Beziehung und der Zusammenarbeit kritischer und genauer differenzierend Rödel 1960; v. a. S. 42-47.

Ankündigungen der neuen Zeitschrift (meist unterzeichnet: „Johann Christian Dieterich") siehe oben bei Nr 103 (p). – Gemäß BL 1982, S. 9 Nr 24 besaß Lichtenberg bei seinem Tod nur mehr ein komplettes Exemplar des ganzen Werks – vielleicht das (allerdings ohne seinen Namenszug) in Familienbesitz in Grenzach befindliche. Nach meiner Erinnerung enthält es aber keine Korrekturen.]

Wir geben hier und jeweils am Kopf der folgende Jahrgänge *tabellarische Übersichten* über die tatsächlichen Erscheinungsdaten und die Verteilung der Bände, Stücke (= Hefte) und Seiten des GMWL. Sie sind zur chronologischen Einordnung der jeweiligen Publikationen unabdingbar nötig, denn die *wahren* Ausgabedaten der einzelnen Hefte entfernten sich zunächst langsam, dann immer rapider von den *virtuellen* (den Angaben auf den Titeln).

Offenbar hat bei 6 der 20 Hefte die Leipziger Oster-Messe sozusagen Geburtshilfe geleistet: Sie sollten pünktlich zu deren Beginn am 3. Sonntag nach Ostern (Jubilate) vorliegen. – Die Paginierung beginnt in den ersten beiden Jahrgängen jeweils nach drei Heften (= „Stücken") neu, also jeweils mit dem (virtuellen) Halbjahr; im 3. Jahrgang dagegen läuft die Pagina durch beide Bände fort. Beim Zitieren sind also nicht nur der Jahrgang und die Seitenzahl deutlich anzumerken, sondern daneben auch das einzelne Heft und sicherheitshalber noch der Halbband zu benennen.

Jg 1 („1780"). Bd 1:

1. St. (VI, 1-168): *Anfang Januar 1780* (Sendung des Hefts an J. D. Michaelis [?], 5.1.1780: Bw 2, S. 9: Nr 660).

2. St. (169-334): *Mitte März 1780* (Ankündigung der Sendung des Hefts an C. G. Heyne [10.3.1780]: Bw 2, S. 42: Nr 678).

3. St. (339-504): *Ende Juni 1780* (Ankündigung der Sendung des Hefts zum 22.6. an J. A. Schernhagen, 19.6.1780: Bw 2, S. 78: Nr 713).

Bd 2,

4. St. (1-160): *August? 1780* (siehe Bw 2, S. 101: Nr 727).

5. St. (163-329): *Mitte November 1780* (S. 329: Dieterichs „Nachricht" (bis zur nächsten Jubilate-Messe terminierte Buchhandelsanzeige mit Preisreduktion, datiert 13.11. – das Heft dürfte also bald danach ausgegeben worden sein).

6. St. (331-488): *frühestens Januar 1781* (auf S. 346 datiert: „24.12.1780"; S. 351: 16.12.); *spätestens Februar* (GGA-Rezension datiert vom 12.3.1781).

Rezensionen zu Jg 1 („1780"):

1. St.: N. N.: BZ 1780, III. St. vom 20.1., S. 39-43. – N. N.: AGM 1780, 6. St.vom 10.2., S. 45-47. – NCN vom 19.2.1780, S. 110f. – [C. G. Heyne]: GGA 1780, 30. St. vom 6.3., S. 249f. – NGZ 1780, XIX. St. vom 7.3., S. 147-49. – N. N.: LThZ 1780, Nr XIII vom 25.3., S. 205. – NNS 1780, 28. St. vom 7.4., S. 220f. – E. C. Medikus: RBzG 1780, 3. Heft vom 1. Lenzmonat, S. 275-278.[60]

2. St.: N. N.: BZ 1780, XIII. St. vom 30.3., S. 194-196. – [C. G. Heyne]: GGA 1780. 42. St. vom 3.4., S. 345-347 [der Voß betr. Abschnitt wiedergedruckt bei

---

60 Der Schlußsatz lautet: „Freuen muß man sich, daß nach so vielen Monatsschriften, die die deutsche Nazion nur zum Tändeln angewöhnen, hier eine auftritt, die in einer sehr angenehmen Einkleidung wichtige Wahrheiten ausbreiten wird. Der Ernst der Deutschen wird jene vergessen, und andere schäzen lernen, die ihn zugleich unterrichten und vergnügen."

Lauchert S. 69 und bei Fambach 1959, S. 215]. – N. N.: AGM 1780, 17. St. vom
27.4., S. 132-134. – N. N.: NGZ vom 12.5.1780, S. 309-311.
1.-3. St.: NBsWfK, 25. Bd 1780, S. 57-69. – N. N. [Michael Hißmann?]: ABL
1780, 18. Bd, LXI. St., S. 663-666. – N. N.: EGAN 1780, XXII. St. vom 30.5.,
S. 221-226. – N. N. [Ernst Gottfried Baldinger?]: MW 1780. 44. St. vom 28.10.,
S. 687-692.
3. St.: N. N.: BZ 1780, XXVII. St. vom 6.7., S. 424 f. – N. N.: AGM 1780, 29. St.
vom 20.7., S. 230-232. – [C. G. Heyne]: GGA 1780, 90. St. vom 24.7., S. 729 f. –
N. N.: LThZ 1780, 3, Nr XXXVI vom 2.9., S. 572 f. – N. N.: NGZ 1780, LXXII. St.
vom 8.9., S. 582-84.
1.-4. St.: N. N.: AVBA 1780, IX. St., S. 703-706.
4. St.: [C. G. Heyne]: GGA 1780, 122. St. vom 5.10., S. 995 f. – N. N.: AGM 1780,
40. St. vom 5.10., S. 318-320.
5. St.: [C. G. Heyne]: GGA 1780, 151. St. vom 11.12., S. 1227-1229. – N. N.:
AGM 1781, 3. St. vom 18.1., S. 21-24. – N. N.: WLN 1781, 8. St. vom 24.2., S. 65-
67.
1.-6. St.: N. N.: GGZ 15. Bd, 33. St. vom 25.4.1781, S. 273-276. – †Pk. [= Albrecht Georg Walch]: ADB, Bd 53, 1. St. (1783), S. 285-290 [weitgehend Wiedergabe der Inhaltsverzeichnisse.]
2.-6. St.: N. N.: NCN 7. Bd, 17. St. vom 28.4.1781, S. 132-134.
4.-6. St.: N. N.: EGAN 1781, 36. Bd, XIV. St. vom 3.4., S. 130-132. – N. N.: ABL,
20. Bd (1781), LXXV St., S. 354-360. – N. N.: NGZ 1782, IV. St. vom 11.1., S. 28-
31.
5. und 6. St.: N. N.: AVBA 1780, XI. Stück, S. 858-860.
6. St.: N. N.: BZ 1781, IX. St. vom 1.3., S. 140-141. – [C. G. Heyne]: GGA 1781,
31. St. vom 12.3., S. 241 f. –N. N.: AGM 1781, 18. St. vom 3.5., S. 142-144.

109. Göttingisches Magazin der Wissenschaften und Litteratur. [...] Ersten
Jahrgangs Erstes Stück. Göttingen, bei Johann Christian Dieterich, 1780.
[Titelblatt-Faksimile: Promies 1999, S. 74. Erschien Anfang Januar 1780. Darin
von anderen Verfassern:]
Inhalt S. [IX].
I. Neuer Versuch einer einleuchtenden Darstellung der Gründe für das Eigen-
thum des Bücherverlags. Von [Johann Gottfried Heinrich] Feder. S. 1-37.
II. Beobachtungen merkwürdiger Gestalten der Wolken. 1779. Von Alb. Lud.
Fried. Meister. S. 38-68.
III. O-Tahiti. Von Georg Forster. S. 69-104. [Fortsetzung GMWL I, 2. St. Vgl.
Fiedler S. 30: Nr 48; wiedergedruckt u. a. Forster AA 5, 1985, 35-71. 817.]
IV. Dr. [Johann Heinrich Christian] Erxleben und Prof. Lichtenberg. Die selt-
same Würkung eines Wetterstrahls auf ihn betreffend. S. 104-108. [Wegen Lich-
tenbergs im 2. Heft erschienener Antwort mit abgedruckt in ¹VS 8, S. 152-157;
auch im Bw 1, S. 984 f.: Nr 612.]
V. Prof. [Johann Friedrich] Blumenbach. Von den Zähnen der alten Aegyptier
und von den Mumien. S. 109-139 [vgl. Kroke Nr 795. Fortgesetzt unten
Nr 138/X.]
VI. Dr. [Johann Reinhold] Forster an Prof. Lichtenberg. Ueber Büffons Epo-
chen der Natur. [Datiert: „London den 20ten Okt. 1779."] S. 140-157 [allzu kurzes Regest abgedruckt im Bw 1, S. 1009: Nr *623. Übersetzung ins *Niederländische*: Nr 260].

VII. Nachricht von einem neuen botanischen Werk des Hrn. Joh. Miller. S. 157-164.

VIII. [zweifellos von Johann Reinhold Forster]: Vermischte Nachrichten. S. 164-168. [Jung 84][61]

[Im Umschlag (vorn und hinten innen): Günther Goeckingk fordert am 8.10. 1779 zur Pränumeration einer Sammlung seiner Gedichte auf.]

Das Stück enthält von Lichtenberg:

110. Vorbericht. In: GMWL 1 (1780), 1. St., Bl. 2[r.]-[4r.][= S. III-VII].
[Gezeichnet (S. [VII]): „Göttingen, den 2ten Jenner, 1780 Georg Christoph Lichtenberg." Wiedergedruckt Lauchert S. 46-48, Faksimile (mit Hefttitel): Neumann, S. 2-7. – Hds. Entwurf davon, 2 Bl. doppelseitig beschrieben, im Nachlass: Ms. Lichtenberg V, 13a („HE. Professor Forster hat, wegen seiner Entfernung vom Druckort ... Der Engländer spricht jetzt offenbar"; Publikation geplant); erwähnt bereits von Magin S. 31: „Dieser Entwurf zeigt gegen den zum Druck gelangten ganz wesentliche Abweichungen, stellenweise hat er ein ganz anderes Aussehen" (was zutrifft! Publikation geplant). – Zum orthographischen Programm in diesem Vorbericht (S. I-VII) vgl. Lichtenberg-Jahrbuch 2000, S. 7-18.]

[Jung 83]

111 Mémoire de M. Lichtemberg [!], de l'Académie de Gottingue, sur de nouvelles Expériences électriques. In: Jean-François Rozier (Hrsg.): Observations sur la Physique et l'histoire naturelle et sur les arts. Bd 15, T. I, Janvier 1780, S. 17-24.
[Übersetzung von Nr 81: De nova methodo I ins *Französische*. – Übersetzer ist möglicherweise Petrus (Pieter) Camper sen., der dieses Vorhaben Lichtenberg angekündigt habe (an Schernhagen, 13.10.1779, im Bw 1, S. 1001: Nr 620).]

112. [Vorlesungsankündigung Lichtenbergs zum Sommersemester 1780 (Beginn: 10.4.). Lateinisch im „Catalogus Praelectionum", datiert vom herausgebenden „Prorector Gottfried Less": „XII. Febr." [= 12.2.] 1780, p. VII; deutsch in:] GGA 1780. 29. St. vom 6.3., S. 242.
[Regest mit deutschen und lateinischen Zitaten: Cardanus S. 61.]

---

61 Von Jung L. zugewiesen; vgl. aber Lichtenberg im Vorbericht: „Ich habe [...] das dringende Verlangen mit aufgeopfert – etwas von mir in diesem ersten Stück zu lesen"; und Brief an C. G. Heyne [vor 5. Januar 1780] (Bw 2, S. 88: Nr 659): „im ersten St. ist ausser der Vorrede keine Sylbe von mir". Dazu passt ⁴Meusel, Bd 1, 1783, S. 476 bei Reinhold Forster, der offenbar diese Hinweise selber gegeben hatte: „Litterarische Nachrichten im Göttinger Magazin".

113. Göttingisches Magazin der Wissenschaften und Litteratur. [...] Ersten Jahr-
gangs Zweytes Stück. Mit zwey Kupfern. Göttingen, bei Johann Christian
Dieterich, 1780. [Frontispiz: „Captain James Cook. N. Dance[-Holland] pinx.
D. Berger sc:"]
[Erschien Mitte März 1780. Darin von anderen Verfassern:]
I. [wohl: Christian Friedrich Habel:] Schreiben eines Kenners der Berg- und
Hüttenwerke an der Lahne, an Herrn Cammerrath Klipstein in Darmstadt.
S. 169-185.
II. Herrn Dr. [Johann Reinhold] Forsters Versuch einer Theorie über die Ursa-
che, welche die Blätter der Pflanzen veranlaßt, im Sonnenlichte die faule Luft zu
reinigen, im Schatten aber dieselbe zu vergiften; in einem Sendschreiben an Prof.
Lichtenberg. S. 185-206 [als sehr knappes Regest im Bw 1, S. 1012: Nr *627.
Übersetzung ins Niederländische: Nr 260.]
V. Hr. Prof. [Johann Gottfried Heinrich] Feder. Ueber das Verlagseigenthum.
Zweiter Abschnitt. S. 220-42. –
VII. Ueber eine Stelle in des Hrn. Grafen Lamberg Epoques raisonnées sur la vie
d'Alb. de Haller. Von [A. G.] Kästner. S. 297.
VIII. An Hrn. Prof. Lichtenberg. Ueber den Ozean der Alten, von J. H. Voß.
S. 297-309 [Ursprünglich Preisschrift der Göttinger Sozietät der Wissenschaften.
Lichtenberg bewahrte das Manuskript dieses Aufsatzes lebenslang auf (im Nach-
lass: Ms. Lichtenberg VI, 7). – Wiedergedruckt in J. H. Voß: Antisymbolik. Bd 2,
hrsg. von Abraham Voß. Stuttgart 1826, S. 145-155; als Regest im Bw 2, S. 28:
Nr *670. Zu der daraus erwachsenen Kontroverse mit Voß vgl. unten zu Nr 153.].
IX. Dr. Canterzani an Dr. Pizzardi [recte: Rizzardi]. Das Erdbeben in Bologna betreffend. Dem Hrn. Prof. Forster im Mspt mitgetheilt). S. 309-322. [Hat am Schluss
S. 322 folgende aufbewahrungswürdige Fußnote Lichtenbergs an Canterzanis Satz:
„nicht um mit einer neuen Meinung hervorzutreten. &c.", die seither nicht wiedergedruckt ist:

> *) Es ist auch nichts weniger als neu, und wie wäre es möglich in unsern Tagen
> noch irgend eine merkwürdige Erscheinung in der Natur **neu** durch Electrici-
> tät zu erklären? Man hat sie längst zur Ursache der Bewegung der Planeten,
> der Millionen Meilen langen Cometenschwänze, des Thierkreislichts, der
> Wasserhosen, der Nordscheine des Wachsthums der Pflanzen, der Donner-
> wetter und der Erdbeben &c. gemacht, ja sie so gar zur Dolmetscherin zwi-
> schen Materie und Geist bestellt. Andere haben in ihr eine so allgemein wür-
> kende Ursache gesehen, daß sie vorläufig schon in dem Besitz jeder Entdeckung
> sind, die man künftig von der Seite machen wird. Dr. Stukeley ist indessen der
> erste, der die Erdbeben aus der Elektricität erklärt hat, und zwar schon bey
> Gelegenheit, der am 8. Febr. und 8. März 1749. und 30. Sept. 1750 zu London
> verspürten Erdbeben (S. Philos. Transact. Vol. XL.VI. und das Hamb. Maga-
> zin B. 19. Stück I.) **L.**"]

XII. [Johann Reinhold Forster:] Nachrichten S. 330-333. [Hinweise auf Neu-
erscheinungen (Nathaniel Brassey Halhed: Gentoo Laws; Lord Mahon ein
Werk über die beste Form der Gewitterstangen – siehe dazu auch unten Nr 168),
Entdeckungen (ein ungenannter Naturforscher habe durch Elektrisieren einen
Myrtenbaum zum Austreiben im Winter gebracht; und William Hamilton hat

der Royal Society einen Bericht vom jüngsten Vulkanausbruch des Vesuvs gegeben. Publikationsankündigungen (Angelika Kauffmann bietet per Subskription „sechs moralisch-emblematische Kupferstiche" an, Charlotte Cowley eine „ladies history of England". – Von Jung (Nr 90) irrig Lichtenberg zugewiesen, vgl. aber [4]Meusel, Bd 1, 1783, S. 476, offenbar nach Forsters eigenen Angaben.] Inhalt. S. 334.

[Im Umschlag (vorn innen): „Herr Capelldirector Benda" kündigt eine Sammlung „vermischter Clavierstücke für geübte und ungeübte Spieler" auf Pränumeration an; ferner die Heroldische Buchhandlung eine Sammlung von geistlichen Gesängen des Pastors Sturm mit Melodien des Capellmeisters Bach (Auslieferung bis Johannes, die Namen der Pränumeranten werden vorgedruckt). Hinten: Der Verleger J. C. Dieterich bittet die Subskribenten, ihren jeweiligen Kommissionären zu Ostern und Michaelis die Bezahlung zukommen zu lassen (datiert 1.3.1780); daraus geht dann auch der preis hervor: „Jedes Stück kostet 12 Ggr. In Louisd'or à 5 Rthlr, oder Ducaten à 2 Rthlr. 20 Ggr."]

Das Stück enthält von Lichtenberg:

114.   III. Protocoll des Sekretärs der Königl. Societät der Wissenschaften zu London, über Dr. [C.] Burneys Bericht von William Crotch dem musikalischen Kinde. In: GMWL 1 (1780), 2. St., S. 206-215.
[Von Lichtenberg aus einer Abschrift des ungedruckten Protokolls übersetzt; seine eigenen Betrachtungen dazu (GMWL S. 213-215), ausführlicher als im GTC (siehe Nr 104(b) – diese waren schon im August 1779 geschrieben). Nicht in VS, Lichtenbergs Ergänzung (siehe unten in Nr 118 (dort S. 327f.) aber wiedergedruckt bei Lauchert S. 50-52. – Erläutert wiedergedruckt durch Promies im Lichtenberg-Jahrbuch 1989, S. 97-100, wo jedoch diese ergänzenden Nachträge fehlen.]
[Jung 85]

115.   IV. Prof. Lichtenberg an Hrn. Dr. [Johann Heinrich Christian] Erxleben. (S. das vorhergehende St. S. 104.) In: GMWL 1 (1780), 2. St., S. 216-220.
[Datiert am Schluss: „Göttingen den 20. Sept. 1779." – Wiedergedruckt [1]VS 8, S. 157-164; Bw 1, S. 985f.: Nr 613. Eine Verbesserung am Ende des Hefts (S. 333) von den Nachdrucken (auch im Bw) berücksichtigt; im Bw hätte aber S. 987 die Ergänzung „durch die blosse [!] Bewegung der Luft" halbfett hervorgehoben werden müssen. – Die Varianten gegenüber VS bei Lauchert S. 52.]
[Jung 86]

116.   VI. Einige Lebensumstände von Capt. James Cook, größtentheils aus schriftl. Nachrichten einiger seiner Bekannten gezogen. In: GMWL 1 (1780), 2. St., S. 243-296.
[Im selben bzw. folgenden Jahr noch (mindestens) viermal und jedenfalls unautorisiert nachgedruckt: Nr 120. 122. 139 und 145a. [1]VS 4, S. 29-112. [2]VS 4, S. 138-183. GW 2, S. 229-266. SB 3, S. 35-62. Popp 1976, S. 138-174 (Anm. S. 245-250). – Textkritik (Vergleichung mit den VS) bei Lauchert S. 52-54. – Übersetzung ins *Schwedische*, hrsg. von Carl Christoffer Gjörwell: in Nr 140. Ferner erschienen (lt. Popp 1976, S. 258f.) gekürzte Fassungen der „Lebensumstände" in fran-

zösischen und russischen Ausgaben von Heinrich Zimmermann: Reise um die Welt, mit Captain Cook. Mannheim: Berne 1781, 2. Aufl. 1783; St. Petersburg 1786, weitere Auflagen 1788. 1792. 1793. – Einen Auszug gibt noch Karl Heinrich Ludwig Poelitz in seinem wirkungsmächtigen Praktischen Handbuch zur statarischen und kursorischen Lektüre der deutschen Klassiker. Bd 2, Görlitz 1800, S. 351-361 (und in zahlreichen weiteren Auflagen Leipzig: Schwickert, z. B. 1805. 1818. 1822. 1828).]
Rezensionen weist Popp 1976, S. 258 nach in EGAuN 1780, 22. St., S. 225 und in: AGM 1780, 17. St., S. 133.

[Jung 87]

117. X. Herrn Kirchhofs Zurüstung die Wirkung der Gewitter Wolken darzustellen. In: GMWL 1 (1780), 2. St., S. 322-326.
[Gezeichnet „G. C. L."; eigentlich nur die Erläuterung eines von Kirchhof mitgeteilten gefalteten Kupferstichs für ein Experiment zur Demonstration elektrischer Entladung (wie bei einem Blitzeinschlag) auf einem Tisch. Nicht wiedergedruckt. – Buchbindersynthese: als Separatum zusammen mit der darin erwähnten Schrift von Reimarus aus dem Deutschen Museum, H. 10 (1779), S. 5-8. Insgesamt 8 S.; einziges bekanntes Exemplar befand oder befindet sich noch in der Hamburger Staatsbibliothek.]

[Jung 88]

118. XI. Nachtrag zu einigen der vorhergehenden Artickel. In: GMWL 1 (1780), 2. St., S. 326-330.
[Ungezeichnet, aber bis auf Nr 3) – sie könnte von J R. Forster sein – zweifelsfrei von Lichtenberg. 1) S. 327 f.: zu oben Nr 114; 2) S. 328-330 zu oben Nr 116 (dieser Nachtrag wiedergedruckt [1]VS 4, S. 112-114. [2]VS 4, S. 184 f.; in SB 3K, S. 25 f.); 3) S. 330: Dementi, dass Priestley der Verfasser eines Gedichts The Sadducee sei. – Lichtenbergs Einleitung wiedergedruckt bei Lauchert S. 54; dort auch zur Textkritik.]

[Jung 89]

119. **Mannheim.** [Rezension über:] Historia et Commentationes Academiae Electoralis scientiarum et elegantiarum litterarum Theodoro-Palatinae. 4. Physicum. Mannheim 1780. In: GGA 1780. 37. St. vom 23.3., S. 305, Z. 14 bis S. 308, Z. 34.
[Anonym gedruckt; Verfasserschaft bestimmt nach dem Göttinger Handexemplar der GGA (danach Hahn, S. 84; Guthke 1963, S. 336: Nr 12) bzw. dem Tübinger Handexemplar (Fambach 1976, S. 81). – Von Lichtenberg stammt nur die mittlere Abteilung der Sammelrezension (über die erste Fassung von Johann Hemmers Blitzableiter-Abhandlung); das Übrige: Anfang und Schluss (mit Berichten über andere Autoren) gehört Johann Friedrich Gmelin und Abraham Gotthelf Kästner. – Eine fragmentarische hds. Rezension Lichtenbergs, vielleicht für die GGA, aber dort nicht erschienen, über eine spätere Ausgabe dieses Werks (Johann Jakob Hemmer: Anleitung […] Wetterleiter an alle Arten von Gebäuden anzulegen. Mannheim: Mittel 1786) im Nachlass: Ms. Lichtenberg VII E 5, Bl. 10 f.]

[Jung 98]

120. Einige Lebensumstände von Capt. James Cook, größtentheils aus schriftl.
      Nachrichten einiger seiner Bekannten gezogen. In: Litteratur- und Thea-
      ter-Zeitung. Nr XVIII vom 29.4.1780, S. 275-283; Nr XIX vom 6.5.1780,
      S. 293-303; Nr XX vom 13.5.1780, S. 311-318; Nr XXI vom 20.5.1780, S. 326-
      330; Nr XXII vom 27.5.1780, S. 337-346.
      [In Fortsetzungen. Jedenfalls unautorisierter Nachdruck von Nr 116.]

121. **Göttingen.** [Deutsches Résumé seines lateinischen Vortrags vor der Sozie-
      tät der Wissenschaften, gehalten am 15. April 1780, nicht als Ganzes ge-
      druckt:] Observationes super dubiis quibusdam circa aptitudinem vulgatae
      mensurae sortis. In: GGA 1780. 59. St. vom 13.5., S. 481-484.
      [Anonym gedruckt; Verfasserschaft bestimmt nach dem Göttinger Handexemp-
      lar der GGA (danach Hahn, S. 84; Guthke 1963, S. 336: Nr 13) bzw. dem Tü-
      binger Handexemplar (Fambach 1976, S. 82). Offenbar Fortführung seiner
      Programmschrift zur Wahrscheinlichkeitstheorie von 1770 (siehe oben Nr 15). –
      Hierzu gehören vermutlich zwei versprengte, offenbar zu diesem Vortragszweck
      gefertigte Blätter mit diesbezüglichen Entwurfsnotizen im Nachlass: Ms. Lich-
      tenberg VII O, Bl. 26 und VII H Bl. 4 r. + v. (Publikation geplant), das letztere
      Blatt bereits mit umfangreichen lateinischen Einsprengseln und Wörterbuchaus-
      zügen. – Vgl. auch Elogium 1799, S. 6 sowie Anm. 3 und 4. (deutsch in: Kästner
      1978, S. 192 Anm. 2 f.: Erwähnt auch als ‚nicht in extenso publiziert' in den Com-
      mentationes Societatis Regiae Scientiarum für das Jahr 1780, S. XIII).
      Rezension: N. N.: GGZ 1780, Bd 13, 36. St. vom 3.5., S. 301.]

                                                                    [Jung 68]

122. Einige Lebensumstände von Capt. James Cook, größtentheils aus schrift-
      lichen Nachrichten einiger seiner Bekannten gezogen. In: Chronologen.
      Hrsg. von [Wilhelm Ludwig] Wekhrlin. Bd 5, Frankfurt und Leipzig: Fel-
      ßecker 1780, S. 15-78.
      [Jedenfalls unautorisierter Nachdruck von Nr 116, jedoch mit Quellenangabe
      und Motto: „– – **auch der beste Auszug würde sie verderben** Hr. Prof. Lichten-
      berg. Siehe unten." (im Inhaltsverzeichnis heißt es sogar: „Eine Reparation d'hon-
      neur vom Verfasser gegen das Publikum. – Lebensnachrichten vom Kapitän
      Cook, aus dem Götting. Magazin nachgedruckt, mit Noten vom Chronologis-
      ten."). Bezieht sich auf die „Abbitte und Ehrenerklärung" S. 11-14 vom Hrsg.
      der Zeitschrift, in der er sich unter dem Eindruck von Lichtenbergs Artikel
      („Heil sey der Gelehrsamkeit und dem Wissenschaftsfleisse des Herrn Professor
      Lichtenberg zu Göttingen!") von einem eigenen Nachruf auf Cook (Bd 4,
      S. 125 ff.) distanziert. Sie ist datiert „den 3 May 1780". Siehe noch unten Apokry-
      phon 6 / 7.]

123. Göttingisches Magazin der Wissenschaften und Litteratur. [...] Ersten Jahrgangs Drittes Stück. Mit zwey Kupfern von Chodowiecki. Göttingen, bei Johann Christian Dieterich 1780.]
[Erschien Ende Juni 1780. Darin von anderen Verfassern:]
I. Ueber die Rechtmässigkeit der Lotterien [...] von J.[ohann] S.[tephan] Pütter. S. 339-370.
II. Beytrag zur Geschichte der Denkart der ersten Jahrhunderte nach Christi Geburt, in einigen Betrachtungen über die neu-platon. Philosophie von C.[hristoph] Meiners. S. 370-415.
III. Zu der Geschichte der empfindsamen Liebe. Von J.[ohann] A.[ugust] Eberhard. S. 416-419.
IV. O-Tahiti. Von Georg Forster. Zweyter Abschnitt. S. 420-458 [Siehe oben zu GMWL I.1].
V. Anhang zur Abhandlung vom Verlagseigenthum. Von [Johann Gottfried Heinrich] Feder. S. 459-466.
[Im Umschlag (vorn innen): macht der „Bibliothekssecretarius Strieder zu Cassel bekannt, dass er eine Hessische Gelehrtengeschichte auf Pränumerationsbasis plane.]

Das Stück enthält von Lichtenberg:

124. Vorschlag zu einem Orbis pictus für deutsche dramatische Schriftsteller, Romanen-Dichter und Schauspieler. Nebst einigen Beyträgen dazu. In: GMWL 1 (1780), 3. St., S. 467-498.
[AS 1800, S. 1-58. [1]VS 4, S. 115-162. [2]VS 4, S. 186-211. Ernst 1913, Bd 1: Kupferstiche (unpaginiert); Bd 2, S. 115-142 (Text). GW 2, S. 267-287. SB 3, S. 377-393. – Eine Druckfehlerberichtigung im selben GMWL-Heft S. 503; sie ist in den (sonst sehr fehlerhaften) VS berücksichtigt. Eingehende Textkritik bei Lauchert S. 55 f. – Eine kleine Ergänzung zu S. 487 f.) erhielt Lichtenberg von David Christoph Seybold (im Nachlass: Ms. Lichtenberg V, 13b: „Beilage zum Göttingischen Magazin Jahrg. 1. St. 3"). Im GMWL durch Schlamperei in der Druckerei nicht mehr verwendet; vgl. Bw 2, S. 107 f.: Nr 733 f. – Die beigegebenen Kupferstiche von Daniel Chodowiecki zu S. 497; vgl. Engelmann 1857, Nr 342. 343 (ebd. S. 182 Anm.: Dieterichs Brief an Chodowiecki, 7.9.1778, referiert Lichtenbergs Plan als Anweisung). Bauer, Nr 703-706. – Zum Abschnitt S. 484-489 erschien bald danach in August Ludwig Schlözers Briefwechsel meist historischen und politischen Inhalts. Siebender Theil, 1780, Heft XL, S. 256-261: „Vertheidigung des **BedientenStandes**, von einem **Bedienten**. O–, 12. Jun. 1780. [Nur ein zweckmäßiger **Auszug**."; darin an Lichtenberg gerichtet S. 258 f. Ist in Wahrheit der Erstling von Jean Paul, wie uns Achenbach 2021, S. 382-388 in Erinnerung rief (mit vollständigem Abdruck der kleinen Satire).]

[Jung 91]

125. Von einer neuen Erfindung des Hrn. Bolton. In: GMWL 1 (1780), 3. St., S. 498-500.

[Über eine neue Technik, Geschriebenes zu kopieren. Unterzeichnet: „G. C. L." Siehe unten Nr 128; ins *Dänische* übersetzt: Nr 268. – In VS nicht wiedergedruckt.]

[Jung 92]

126. Göttingisches Magazin der Wissenschaften und Litteratur. [...] Ersten Jahrgangs Viertes Stück. Göttingen, bei Johann Christian Dieterich 1780.]
[Erschien August? 1780. Enthält nichts von Lichtenberg; von anderen Verfassern:]
I. [Verfasser: Heinrich Wilhelm von Gerstenberg] Ueber eine neue Erfindung den Generalbaß zu beziffern. S. 3-27.
II. Betrachtung der Unmöglichkeit körperlicher Gedächtniß-Eindrücke und eines materiellen Vorstellungs-Vermögens, von [Johann Albert Heinrich] Reimarus. S. 27-66. [Fortgesetzt 6. St. S. 351.]
III. Beurtheilung einer in diesem Jahre herausgekommenen kleinen Schrift, ... A Specimen of the civil and military Institutes of Timour, or Tamerlan: a Work written originally by that celebrated Conqueror in the Mogul language, and since translated into Persian. Now first rendered from the Persian into English by J. White. Von Christoph Meiners. S. 66-84.
IV. Etwas von Sterne. Schreiben an Prof. Lichtenberg. (Aus dem Englischen [von Lichtenberg übersetzt].) S. 84-92 [wiedergedruckt im Bw 2, S. 82-86: Nr 717.]
V. Bemerkungen auf einer Reise von St. Petersburg nach der Crimm im J. 1771. von dem Hrn. v. – der den Feldzug bey der dortigen Russischen Armee als Freywilliger that. Aus dessen Papieren herausgezogen durch den H.[errn] M. S. 92-116. [„Die Fortsetzung künftig": siehe unten Nr 138./IV.]
VI. Prof. [Johann Friedrich] Blumenbach von den Federbusch-Polypen in den Göttingischen Gewässern. S. 117-127 [vgl. Kroke Nr 796].
VII. Etwas über die Mouches volantes. Von Alb. Lud. Fried. Meister. S. 127-132.
VIII. Einige Fragen an Physiognomen. S. 133-160. [Richtig von Lauchert S. 56 implicite Lichtenberg abgesprochen, wohl aber gleichfalls implicite von Friedrich Ekkard in Allgemeines Register über die GGA Bd 2,2, Göttingen 1785, S. 919, dann wieder Jung (= dessen Nr 93) ihm zugewiesen, jedenfalls ganz irrig: Dass L. nicht der Verfasser ist, ergibt sich schon stilistisch aus jeder Zeile, endgültig aber aus S. 137, wo es heißt: „ich dehne die Bedeutsamkeit der äussern, sichtbaren Organisazion der Menschen weiter aus als **Lichtenberg** ..." – wenn nicht schon der Eingangssatz (S. 133) genügt hätte: „legte **Lavater** seinem göttingischen Gegner die Frage vor".]
„Druckfehler im Aufsatz von den Mumien im 1ten Stück [...] Druckfehler im dritten Stück" [zum Aufsatz von Meiners.] S. 160.
[Inhaltsverzeichnis fehlt in diesem Stück.]
[Im inneren Heftumschlag hinten: Der Kapellmeister Johann Friedrich Reichardt fordert am 1.7.1780 zur Pränumeration der Gedichte von Caroline Rudolphi bis Ende September auf.]

127. Nachricht von dem ersten Blitz-Ableiter in Göttingen, nebst einigen Betrachtungen dabey. In: Göttingische Anzeigen von gemeinnützigen Sachen
1780, 26. St. Sonnabend, den 24ten Junius, S. 104-108.
[Unterzeichnet: „G. C. Lichtenberg, Prof. der Philos." (Lauchert S. 58). – Jedenfalls unautorisiert nachgedruckt 1783: Nr 215. Nicht in VS und SB. – Der Erstdruck ist anscheinend im deutschen Leihverkehr durch Zerstörungen im II.
Weltkrieg verloren, einen vermutlich korrekten (orthographisch leicht moderni-
sierten) Abdruck bietet aber [Heinrich] Susebach: Über den ersten Blitzableiter
in Göttingen. In: Protokolle über die Sitzungen des Vereins für die Geschichte
Göttingens 3 (1904), H. 2, S. 91-10; ein Stück aus der Einleitung Lauchert S. 59
(dort auch Belegstellen zu Lichtenbergs Blitzableiter-Arbeiten, inzwischen aber
gänzlich überholt).]

[Jung 95]

128. **Göttingen.** [Referat seines Berichts vor der Göttinger Sozietät (in der 3.
Pers.) über Boltons Erfindung (siehe oben Nr 125) und über die Erdwinde
des Bauschreibers Paul in Gotha.] In: GGA 1780. 83. St. vom 8.7., S. 673 f.
[Anonym gedruckt; Verfasserschaft bestimmt nach dem Göttinger Handexemplar der GGA (danach Hahn, S. 84; Guthke 1963, S. 336: Nr 14) bzw. dem Tübinger Handexemplar (Fambach 1976, S. 82). – Vgl. auch Elogium 1799, S. 6, 1. Anm.
und S. 7, 1. Anm. (deutsch in: Kästner 1978, S. 192 Anm. 4 f.]

129. Etwas zur Geschichte der Blitzableiter. In: Bunzlauische Monathschrift
zum Nutzen und Vergnügen Siebender Jg (1780), Siebendes St., S. 201-206.
[Jedenfalls unautorisierter Nachdruck (auszugsweise) von Nr 89 (d). Erschien
im Juli.]

130. [Vorlesungsankündigung Lichtenbergs zum Wintersemester 1780/1781
(Beginn: 16.10.). Lateinisch im „Catalogus Praelectionum", datiert vom herausgebenden „Prorector Chr. Fr. Georg. Meister": „XXVI. Aug." [= 26.8.]
1780, p. VII; deutsch in:] GGA 1780. 111 St. vom 11.9., S. 905 f. 907.
[Regest mit deutschen und lateinischen Zitaten: Cardanus S. 61.]

GTC für 1781

131. Goettinger Taschen Calender vom Jahr 1781. [Göttingen] bey Joh. Chr. Dietrich [1780]. [Gestochener Kupfertitel: Chronos mit Flügeln, Stundenglas
und Sense, der den Vorhang der Zeit nach rechts aufzieht, während ihm
links zwei Eroten zuschauen, gezeichnet: „D. Chodowiecki del." = Engelmann 1857, Nr 358 II. Bauer, Nr 732] 6 Modekupfer („D. Chodowiecki f."),
(unpag. 34) S. Kalender [dazu bemerkt Kästner gleich am Beginn S. Rezension in den GGA (siehe unten): „Beym hiesigen Taschenkalender für 1781
sind die Kalenderrechnungen selbst, von Hrn. [Heinrich Julius] Opper-

mann."], mit 12 Kupfern (D. Chodowiecki del. G. G. Endner sculp. Lips.):
(Zwölf verschiedene Arten von Heiratsanträgen [Erste Folge]: Engelmann
1857, Nr 345. Bauer, Nr 708-719; siehe unten)]. – [Zweiter Titel]: Taschenbuch zum Nutzen und Vergnügen fürs Jahr 1781. Mit Kupfern von Chodowiecki, nebst den neuesten Frauenzimmer-Moden, in Kupfer. Göttingen, bey Johann Christian Dieterich. S. 1-70: Genealogisches Verzeichniß
der vornehmsten jetzt lebenden hohen Personen in Europa; S. 1-125: [Ka-
lender-Aufsätze, siehe unten]; S. 126-134: Münzen, Maße, geogr. Lageangaben; S. 134-135: Inhalt; S. 136: [Buchhändlerische] Nachricht [des Verlegers Dieterich über Preise, Rabatte und Ausstattung des GTC].
[Um ca. 20 % vergrößertes Faksimile. Mit einem Nachwort von Wolfgang Promies (11 unpaginierte Seiten). Mainz: Dieterich'sche Verlagsbuchhandlung 1989
(32 S.: Kalendarium), 136 S., (11 S.: Nachwort). – Hds. Vorarbeiten im Nachlass:
1780 beginnt Lichtenberg das „Rote Buch": Ms. Lichtenberg IV, 46; dieses ungedruckte Notiz- und Exzerptenheft (134 S., Publikation geplant) wird Lichtenberg nun in unterschiedlichem Umfang außer für den GTC 1787 immer heranziehen (wiewohl vieles immer noch liegen lassen); daraus fließen in den GTC für
1781 bereits 27 Notizen ein. – Lit.: Lauchert S. 61-63; Köhring S. 154; Lancko-
ronska/Rümann S. 15; Jung 100-108. – Zum GTC allgemein vgl. Anm. 11.]
Rezensionen: N. N.: NGZ 1780, LXXXVIII. St. vom 3.11., S. 717-719. – [A. G.
Kästner]: GGA 1780, 143. St. vom 23.11., S. 1163-1165. –ABL, 20. Bd (1781),
LXXXII, S. 383-385.

(a) S. 1-26: Fortsetzung der Betrachtungen über das Weltgebäude.
[^{1}VS 6, S. 221-253. – Ein „verschütteter Aphorismus" von S. 5: Gravenkamp,
S. 85.] [Jung 100]

†(b) S. 26-35: Die alten Deutschen.
[^{2}VS 6, S. 331-335; nicht in den ^{1}VS; vielleicht schon den Herausgebern damals
als zweifelhaft erschienen. – Grellmann, den Stern, S. 346 vermutet („the only
criterion here of the subject matter"), können wir ausschließen: Er kam erst im
Mai 1781 als Student nach Göttingen, da war dieser GTC-Jahrgang schon aus-
verkauft.] [Jung 101]

†(c) S. 35-40: Der Schneidervogel.
[Basiert auf Johann Gideon Loten nach Pennants Indian Zoology (siehe unten);
wir vermuteten: bearbeitet von Lichtenberg selber oder eher noch J. F. Blumenbach, den Lichtenberg Mitte Juli um Beiträge zum GTC gebeten hatte (Bw 2,
S. 90: Nr 723: „der Calender lechzet auch nach Ihnen"). Dougherty im Kommentar zum selben Brief (seine Edition Bd 1, 2005, S. 205) nahm an: von Reinhold oder Georg Forster; Fiedler weiß davon nichts. Kroke in der Online-Version von ihrer Nr 1013 gibt das entscheidende Argument: Der Text ist bis auf
wenige Formulierungen (und den Namen des Tieres) identisch mit der deutsch-
sprachigen Version des Abschnitts über den „Schneider-Quickstärz" in Johann
Reinhold Forsters deutsch-lateinischer Übersetzung und Bearbeitung von Thomas Pennant: Indian zoology. [London 1769] „Indische Zoologie, oder systematische Beschreibungen seltener und unbekannter Thiere aus Indien mit 15 illu-
minirten Kupfertafeln erläutert. Nebst einer kurzen … Abhandlung über den
Umfang von Indien und die Beschaffenheit des Klima […] und einem Anhange
darin ein kurzes Verzeichniss der Thiere in Indien. (Zoologia Indica selecta

[...])". Halle: Johann Jacob Gebauer 1781, S. 17-19. Forsters Vorwort darin datiert vom 12.10.1781, wir haben also vor uns entweder eine schon im Sommer 1780 entstandene, Lichtenberg zugeschickte frühere Fassung dieses Abschnitts oder (weniger wahrscheinlich) ein ziemlich grobes Plagiat durch Forster.]

†(d) S. 40-64: Etwas vernünftiges vom Orang Utang.

[Unterzeichnet: Sg. = Soemmerring; vgl. Lichtenbergs Brief vom 9.7.1779 an ihn im Bw 1, S. 958 f.: Nr 592; zu Recht nicht in VS].

(e) S. 65-70: Ueber das Spiel mit den künstlich verflochtenen Ringen, welches gewöhnlich Nürnberger Tand genannt wird.

[^{1}VS 6, S. 253-259. Nicht in ^{2}VS. Von Lichtenberg unverändert übernommen aus „Göttingische Anzeigen von gemeinnützigen Sachen" 1769 (siehe oben Nr 12; nur die Anm. zu ^{1}VS 6, S. 256 ist im Erstdruck ausführlicher gehalten worden.] [Jung 102]

†(f) S. 70-76: Merkwürdige Begebenheiten und Gebräuche.

[^{2}VS 6, S. 335-338. Nicht in ^{1}VS. – Vergleich der Konflikte an der „guineischen Pfefferküste" mit den Kriegen europäischer Potentaten des 16.-18. Jhdt.s Vermutlich nicht von Lichtenberg; das Wort „ohnerachtet" (S. 73) hat er seit 1776 nicht mehr gebraucht (stattdessen durchgängig: „ungeachtet"). Ebd.: „vor gut" (= ‚für gut‘) begegnet bei ihm überhaupt nicht. Verf. vielleicht M. C. Sprengel (vgl. Anm. 11).] [Jung 103]

(g) S. 76-85: Etwas von Wittwen.

[^{2}VS 6, S. 338-342. – Fehlt bei Lauchert S. 61 und daher auch bei Jung – vermutlich, weil die VS im Inhaltsverzeichnis es anzugeben vergaßen.]

(h) S. 85-93: Etwas über den Nutzen und den Cours der Stockschläge, Ohrfeigen, Hiebe &c. bey verschiedenen Völkern.

[Vgl. Dieterich 1984, S. 91: Nr 47. – Wiedergedruckt AS 1800, S. 257-264. ^{1}VS 4, S. 464-467. ^{2}VS 5, S. 276-282. – Ferner in: Uebersicht der schönen Literatur der Deutschen in auserlesenen Beispielen. Straßburg und Paris 1808, S. 174-177. – Daraus vier „verschüttete Aphorismen" von S. 87. 90 f. 92 f.: Gravenkamp, S. 85 f.] [Jung 104]

(i) S. 93-98: Fortsetzung des abgebrochenen Artickels von Verbesserung gemeiner Irrthümer.

[Bezifferung, nicht aber die Titel von Lichtenberg.]
[34] Dr. Klint (Magazin für Ärzte [1780]) über Pest in Konstantinopel (komme eigentlich aus Ägypten etc.) S. 93-94. – 35) Nesseltuch nicht aus Nesseln S. 94. – 36) Camper widerlegt die Annahme, „daß die Neger ihren Kindern die Nase platt drücken" S. 94. – 37) Attentat „auf den lezt verstorbenen König von Portugal" galt dem vertrauten Kammerdiener; die Jesuiten hatten keinen Anteil S. 94. – 38) Viele „angesehene Schriftsteller im deutschen" gebrauchen „Wort Mittags-Linie" fälschlich als Synonym für Äquator (ausführliche Erklärung) S. 94 f. – 39) Eskimos sind nicht abscheulich; Verweis auf einen Bericht von Wales in den Philosophical Transactions S. 95 f. – 40) Tychsen über gefälschte jüdische Münzen S. 96. – 41) Eisen wird nicht besser, wenn es vorher Hufnagel war; Musschenbroek fand „grade das Gegenteil" richtig S. 96. – 42) „Lieut. Pickersgill widerspricht den fürchterlichen Beschreibungen" von Labrador S. 96. – 43) „Capt. Cook ... fand" bei den Einwohnern von „Otaheite" (Tahiti) „genaue Kenntniß des Himmels" und beträchtliche Fähigkeit in der Schifffahrt; „dadurch

verliehrt die Bevölkerung so weit zerstreuter Insuln durch Menschen, die fast einerley Sprache reden, vieles von ihrem wunderbaren" S. 96 f. – 44) Über Franklins Bemerkung, dass man das Fehlen der Luft nicht notwendig als Grund für die Nichtfortpflanzung des Schalls ansehen kann; Lichtenberg folgert weiter, dass auch der Tod von Tieren unter der Glocke nicht notwendig vom Vakuum rühre S. 97 f. – Nur ein Stück davon, Nr 38. S. 94 f., in ²VS 6, S. 458.] [Jung 105]

(j) S. 98-102: Hr. Loriots Methode die Farben auf Pastel-Gemählden zu fixiren. [In VS nicht wiedergedruckt. – Siehe unten Nr 204 (e) 13] [Jung 106]

(k) S. 102-116: Neue Entdeckungen und physikalische Merkwürdigkeiten. [Weder Bezifferung noch Titel von Lichtenberg.] [(1) Delucs neue Methode, Ausdehnung von Körpern durch Wärme zu bestimmen S. 102. – (2) Le Roys Bericht über einen Wilden in den Wäldern bey Yuary in den Pyrenäen S. 105. – (3) Nach dem Journal de Paris 1780. Nro. 224: Farbenblindheit bei dem französischen Sänger und Zeichner C. P. Colardeau S. 107. – (4) Hinweis auf Hollenbergs Verbesserung der Dachgradierung bey Salzwerken, mit Verweis auf GMWL (= Nr 178/II) S. 108: also fast vier Monate vor dessen Erscheinen. – (5) Apotheker Elliots Selbstversuche, optische und akustische Wahrnehmungen durch Druck auf Augen und Ohren zu erzeugen bzw. zu verändern S. 108. – (6) Boßlers neues Verfahren, Noten zu drucken (nach Meusels Miscellaneen 3. H.) S. 109 f. – (7) Rettung einer Schiffsbesatzung vor Bornholm durch eine Tonne mit Tranöl (Aus den Hamburgischen Zeitungen. Siehe auch GTC 1780, S. 101) S. 110. – (8) Russische Versuche, den Dnjestr schiffbar zu machen S. 110 f. – (9) Lowitz' Hygrometer vermittelst eines Stücks Tonschiefer aus der Sammlung Asch in Göttingen S. 111. – (10) Staparts neue Technik, mit dem Pinsel in Kupfer zu stechen S. 112-114. – (11) Bericht von Wilhelm Boßmann in seiner Reise nach Guinea über den enormen Kinderreichtum S. 115. – (12) Eingebildete Schwangerschaft eines Mannes in Suffolk S. 115. – (13) J. P. Marats Versuche zur Sichtbarmachung der Feuerteilchen S. 115 f. – Davon wiedergedruckt nur Nr 3 S. 107 f., Nr 5 S. 108 f., Nr 11 f. S. 115 in den ²VS 6, S. 463 f.] [Jung 107]

(l) S. 116-125: Erklärung der Kupferstiche. [Von Chodowiecki vorgegeben (siehe oben): 1. Heiraths Antrag des Landmanns Propositions de Mariage du Vilageois; 2. Heiraths Antrag des Schulmeisters Propositions de Mariage du Maitre d[']école; 3. Heiraths Antrag des Predigers Propositions de Mariage du Ministre; 4. Heiraths Antrag des Arzts Propositions de Mariage du Medecins; 5. Heiraths Antrag des Pedanten [Dieser sollte ursprünglich Professor heißen, doch bittet Dieterich am 5.4.1780 (Engelmann 1857, S. 184) um Änderung zu „Pedanten"] Propositions de Mariage du Pedant; 6. Heiraths Antrag des Oden Dichters Propositions de Mariage du Poëte; 7. Heiraths Antrag des Alterthum Kenners Propositions de Mariage de l'Antiquaire; 8. Heiraths Antrag des Geitzigen Propositions de Mariage de l'auare; 9. Heiraths Antrag des Krancken Propositions de Mariage du Malade; 10. Heiraths Antrag des Windbeutels Propositions de Mariage du Sac a vent; 11. Heiraths Antrag des Officiers Propositions de Mariage de l'officier; 12. Heiraths Antrag des entführers Propositions de Mariage du ravisseur. Einleitung und Erklärung zum 6. Bl. wiedergedruckt Lauchert S. 62 f.; dann alle Focke 1901a, S. 19-23; Repr. der Stiche S. X-XII; Ernst 1913, Bd 1: Kupferstiche (unpaginiert); Bd 2, S. 66-79 (Text). GW 2, S. 616-621 (ohne die Stiche). – Eine ausführliche Beschreibung und Kritik gibt Christian Friedrich Timme: Beurtheilung der Kupferstiche im Göttinger Taschenkalender vom Jahr 1781. In: Meusel's Miscellaneen artistischen Inhalts Bd 7 (1781), S. 15-48. – Abgedruckt auch in

Ferdinand Meyer: Daniel Chodowiecki der Peintre-Graveur. Im Lichte seiner und unserer Zeit dargestellt. Berlin: Mückenberger 1888, S. 58-83. – Ein „verschütteter Aphorismus" von S. 116f.: Gravenkamp, S. 86.] [Jung 108].

[Jung 100-108]

132. Almanac de Goettingue pour l'année 1781. [Göttingen] chez I.C. Dietrich [1780].
[Übersetzung des GTC durch Isaac Colom du Clos (vgl. Anm. 12). Kupfertitel: Engelmann 1857, Nr 359 II. Bauer, Nr 733] (Nicht paginiert: 6 Kupfer mit Frisur- und Hutmoden [siehe Engelmann 1857, Nr 359. Bauer, Nr 734f.]). – (Nicht paginiert:) Epoques de l'année 1781. (6 S.) – (Nicht paginiert: Kalendarium 12 x 4 = 48 S. und 12 gezählte Monatskupfer). – (Nicht paginiert:) Jours de naissance de la Maison Royale. (1 S.)
p. 1-64: Etat présent des Maisons Souveraines, & de celles des Princes les plus considerables de l'Europe. – (Nicht paginiert:) Manuel contenant diverses connoissances curieuses et utiles pour l'année 1781. Orné de tailles-douces gravées par Chodowiecki, avec les modes les plus modernes des Dames, gravées en taille-douce. À Gottingue, chez Jean Chrêtien Dieterich. (1 S.)
p. 1-26: Continuation des réflexions sur le Sistème de l'Univers. Système de notre Monde.
p. 26-36: Des Anciens Germains.
p. 36-41: L'Oiseau-tailleur.
p. 41-65: Quelques avis sensés de l'Orang-Outang.
p. 66-71: Reflèxion sur le jeu des anneaux artificiellement entrelacés, nommé ordinairement la Vétille ou le Joujou de Nuremberg.
p. 71-78: Evènemens et Coutumes remarquables.
p. 78-86: Quelques Réflexions sur les Veuves.
p. 87-95: Sur l'utilité et le cours des coups de bâton, de souflets et d'autres coups chés diférens peuples.
p. 95-100: Continuation de l'Article de quelques erreurs communes.
p. 100-103: Méthode de M. Loriot pour fixer les couleurs sur les portraits au pastel.
p. 104-107: Nouvelles découvertes et curiosités physiques.
p. 117-128: Explication des tailles-douces placées devant les mois de l'Almanac.
[Wiedergedruckt Focke 1901b, S. 19-23; Repr. der Stiche S. X-XII.]
p. 129-130: Comparaison de chaque Marc ou Livre du poids de l'or, de l'argent, de la monnoye, et du commerce de plusieurs lieux, par grains ou parties nommées as, poids de Troyes d'Hollande. – p. 131-132: Miles. – p. 132-133: Mesures des Grains en pouces cubes de Paris. – p. 133: Autres mesures des Solides. – p. 133-134: Monnoyes. – p. 135-137: Longitude et Latitude géographique de divers endroits. – p. 137-139: Table des Matieres. – p. 140: Avertissement.

133. Ueber die Weissagungen des verstorbenen Hrn. Superintendenten Ziehen zu Zellerfeld. In: Göttingische Anzeigen von gemeinnützigen Sachen 1780, 40. St. vom 30.9., S. 165-168.

[Datiert und gezeichnet. „Göttingen den 26 Sept. 1780. | G.C. Lichtenberg." – Kurzer Hinweis unter „Nachrichten" in: ADB, Bd 65 (1786), 2. St., S. 618f.: „Der Superintendent Ziehen mit einer Schrift voll unsinniger Prophezeyungen setzte ganz Deutschland in Bewegung. Lichtenberg zeigte gründlich, daß Ziehen äußerst unwissend in Astronomie und Physik sey". – Das (soweit wir sehen) umfangreichste Quellenverzeichnis über die Auseinandersetzung um den seltsamen Propheten bietet Schimpf 1993; dort S. 228: Nr 17a; zur Sache ferner noch Barbara Bauer: Die Rezeption mittelalterlicher Prophezeiungen im 17. und 18. Jahrhundert, in: Wolfgang Harms, Jean-Marie Valentin (Hrsgg.): Mittelalterliche Denk- und Schreibmodelle in der deutschen Literatur der Frühen Neuzeit. Amsterdam/Atlanta 1993, S. 111-148. – Wahrscheinlich autorisiert nachgedruckt am 23.10.1780 (Nr 135): Das könnte der Ort sein, von dem Lichtenberg in „Noch ein Wort über Herrn Ziehens Weissagungen" (= Nr 161) spricht; dann unautorisiert nachgedruckt Oktober / November (Nr 136: Das könnte der zweite Ort sein, den Lichtenberg in „Noch ein Wort" (siehe unten Nr 161) meint. Ein für dieses Jahr geplanter Abdruck in den „Königsberger Adreß-Nachrichten" kennen wir nur als Absichtserklärung J. G. Hamanns.[62] Der mit Monogramm zeichnende Unbekannte „Bm" erwähnt noch 1786 in Nr 279 (dort S. 357) Nachdrucke „zu Hamburg und Oßnabrück"[63]. Dem folgten die drei Auflagen als selbständige Flugschrift 1783. 1784. 1786 (Nr 186. 228. 264) und der Graubündener Zeitungsabdruck Nr 265. – 1783 griff Lichtenberg noch einmal in die Ziehen-Debatte ein mit Nr 226; scheint dann auch durch einen Briefwechsel Nr 262 und deren Abdrucke Nr 263 und 279 verursacht zu haben, wo diese Briefe abgedruckt wurden. – [1]VS 4, S. 214-228. [2]VS 5, S. 3-12. GW 2, S. 311-317. Nicht in SB 3. – Lauchert S. 59f.: Varianten des Abdrucks im Hannov. Mag. gegenüber VS.]

[Jung 97]

134. Anmerkungen zum 68ten und 72ten [vielmehr: 76ten] Stück des Hannoverschen Magazins von diesem Jahr. [unterzeichnet: „G.L."; im Inhaltsverzeichnis: „Von Herrn Professor Lichtenberg in Göttingen."]. In: Hannoverisches Magazin 1780, 83. St. vom 16.10., Sp. 1313-1316.

[[1]VS 8, S. 52-57 unter dem Titel: Erklärung der rückwärts gehenden Bewegung einer fortgestoßenen Kugel. – Lauchert S. 60f.]

[Jung 96]

---

62 „werde zu einer Beyl. uns. Zeitung zu befördern suchen": Hamanns Brief an J.F. Hartknoch, 2.9.1780, in dess. Briefwechsel Bd 4 (1778-1782). Hrsg. von Arthur Henkel. Wiesbaden 1959, S. 233. Ließ sich wegen der großen Lücken in den in Europa erreichbaren Zeitungsbeständen der ehemaligen ostpreußischen Ostseemetropole bisher nicht nachweisen. Bei Schimpf 1993, S. 228: Nr 17f.

63 Beide bislang nicht ermittelt, sofern nicht die Notiz gemeint war: „Die eingetroffene Prophezeyhung" in den Westphälischen Beyträgen zum Nutzen und Vergnügen. Osnabrück 1784. 32. St. vom 7.8., Sp. 271f. (wiedergedruckt Lichtenberg-Jahrbuch 2007, S. 243). Dort heißt es aber nur „Sollte man nun noch wohl an der Erfüllung irgend einer, selbst der Ziehen'schen Prophezeyungen verzweifeln?"

135. Ueber die Weissagungen des verstorbenen Herrn Superintendenten Ziehen zu Zellerfeld. In: Hannoverisches Magazin 1780, 85. St. vom 23.10., Sp. 1345-1354.
[Wahrscheinlich autorisierter Nachdruck von Nr 133; siehe dort. – Bei Schimpf 1993, S. 228: Nr 17b.]

[in Jung 97]

136. Herrn G.C. Lichtenbergs, Professors in Göttingen, Gedanken über die Weissagungen des verstorbenen Hrn. Superintendenten Ziehen zu Zellerfeld. In: Was Neues? Frankfurtische Wochenschrift. [Oktober / November?] 1780, Nr 87, S. 737 ff., Nr 88, S. 745 ff.
[Jedenfalls unautorisierter Nachdruck von Nr 133; siehe dort. Hier bibliographiert nach einer Angabe in [Wilhelm Ludwig] Wekhrlin: Chronologen. Bd 8, Frankfurt und Leipzig: Felßecker 1780, S. 20 in einem eingesandten Artikel: „Supplement zur Geschichte der neusten Weissagungen". a. a. O., S. 14-23 (= Schimpf 1993, S. 231: Nr 48), nachdem bereits in derselben Zeitschrift weitere Artikel über Ziehen erschienen waren (Bd 6, 1780, S. 65-71, wohl vom Hrsg. selber verfasst = Schimpf 1993, S. 228: Nr 16; Bd 7, 1780. S. 217-222 = Schimpf 1993, S. 231: Nr 47). – Bei Schimpf 1993, S. 228: Nr 17c.]

137. **London.** [Rezension über:] John Lyon: Experiments and observations; made with a view to point out the errors of the present received theory of electricity [...]. London 1780. In: GGA 1780. Zugabe, 45. St. vom 4.11., S. 705-714.
[Anonym gedruckt; Verfasserschaft bestimmt nach dem Göttinger Handexemplar der GGA (danach Hahn, S. 84; Guthke 1963, S. 336: Nr 15) bzw. dem Tübinger Handexemplar (Fambach 1976, S. 86).]

[Jung 99]

GMWL Jg 1, 5. St.

138. Göttingisches Magazin der Wissenschaften und Litteratur. [...] Ersten Jahrgangs Fünftes Stück. Mit Kupfern. Göttingen, bei Johann Christian Dieterich 1780.]
[Erschien Mitte November 1780. Enthält nichts von Lichtenberg; von anderen Verfassern:]
I. J.[ohann] D.[avid] Michaelis Schreiben an Herrn Prof. [August Ludwig] Schlötzer, die Zeitrechnung von der Sündfluth bis auf Salomon betreffend. [datiert „Pyrmont im Julio 1780."] S. 163-205.
II. Ueber die Verbesserung der Gradirwerke, nebst einem Vorschlag zu einer neuen Einrichtung dieser Art. Gebäude. Von G.[eorg] H.[einrich] Hollenberg. S. 205-216. [mit einem Kupferstich, ungezeichnet.]
III. Beschreibung des ausserordentlich schönen Nordlichts vom 28ten Julii 1780. Aufgesezt von J. L. Böckmann. S. 217-226. [mit zwei gefalteten Kupferstichen, ungezeichnet.]

IV. Fortsetzung [siehe oben Nr 126/V] der Bemerkungen auf einer Reise von St. Petersburg nach der Crimm im J. 1771. [...] S. 227-247.

V. Prof. [Johann Friedrich] Blumenbach über den Bildungstrieb (Nisus formativus) und seinen Einfluß auf die Generation und Reproduction. S. 247-266 [vgl. Kroke Nr 797].

VI. Nachtrag zum obigen Artikel vom Nordlicht. Von Olbers. 267f.

VII. Ueber die Shanscrita. Von M.[ichael] Hißmann. S. 269-293.

VIII. {Hr. Crawford} Ueber die Wärme der Thiere, und die Entzündung verbrennlicher Körper. {Ein Auszug von G.[eorg] Forster aus einer Schrift von Crawford.} S. 293-308. [Die Ergänzungen in {Schweifklammern} nach dem Inhaltsverzeichnis. – Vgl. Fiedler S. 30: Nr 51. Offenbar nicht wiedergedruckt.]

IX. Final Examen mit dem in Wellenberg inhaftirten unglücklichen Heinrich Waser [...] S. 308-325.

X. Nachrichten. 1. Blumenbach: [Nachtrag zu s. Aufsatz im 1. St. des Magazins: siehe oben Nr 109/V.] – 2: [Ernst August] Abel, 9.9.1780: Ankündigung, eine „Zeichnungs-Academie" in Göttingen zu errichten: S. 325f. [vgl. Kroke Nr 798]. – 3: Nachricht. [an S. 326 angeklebtes Werbeblatt, gezeichnet „Göttingen, den 13. Nov. 1780. J. C. Dieterich": Bis zur nächsten Jubilate-Messe (= 6.5.-20.5.1781) wird der Preis für die Novi Commentarii der Göttinger Sozietät der Wissenschaften um 50% herabgesetzt.]

[Im inneren Heftumschlag, vorn beginnend, hinten fortgeführt: „An das Publikum", datiert „Leipzig den 12. Sept. 1780.": Der Verleger Siegfried Leberecht Crusius klagt über den Schaden, den die Nachdrucker ihm bei seinem „Wochenblatt der Kinderfreund" verursacht hätten und bietet Subskription „bis künftige Oster-Messe 1781" auf eine neue günstige Originalausgabe an.]

139. Einige Lebensumstände von Capt. James Cook, größtentheils aus schriftl. Nachrichten einiger seiner Bekannten gezogen. In: W.[ilhelm] A.[ugust] Pistorius (Hrsg.): Unterhaltendes Schauspiel nach den neuesten Begebenheiten des Staats, der Kirche, der gelehrten Welt und des Naturreiches vorgestellt. Erfurt. Im Jahr 1780. 5. Aufzug, S. 306-315 (mit Portrait von Cook), 6. Aufzug, S. 364-372, 8. Aufzug. S. 494-501, 9. Aufzug, S. 557-563, 10. Aufzug S. 618-626, 11. Aufzug S. 678-682 (‚Beschluß der Lebensumstände').[64]

[In Fortsetzungen. Jedenfalls unautorisierter Nachdruck von Nr 116.]

140. Captain Jac. Cook's Lefwerness-omständigheter, Resor, Öde, Död och Sinnelag. In: Almänna Rese-Beskrifwaren, Eller Sammandrag Af De Nyaste och Bästa Rese-Beskrifningar. Andra Bandet. Andra flocken. [= Bd 2, T. 2], Stockholm: Tryckt hos Joh. A. Carlbohm 1780, S. 135-169.

[Übersetzung ins Schwedische von „Einige Lebensumstände von Capt. James Cook" (Nr 116), vermutlich verfasst vom Herausgeber Carl Christoffer Gjör-

---

64 So seit spätestens 2015 und mindestens noch November 2023 angeboten vom Antiquariat Stefan Krüger in Köln, der Lichtenberg noch einen „Johann" im Namen anfügt, für stolze 1000 Euro. Wird vielleicht noch etwas dauern, bis jemand bereit ist, das zu zahlen.

well der „Almänna Rese-Beskrifwaren". Auch das Frontispiz zum Forsta Bandet, forsta flocken (Bd 1, Teil 1) ist dem entsprechenden GMWL-Heft entnommen. – Keine Autopsie: Nur Haupttitel als Faksimile gesehen; hier nach https://www.google.de/books/edition/Hawaiian_National_Bibliography_1780_1900/WA3pXblqS20C?hl=de&gbpv=1&dq=Alm%C3%A4nna%20Rese-Beskrifwaren%20Lichtenberg&pg=PA7&printsec=frontcover.]

1781

GMWL Jg 1, 6. St.

141. Göttingisches Magazin der Wissenschaften und Litteratur. [...] Ersten Jahrgangs Sechstes Stück. Göttingen, bei Johann Christian Dieterich 1780. [Erschien wohl erst im Februar 1781; im Brief an Heyne vom 13.1.1781 (vgl. Kanz 2023a, S. 159: „am 4$^{\underline{ten}}$ [Druckbogen: der reicht bis S. 408] wird gesetzt") gibt er dem Empfänger zur Ablieferung seines Aufsatzes (siehe unten Nr V.) mit der Manuskriptlieferung noch Zeit bis zum 16.1., veranschlagt dabei aber für die folgenden Aufsätze gleich einen Druckbogen (16 S.) zu wenig, und das Heft reichte sogar noch bis zum 10. Druckbogen (= Hh): S. 484.]

Darin von anderen Verfassern:

II. Beschreibung des rothen Baumläufers von der Insel O-Waihi; von G.[eorg] Forster. S. 346-351. [Datiert: „Cassel, den 16. Dez. 1780". – Wiedergedruckt Forster: Kleine Schriften Bd 5, 1796, S. 233-240; Sämmtliche Schriften 4, 1843, 374-376. Vgl. Fiedler S. 30: Nr 52.]

III. Fortsetzung der Betrachtung über die Unmöglichkeit körperlicher Gedächtniß-Eindrücke, und eines materiellen Vorstellungs-Vermögens, von [Johann Albert Heinrich] Reimarus, Dr. (S. Magazin v. d. Jahr IV St. S. 27.) S. 351-386.

IV. Fragmente über Capitain Cooks lezte Reise und sein Ende; von G.[eorg] F.[orster] S. 387-428. [Mit einer Nachschrift von Lichtenberg; siehe oben. – Vgl. Fiedler S. 30: Nr 53. Gekürzt wiedergedruckt in Hamburgische Adreß-Comtoir-Nachrichten 1781 19. St. vom 5.3., S. 145-147; 20. St. vom 8.3., S. 153-155; 21. St. vom 12.3., S. 61-63; 22. St. vom 15.3., S. 169-171. Übersetzung ins Schwedische: Professor Georg Forsters Strödde underrättelser om capitaine Cooks sista resa och olyckeliga död i Söderhafwet. Öfwersättning utur Göthingisches Magazin af Andreas Sparrman. Hwilken bifogat en Kungörelse om dess egen. Rese-Beskrifning jämte et kort innehell daraf. Stockholm 1781. – Vollständig in Forster AA 5, 1985, S. 72-92. 847-850. Popp 1976, S. 175-200. 254-256.]

V. Von den Elementar- und Schulbüchern auf den beiden Königl. Schulen zu Westmünster und zu Eton. Von C. G. Heyne. S. 429-467 [siehe oben zur Datierung des Hefts.]

VI. Prof. [Johann Friedrich] Blumenbach von einer litterarischen Merkwürdigkeit die aber leider keine Seltenheit ist. S. 467-484. [Über das Rezensionswesen aus Anlass der Besprechung seines „Handbuchs der Naturgeschichte" 1779 durch Uk. [das ist Tiedemann] in Friedrich Nicolais ADB, Bd 42, 2. St. (1780), S. 430-432; vgl. Kroke Nr 799.]

VII. Anzeige. [„Der Herr Professor Trapp in Halle kündigt in einem gedrukten Bogen eine gänzliche Umarbeitung des Basedowschen Elementarwerks [...] an."] S. 484-487.

Das Stück enthält von Lichtenberg:

142. I. Gnädigstes Sendschreiben der Erde an den Mond. In: GMWL 1 (1780), 6. St., S. 331-346.
[Jedenfalls unautorisiert nachgedruckt 1792 in Nr 326. ¹VS 4, S. 189-213. ²VS 4, S. 228-241. GW 2, S. 300-310. SB 3, S. 406-413. – Vgl. zur Wirkung dieser Satire Lichtenbergs auch Achenbach 2021, S. 118-125.]

[Jung 94]

143. Nachschrift. [Zu: IV. Georg Forster: Fragmente über Capitain Cooks lezte Reise und sein Ende, Siehe oben.] In: GMWL 1 (1780), 6. St., S. 428 f.
[Nicht in VS und SB. Wiedergedruckt Forster AA 5, 1985, S. 847 (Anm.). Orthographisch modernisiert in Popp 1976, S. 200.]

144. **Paris.** [Rezension über:] Recherches physiques sur le feu par Mr. [Jean Paul] Marat. Paris 1780. In: GGA 1781. Zugabe, 12. St. vom 24.3., S. 177-187.
[Anonym gedruckt; Verfasserschaft bestimmt nach dem Göttinger Handexemplar der GGA (danach Hahn, S. 84; Guthke 1963, S. 336: Nr 16) bzw. dem Tübinger Handexemplar (Fambach 1976, S. 93).]

[Jung 118]

145. [Vorlesungsankündigung Lichtenbergs zum Sommersemester 1781 (Beginn: 30.4.). Lateinisch im „Catalogus Praelectionum", datiert vom herausgebenden „Prorector Chr. Fr. Georg. Meister": „XV. Mart." [= 15.3.] 1781, p. VII; deutsch in:] GGA 1781. 37. St. vom 26.3., S. 297 f.
[Regest mit deutschen und lateinischen Zitaten: Cardanus S. 61.]

145a. V. Einige Lebensumstände von Capt. James Cook, größtentheils aus schriftlichen Nachrichten einiger seiner Bekannten gezogen von L. – Fortsetzung und Beschluß einiger Lebensumstände von Kapitain J. Cook. In: Für Leser und Leserinnen. Hrsg. von Heinrich Ferdinand Möller. Mitau, gedruckt bey Johann Friedrich Steffenhagen. 2. Bd, Eilftes Heft, April 1781, S. 392-414, und Zwölftes Heft. May 1781, S. 434-458.
[In Fortsetzungen, ohne Nennung von Lichtenbergs Namen gedruckt bzw. nur mit „L." gezeichnet. – Jedenfalls unautorisierter Nachdruck von Nr 116. Die Zeitschrift wurde von Riga aus redigiert und kam in 3 Bdn zu je 6 Heften1780 bis November 1781 heraus. – Franz Blei, der den Aufsatz wegen des Monogramms „L." kurzerhand dem öfter in derselben Zeitschrift publizierenden und ähnlich zeichnenden Jakob Michael Reinhold Lenz zuschreibt (Lenz 1910, Bd 4, S. 398), nahm die beiden Folgen daher in diese Edition auf (ebd. S. 349-379; der Irrtum wird von Blei selber dann berichtigt in Bd 5, 1913, S. 392). – Von der seltenen Zeitschrift sind Bd 1-2 (3 leider nicht) erreichbar unter https://www.ester.ee/search~S1*est/X?searchtype=X&searcharg=%20F%C3%BCr%20Leser%20und%20Leserinnen&searchscope=1&SORT=DZ&extended=0&SUBMIT=OTSI]

GMWL Jg 2, Gesamtübersicht und 1.-2. St.

146.   Göttingisches Magazin der Wissenschaften und Litteratur. [...] Göttingen, bei Johann Christian Dieterich. Jg 2, 1781.
[Lit.: Fiedler S. 29: Nr 45.]
Tabellarische Übersicht über die tatsächlichen Erscheinungsdaten des Jg 2 („1781": ab dem 5. St. „1782") des GMWL und die Verteilung der Bände, Stücke (= Hefte) und Seiten:
Bd 1. 1. St. (V, 1-152): ca. 10.-15. April 1781 (siehe Bw 2, S. 185: Nr 787: Am 26.3. fast vollständig ausgedruckt); Bw 2, S. 197: Nr 794 (Hauptteil fertig gedruckt vor dem 6.4.); „Vorbericht" ist datiert: „9.4.1781").
2. St. (153-310): Ende Mai 1781 (siehe Bw 2, S. 211: Nr 809. (Am 14.5. ist schon vom nächsten Stück die Rede). S. 222: Nr 823 (2.6. Versand); „Ankündigung" S. 308: 9.5.1781).
3. St. (311-480): Aug.? 1781. Siehe Bw 2, S. 222: Nr 823: 2.6. (Druck begonnen); Bürger an Boie, [24.9.1781][65].
Bd 2, 4. St. (1-156): Herbst 1781 (siehe Bw 2, S. 263: Nr 859 [2.10.]: erwähnt Druck des 1. Artikels).
5. St. (157-322): 2. Hälfte Januar 1782 (beigelegtes „Avertissement" von Volborth, datiert 10.1.1782).
6. St. (323-464): April? 1782 (S. 459: „27.3.1782").
Rezensionen über den Jg 2 („1781", ab dem 5. St. „1782"):
1. St.: N. N.: GGZ 1781, Bd 15, 41. St. vom 23.5., S. 339f. – [J. F. Blumenbach]: GGA 1781, 73. St. vom 16.6., S. 585f. [Kroke Nr 223]. –N. N.: AGM 1781, 25. St. vom 21.6., S. 197f. – N. N.: NZGS 1781, Bd 67, LXIV. St. vom 9.8., S. 513-516.
1.-2. St.: N. N.: NCN Bd 7, 36. St. vom 8.9.1781, S. 286-288. – N. N.: ABL, 20. Bd (1781), LXXV. St., S. 360-362. – N. N.: AVBA 1781, 1. St., S. 59f. – N. N.: WLN 1781, 25. St. vom 23.6., S. 237-239.
2. St.: N. N.: GGZ 1781, 16. Bd, 57. St. vom 18.7., S. 466-468. – N. N.: NZGS 1781, Bd 67, LXXI. St. vom 3.9., S. 569f.
2.-3. St.: [J. F. Blumenbach]: GGA 1781, 133. St. vom 1.11., S. 1065-1067 [auszugsweise bei Lauchert S. 1066f. – Vgl. Kroke Nr 231.]
3. St.: N. N.: GLN, 35. St., 1.9.1781, S. 321-323. – N. N.: AVBA, VIII. St. 1781, S. 617.)
1.-4. St.: N. N.: NGZ 1782, VII. St. vom 22.1., S. 51-54.
3.-4. St.: N. N.: GGZ 1781, Bd 16, 102. St. vom 22.12., S. 841-845. – N. N.: NCN vom 23.3.1782, S. 90-92 (bloße Inhaltsübersicht).
5. St.: N. N.: BZ 1782, VII. St. vom 14.2., S. 107. – N. N.: NGZ 1782, XXXII. St. vom 19.4., S. 253f. – N. N.: DR 1782, VI. Bl. vom 15.5., S. 95f.
1.-6. St.: †Pk. [= Albrecht Georg Walch]: ADB, Bd 53, 1. St. (1783), S. 288-290 (weitgehend Wiedergabe der Inhaltsverzeichnisse).
4.-6. St.: N. N.: EGAuN 1782, Bd 37, XXVI. St. vom 25.6., S. 227-231. – [G. Forster]: GGA 1783, 123. St. vom 2.8., S. 1225-1227.

---

65 Dort gebraucht Bürger (dessen Bw 3, S. 229: Nr 872) den Ausdruck „Schöpsenlaut", der auf Lichtenbergs Polemik gegen Voß (unten Nr 153) anspielt und daher nach Erscheinen des Hefts geschrieben sein dürfte.

5.-6. *St.:* N.N.: GGZ 1782, 41. St. vom 22.5., S. 336-339 (Inhaltsübersicht). –
N.N.: NCN 1782, Bd 8, 33. St. vom 17.8., S. 262-264 (bloße Inhaltsübersicht).
6. *St.:* N.N.: DR 1782, X. Bl. vom 12.6., S. 158f. – N.N.: AVBA 1783, 2. St., S. 135f.

147. Göttingisches Magazin der Wissenschaften und Litteratur. [...] Zweyten
Jahrgangs Erstes Stück. Mit drey Kupfern. Göttingen, bei Johann Christian Dieterich 1781.
[Erschien April 1781 (siehe oben an der Spitze des Jahrgangs). Darin von anderen Verfassern:]
Inhalt S. VIII.
I. Beobachtungen über den Vesuv. Von A.L.F. Meister S. 1-25.
III. Ueber Elementarfeuer, Causticität und die Entstehung der Farben. Von
Christoph Girtanner. S. 34-80.
IV. Prof. [Johann Friedrich] Blumenbach über eine ungemein einfache Fortpflanzungsart. S. 80-89 [vgl. Kroke Nr 800].
V. Fragmente über J.J. Rousseau's Leben, Charakter und Schriften. – Von Christoph Girtanner. S. 89-146.
VI. Nachricht von Lessings Tod; nebst Hrn. Hofr. Sommers Zergliederung von
dessen Leichnam, aus einem Schreiben des Hrn. Landschafts-Sekr. Leisewitz an
Prof. Lichtenberg, S. 146-152. [Wiedergedruckt im Bw 2, S. 174-178: Nr 779.]

Das Stück enthält von Lichtenberg:

148. [Mit Johann Georg Forster:] Vorbericht [zum 2. Jahrgang des GMWL]. In:
GMWL 2 (1781), 1. St., S. [III-VII].
[gezeichnet: „Göttingen, den 9ten April, 1781. Die Herausgeber." – Mit einer
Auslassung wiedergedruckt Lauchert S. 64-66; Faksimile (mit Hefttitel): Neumann, S. 8-13.]

[Jung 109]

149. II. Einige Betrachtungen über die Mondsflecken bey Gelegenheit vorstehender Abhandlung [= A.L.F. Meister: Beobachtungen über den Vesuv:
Siehe oben Nr 147/I]. Von G.C.L. In: GMWL 2 (1781), 1. St., S. 26-33.
[Wiederholt (mit Zusätzen am Schluss) den Aufsatz aus dem GTC für 1779,
S. 25-30 (Nr 89(a4); die jetzigen Zusätze in VS nicht wiedergedruckt).]

[Jung 110]

150. Göttingisches Magazin der Wissenschaften und Litteratur. [...] Zweyten
Jahrgangs Zweytes Stück. Mit einem Kupfer. Göttingen, bei Johann Christian
Dieterich, 1781. Frontispiz: „Heinrich Waser enthauptet den 27 May 1780."
[Erschienen Ende Mai 1781. Enthält nichts von Lichtenberg; von anderen Verfassern:]
I. Ueber Wasern und seinen Prozeß. An Herrn Canonicus Gleim, von W.G.
Becker. S. 153-229.
[Siehe unten Nr 157/IV; vgl. Lichtenberg an Becker, 26.3.1781 (Bw 2, S. 185:
Nr 787; ferner S. 182 und von Becker, 17.3.1781, S. 185-187: Nr 784 und passim);
außerdem Goedeke 4,1, S. 840 Nr 8.]

II. Untersuchung des Unterscheides der Sterblichkeit der Männer und der Frauen von gleichem Alter. Von J. A. Kritter. S. 229-58.
III. Fragmente über J. J. Rousseau's Leben, Charakter und Schriften. Von Christoph Girtanner. Fortsetzung. (S. das vorhergehende Stück S. 146.) S. 259-293.
IV. Herr [C. L. A.] Wille an Herrn Professor G. Forster, über die Würkung des Feuers auf eine Sandsteinart. S. 293-300.
Ankündigung [von Gottfried August Bürger, die von ihm geplante Bearbeitung von ‚Tausend und eine Nacht' betreffend; datiert: „Altengleichen den 9 Mai 1781".] S. 300-308 [wiedergedruckt Bürgers Bw 3, 2021, S. 167-173: Nr 844. Zur Entstehung siehe noch Dieterichs Brief an Bürger, 9.5.1781 (Dieterich 1992, S. 378; wiederholt in Bürgers Bw).]
Nachricht. [von J. Ph. Ganz, Hof- und Bibliothek-Kupferstecher; betreffend die Subskription eines Kupferstich-Porträts des Prinzen Friedrich von England, Bischofs von Osnabrück, datiert „Hannover, den 20ten Merz 1781"] S. 309.

151. Des Fürsten Demetrius von Gallitzin, wirklichen Kammerherrns, rußischen kayserlichen geheimden Raths und ausserordentlichen Envoyes in Haag Sendschreiben an die kays. Akad. der Wiss. zu St. Petersburg über einige Gegenstände der Electricität. Münster und Leipzig, bey Phil. Heinrich Perrenon. 1780. 3 ½ Bogen in 8. Mit 3 Kupfertafeln und einer artig verzierten Silhouette des Fürsten. In: ADB, Bd 45 (1781), S. 545-549.
[Rezension, mit Kryptogramm gezeichnet: „**G." Diese Chiffre fehlt zur fraglichen Zeit in Partheys Tabelle (1842, S. 58), zuvor hatte Petersen sie inne; Eichhorn ein bloßes G. Lichtenbergs Verfasserschaft dieser Rezension (der einzigen von ihm in Nicolais ADB gedruckten) ergibt sich (wie schon Lauchert S. 175-178 nachweist) zweifelsfrei aus seiner Korrespondenz mit dem Herausgeber Friedrich Nicolai. Mit dem Manuskriptabgang an diesen (16.4.1781) ergibt sich zugleich ein Terminus ante quem non für das Erscheinen des Bandes, an dem (bis S. 526) noch weitere ca. fünf Druckbogen zu drucken waren: frühestens im Mai 1781. – Wiedergedruckt Lauchert S. 178-183.]

[Jung 117]

GMWL Jg 2, 3. St.

152. Göttingisches Magazin der Wissenschaften und Litteratur. [...] Zweyten Jahrgangs drittes Stück. Göttingen, bei Johann Christian Dieterich, 1781.]
[Erschienen August? 1781. Darin von anderen Verfassern in Jg 2, 3. St.:]
I. An Herrn Hofrath [Christoph Martin] Wieland über die Anekdote von Rousseau in den Ephemeriden der Menschheit, von W. G. Becker. S. 312-358. –
II. Schreiben des Herrn Lieutenants Flensberg an den Herrn Justitzrath [Justus] Möser. S. 358-390. –
III. J. A. Kritters Aufklärung der Berechnungen der Wittwen- und Todtencassen für diejenigen, die sich in der Buchstabenrechnung nicht geübt haben. S. 390-416.
IV. [H. J. Hinze? In Warberg:] An Herrn **Hm. dR** [Hofmedikus Johann Philipp Du Roi?] in Br.[aunschweig] Erster Brief. S. 417-438 [Darin S. 430-438: Verzeichniß der sämtlichen Einwohner in den Herzogl. Braunschweigischen Lan-

den, welches bey den Berathschlagungen des im Jahre 1775 gehaltenen Land-
tages für richtig angenommen und zum Grunde gelegt worden. – Fortgesetzt
unten Nr 157/II.]

V. [Friedrich Carl] Fulda an [Abraham Gotthelf] Mäzke. Daß die Aussprache
kein Princip der Rechtschreibung sey. S. 438-454.

Inhalt. (S. 480); darunter folgt [von Lichtenberg:]

„Die Herausgeber bitten den Leser, wegen Verzögerung dieses Stücks des M. um
Vergebung. Die Ursache davon ist, sie wollten gerne ihr Versprechen erfüllen,
und einen Aufsatz liefern, der aber wegen fortdauernder Unpäßlichkeit des Hrn.
Verfassers doch nun erst im nächsten Stück erscheinen kan.

[„Kunstnachricht." (undatiert, im inneren Heftumschlag vorn: Der Kapellmeister Johann Friedrich Reichardt bietet handgeschriebene und bis jetzt noch nicht
gedruckte Kompositionen (Liedvertonungen; Konzerte aller Art), je nach Umfang für 1 holländischen Dukaten bis 1 Louisd'or, exklusiv auf 5 Jahre an.]

Das Stück enthält von Lichtenberg:

153. VI. Ueber die Pronunsiation [!][66] der Schöpse des alten Griechenlands verglichen mit der Pronunciation ihrer neuern Brüder an der Elbe: oder über
Beh, Beh und Bäh, Bäh, eine litterarische Untersuchung von dem Conci-
pienten des Sendschreibens an den Mond. In: GMWL 2 (1781), 3. St.,
S. 454-479.

[²VS 4, S. 243-265. Fehlt in ¹VS. GW 2, S. 119-138. SB 3, S. 296-308; seiteniden-
tisch und buchstäblich bei Fambach 1959, S. 230-238. – Lauchert S. 68-70 stellt
knapp die gesamte Kontroverse dar, die durch einen Aufsatz von Voß im I. Jg
2. St. ausgelöst worden war (Nr 113/VIII), auf den Lichtenberg schon mit einem
spöttischen Seitenhieb in Nr 142, dann Nr 155 (i)(9) reagiert hatte; sie ist vollständig wiedergegeben und eingehend (auch mit brieflichen Quellen) doku-
mentiert in Fambach 1959, S. 215-309. Man versteht zumal ohne die Kontexte
(Gegenschriften, vor allem die von Voss; Rezensionen, Angriffe anderer) Lichtenbergs Polemiken nur unzulänglich. Auf diese hier antwortete Voß mit der
„Vertheidigung gegen Herrn Prof. Lichtenberg. [Voran ein Brief:] An den Herausgeber des deutschen Museums", unterz.: Voß. In: Heinrich Christian Boie
(Hrsg.): Deutsches Museum 3. St. März oder Lenzmond (1782), Bd 1, S. 213-
251; wiedergedruckt in Fambach 1959, S. 241-258. – Hierauf reagierte zunächst
(äußerst ironisch) S-z. [= Joachim Christoph Friedrich Schulz]: Einziges Mittel,
die gelehrten Partheien auseinander zu bringen. In: Christoph Martin Wieland
(Hrsg.): TM vom Jahr 1782, Oktober (4. Vj. S. 15-18); datiert: „Dresden, am
1sten Sept. 1782"; wieder bei Fambach 1959, S. 286-287. (Zu Schulz vergleiche
noch Johann Christian Christoph Rüdiger: Neuester Zuwachs der teutschen,
fremden und allgemeinen Sprachkunde in eigenen Aufsätzen, Bücheranzeigen
und Nachrichten […]. Zweytes Stück. Leipzig 1783, S. 189-193). Dann antwortete Lichtenberg mit seiner Duplik Nr 177; siehe dort. – Die absichtlich durch-
sichtige Verfasserschafts-Camouflage zielt auf Nr 142.]

[Jung 111]

---

66 Wahrscheinlich Druckfehler.

154. [Vorlesungsankündigung Lichtenbergs zum Wintersemester 1781/1782 (Beginn: 15.10.). Lateinisch im „Catalogus Praelectionum", datiert vom herausgebenden „Prorector Joannes Andreas Murray": „Kal. Septembr." [= 1.9.] 1781, p. VII; deutsch in:] GGA 1781. 113. St. vom 17.9., S. 905 und 907. [Regest mit deutschen und lateinischen Zitaten: Cardanus S. 61.]

GTC für 1782

155. Goettinger Taschen Calender vom Jahr 1782. [Göttingen] bey Joh. Chr. Dietrich [1781].
[Gestochener Kupfertitel: Chronos (wie GTC für 1781); gezeichnet: „Ch.[odowiecki]", gestochen Th.[oenert] del.] 8 Modekupfer (D. Chodowiecki) [2 Bl., offenbar dieselben wie zum Almanac de Gotha = Engelmann 1857, Nr 400. Bauer, Nr 862 f.]; unpag. Bogen A und B, mit 12 Kupfern (1. Bl.: D Chodowiecki del. & sculps[it]: Heirathsanträge. Zweite Folge [= Engelmann 1857, Nr 382. Bauer, Nr 720-731: Siehe unten]. – [Zweiter Titel]: Taschenbuch zum Nutzen und Vergnügen fürs Jahr 1782. Mit Kupfern von Chodowiecki, nebst den neuesten Frauenzimmer-Moden, in Kupfer. Göttingen, bey Johann Christian Dieterich. Zeitrechnung auf das Jahr 1782 unpag. Bogen C ff.: S. 1-70: Genealogisches Verzeichniß [...]. – Taschenbuch S. 1-109: [Kalender-Aufsätze, siehe unten]; S. 110-111: Vergleichung jeder Mark oder Pfund [...]; S. 112 f.: Meilenmaaß; S. 113 f.: Getreidemaaß; S. 114 f.: Münzen; S. 116-118: Geographische Längen [...]; S. 118 f.: Inhalt; S. 120: [Buchhändlerische] Nachricht [des Verlegers Dieterich über Preise, Rabatte und Ausstattung des GTC]; ebd.: Druckfehler. [zu S. 67].
[Um ca. 20 % vergrößertes Faksimile. (umfaßt: unpag. Mode- und Monatskupfer samt Beschreibung, Zeitrechnung und Kalendarium; Genealogie S. 1-70 und Taschenbuch zum Nutzen und Vergnügen fürs Jahr 1782. 120 S. Mit einem Nachwort von Werner Krumme (26 unpaginierte Seiten + 1 S. zum Autor und editor. Notiz). Mainz: Dieterich'sche Verlagsbuchhandlung 1995. – Aus dem „Roten Buch" (siehe Siglenverzeichnis und zu Nr 181) fließen zehn hds. Notizen in diesen Jg ein. – Lit.: Lauchert S. 72-74; Grisebach 1913, S. 368 Nr 1515; Köhring S. 154; Lanckoronska/Rümann S. 15; Jung 119-129; Fiedler S. 31: Nr 55. – Denekes Lichtenberg-Schrank Nr 16. – Zum GTC allgemein vgl. Anm. 11.]
Rezensionen: [A. G. Kästner]: GGA 1781, 130. St. vom 25. 10, S. 1041-1043. – AVBA 1781, VIII. St., S. 613. – Gr. [= C. W. v. Dohm]: ADB Bd 53 (1783), 1. St., S. 300-301.

†(a) S. 1-15: Das Neueste von Japan. Aus einem Schreiben des Hrn. C. P. Thunberg an Hrn. Joseph Banks. (Aus den Transactionen. Vol. LXX. Part I.)
[Bloße Übersetzung, gezeichnet „H." = G. H. Hollenberg. – In VS daher zu Recht nicht wiedergedruckt.]

†(b) S. 15-17: Beytrag zur Naturgeschichte der Katzen. (Journal de Paris 1781. No. 85.)
[Von Lichtenberg? Nur referiert. – In VS nicht wiedergedruckt.] [Jung 119]

†(c) S. 17-26: Die Grotte auf Antiparos.

[In VS nicht wiedergedruckt.] [Jung 120]

 (d) S. 26-39: Die Glocken.

[²VS 6, S. 298-304. Nicht in ¹VS. Erläutert wiedergedruckt durch Ulrike Freiling im Lichtenberg-Jahrbuch 1999, S. 7-23.] [Jung 121].

 (e) S. 40-41: Gevattern-Brief. Ein Beytrag zum vorhergehenden Artickel.

[²VS 6, S. 304 f. Nicht in ¹VS.] [Jung 122]

†(f) S. 42-45: Erste Assambleen-Gesetze [!][67] in Rußland.

(Aus dem annual Register for the year 1760).

†(g) S. 45-55: Vom Neger Handel.

[Auszug aus dem Antrittsprogramm von M.C. Sprengel (vgl. Anm. 11).] [Jung 123]

†(h) S. 55-59: Werth eines Stücks menschlichen Schwarz-Wildes zu verschiedenen Zeiten.

[Auszug aus einer Schrift von M.C. Sprengel (vgl. Anm. 11).] [Jung 124]

 (i) S. 59-72: Neue Erfindungen, Moden, physikalische und andere Merkwürdigkeiten.

[Weder Bezifferung noch Titel von Lichtenberg.]

[(1) Merkwürdiger Hühnerembryo (aus dem Journal de Paris) S. 59 f. – (2) Zunahme der Haltung „unnützer Hunde und Hündchen" in Paris (aus dem Journal de Paris); ein paar gängige Hundenamen französisch und deutsch; Forderung einer Hundesteuer S. 60-62. – (3) Stocktragen zu Paris S. 62 f. – (4) Melac, der Hund des Herzogs von Württemberg zu Heidelberg um 1700 S. 63 f. – (5) d'Elbée schlägt vor, zugunsten der „Officier-Wittwen" in Frankreich eine Steuer auf die Schminke einzuführen S. 64. – (6) „Vauxhall" und „Waux-Hall d'Hiver", „Erbfeind" S. 64 f. – (7) Messiers Saturnbeobachtung S. 65. – (8) Abbé Rochons Versuche mit künstlicher Refraktion von der Qualität des isländischen Doppelspats 1780; „Der Aufsatz ist bis jetzt noch nicht gedruckt" S. 65. – (9) Seitenhieb gegen „Rector Voß zu Otterndorf" und seine Theorie der Transgraphierung des griechischen Eta nach der mutmaßlichen Aussprache (siehe oben zu Nr 153). „Diese Abhandlung [Nr 113/VIII] ist gedruckt" [Hierauf antwortete Voß im DM März 1782, S. 229 (Abschnitt ist wiedergedruckt Lauchert S. 73 Anm. 1) – und Lichtenberg replizierte erneut in Nr 177, darin S. 130.] S. 65. – (10) „Comet von seltsamer Art", im März von Herschel entdeckt, beobachtet dann auch von Maskelyne und Messier, de la Lande [der sich dann als der neuentdeckte Uranus herausstellte] S. 65-68. – (11) Bewunderung der „Cariben" für die Verfressenheit der Spanier, diese wieder verglichen mit der der Deutschen S. 68 f. – (12) Herkunft der Kartoffeln: John Hawkins, Walter Raleigh; Gerards Bericht S. 69 f. – (13) Morgues verfertigt für 200 Livres einen Wecker, der zugleich Licht und Kamin anzündet, Bett- und Fenstervorhänge und -läden öffnet S. 70 f. – (14) Hof-Mechanicus Lavocat verkauft für 6 Livres eine Schlinge, um Einsteigediebe zu fangen S. 71 f. – (15) Hautreys Damenhut, dem man alle Formen der Mode geben kann S. 72 (Nichtautorisierter Nachdruck: Nr 185). – (16) Pickel hat durch Elektrizität einem getrennten Muskel „die verlohrne Reizbarkeit wie-

---

67 Wahrscheinlich Druckfehler.

der gegeben" (steht in dessen Dissertation) S. 72. – Daraus die Nrn 2. 5. 13-15
von S. 60-62. 64. 70-72 in den ²VS 6, S. 464-466.] [Jung 125]

†(j) S. 73-87: Preisverzeichniß von südländischen Kunstsachen und Naturalien.
[Verfasser: G. Forster; vgl. Lauchert S. 192, der schon auf Forsters Brief an F. H.
Jacobi vom 11.8.1781 hinweist; ferner Fiedler S. 31: Nr 55. Wiedergedruckt in
Forsters AA 5, 1985, S. 96-102. 818. – Das allgemeiner Einleitende ohne die
Preisliste selbst (eben zu Unrecht als von Lichtenberg) wiedergedruckt in ²VS 6,
S. 317-319. Nicht in ¹VS.]

†(k) S. 88-97: Frankreichs Trauer über Maria Theresia. Beschreibung des Lei-
chen-Gerüstes.
[Keine Quelle für die Beschreibung dieser höfischen Zeremonie angegeben; S. 92
eine „Anm. d. Herausg." In VS nicht wiedergedruckt.] [Jung 126]

†(l) S. 97-103: Gelehrigkeit der Thiere.
[Stern 1959, S. 346 Anm. 30, hält J. F. Blumenbach für möglich („may well have
been the author"), ihm folgt Krumme (ohne Stern zu nennen: Nachwort zum
Neudruck S. [9]); Kroke S. 220 Nr 1014. Wir halten es ebenfalls für wahrschein-
lich. – ²VS 6, S. 319-322. Nicht in ¹VS. – Ein „verschütteter Aphorismus" von
S. 100: Gravenkamp, S. 86.] [Jung 127]

†(m) S. 103-104: Sonderbare Art wilde Enten zu fangen.
[Der erwähnte „französisch[e] Calender" ist wohl der „Calendrier intéressant
pour l'année … ou Almanach Physico-Économique […]. A Bouillon [et à Paris],
aux depens de la Société Typographique", 1770 ff. (keine Digitalisate im Internet
gefunden); hier der Jahrgang 1780, auf den das Journal de Paris 1781, Numéro
110 (Vendredi 20 Avril 1781), S. 445-446 hinweist und den ursprünglichen Bericht im „Calendrier intéressant" verteidigt (Digitalisat: https://gallica.bnf.fr/
ark:/12148/bpt6k1053543z/f3.item). – Wiedergedruckt ²VS 6, S. 305-306; nicht
in ¹VS, deren Hrsgg. die Verfasserschaft Lichtenbergs bezweifelten – vielleicht
ist auch dieser Artikel von Blumenbach verfasst, würde dann bei Kroke fehlen. –
Ein „verschütteter Aphorismus" von S. 103 f.: Gravenkamp, S. 86 f.] [Jung 128]

(n) S. 104-109: Einige Bemerkungen über die Kupferstiche.
[Chodowiecki (siehe oben): Heiratsanträge. 12 Bl.: 1. Der Polnische Vlies L'esc-
lave Pollonois; 2. Der Menoniste Le Menonite; 3. Der Herrnhuter Le Herrnhut; 4. Der
Küster Le Marguilier; 5. Der Fleischer Le Boucher; 6. Der Pächter Le Baillif; 7. Der
Kutscher Le Cocher; 8. Der Schuster Le Cordonnier; 9. Der Schneider Le Tailleur;
10. Der Tanzmeister Le Maitre a danser; 11. Der Fechtmeister Le Maitre d'armes;
12. Der Einfaltpinsel Le Nigaut. – Wiedergedruckt Focke 1901a, S. 24-26; Repr. der
Stiche S. XIII-XV; Ernst 1913, Bd 1: Kupferstiche (unpaginiert); Bd 2, S. 80-87
(Text). GW 2, S. 622-6625 (ohne die Stiche).] [Jung 129]

156. Almanac de Goettingue pour l'année 1782. [Göttingen] chez I. C. Dietrich
[1781].
[Übersetzung des GTC durch Isaac Colom du Clos (vgl. Anm. 12).] (Nicht
paginiert: 6 Kupfer mit Frisur-Moden). – (Nicht paginiert:) Epoques de
l'année 1782. (5 S.) – (Nicht paginiert: Kalendarium 12 x 4 = 48 S. und
12 gezählte Monatskupfer). – (Nicht paginiert:) Jours de naissance de la
Maison Royale. (1 S.).

p. 1-64: Etat présent des Maisons Souveraines, & de celles des Princes les plus considérables de l'Europe. – (Nicht paginiert:) Manuel contenant diverses connoissances curieuses et utiles pour l'année 1782. Orné de tailles-douces par Chodowiecki, avec les modes des Dames, gravées en taille-douce. À Gottingue, chez Jean Chrêtien Dieterich. (1 S.)

p.1-14: Relation la plus nouvelle du Japon, tirée d'une lettre de M. P. Thunberg à M. Joseph Banks. (V. les Transactions Vol. LXX. Part. I.)

p.15-16: Supplément à l'histoire naturelle des chats. Journal de Paris 1781. No. 85.

p. 16-25: De la Grotte d'Antiparos.

p. 25-39: Les Cloches.

p. 40-41: Lettre de Compérage. Addition à l'Article précédent.

p. 42-45: Premieres loix des Assemblées en Russie. (tirées du annual Register for the year 1760.)

p. 45-56: De la Traite des Négres.

p. 56-60: Prix d'une pièce de venaison humaine en divers tems.

p. 60-73: Nouvelles inventions de Modes, curiosités physiques et autres.

p. 74-89: Spécification des prix des choses artificielles, et naturelles dans les pays méridionaux nouvellement découverts. I. Affaires de l'art. – II. Curiosités naturelles.

p. 89-97: Deuil de la France pour Marie Therèse. Description de cette pompe.

p. 97-104: Docilité des Animaux.

p. 104-105: Maniere particuliere de prendre des canards sauvages.

p. 106-112: Quelques remarques sur les tailles-douces.

[Wiedergedruckt Focke 1901b, S. 24-26; Repr. der Stiche S. XIII-XV.]

p. 113-114: Comparaison de chaque Marc ou Livre du poids de l'or, de l'argent, de la monnoye, et du commerce de plusieurs lieux, par grains ou parties nommées as, poids de Troyes d'Hollande. – p. 115-116: Miles. – p. 116-117: Mesures des Grains en pouces cubes de Paris. – p. 117-118: Monnoyes. – p. 119-121: Longitude et Latitude géographique de divers endroits. – p. 121-122: Table des Matieres. – p. 123: Avertissement.

1782
GMWL Jg 2, 4. St.

157. Göttingisches Magazin der Wissenschaften und Litteratur. [...] Zweyten Jahrgangs viertes Stück. Mit einem Kupfer. Göttingen, bei Johann Christian Dieterich, 1781.

[Erschienen Herbst 1781. Darin von anderen Verfassern:]
I. Inventarium. Weylandt deß Edlen Ehrnuesten und Hochgelehrten Hrn. Johann Käplers, Röm. Kays. Maystt. auch Ihr Fürstl. Gnaden von Friedtlandt, wohlbestelten Mathematici, seel. Verlassenschaft. Sub Anno 1630. S. 1-21 (Mit-

geteilt von „Prof. Ostertag in Regensburg"; darüber Lichtenberg in einer Fuß-
note S. 1 – sie ist wiedergedruckt Lauchert S. 71; angehängt ist von A. G. Kästner,
der auch die Anm. lieferte: Etwas über Keplers Glücksumstände. S. 10-21).
II. [H. J. Hinze? In Warberg:] An den Hm. dR. zu Br. Zweyter Brief [siehe oben
Nr 152/IV] S. 21-38.
III. System des Empedokles. Von Tiedemann. S. 38-71 [vgl. über diesen Aufsatz
Lichtenberg an Forster [2.10. 1781], Bw 2, S. 263: Nr 859.]
IV. Hrn. Prof Schlözers vorläufige zerstreute Anmerkungen, zu Hrn. Beckers
Schreiben über Wasern und dessen Proceß. S. 72-93 [siehe oben Nr 150/I.]
V. Prof. [Johann Friedrich] Blumenbach, über die Liebe der Thiere. S. 93-107
[vgl. Kroke Nr 801].
VI. Etwas zur Verbesserung der Feldgestänge ... von G. H. Hollenberg. S. 108-
120.
VII. Ueber die Republik St. Marino aus [J.] Addisons Beschreibung seiner italie-
nischen Reise gezogen. Von W. G. B.[ecker]. S. 120-128.
IX. Prof. [Johann Friedrich] Blumenbachs Anzeige verschiedner vorzüglicher
Abbildungen von Thieren in älteren Kupferstichen und Holzschnitten. S. 136-
156 [vgl. Kroke Nr 802.]
[Im inneren Heftumschlag, vorn beginnend, hinten fortgesetzt: Der Verleger
Siegfried Leberecht Crusius fordert am 1.7.1781 zur Pränumeration der Schrif-
ten von L. C. Schmahling zu Osterwieck bis Ende September auf.]

Das Stück enthält von Lichtenberg:

158. [Einleitung zu:] I. Inventarium. Weylandt deß Edlen Ehrnuesten u. Hoch-
      gelehrten Hrn. Johan Käplers [usw.] sub anno 1630. In: GMWL 2 (1781),
      4. St., S. 1.
      [Nicht wiedergedruckt.]

      [Jung 112]

159. VIII. Prof. Lichtenbergs Anmerkungen über einen Aufsatz des Hrn. Tibe-
      rius Cavallo in den Philosoph. Transactions Vol. 70. P. I. p. 15. In: GMWL 2
      (1781), 4. St., S. 129-136.
      [Wiedergedruckt durch Pupke, S. 48-51. – Bezieht sich auf Cavallos Abhandlung
      An Account of some new experiments in electricity, with the description and use of
      two new electrical instruments. In: Philosophical transactions 70 (1780), P. 1, S. 15-
      29. – Dazu Hahn, S. 43: „Lichtenberg sorgte persönlich dafür, daß Cavallo von
      der Entgegnung Nachricht erhielt, und so findet man denn in der späteren Auf-
      lage von Cavallos großem Lehrbuch [s. dazu oben Nr 95 f.] [...] einen längeren
      Abschnitt, der Lichtenbergs Entdeckung gerechter wird."]

      [Jung 113]

GMWL Jg 2, 5. St.

160. Göttingisches Magazin der Wissenschaften und Litteratur. [...] Zweyten Jahrgangs Fünftes Stück. Göttingen, bei Johann Christian Dieterich, 1782. [Erschien Januar „1782". Darin von anderen Verfassern:]
I. Ueber die deutsche Litteratur. (Von A. W. Rehberg, siehe GMWL Jg 3, 4. St., S. 576ff.). S. 157-188. –
II. Nachrichten von der Insel Sardinien. Von [C. J.] Jagemann. S. 189-229. –
III. [C. F. Schröder:] Beschreibung eines Versuchs bald nach dem Herbst-Aequinoctio auf den Brocken zu reisen. S. 229-252. –
IV. N. N.: Etwas über die polnische Sprache. S. 253-268. –
V. [Georg Forster:] Des Schifshauptmanns Forrest zerstreute Nachrichten von der Insel Magindanao. S. 268-309 [Gezeichnet „G. F.". Vgl. Fiedler S. 32: Nr 62. Wiedergedruckt Forster AA 5, 1985, 103-123. 818].
Inhalt S. [322]
[Unpaginiert angeheftet zwei doppelseitig bedruckte Blätter mit gleichem Satzspiegel wie das GMWL (ca. 13,3 X 7,1 cm) und ähnlicher Schrift:
„Nachricht." Philippine Engelhard geb. Gatterer fordert am 26.11.1781 (gegen ermäßigten Preis) zur Subskription ihrer „Gedichte" auf;
„Avertissement." Johann Carl Volborth kündigt am 10.1.1782 für Ostern den Beginn eines zweimal jährlich erscheinenden Referatenorgans „Nova Bibliotheca philologica et critica" bei Dieterich in Göttingen an; sowie eine dritte gleichfalls unpaginierte „Nachricht", diesmal mit anderer Schrift und größerem Satzspiegel (ca. 16,5 X 9 cm), mit der Ankündigung des Buchs von einem „Officier":
„Von dem [nachher erschienen als: „Anleitung zum"] Aufnehmen und Zeichnen der Gegenden ganz vorzüglich zu militärischem Gebrauch" in zwey Theilen aufgesetzt [nachher als: „verfertigt"]; „wo nicht eher, doch künftige Michaelismesse, 1782" [erschien mit Jahr 1783]; datiert und gezeichnet „Göttingen, den 17 December, 1781. Joh. Chr. Dieterich."
Ferner wird auf der Innenseite des Umschlags vorn angezeigt, dass soeben Übersetzungen zweier Bücher aus dem Italienischen durch L. Fr. B. Lentin erschienen seien: C. J. Damilano: „Abhandlung über den Friesel im Piemontesischen" und Michele Sarcone: „Von den Kinderpocken und der Nothwendigkeit die Ausrottung derselben zu versuchen" (besaß L: BL 1982, S. 157: Nr 892).]

Das Stück enthält von Lichtenberg:

161. VI. Noch ein Wort über Herrn Ziehens Weissagungen. In: GMWL 2 (1781), 5. St., S. 309-321.
[Siehe oben Nr 133. – ¹VS 4, S. 229-248. ²VS 5, S. 14-27. GW 2, S. 318-326. – Bei Schimpf 1993, S. 228: Nr 18; ist eine Erwiderung auf Schimpf 1993, S. 231: Nr 47. – Zur Textkritik: Lauchert S. 75.]

[Jung 114]

162. [Vorlesungsankündigung Lichtenbergs zum Sommersemester 1782 (Beginn: 15.4.). Lateinisch im „Catalogus Praelectionum", datiert vom herausgebenden „Prorector Joannes Andreas Murray": „Kal. Mart." [1.3.] 1782, p. VII; deutsch in:] GGA 1782. 33. St. vom 18.3., S. 266-268.
[Regest mit deutschen und lateinischen Zitaten: Cardanus S. 61 f.]

GMWL Jg 2, 6. St.

163. Göttingisches Magazin der Wissenschaften und Litteratur. [...] Zweyten Jahrgangs sechstes Stück. Göttingen, bei Johann Christian Dieterich, 1782. [Erschien April 1782. Darin von anderen Verfassern:]
I. Ueber den Gebrauch, den Seeleute im Sturm von Oehl machen, das Brechen der Wellen zu verhindern. Von J. [recte: C.] G. D. Müller. S. 323-341.
II. Ungenannter an [F. C.] Fulda. Ueber die Aussprache des Deutschen. S. 342-348.
III. [A. Court de Gébelin:] Ueber den Ursprung und die Bedeutung der Tarok-Charten. S. 348-377.
IV. Von Eisen-Proben. Von J. C. Ilsemann. S. 377-409.
V. Einige zerstreute Bemerkungen über die Fähigkeiten und Sitten der Wilden, von Prof. [Johann Friedrich] Blumenbach. S. 409-425 [vgl. Kroke Nr 803.]
VII. [J. T. Dillon (Verf.):] Vorrechte des spanischen Adels. Von G. Forster [übersetzt und bearbeitet]. S. 435-447 [gezeichnet „G. F." Auszug aus: Letters from an English traveller in Spain in 1778 on the origin and progress of poetry in that kingdom. Vgl. Fiedler S. 32: Nr 63. Anscheinend nicht wiedergedruckt.]
VIII. Einige Ungleichheiten und Veränderungen, welche die Vergleichung der berühmtesten Sternverzeichnisse mit dem Himmel, in Ansehung verschiedener Zodiacalsterne zeiget. Von J. A. Koch. S. 448-459. [Über diesen Aufsatz vgl. Lichtenbergs Brief an G. H. Hollenberg vom 25.4.1782 (Bw 2, S. 313: Nr 906).]
Inhalt. S. [464]
Nachricht an das Publicum [an S. 464 angeklebtes doppelseitig bedrucktes Werbeblatt, gezeichnet „Göttingen, den 6. Merz, 1782. J. C. Dieterich": Mitteilung über Wrisbergs Hebammenkunst, die als „System der Geburtshilfe und der Krankheiten des schönen Geschlechts, ohngefähr aus vier Bänden in 8vo bestehen wird" und „künftige Michael Messe" zu erscheinen beginnen solle.]

Das Stück enthält von Lichtenberg:

164. VI. Nachricht von einigen allhier angestellten Eudiometrischen Beobachtungen. In: GMWL 2 (1781), 6. St., S. 426-434, 2 Falttaf.
[Nicht wiedergedruckt. Vgl. [1]VS 9, S. X f.]

[Jung 115]

165. IX. Nachrichten. In: GMWL 2 (1781), 6. St., S. 461-463.
[Nr „1)" ist von F. Hemsterhuis; „2)" bis „5)" sind von Lichtenberg: „2)" Noothische Maschinen aus Schorborn (wiedergedruckt Joost 2023b, S. 200); „3)" Über

Delucs neues Hygrometer; „4)" Verkaufsangebot einiger kostbarer Bücher durch die „Frau Professorin Reiske" in „Bornum bey Braunschweig"; „5)": Lichtenbergs Bitte um Entschuldigung wegen mangelhafter Antwort auf Einsendungen bzw. deren nicht erfolgter Publikation; Ankündigung der gleichfalls durch Krankheit verzögerten, wiewohl geplanten Fortsetzung des Orbis pictus (wiedergedruckt Lauchert S. 76).]

[Jung 116]

166. Lamberts und Lichtenbergs Briefwechsel. In: Johann Heinrich Lambert: Deutscher gelehrter Briefwechsel. Hrsg. von Johann Bernoulli. Bd 2, Berlin: bey dem Herausgeber; Dessau: in der Buchhandlung der Gelehrten 1782, S. XXXVI-XLIII [Inhaltsverzeichnis mit Regesten]. S. 457-483.
[Im Einzelnen: XXXV. Brief. Lichtenberg an Lambert. Stade den 14ten Septmbr. 1773: S. 457-461 (nach der Hs wieder im Bw 1, S. 376-379: Nr 202.) – XXXVI. Brief. Lambert an Lichtenberg. Berlin, den [?]ten Septbr. 1773.: S. 461-465 (vollständig zuerst im Bw 1, S. 394-396: Nr 209.) – XXXVII. Brief. Lichtenberg an Lambert. 1ten Merz 1774.: S. 465-471 (wieder im Bw 1, S. 437-441: Nr 239.) – XXXVIII. Brief. Lambert an Lichtenberg. Berlin, den 15ten Merz 1774.: S. 471-475 (vollständig zuerst im Bw 1, S. 442-444: Nr 241.) – XXXIX. Brief. Lichtenberg an Lambert, – – [=3.] April 1774.: S. 476-479 (wieder im Bw 1, S. 447-449: Nr 244.) – XXXX. Brief. Lambert an Lichtenberg. Berlin, den . . . [16.] April 1774.: S. 479-483 (wieder im Bw 1, S. 453-456: Nr 246). – Das Vorwort des Herausgebers ist datiert „3ten May 1782.": Der Band ist also erst zur Jubilate-Messe 1782 erschienen. Gemäß BL 1982, S. 48 Nr 224 besaß Lichtenberg bei seinem Tod noch ein Exemplar dieses Buchs.]

167. **London.** [Anonyme Sammelrezension über:] (Philosophical Transactions of the Royal Society of London Vol. 70, 1780,) [Darin von Lichtenberg **zur Naturlehre:**] Nr 20, S. 334-337. [Über:] Edward Nairne [An Account of the effect of electricity in shortening wires]. In: GGA 1782. Zugabe, 21. St. vom 25.5., S. 325 f.
[Anonym gedruckt; Verfasserschaft bestimmt nach dem Göttinger Handexemplar der GGA (danach Hahn, S. 84; Guthke 1963, S. 336: Nr 17) bzw. dem Tübinger Handexemplar (Fambach 1976, S. 101).]

[Jung 147]

168. **London.** [Rezension über:] Charles Viscount Mahon: Principles of electricity containing divers new theorems and experiments together with an analysis of the superior advantages of high and pointed conductors. London 1779. In: GGA 1782. Zugabe, 22. St. vom 1.6., S. 337-346.
[Anonym gedruckt; Verfasserschaft bestimmt nach dem Göttinger Handexemplar der GGA (danach Hahn, S. 84; Guthke 1963, S. 336: Nr 18) bzw. dem Tübinger Handexemplar (Fambach 1976, S. 101). – Zu dieser Rezension finden sich hds. Vorarbeiten und ein Paralipomenon im Nachlass: Ms. Lichtenberg VII O Bl. 42 r. + v. bzw. 52 f. r. + v. (Publikation geplant).]

[Jung 148]

169. [Vorlesungsankündigung Lichtenbergs zum Wintersemester 1782/1783 (Beginn: 14.10.). Lateinisch im „Catalogus Praelectionum", datiert vom herausgebenden „Prorector Jo. Christoph. Gatterer": „Kal. Septemb." [= 1.9.] 1782, p. VI; deutsch in:] GGA 1782. 118. St. vom 28.9., S. 954.
[Regest mit deutschen und lateinischen Zitaten: Cardanus S. 62.]

GTC für 1783

170. Goettinger Taschen Calender vom Jahr 1783. [Göttingen] bey Joh. Chr. Dieterich. [1782].
[Gestochener Kupfertitel: Chronos (wie GTC für 1781); gezeichnet: „Thoenert sc.[ulpsit]")] 16 ungezählte Modekupfer[68] (teilweise gezeichnet „Rosmaesler à Dresden" (1. 2. 11. 12 „del sc."), Riepenhausen (erstmalig im GTC mit 9. 10. 13. 14.; von ihm wohl noch die ungezeichneten Kupfer 5.-8.), Thoenert (3. 4. „sc."), Endner (15. 16. „del et sc."). 8 ungezeichnete S.: Zeitrechnung auf das Jahr 1783. 48 ungezeichnete S.: [Kalendarium]. – 12 Monatskupfer (nur der erste gezeichnet: „D. Chodowiecki del. et sc.[ulpsit]") [= Engelmann 1857, Nr 440. Bauer, Nr 937-948]: (Zwölf Bilder von Narren; siehe unten). – S. 1 [= D5]: Geburtstage des Kön. Großbrittanisch. Chur-Braunschweig-Lüneburgischen Hauses; S. 2-72: Genealogisches Verzeichniß der vornehmsten jetzt lebenden hohen Personen in Europa.
[Zweiter Titel, = a1]: Taschenbuch zum Nutzen und Vergnügen fürs Jahr 1783. Mit Kupfern von Chodowiecki, nebst den neuesten Frauenzimmer- und Manns-Kleidungen, in Kupfer. Göttingen, bey Johann Christian Dieterich. S. 1-99: [Kalender-Aufsätze, siehe unten]; S. 100-110: Münzen, Maße, geogr. Lageangaben; S. 134-135: Inhalt; S. 136: [Buchhändlerische] Nachricht [des Verlegers Dieterich über Preise, Rabatte und Ausstattung des GTC].
[Aus dem „Roten Buch" (siehe Siglenverzeichnis und zu Nr 181) fließt nur eine hds. Notiz ein. – Lit.: Lauchert S. 80-83; Grisebach 1913, S. 368: Nr 1515; Köhring S. 154; Lanckoronska/Rümann S. 15; Baumgärtel 452 (unvollst.); Jung 151-158; Engelmann 440; Bauer, Nr 937-948; Fiedler S. 32: Nr 66. – Denekes Lichtenberg-Schrank Nr 16. Gumbert-Auktion 1985, Nr 2593. – Zum GTC allgemein vgl. Anm. 11.]
Rezensionen: [A. G. Kästner]: GGA 1782, 126. St. vom 17.10., S. 1017-1019. – N. N.: NZGS 1782, 83. St. Vom 17.10., S. 678. – AVBA IV. St. 1783, S. 302 f. – Bk. [= J. J. Eschenburg]: ADB Bd 54 (1783), S. 143 f. – Tristram [d.i. Johann Alois Martini Laguna:] Abschied von meinem Almanach, 1783, am 31. December. In: Litteratur und Völkerkunde 1786, Bd 8, S. 1070-1078.

---

68 Coeffures de Dresde (2); de Berlin (2); de Leipsic (4); Angloises (1) usw.; künftig nicht eigens hervorgehoben.

(a) S. 3-11: Von dem neuen Planeten.

[In VS nicht wiedergedruckt.] [Jung 151]

†(b) S. 11-36: Das Königreich Jaccatra.

[Auf der Insel Java; entnommen aus den „Verhandelingen van het bataviaasch Genootschap der Konsten en Wetenshapen. I. Batavia 1779." Die Fußnoten sind unterzeichnet mit „F." = Georg Forster; auch die Übersetzung dürfte von ihm stammen, jedenfalls nicht von Lichtenberg, der z.B. das Wort „ohnerachtet" (p. 32) seit 1776 nicht mehr gebraucht (stattdessen: „ungeachtet"). – Vgl. Fiedler S. 32: Nr 66; die Einleitung wiedergedruckt Forster AA 5, 1985, 124f. 818.]

(c) S. 36-39: Hängende Gärten zu Paris.

[Unautorisiert nachgedruckt in Nr 232. – Nicht in VS.] [Jung 152]

(d) S. 40-45: Proben seltsamen Aberglaubens.

[^{1}VS 4, S. 474-481. ^{2}VS 5, S. 283-287. Erläutert wiedergedruckt durch Ulrich Joost im Lichtenberg-Jahrbuch 2004, S. 7-10, eingehend im historischen Kontext interpretiert durch Karin Barton ebd. S. 11-23. – Ein „verschütteter Aphorismus" von S. 41: Gravenkamp, S. 87.] [Jung 153]

†(e) S. 46-48: Tabelle die Hofnung der Jungfern zu berechnen.

[^{2}VS 6, S. 342-344. Nicht in ^{1}VS. – Nicht von Lichtenberg: Geht zurück auf den Beitrag „Zur Staats-Rechenkunst" in Schlözers „Briefwechsel meist historischen und politischen Inhalts" 1777, Theil II, Heft XII, Nr 58, S. 378-381, wo auch die schwedische Quelle angegeben ist. – Das erklärt zugleich, wieso der Artikel zuvor im Lauenburger Taschenkalender für 1779 erscheinen konnte: dort S. 84-85 (unter dem Titel: „Wahrscheinliche Hoffnung alter Jungfern")]. [Jung 154]

(f) S. 48-77: Kurze Geschichte einiger der merkwürdigsten Luftarten.

[1. Dephlogisierte Luft (Herrn Scheelens Feuerluft, sehr reine athembare Luft = Sauerstoff O) S. 51-55. – 2. Fixe Luft, Luftsäure (= Kohlendioxid, CO_2) S. 55-58. – 3. Inflammable Luft (= Wasserstoff, H) S. 58-61. – 4. Salpeter Luft (= Stickoxid, NO) S. 61-67. – 5. Vitriolsaure Luft (= Schwefeldioxid, SO_2), besser Schwefelluft oder phlogistirte Vitriolsäure S. 67-70. – 6. Die Salzsaure Luft (= Chlorwasserstoff, HCl), Seesaure, saure Kochsalzige Luft, luftige Salzsäure S. 70-72. – 7. Die Essigsaure Luft (= konzentrierte Essigsäure, aber auch vitriolsaure Luft); Essig-Luft; vegetabilische saure Luft 73. – 8. Die Laugensalzige Luft S. 74-75. – 9. Flußspathsaure Luft (= Fluorwasserstoff, HF), Spath-Luft S. 75-77. – Nicht in VS wiedergedruckt. Im Brief an F. F. Wolff, 2.1.1783 (Bw 2, S. 500: Nr 1013) weist Lichtenberg auf einen Druckfehler hin: „S. 56 Zeile 5. Muß statt Lufft bey Raum <u>lufftleeren Raum</u> stehen"; wiederholt das mit einem weiteren Versehen noch einmal 11 Monate später ([18.? 12. 1783] Bw 2, S. 803: Nr 1220). – Vermutlich autorisiert nachgedruckt in Nr 180; wahrscheinlich unautorisiert in Nr 219; ins Dänische übersetzt: Nr 267. Siehe auch Nr 378.] [Jung 155]

†(g) S. 78-87: Kurze Uebersicht der von den Europäern auf der Südsee gemachten Entdeckungen.

[In VS nicht wiedergedruckt. – Verfasser: Forster? (Fiedler kennt es aber offenbar nicht).] [Jung 156]

(h) S. 87-91: Neue Erfindungen und andere Merkwürdigkeiten.

[Weder Bezifferung noch Titel von Lichtenberg.]
[(1) Über den Physiker Carra, der eine neue (doppelt so lange) Umlaufzeit des Mondes berechnet hat („wenigstens neu"); überhaupt mache man in Frankreich

seltsame Entdeckungen (Wünschelrute, Quellensehen, Luftfahrt) (S. 87f. – (2) Wedgwoods neues Thermometer für hohe Temperaturen; aus Keramik (ausführlicher in Nr 179; dort S. 313-315) S. 88. – (3) F. F. Wolffs Verfahren, Schießpulver uneingesperrt zu zünden (Publikation angekündigt für Gothaischens Magazin) (vgl. VNat 6, S. 220f.: Nr 273) S. 89 – (4) Nairne zu London hat den Ferguson'-schen Schwung-Tisch verbessert; dessen Preis (Ankündigung einer Beschreibung von Kirchhof) (vgl. VNat 6, S. 15-28: Nr 23) S. 89. – (5) Ventile für Luftpumpen in England aus Wachs-Taft S. 89f. – (6) Uhrmacher Harmsen [korrigiert in Nr 204 (e)8] zu Hannover konstruiert elektrischen Kegelschieber (vgl. VNat 6, S. 248: Nr 304) S. 90. – (7) Federmesser-Klinge mit Taschenuhr-Feder elektrisch verschweißt; Hinweis auf Publikation des Versuchs im GMWL (unten Nr 179, dort S. 306-310) S. 90. – (8) Professoren Forster und Soemmerring haben Versuche mit Johanniswürmchen in dephlogistisierter Luft (Sauerstoff) angestellt. Hinweis auf Publikation im GMWL (unten Nr 178/V) S. 90. – (9) Poinsinet Desivry hat den neuen Planeten auf den Namen Cybele getauft S. 90f. – Nichts davon in den VS wiedergedruckt.] [Jung 157]

(i) S. 91-99: Erklärung der Kupferstiche.

[Chodowiecki (siehe oben): 12 Bl. Centifolium Stultorum vom Pater Abraham von Santa Clara: 1. Astrologischer oder Nativität Narr. Astrologue; 2. Abergläubiger-Narr. Fou-Superstieux; 3. April-Narr. Poisson d'Avril; 4. Artzney-Narr. Malade imaginaire; 5. Bad-Narr. Manie des Bains; 6. Auffrührischer-Narr. Fou-seditieux; 7. Bau-Narr. Manie de bátir; 8. Aufschneidrischer-Narr. Fanfaron; 9. Credit-Narr. Folie de faire Crédit; 10. Complimentir-Narr. Fou-Complimenteur; 11. Verliebter-Narr. Fou amoureux; 12. Calender-Narr. Manie d'Almanacs. Wiedergedruckt Focke 1901a, S. 27f.; Repr. der Stiche S. XVI-XVIII; Ernst 1913, Bd 1: Kupferstiche (unpaginiert); Bd 2, S. 88-100 (Text). GW 2, S. 626-631 (ohne die Stiche).] [Jung 158]

171.   Almanac de Goettingue pour l'année 1783. [Göttingen] chez I. C. Dietrich [1782].
[Übersetzung des GTC durch Isaac Colom du Clos (vgl. Anm. 12).] (Nicht paginiert: 15 Kupfer, vor allem Frisur- und Modekupfer). – (Nicht paginiert): Epoques de l'année 1783. (8 S.) – (Nicht paginiert: Kalendarium 12 x 4 = 48 S. und 12 gezählte Monatskupfer). – p. 1: Jours de naissance de la Maison Royale. (1 S.) – p. 2-71: Etat présent des Maisons Souveraines, & de celles des Princes les plus considérables de l'Europe. – (Nicht paginiert:) Manuel contenant diverses connoissances curieuses et utiles pour l'année 1783. Orné de tailles-douces gravées par Chodowiecki, avec les modes les plus modernes des Dames, et des Cavaliers gravées en taille-douce. À Gottingue, chez Jean Chrêtien Dieterich. (1 S.)

p. 3-11: De la nouvelle Planéte.

p. 11-37: Du Royaume de Jaccatra.

p. 38-40: Jardins en l'air.

p. 41-46: Exemples d'une superstition singulière.

p. 46-49: Tablettes pour calculer les espérances des Dames.

p. 49-78: Histoire abrégée des espèces d'air les plus remarquables. 1) Air déphlogistique (selon M. Scheele air ignée, air très-épuré respirable). – 2) Air fixe.

Acide aérien. – 3) Air inflammable. – 4) Air nitreux. – 5) Air acide Vitriolique, ou plutôt acide sulphureux volatil, ou acide vitriolique phlogistique. – 6) Air acide marin, air acide salin, acide salin, acide salin acriforme. – 7) Air acide acéteux, ou Air acide végétal. – 8) Air alcali-volatil. – 9) Air acide spathique.

p. 79-88: Court Exposé des découvertes faites par les Européens dans l'océan méridional.

p. 89-92: Nouvelles découvertes et autres choses remarquables.

p. 93-101: Explication des tailles-douces.

[Wiedergedruckt Focke 1901b, S. 27 f.; Repr. der Stiche S. XVI-XVIII.]

p. 102-103: Comparaison de chaque Marc ou Livre du poids de l'or, de l'argent, de la monnoye, et du commerce de plusieurs lieux, par grains ou parties nommées as, poids de Troyes d'Hollande. – p. 104-105: Miles. – p. 105-106: Mesures des Grains en pouces cubes de Paris. – p. 106: Autres mesures des Solides. – p. 106-107: Monnoyes. – p. 108-110: Longitude et Latitude géographique de Livres [!] endroits. – p. 109-111: Table des Matieres. – p. 112: Avertissement. Erratum.

172. [Lichtenberg an Johann Elert Bode, 1. Juli 1782. Auszugsweise vom Empfänger publiziert:] Ueber den im vorigen 1781sten Jahr entdeckten neuen Planeten. In: Astronomisches Jahrbuch für das Jahr 1785. Hrsg. von J. E. Bode. Berlin 1782, S. 182-191, hier S. 191.
[Durch eingeschobene Kommentare unbedeutend verändert wiedergedruckt in Nr 230; dann wieder Brosche 1982, S. 60 f. und im Bw 2, S. 375: Nr 929. – Gemäß BL 1982, S. 54 Nr 263 und 264 besaß Lichtenberg noch bei seinem Tod je ein Exemplar von Jahrbuch-Aufsatz und Buch.]

173 Aus einem Schreiben des Herrn Prof. Lichtenberg an Herrn Hofrath [Abraham Gotthelf] Kästner, vom 1. Sept. 1781. (S. Seite 189 [des BAJ]). In: Astronomisches Jahrbuch für das Jahr 1785. Hrsg. von J. E. Bode. Berlin 1782, S. 192.
[Wiedergedruckt von Brosche 1982, S. 60; dann im Bw 2, S. 247 f.: Nr 851.]

*173a. Verhandeling over de Physionomiekunde. Amsterdam: Doll 1782.
[Nicht autopsiert. Der Übersetzer ist nicht bekannt. Hier nach Jacob Voegen van Engelen (1756-ca. 1796): Genees-natuur en huishoudkundig kabinet. Leyden: J. van Tiffelen, [und] B. Onnekink. 3. Deel (1782), S. 331 f.: „Van het getal dier laatste [Aus der Zahl derer, (die die Physiognomie ablehnen)] is der Heer | Lichtenberg". Es ist nicht ganz klar, ob sie der 1. (Nr 70) oder 2. (Nr 72) Auflage folgt.]

GMWL Jg 3, Gesamtübersicht und 1.-2. St.

174. Göttingisches Magazin der Wissenschaften und Litteratur. [...] Göttingen, bey Johann Christian Dieterich, 3. Jg 1782[-1783].
[Lit.: Fiedler S. 29: Nr 45.]

Tabellarische Übersicht über die tatsächlichen Erscheinungsdaten des Jg 3 des GMWL („1782"; ab dem 3. St.: „1783") und die Verteilung der Bände, Stücke (=Hefte) und Seiten:

Bd 1,

1. St. (1-172): zwar im September fertig, war es wegen Erkrankung Lichtenbergs liegen geblieben, wurde zusammen mit dem 2. St. ausgegeben (siehe Bw 2, S. 433. 464: Nr 970. 988).

2. St.: Mitte Dezember 1782 (siehe Bw 2, S. 464: Nr 988 („2 Stücke auf einmal werden ehestens fertig". S. 471: Nr 994 (25.11.: „wird am lezten Blatt des Magazins gesezt"). Bw 2, S. 472: Nr 995 (28.11.: „die beyden Stücke […] abgedruckt"). Bw 2, S. 478: Nr 1001 (12.12. „Aus einem groben Versehen […] erst mit dieser Woche fertig"); das bestätigt Christoph Daniel Ebelings Rezension vom Jan. 1783 (S. zu Nr 177 bzw. zu deren Abdruck im Lichtenberg-Jahrbuch 2018, S. 316: „ist zu Ende des vorigen Jahres herausgekommen"). Der Druck verzögerte sich durch das 1. St., denn in Nr 170 (h)7f. werden Nr 178/V und Nr 179 als bereits erschienen suggeriert: „befindet sich im 2ten St. des Göttingischen Magazins".

3. St. (319-481 und 1 S. Druckfehler): Jan.? 1783 (siehe Bw 2, S. 478: Nr 1001 vom 12.12.1782: „vom 3. Stück sind schon 3 Bogen gedruckt", also bis S. 366. – Bw 2, S. 526: Nr 1033 vom 17.2.1783: „mit dem dritten 3. Stück ist's mir sonderbar gegangen […] im nächsten […], von dem schon 2 Bogen gedruckt sind".).

Bd 2,

4. St. (IV, 483-636): Ende März / Anfang April 1783 (Vorrede datiert vom 22.3.1783); Bw 2, S. 583: Nr 1060 kündigt er den Versand am 6./7.4. an. Siehe auch zum 3. St..

5. St. (637-796): Sept. 1783 (siehe Bw 2, S. 708: Nr 1150 vom 29.9.: „ist heraus"); S. [795 f.]: „Ankündigung eines neuen medicinischen Journals." Durch E. G. Baldinger, datiert „Cassel am 10 Sept. 1773" [recte: 1783]).

6. St. (801-958): Ende März? 1784 (Terminus ante quem non: S. 940: „heute, 18.2.").

Rezensionen über den Jg 3 („1782", ab dem 3. St. „1783"):

1. St.: N.N.: N.N.: BZ 1783, I. St. vom 2.1., S. 9f. – EGAuN 1783, VI. St. vom 4.2., S. 51-53. – N.N.: AVBA 1783, III. St., S. 220f.

2. St.: .N.: BZ 1783, II. St. vom 9.1., S. 30. – N.N.: EGAuN 1783, IX. St. vom 25.2., S. 75-77. – NN.N.: AVBA 1783, VI, St., S. 462f.

1.-3. St.: N.N.: NCN vom 7.6.1783, S. 181-183.

3. St.: N.N.: EGAuN 1783, Bd 38, 26. St. vom 24.6., S. 223f.

1.-4. St.: [G. Forster]: GGA 1783, 123 St. vom 2.8., S. 1227-1230 [im Auszug wiedergedruckt Lauchert S. 89]. – GGZ 1783, 81. St. vom 8.10., S. 665-668. – Zf. [= A. G. Walch in Schleusingen]: ADB Bd 57, 1. St. (1784), S. 275-281.

3.-4. St.: N.N.: AVBA 1783, VII. St., S. 537f.

5. St.: [G. Forster]: GGA 1783, 180. St. vom 8.11., S. 1801-1805. – N.N.: AVBA 1783, IX. St., S. 697f.) – Gezeichnet: Pk [= A. G. Walch in Schleusingen]: ADB, Bd 61 (1785), 2. St., S. 596-598. – N.N.: MJ, 1. Bd 1785, 1. St., S. 45.

4.-6. St.: N.N.: NCN vom 6.11. 1784, S. 356-358.

5.-6. St.: N.N.: Historische Literatur 1784, Band 4, S. 364.

6. St.: [G. Forster]: GGA 1784, 74. St. vom 8.5., S. 737-739. – N.N.: NZGS 1784, 44. St. vom 31.5., S. 363f. – N.N.: AVBA 1784, VII. St., S. 536f. – Zf [= A. G. Walch in Schleusingen]: ADB, Bd 62, 1. St. (1785), S. 295-297. – N.N.: MJ, 1. Bd 1785, 2. St., S. 37f.

175. Göttingisches Magazin der Wissenschaften und Litteratur. [...] Dritten
      Jahrgangs Erstes Stück. Göttingen, bey Johann Christian Dieterich, 1782.
      [Erschien Dezember 1782, ausgegeben zusammen mit dem 2. St. Darin von an-
      deren Verfassern:]
      I. N.N.: Versuch eines Beweises für Gottes Daseyn. S. 1-18.
      II. Joh. Augustin Kritters Probe über die Richtigkeit seiner neuesten Berechnun-
      gen für die Weimar- und Eisenachischen Wittwen-Cassen aus Erfahrungen von
      167 und 154 Ehepaaren, welche in den Städten Oldenburg und Delmenhorst
      vom Jahr 1730 bis 1740 copulirt, und im Jahr 1780 beynahe völlig ausgestorben
      waren. (mit Tabellen). S. 19-42. [Fortgesetzt mit Nr 178/VI; beantwortet durch
      Nr 189/I.]
      III. N.N.: Ueber die Theorie der Schönheit. S. 42-61.
      Inhalt. S. [172].

Das Stück enthält von Lichtenberg:

176. IV. Ueber einige englische Dichter und ihre Werke, aus [Samuel] Johnson's
      Prefaces biographical and critical to the works of the english poets London
      1781. In: GMWL 3 (1782), 1. St., S. 62-100.
      [S. 62-64: Einleitung; S. 64- 100: „Alexander Pope.". [1]VS 4, S. 256-315, wo ein
      Dutzend offenbare Druckfehler des Erstdrucks schon stillschweigend korrigiert
      sind; dem folgt [2]VS 5, S. 33-70 (unter dem Titel: Nachricht von Pope's Leben und
      Schriften"). Nicht fortgesetzt. – Knapp 20 Varianten zu [2]VS bei Lauchert S. 76f.,
      von denen einige Emendationen der Hrsgg. berechtigt zu sein scheinen.]
      [Jung 130]

177. V. Ueber Hrn. Vossens Vertheidigung gegen mich im März / Lenzmonat
      des deutschen Museums 1782. In: GMWL 3 (1782), 1. St., S. 100-171.
      [Mit dem wortspielerisch verballhornten Hamlet-Zitat als Motto: „To *bäh* or not
      to *bäh*, that is the Question". – [2]VS 4, 266-332; nicht in [1]VS; GW 2, S. 139-190.
      Nicht in den SB 3, aber (nach VS und damit sehr fehlerhaft) in Mautner 2, 402-430.
      Buchstäblich und mit Paginierung des Erstdrucks sowie zahlreichen Erläuterun-
      gen nur bei Fambach 1959, S. 230-238 (siehe oben zu Nr 153); er hat aber die sieben
      „Druckfehler und Verbesserungen" am Schluss des 3. St. S. [483] nicht gekannt,
      sondern nur drei davon nach Lauchert S. 78-80 berichtigt (wie die verräterisch fal-
      schen Seitenzahlen in Fambachs Anmerkungen zu GMWL-Nachweisen deutlich
      zeigen – sie sind versehentlich auf Lauchert bezogen), vier weitere gar nicht gese-
      hen. Jene „Verbesserungen" listet Lauchert a.a.O. zusammen mit den Varianten
      von VS auf und gibt schon einen Grundriss der Publikationsgeschichte. –
      Auf Lichtenberg reagierte Christoph Daniel Ebeling mit einer als Rezension des
      GMWL-Hefts getarnten ironisch-satirischen Invektive, in: Beyträge von gelehr-
      ten Sachen zu der Hamburgischen Neuen Zeitung 1783. 1. St., S. 1-4 (fehlt noch
      bei Fambach 1959; von Joost kommentiert wiedergedruckt im Lichtenberg-
      Jahrbuch 2018, S. 311-327; hier 316-324), ferner Heinrich Matthias Marcard mit
      der „Ailurokriomachie" (bei Fambach 1959 nach Rausse 1911 referiert; Text im
      Bw 2, S. 352 (Anm. zu Nr 924), dann als „Ailurokriomachie oder das Gefecht
      des Widders an der Elbe mit der Katze an der Leine 1782. Eine Schmähschrift

Marcards gegen Georg Christoph Lichtenberg." Als Jahresgabe für die Lichtenberg-Gesellschaft hrsg. von Ulrich Joost. Ober-Ramstadt (gedruckt bei Reinheimer in Darmstadt) 2017. Faksimile (21 S.) und Begleitheft 32 S. (zu ergänzen
noch: angezeigt in den FGA 1782, Bd 11, 62. St. vom 2.8., S. 496; in den NCN
1782, Bd 8, 37. St. vom 14.9., S. 295 f.) – Voß replizierte danach direkt mit seiner
„Ehrenrettung gegen den Herrn Professor Lichtenberg". In: [Heinrich Christian
Boie:] Deutsches Museum 4. St. April (1783), Bd 1, S. 340-356. Letztere wiedergedruckt in: ders.: Antisymbolik. Bd 2, hrsg. von Abraham Voß. Stuttgart 1826,
S. 155-176; dann nur mehr bei Fambach 1959, S. 289-295.]

[Jung 131]

178. Göttingisches Magazin der Wissenschaften und Litteratur. […] Dritten
Jahrgangs Zweytes Stück. Göttingen, bey Johann Christian Dieterich,
1782.
[Fehlpaginierung: 161-317: Das 1. Stück zählte mit einem (unvollständigen)
11. Bogen „L" schon bis S. 171 (+ 1), das 2. Stück fuhr fort mit einem neuen
Bogen „L" (und den für so einen dann üblichen Seitenzahlen 161-176). – Er-
schien Dezember 1782 (ausgegeben zusammen mit dem 1. St., siehe oben zur
Datierung Nr 174). – Darin von anderen Verfassern:]
I. [Christian Ulrich Detlev v. Eggers (vgl. Johann Georg Meusel: Litteratur der
Statistik. Bd 2, 1793, S. 212):] Bruchstücke zur dänischen Statistik. S. 161-218.
[Fortgesetzt mit Nr 187/I]
II. [W. Pryce:] Nachricht von der durch Herrn James Watt erfundenen Verbesse-
rung der Feuermaschine. Aus dem Englischen […] von N.[icolaus] A.[nton]
J.[ohann] Kirchhof. S. 218-236.
III. J.[ohann] A.[lbert] H.[einrich] Reimarus. Ueber die Schwärmerey unserer
Zeiten: ein Schreiben an den Herausgeber. S. 237-255. [Wegen Lichtenbergs Ant-
wort – unten unsere Nr 195 – mit abgedruckt in [1]VS 4, S. 316-44. [2]VS 5, S. 71-86.
GW 2, S. 327-339; genauer auch im Bw 2, S. 323-331: Nr 912.]
IV. Beschreibung der Stadt Batavia. S. 256-280. [Fußnote S. 280 unterzeichnet: F.:
Georg Forster (als Übersetzer aus dem Niederländischen bzw. Bearbeiter). Vgl.
Fiedler S. 32: Nr 64; – Auszug lt. Anm. S. 280 aus den Verhandlingen van het ba-
taviaasch Genootschap der Konsten en Wetenschapen. Batavia. I, S. 42 f. Auch die
Übersetzung wohl von Forster; vgl. den aus denselben „Verhandelingen" ent-
nommenen Artikel „Jaccatra" im GTC für 1783. Von Jung demnach irrtümlich
als Nr 132 Lichtenberg zugewiesen. Anscheinend nicht wiedergedruckt.]
V. Ein Versuch mit dephlogistisirter Luft (Sauerstoff). S. 281-288 [Am Schluss
unterzeichnet: „G. Forster." – Vgl. Fiedler S. 32: Nr 65; wiedergedruckt Forster:
Kleine Schriften Bd 2, 1794, S. 371-380; Sämmtliche Schriften 4, 1843, S. 377-
380; anscheinend nicht in Forster: AA.]
VI. Joh. Augustin Kritters Zweyte Probe über die Richtigkeit seiner Berechnun-
gen für Wittwencassen, aus einer Erfahrung von 154 Ehepaaren, welche in der
Stadt Delmenhorst vom Jahr 1730 bis 1740 copulirt, und im Jahre 1780 beynahe
völlig ausgestorben waren. (mit Tabellen). S. 289-305. [Fortsetzung von Nr 175/
II; beantwortet durch Nr 189/I.]
Inhalt. S. [317]

Das Stück enthält von Lichtenberg:

179. VI. Professor Lichtenberg an Herrn Prof. Georg Forster. In: GMWL 3 (1782), 2. St., S. 306-316.
[Wiedergedruckt [1]VS 8, S. 177-193; nicht in [2]VS; – dann im Bw 2, S. 413-418: Nr 961.] –
Angekündigt in Nr 170 (h)7. – Referiert im Magazin für das Neueste aus der Physik und Naturgeschichte Bd 2, 1. St. S. 221-223. – Erwähnungen in: Franz Carl Achard („Ueber große Hitze") in: Jean-François Rozier (Hrsg.): Observations et mémoires sur la physique (= Journal de Physique) Bd 20 (1782), Nov. Art. 12; Bericht hierüber in: Strasburgische gelehrte Nachrichten 21. St. vom 12.3.1783, S. 244. – Johann Friedrich Zöllner (Hrsg.) in: Lesebuch für alle Stände. Zur Beförderung edler Grundsätze, ächten Geschmack und nützlicher Kenntnisse. 4 Th., Berlin: Friedrich Maurer 1783, S. 241. – F. L. Ehrmann in: Strasburgische gelehrte Nachrichten 30. St. vom 12.4.1783, S. 57. – Ders.: Beschreibung eines neuen physikalischen Versuchs, das Schmelzen des Stahls in ganz reiner Luft betreffend; an die Herren Verfasser der Strasburgischen gelehrten Nachrichten, in einem Briefe mitgetheilet. In: Allerneueste Mannigfaltigkeiten. Eine gemeinnützige Wochenschrift. 4. und letzter Jg Berlin, bey Johann Carl Eisfeld, Buchdrucker. 1784, S. 344-347 [hierin besonders S. 346 über „die leichteste Verfahrensart", „wovon gedachter Hr. Lichtenberg zuerst Gebrauch gemacht, und mir davon eine kurze Nachricht mitzutheilen die Gütigkeit gehabt hat."]. – Zu S. 311-316: Jacob Samuel Wittenbach (Hrsg.): Gelehrte Nachrichten aus Welschland die Künste und Wissenschaften vorzüglich die Physik und Naturhistorie betreffend. Basel bey J. J. Thurneisen, dem Jüngeren 1783, S. 115.]
[Jung 133]

1783

180. Kurze Geschichte einiger der merkwürdigsten Luftarten. In: Allerneueste Mannigfaltigkeiten. Eine gemeinnützige Wochenschrift. 3. Jg, Berlin bey Johann Carl Franz Eisfeld, Buchdrucker. [Januar] 1783. Erstes Quartal, Erste Woche, S. 3-16. 2te Woche (Beschluß), S. 26-29.
[Wahrscheinlich unautorisierter Nachdruck von Nr 170(f).]

181. Silhouetten. [= Fragment von Schwänzen.] Vorbericht von Ernst Gottfried Baldinger. In: Neues Magazin für Aerzte. Leipzig bey Friedrich Gotthold Jacobäer. Fünften Bandes Erstes Stück (1783), S. 1-11.
[S. 1 f.: „Vorbericht." Unterzeichnet „Baldinger"; S. 3-7: „Fragment von Schwänzen." A-C; S. 7: „Einige Silhouetten von unbekannten meist thatlosen Schweinen." S. 8-10: „Acht Silhouetten von Purschenschwänzen zur Uebung."; S. 10 f.: „Fragen zur weiteren Uebung." – Gedruckt Januar 1783, vgl. Lichtenberg an Schernhagen, 6.2.1783: Bw 2, S. 516: Nr 1027 („ohne mich zu fragen [...] Da aber Baldinger nicht vorsätzlich lügt, so kan es seyn, daß ich in der lustigen Gesellschafft, für die ich es geschrieben einmal sagte, ich mache mir nichts daraus, wenn es gedruckt würde."). Entstanden aber schon Frühjahr / Sommer 1777.

Siehe zu Nr 182! – AS 1800, S. 265-278. [1]VS 3, S. 591-600. [2]VS 4, S. 111-119.
GW 2, S. 109-117. SB 3, S. 533-538, allesamt durch zahlreiche Fehler verunstal-
tet. Vgl. den Brief an Schernhagen, 17.2.1783 (Bw 2, S. 526: Nr 1033): „habe ich
die Ehre hierbey Baldingers Magazin (mein eignes mir von der Frau Professorin
selbst geschencktes Exemplar) zu überreichen. Es steht Ew. Wohlgebohren
gantz zu Diensten, ich habe einige Druckfehler corrigirt und der lächerlichen
Vorrede einige Anmerckungen beygefügt." Leider nicht überliefert; gemäß dem
Datum kann Lichtenberg nur das betreffende Heft gesendet haben, daher steht
es auch nicht in BL, war entweder versteckt unter den Separata-Konvoluten
oder von Schernhagen tatsächlich nicht zurückgegeben. – Ein paar Entstehungs-
varianten im Bw 1, S. 759: Nr 419. Überlieferungsvarianten bei Lauchert S. 91 f. –
Baldinger selber dazu (23.5. und 18.10.1783): Lichtenberg-Jahrbuch 1991, S. 84.
Einziger einigermaßen korrekter Druck dieser Satire im Bw 1, S. 753-760: Nr 419
(wiewohl immer noch mit ein paar kleineren Fehlern, korrigiert im Bw 5,1,
S. 151 f.): erster Teil dort nach der heute in der Bibliothek Schloss Friedenstein
Gotha befindlichen Handschrift, die aber wohl nicht die Satzvorlage in Baldin-
gers Magazin, sondern eine fast identische ältere Version ist. Dieser Handschrift
ist der in der folgenden Nr bibliographierte Einzeldruck beigebunden (diese
Buchbindersynthese nacheinander in Salomon Hirzels Bibliothek, dann in
Eduard Grisebachs – siehe dessen Weltliteratur-Katalog 1913, Nr 1516[69] – und
Ludwig Saengs Besitz); zweiter Teil, hie und da im Bw emendiert, beim Hs-
Faksimile nach dem besagten Einzeldruck reprographiert.]

[Jung 149]

182.   Fragment von Schwänzen. Ein Beytrag zu den Physiognomischen Frag-
        menten. [o. Ort und Verlag – Göttingen: Dieterich] 1783. 8 S. 4°.
        [Gedruckt Februar 1783, vgl. Lichtenberg an Schernhagen, [5. oder 6.3.1783]:
        Bw 2, S. 567: Nr 1046. Gemäß den Leitfehlern nicht nach einer Handschrift
        Lichtenbergs, sondern unkorrigierter Abdruck der vorigen Nr, ohne Baldingers
        Einleitung; vermutlich in satirischer Absicht von Lichtenberg veranlasst, aber
        sicherlich weder von ihm durchgesehen noch im Druck korrigiert, jedenfalls bei
        Dieterich in Göttingen erschienen. – Faksimile der Handschrift und des ersten
        Separatdrucks. Mit einem [unpaginierten] Nachwort hrsg. von Ulrich Joost:
        Darmstadt: Lehrdruckerei der Technischen Hochschule 1992. 16 Bl., davon
        6 Faksimile, 4 Bl. Nachwort. (Jahresgabe der Lichtenberg-Gesellschaft 1992 –
        nach dem seinerzeit im Besitz von Barbara Hanning, der Nichte Saengs, befind-
        lichen Exemplar). – Denekes Lichtenberg-Schrank Nr 30. – Das Exemplar im
        Müller von Itzehoe-Sammelband (vgl. Siglen-Verzeichnis), vermutlich eins des
        Einzeldrucks, ist mit diesem verschollen. Wir kennen aber durch Abschrift Otto
        Denekes den folgenden entstehungsgeschichtlich wichtigen Kommentar des Be-
        sitzers Müller im hds. Inhaltsverzeichnis des Sammelbandes: „Nr. 6 [Fragment
        von Schwänzen] ist ohne sein Vorwissen und wider seinen Willen von Herrn
        Hofrat Baldinger in das neue Magazin für Aerzte aufgenommen und gedruckt.
        Auch ist alles unrichtig, was Herr Baldinger in seinem Vorbericht sagt. Dieser
        Aufsatz ist eigentlich ein Fragment eines Briefes an die Frau Hofräthin Baldin-

---

[69] Grisebachs eigene Beschreibung, die eine „Separataausgabe […] aus Baldinger's […]
Magazin" zu sein suggeriert, wird durch die Angaben „In 4°" und 8 Seiten unmittelbar widerlegt: es ist der folgende Druck.

ger, eine der gelehrtesten, witzigsten und geistvollsten Damen, die ich kenne, auf deren Freundschaft Lichtenberg und ich so stolz sind, als wenig wir uns der genaueren Bekanntschaft mit dem Herrn Hofrat, einem Manne, der bei der grössten Gelehrsamkeit an unbeschreiblicher Rusitizität vielleicht ohne Seinesgleichen ist, zu rühmen pflegen. Herr Lichtenberg hat nie seine Einwilligung zum Druck dieses Fragments gegeben; vielmehr fand er sich durch die Bekanntmachung desselben sehr beleidigt. Es ist überhaupt Baldingers Art, jeden zu necken, den er nicht liebt, und – er liebt niemanden. Wäre hier der Ort, so könnte ich desfalls hässliche Belege beibringen, und halb Deutschland zu Zeugen nehmen, welches sein Betragen gegen Murray, Wrisberg, den würdigen Richter und hundert andere kennt. – Es war keine ganz leichte Sache, meinen Freund [Lichtenberg] dahin zu bringen, dass er nicht seinen Brief an Madame Baldinger vollständig drucken liess, wie er es in der ersten Hitze des Unwollens wollte."]

[Jung 150]

183. **Ohne Druckort, Jahrzahl und Namen des Verlegers;** [Rezension über:] Francesco Maggiotto: Lettera sopra una nuova costruzione di macchina elettrica. Venice 1781. [und] Francesco Maggiotto: Saggi sopra l'attivita della maccina ellettrica costrutta da Francesco Maggiotto. Venice[: Pietro Macuzzi] 1781. In: GGA 1783. 39. St. vom 8.3., S. 389–392.

[Anonym gedruckt; Verfasserschaft bestimmt nach dem Göttinger Handexemplar der GGA (danach Hahn, S. 84; Guthke 1963, S. 336: Nr 19) bzw. dem Tübinger Handexemplar (Fambach 1976, S. 104). – Gemäß dem Brief Lichtenbergs an F. F. Wolff vom 10.3.1783 (Bw 2, 571: Nr 1048) *lies* S. 392, Z. 7 bewunderungswürdig genau] bewunderungswürdig genug (im Göttinger Handexemplar auch schon von alter Hand korrigiert).]

[Jung 161]

184. [Vorlesungsankündigung Lichtenbergs zum Sommersemester 1783 (Beginn: 5.5.). Lateinisch im „Catalogus Praelectionum", datiert vom herausgebenden „Prorector Jo. Christoph. Gatterer": „X. Mart." [= 10.3.] 1783, p. VI; deutsch in:] GGA 1783. 53. St. vom 3.4., S. 529 f.

[Regest mit deutschen und lateinischen Zitaten: Cardanus S. 62.]

185. [Hautreys Damenhut in Paris, dem man alle Formen der Mode geben kann. Unter dem Lemma „Hut – Frauenzimmer".] In: Johann Georg Krünitz: Oekonomische Encyclopadie oder allgemeines System der Staats- Stadt- Haus- u. Landwirthschaft. Bd 27, Berlin: Joachim Pauli 1783, S. 196. [Acht Zeilen nichtautorisierter fast wörtlicher Abdruck mit wenigen Wortumstellungen durch Krünitz. Wie bei Nr 88 dargelegt, ist auch dieser Abdruck dem GTC „abgestohlen"; hier dem für 1782, S. 72 (oben Nr 155 (i) 15). Es hat damit gewiss nicht sein Bewenden gehabt.

186. Widerlegung der Nachricht von einer grossen Revolution der Erde die längstens bis aufs Jahr 1786. Insonderheit das südliche Europa und einen Theil Oberdeutschlands treffen soll. Prophezeyhet von Conrad Siegmund

Ziehen, weil. Superintendenten in Zellerfeld auf dem Kommunion Ober-
harze, den 20. December, 1779. und gewissenhaft bestritten von G. C.
Lichtenberg, den 26. September 1783. Wegen abermaliger Ausstreuung der
Ziehenschen abergläubischen Täuschung, nochmals zum Besten des Publi-
kums herausgegeben von einem Freunde des Nächsten und der Religion.
Frankfurth und Leipzig. 1783." 15 S.
[Wahrscheinlich unautorisierter Nachdruck von Nr 133; siehe dort. – Unsere
Titelaufnahme folgt einem Exemplar in Bernd Achenbachs Besitz; dem entspricht nach Kollation und Titel (dieser aber gekürzt sowie interpunktionell und
orthographisch leicht vereinfacht) die von Jung (seine Nr 165) mit Erscheinungsjahr *1784* gebuchte Version wahrscheinlich desselben Haupttextes: Von ihr haben wir kein Exemplar erreicht, doch folgt Jung offenbar buchstäblich dem Bri-
tish Library Catalogue (siehe unten Nr 228). Ihr fehlen die Apposition: *weil.*
[and] Superintendenten in Zellerfeld auf dem Kommunion Oberharze sowie die
beiden Datierungen *den 20. December, 1779* bzw. *den 26. September 178x* (letztere natürlich für die jeweilige Ausgabe in der Jahresangabe) variiert. Denn ein
drittes, früher im Besitz des Städtischen Museums zu Göttingen befindliches
Exemplar mit Jahr *1786* (siehe unten Nr 264) haben wir verglichen; es entspricht
mit Ausnahme der zweimaligen Jahresangabe dem Achenbach'schen. Alle drei
sind offenbar unautorisierte Nachdrucke, als solche schon durch die Angabe des
camouflierenden Verlagsorts kenntlich, von Lichtenbergs Aufsatz aus dem Hannoverischen Magazin 1780 (siehe oben Nr 135) – jetzt nur auf einem Druckbogen Kleinoktav in eine Flugschrift verwandelt. Die Gleichförmigkeit deutet
darauf, dass die Schrift entweder mindestens dreimal neu aufgelegt oder ihr zur
Aktualisierung jedesmal ein neues Titelblatt vorgeheftet wurde, das nur die
Selbstdatierung Lichtenbergs unter Beibehaltung von Tag und Monat immer
wieder hinausschob (zur Prüfung dieses Sachverhalts müssten aber alle Exemplare noch einmal zusammengebracht werden). – Lichtenbergs Text von 1780
(Nr 133) steht auf S. 9-15, ihm vorangestellt ist vom ungenannten Herausgeber
(S. 3-8): „Vorerinnerung. Damit das Publikum, welches von jener Nachricht
oder Prohezeyung noch nichts weis, doch den Hergang der Sache selbst einsehe,
so folgt sie zuerst, nemlich: 1. Auszug aus S. Ziehens Vorhersagung einer bevorstehenden grossen Naturbegebenheit, welche die vornehmsten Resultate derselben enthält". Diese Flugschrift ist mithin für die Textkritik unerheblich, für die
Rezeptionsgeschichte umso bemerkenswerter. – Diese erste Auflage nicht bei
Schimpf 1993.]

GMWL Jg 3, 3.-5. St.

187. Göttingisches Magazin der Wissenschaften und Litteratur. [...] Dritten
      Jahrgangs drittes Stück. Göttingen, bei Johann Christian Dieterich, 1783.
      [Erschien Januar? 1783. Enthält nichts von Lichtenberg. Von anderen Verfas-
      sern:]
      I. [Christian Ulrich Detlev v. Eggers:] Beschluß [siehe oben Nr 178/I] der Bruch-
      stücke zur Dänischen Statistik. S. 319-387.

II. Schreiben an den Hrn. Professor Lichtenberg in Göttingen, von Fr.[iedrich] Nicolai. S. 387-401. [Datiert: „Berlin d. 29 Weinmonats1782." Wiedergedruckt in Lessings sämmtliche Schriften. Sechs und zwanzigster Theil. Berlin: Nicolai 1794, S. XV-XXVI (dort „an den Hrn. Hofr. Lichtenberg". – Über die Verfasser der „Literaturbriefe", veranlasst durch den Aufsatz „Ueber die deutsche Litteratur", im GMWL Jg 2, 5. St.; auch im Bw 2, S. 454-460: Nr 984. – Vgl. Lichtenbergs Gegenbrief an Nicolai, 21.11.1782 (Bw 2, S. 468 f.: Nr 992).]

III. Einige Ungleichheiten, und Veränderungen, welche die Vergleichung der berühmtesten Stern-Verzeichnisse mit dem Himmel, in Ansehung verschiedener Zodiacal-Sterne zeiget. (Fortsetzung.) S. 402-409. [Verfasser: J. A. Koch, vgl. Jg 2, 6. St.]

IV. Vom Gold machen des Dr. Price (ein Auszug des Hrn. Prof. [Johann Friedrich] Gmelin aus des Doctors Schrift.). S. 410-452 [Paginierungsfehler 148 statt 448. – Auszug S. 452 auch im Bw 2, S. 498: Nr 1012].

V. Leben des Kayser Rudolf von Habsburg von A[ugust] W.[ilhelm] Rehberg. S. 453-480.

Inhalt. S. 431.

[VII.] Einige Druckfehler und Verbesserungen im 1ten St. dieses Jahres [zu Nr 177]. S. [483].

*188. Simple, jedoch authentische Relation von den curieusen schwimmenden Batterien, wie solche anno 1782 am 13. und 14. Septembris unvermuthet zu schwimmen aufgehört, nebst dem was sich auf dem Felsen Calpe, gemeiniglich der Fels von Gibraltar genannt, und um denselben, sowohl in der Luft als auf dem Wasser zugetragen. Durch Emmanuelem Candidum, Candidat en poësie allemande, à Gibraltar. [Göttingen: Dieterich] 1783. 16 S. [so Lauchert, Goedeke 4,1 und der „Taschen-Goedeke", siehe unten] oder 23 S. [so Maltzahn, siehe unten].

[Anonym; die Verfasser-Camouflage weist auf den „Timorus" (siehe Nr 28) zurück. Offenbar wegen der weltlich-kontrafaktorischen Elemente (v. a. Verwendung einer Kirchenliedstrophe als metrische Grundlage) geriet sogleich G. A. Bürger in den Verdacht, der Verfasser zu sei; die „Allerneusten Mannigfaltigkeiten" setzten ihn umstandslos in die Überschrift (siehe Nr 254; ferner dazu SB 3K, S. 205. Dort sind auch, aus ²VS 5, S. 134 herangezogen, drei im Druck von Lichtenberg etwas veränderte Verse (Strophe 22 Verse 5-7) aus einem hds. nicht überlieferten Sudelbuch (wahrscheinlich *G) wiederabgedruckt. – Dieser mehrfach bezeugte, jedoch bislang in keiner öffentlichen Bibliothek oder Sammlung nachgewiesene Separatdruck von Nr 196 (siehe auch dort) ist vermutlich mit eigener Seitenzählung oder vielleicht sogar ganz ohne Pagina und spätestens Mitte März 1783 erschienen: Wenn nämlich Johann Christian Dieterichs Angabe im Brief an Ludwig Christian Lichtenberg 7.2.1800 zutrifft („Ich habe selbige nicht allein, so wie Er sie fertig hatte vorlaß, gantz apart gedruckt, ehe selbige in das Magazin kahmen, sondern auch an Elliot, nach Gibralta[r] geschickt": Dieterich 1984, S. 88: Nr 45), so wäre die separate Ausgabe der Erstdruck, doch müssen wir die Entscheidung einem künftigen Textvergleich vorbehalten. Joost hatte im Lichtenberg-Jahrbuch 1990, S. 241 anlässlich der Rezension einer Neuausgabe von Leopold Hirschbergs Taschen-Goedeke (dort im Titel verballhornt mit dem Druckfehler „curinuschen" für „curieusen"), der Lichtenbergs Gedicht jeden-

falls nach dem großen Goedeke 4,1 (siehe unten) auch als Einzeldruck verbucht, lediglich ein *Separatum* vermutet, was bei damaliger Druckpraxis sogar mit eigener Seitenzählung und Titelblatt möglich und durchaus üblich gewesen wäre; lediglich der Satz wäre dann unverändert verwendet. Bis wir aber ein Original davon gründlicher analysieren können, müssen wir die Existenz eines gänzlich selbständigen Drucks dennoch als möglich akzeptieren. Wir haben immerhin neben Lauchert, Goedeke (4,1, S. 639) und dem Taschen-Goedeke eine weitere bibliographische Angabe (mit anderer Umfangsangabe) in Wendelin von Maltzahn: Deutscher Bücherschatz des 16., 17. und 18. bis um die Mitte des 19. Jahrhunderts. Jena und Frankfurt am Main 1875-1882, 430: Abtlg. III, S. 430: Nr 800; dieses Exemplar, das die Berliner Königliche Bibliothek erwarb, ist heute in der Berliner Staatsbibliothek verschollen: Göttingen, bei J.C. Dieterich, 1783. 8°. 23 S. Diese Seitenzahl deutet sehr auf einen sonst textidentischen Separatabdruck vom Stehsatz des GMWL plus Umschlag – und eigener Paginierung, während die 16-seitige Version, die Jung 139 vermutlich nach Lauchert S. 88 reklamiert, auch auf den Abdruck in den „Allerneuesten Mannigfaltigkeiten" (Nr 254) zurückgehen könnte. – Das Exemplar im Müller von Itzehoe-Sammelband (vgl. Siglen-Verzeichnis), vermutlich ein Einzeldruck, ist mit diesem verschollen. – Auch der Sammler Martin Domke besaß ein Exemplar, wie er Otto Deneke am 4.10. 1932 meldet: „Neulich gelang mir ein außerordentlich seltener Lichtenberg-Fund, das Gedicht von den schwimmenden Batterien, als Sonderdruck im Pappband der Zeit für den Preis von 3.– RM auf einer Auktion in Hamburg." (Domke gibt allerdings keine Kollation, und der Titel fehlt leider auch in der von ihm beauftragten, durch Walter Benjamin ausgearbeiteten Lichtenberg-Kartei).]
[Jung 139]

189.   Göttingisches Magazin der Wissenschaften und Litteratur. [...] Dritten Jahrgangs viertes Stück. Göttingen, bey Johann Christian Dieterich, 1783. [Erschien Ende März 1783; S. die „Vorrede". Darin von anderen Verfassern:] I. Erinnerungen, veranlaßt durch Hrn. Kritters Aufsätze im Göttingischen Magazin. (III, 1.2.) Von [G.C. v.] Oeder. S. 483-491 [Antwort auf Nr 175/II und 178/VI].
II. Beschreibung eines Anno 1772 im Astrachanischen Gouvernement neu erfundenen Hygrometers. Von Tobias Lowitz. S. 491-505. [Mit einer kurzen Nachschrift von Lichtenberg = 191a.]
III. Beschreibung des ehmaligen Wiederhalls bey Derenburg. (Aus dem Reise-Journal des Hrn. Verfassers.) Von G.A. Ebell. S. 506-516. [Wegen Lichtenbergs Antwort (= Nr 189) abgedruckt in den [1]VS 8, S. 194-209; auch im Bw 2, S. 532-535: Nr 1038].
V. Reise von Dreßden nach Teplitz in Böhmen. An den Geheimen Kriegsrath Müller in Leipzig. Von W.G. Becker. S. 530-562.
VII. Aus einem Schreiben an Prof. Lichtenberg. Von A.W. Rehberg. S. 576-578 [Datiert: „Hannover, den 28ten Februar 1783." Nimmt Bezug auf Nicolais Aufsatz Nr 187/II. Auch im Bw 2, S. 530f.: Nr 1037].
VIII. Auszug eines Schreibens aus London an Prof. Lichtenberg, worin eine Nachricht vom Goldmacher Price vorkommt. S. 579-583 [bis S. 580 auch im Bw 2, S. 563f.: Nr 1042].
IX. Nachricht von den Lebensumständen Hrn. Wilhelm Herschels, des Entdeckers des neuen Sterns, aus einem Sendschreiben desselben an Prof. Lichtenberg.

S. 585-588. [Siehe unten Nr 194. Herschel datiert: „Datchet, bey Windsor den 15ten Febr. 1783" – (hier nach der Übersetzung, die wie auch die Anm. a. a. O., S. 585 von Lichtenberg stammt).]
Inhalt. S. 636.
[XI. Im vorderen Heftumschlag innen: „**Avertissement.**": J. C. Dieterich fordert „Göttingen im Jan. 1783" die „Liebhaber und Freunde der englischen Litteratur" zur Subskription einer neuen Ausgabe in seinem Verlag nach Johnsons Works of the english poets auf. Erschienen ist davon aber nur der Milton (1784), siehe Nr 237.]

Das Stück enthält von Lichtenberg:

190. Vorrede. [Mit Georg Forster]. In: GMWL 3 (1783), 4. St., S. [III-VI].
[„Geschrieben den 22 März, 1783. Die Herausgeber." – Wiedergedruckt bei Lauchert S. 84 f., unter Auslasssung einer Bemerkung über die „Schwimmenden Batterien" (Siehe Nr 196), die er in den ²VS 5, S. 110 f. nachweist; die ganze Vorrede SB 3K, S. 203 f. (Erläuterungen zu „Schwimmende Batterien"). – Faksimile (mit Hefttitel): Neumann, S. 14-17.]

191. Nachschrift. [zur Vorrede der Herausgeber]. In: GMWL 3 (1783), 4. St., S. [V]-[VI].
[Unterzeichnet „G. C. Lichtenberg:"– Daran angeschlossen „Nachtrag zu dem VIIIten Artikel dieses Stücks." – Begründet den Aufschub vom „Druck der englischen Dichter" (siehe Nr 237). – Wiedergedruckt bei Lauchert S. 84 f.; Faksimile: Neumann, S. 17 f.]

191a. Nachschrift des Herausgebers. In: GMWL 3 (1783), 4. St., S. 505 f.
[Unterzeichnet „L.": zu Nr 189/III: Tobias Lowitz' Beschreibung eines hygroskopischen, daher hygrometrischen Schiefers.].

192. Prof. Lichtenbergs Bemerkungen über vorstehende Abhandlung, in einem Sendschreiben an den Verfasser, Hrn. Hofr. Ebell zu Hannover. In: GMWL 3 (1783), 4. St., S. 516-530.
[Antwort auf Nr 189/II. Wiedergedruckt ¹VS 8, S. 209-230; auch im Bw 2, S. 536-542: Nr 1039. – Referiert im Gothaischen Magazin Bd 2, 1. St., S. 221 ff.]
[Jung 134]

193. Prof. Lichtenbergs Schreiben an Hrn. Prof. Forster zu Cassel, über die Polypen und eine sonderbare elecktrische Erscheinung. In: GMWL 3 (1783), 4. St., S. 563-575.
[¹VS 8, S. 231-250. – Auch im Bw 2, S. 543-549: Nr 1040. – Lichtenberg weist darin auf seinen ersten Artikel zum Thema (oben Nr 25 von 1773) hin.]
[Jung 135]

194. [Einleitung zu:] Nachricht von den Lebensumständen des Hrn. Wilhelm Herschels, des Entdeckers des neuen Sterns, aus einem Sendschreiben desselben an Prof. Lichtenberg. In: GMWL 3 (1783), 4. St., S. 584.
[Wiedergedruckt Lauchert S. 86 und (mit dem ganzen „Sendschreiben") im Bw 2, S. 521-524: Nr 1031.]
[Jung 136]

195. Prof. Lichtenbergs Antwort auf das Sendschreiben eines Ungenannten über die Schwärmerey unserer Zeiten. S. das 2te Stück dieses Magazins von diesem Jahr [oben Nr 178/III]. S. 237. In: GMWL 3 (1783), 4. St., S. 589-614.
[Druckfehler in der Pagina: 903 lies: 603. – Zur Verfasserschaft vgl. Dieterich 1984, S. 88: Nr 45. – Wiedergedruckt AS 1800, S. 351-378. ^{1}VS 4, S. 345-381. ^{2}VS 5, S. 87-110. GW 2, S. 340-347. SB 3, S. 414-426; auch wieder (und gründlicher kommentiert) im Bw 2, S. 549-563: Nr 1041. Zur Textkritik: Lauchert S. 87. – Eine Anspielung auf S. 600 und die Fußnote dort (= SB 3, S. 419: „Hebammenkunst für Kinder") findet sich in den Westphälischen Beyträgen zum Nutzen und Vergnügen. 32. St. vom 7.8.1784, Sp. 271 f.: „Die eingetroffene Prophezeyhung".]
[Jung 137]

196. Simple, | jedoch authentische Relation | von den curieusen | schwimmenden Batterien, | wie solche | anno 1782 am 13. und 14. Septembris un-|vermuthet zu schwimmen aufgehört, | nebst dem | was sich auf dem Felsen Calpe, gemeiniglich der | Fels von Gibraltar genannt, und um denselben, sowohl | in der Luft als auf dem Wasser zugetragen. | Durch | Emmanuelem Candidum, | Candidat en poësie allemande, à Gibraltar. In: GMWL 3 (1783), 4. St., S. 615-635.
[Strophen-Zählfehler (Nr „34. 34. 38. 37. 38."). – Siehe im Allgemeinen oben Nr *188. Jedenfalls unautorisiert neuerlich nachgedruckt 1784 (Nr 254). – Wiedergedruckt in AS 1800, S. 379-396 (mit einer neuen Schlussanmerkung ergänzt, enthaltend je einen Pressebericht aus Paris und London). ^{1}VS 4, 382-402. ^{2}VS 5, 113-133. SB 3, S. 427-439. Offenbar fehlerhafte Varianten in ^{2}VS bei Lauchert S. 87. – Schon Leitzmann wies (Nachlaß 1899, S. 187) zu Recht darauf hin, dass Lichtenberg das Wort ‚genau' noch in dieser Zeit grundsätzlich ‚gnau' schreibt und in den Gedichten metrisch einsilbig auffasst, wonach „genau" S. 625 (Str. 21 V. 4) hier und in allen Ausgaben (z. B. ^{2}VS 5, 124; noch SB 3, 433) fehlerhaft, folglich zu ‚gnau' zu emendieren ist. – Frühzeitig auch in Anthologien; so etwa in Friedrich Matthissons Lyrischer Anthologie Bd 8 1804, S. 39-59 als Nr 100 (Antiqua-Version); Jördens meint Bd 3, S. 364, allzu zurückhaltend: „mit verschiedenen Aenderungen" – Matthisson hat in gewiss jede zweite Strophe z. T. massiv eingegriffen; es fehlen des Candidus „Vorbericht, den man vorher lesen muß", die Strophen 11. 26. 46 ganz und von den 14 Anmerkungen des Originals, die zumal jetzt mit Lemma nachgestellt sind, vier (zu den Strophen 5. 10 und 42 die zweite) – sollte Matthisson so völlig pietätlos umgeschrieben haben? Oder hat er etwa auf den (bislang ja nur erschlossenen) Erstdruck (Nr *188) zurückgegriffen? (Dagegen spricht, dass Matthisson den oben von Leitzmann emendierten

Druckfehler in Strophe 20 V. 4 („genau") durch Umdichten von Str. 3 f. über-spielt: „Aus Silberschlags Beschreibung war | Das Maß dazu genommen"). – SK-Tagebuch, 1.3.1794: „HE. v. {Ende Ende} Stück über schwimm. Batterien". – Eine Reminiszenz in N. N.: Nachtgedanken über das A-B-C-Buch von Spiritus Asper, für alle, welche buchstabiren können. Erstes Bändchen. Leipzig bey Heinrich Gräff 1809, S. 141 f.]

[Jung 138]

197. [Vorlesungsankündigung Lichtenbergs zum Wintersemester 1783/1784 (Be-ginn: 13.10.). Lateinisch im „Catalogus Praelectionum", datiert vom heraus-gebenden „Prorector Joannes Beniamin Koppe": „Kal. Septembr." [= 1.9.] 1783, p. VII; deutsch in:] GGA 1783. 150. St. vom 18.9., S. 1505. 1507.
[Regest mit deutschen und lateinischen Zitaten: Cardanus S. 62.]

198. Patriotischer Beytrag zur Methyologie der Deutschen, nebst einer Vorrede über das Methyologische Studium überhaupt. In: Olla Potrida. Berlin in der Weverschen Buchhandlung 1783, 3. St., S. 45-55.
[Anonym gedruckt. – Erschienen vermutlich im September, wahrscheinlich un-autorisiert und mit Ergänzungen nachgedruckt nach Nr 27. Eine Fußnote unter-richtet auf der ersten Seite: „Dieser launige Aufsatz ist dem Herausgeber mit der Versicherung zugesendet worden, daß sein Verfasser ein berühmter Gelehrter, und die Schrift im Jahr 1773 nur als Manuscript gedrukt worden sey." Eine Fort-setzung (die nun nichts mehr von Lichtenberg enthält) in der Olla Potrida 1784, 3. St., S. 157-159.]

199. Göttingisches Magazin der Wissenschaften und Litteratur. [...] Dritten Jahrgangs fünftes Stück. Nebst einer Kupfertafel. Göttingen, bei Johann Christian Dieterich, 1783.
[Erschien frühestens Ende Mai, wahrscheinlich September 1783. Darin von an-deren Verfassern:]
I. Erläuterung der Theorie, von Hrn. Herschels Lampenmikrometer. Von Abra-ham Gotthelf Kästner. S. 637-655 [am Schluss gezeichnet „Göttingen im März 1783."].
II. Nachricht was zur Beobachtung der Mondfinsterniß den 18 März 1783. Auf der göttingischen Sternwarte gethan worden. Mitgetheilt von A. G. Kästner. S. 655-658.
III. Etwas vom Schieß-Pulver bey Tyrus und vom Feuer-Setzen der Alten. Vom Berghauptmann [A. F. Graf] von Veltheim. S. 658-677.
IIII. N. N.: Von der Eisenblüthe in Steyermark. S. 677-685.
IIII. [Zählungsfehler; recte: V. – Im „Inhalt" korrigiert.] Ueber den Einfluß der Unabhängigkeit der vereinigten Staaten von Nord-America, auf den politischen Zustand Europens, von dem Professor Häberlin. S. 685-734.
VI: Hrn. Ingenieur-Hauptmanns und Baumeisters Müllers zu Darmstadt Schrei-ben an Hrn. Prof. Lichtenberg, eine neue von ihm erfundene Rechenmaschine betreffend. („Darmstadt, den 22 May, 1783.") [...]: Siehe unten Nr 201 (Nach-schrift des Herausgebers).

VI. [Zählungsfehler; recte: VII. Im Inhaltsverzeichnis korrigiert] Herr D. [J. F. M.] Herbell an Hrn. Professor Forster in Cassel, eine Aufklärung in der Naturge-schichte betreffend. S. 768-773. (Datiert „Cleve den 31. August, 1783")

VII. [Zählungsfehler; recte: VIII. Im Inhaltsverzeichnis korrigiert.] Hrn. Inge-nieur-Hauptmanns und Baumeisters Müllers zu Darmstadt Schreiben an Hrn. Prof. Lichtenberg, eine neue von ihm erfundene Rechenmaschine betreffend. S. 774-782. (Datiert: „Darmstadt, den 22 May, 1783." – Dazu Lichtenbergs Nachschrift: Siehe unten Nr 201.)

Das Stück enthält von Lichtenberg:

200. V. [recte: VI. – Im „Inhalt" korrigiert.] Briefwechsel zwischen dem Hrn. Ritter [Johann David] Michaelis und Hrn. Professor Lichtenberg über die Absicht oder Folgen der Spitzen auf Salomons Tempel. In: GMWL 3 (1783), 5. St., S. 735-768
[Zwischentitel: N. 1. Der Herr Ritter Michaelis an Hr. Prof. Lichtenberg. (Da-tiert: „den 20ten May 1783.") S. 735 f. – Hr. Prof. Lichtenbergs Antwort auf N. 1. (Datiert: „den 22ten May 1783.") S. 736-740. – N. 2. (unten gezeichnet „Michae-lis", datiert: „Den 22ten May 1783.") S. 740-751. – Hrn. Prof. Lichtenbergs Ant-wort auf N. 2. (Datiert: „den 24ten May 1783.") S. 751-753. – Herrn Ritter Mi-chaelis spätere Nachschrift zu N. 2. S. 753-758. –Hr. Ritter Michaelis an Hr. Prof. Lichtenb. N. 3. S. 758-764. – Hrn. Prof. Lichtenbergs Antwort. S. 764-768.
[1]VS 8, S. 251-803. Nicht [2]VS. Wiedergedruckt im Bw 2, S. 608-615. 619 f. 633-635. 710-715: Nr 1080-1082. 1084. 1098. 1152 f. – Zur Textkritik: Lauchert S. 90. – Gumbert-Auktion 1985, Nr 2564.– Übersetzung ins *Französische* siehe unten Nr 231 und 247; ins *Niederländische*: Nr 260. – *Italienisches* Referat: N. N.: „Conduttori elettrici" in der Antologia Romana Tomo XII, Roma: Stam-peria Gio. Zempel 1786, p. 357-359;[70] ferner unten Nr 231.]

[Jung 140]

201. Nachschrift des Herausgebers. In: GMWL 3 (1783), 5. St., S. 783.
[zu Nr 199/VIII. S. 774-782: „Hrn. Ingenieur-Hauptmanns und Baumeisters Müllers [...]". – Brief und Nachschrift wiedergedruckt im Bw 2, S. 615-619: Nr 1083. – Vgl. noch BL 1982, S. 34: Nr 145.]

[Jung 141]

202. IX. Ueber die neuerlich in Frankreich angestellten Versuche, große hohle Körper in der Luft aufsteigen zu machen, und damit Lasten auf eine große Höhe zu heben. Von Prof. Lichtenberg. In: GMWL 3 (1783), 5. St., S. 783-793.

---

70 Vgl. Giulia Cantarutti: „*Scienze e arti erudite*". *Lichtenberg e Lessing* [Unterab-schnitt der Abhandlung: ,*L'Antologia Romana*' *e la cultura tedesca in Italia*]. In: Giulia Cantarutti, Stefano Ferrari, Paola Maria Filippi (Hrsg.): *Il Settecento in Italia. Gli italiani e l'immagine della cultura tedesca nel XVIII secolo*. Bologna: Il Mulino 2001, S. 278-283; hier S. 281.

[Am Schluss noch einmal mit „L." gezeichnet. Wiedergedruckt [1]VS 8, S. 302-320 (nicht in [2]VS). Durch Joost wiedergedruckt im Lichtenberg-Jahrbuch 2017, S. 349-354 (mit textkritischen Notizen). – Eine Druckfehlerkorrektur GMWL S. 790 schickt Lichtenberg an Schernhagen, 29.9.1783; schon in [1]VS 8, S. 315 gebessert.]

[Jung 142]

†203. Lichtenberg, Georg Christoph. [Anonymes Biogramm und Schriftenverzeichnis.] In: Johann Georg Meusel: Das gelehrte Teutschland oder Lexikon der jetzt lebenden teutschen Schriftsteller. 4., durchaus vermehrte und verbesserte Ausgabe. Bd 2. Lemgo: Meyer'sche Buchhandlung 1783, S. 433 f.
[Verfasserschaftszuschreibung nach Maßgabe des Umstands, dass viele der darin von Meusel angebrachten bio- und bibliographischen Angaben noch nicht allgemein erreichbar oder doch schwer zugänglich waren und daher von Lichtenberg selber geliefert sein müssten,[71] aber später vom Hrsg. angereichert wurden (teilweise fehlerhafter 1. Nachtrag 1786, S. 380 (Zuweisung der Verfasserschaft für die „Brelocken" von Hottinger, 1778 (siehe Apokryphon 3); von Meusel zurückgenommen 2. Nachtrag 1787, S. 204 f.; korrekt 3. Nachtrag 1788, S. 222). – Vorwort von Bd 1 ist datiert: „April und May 1783"; Bd 3 erschien 1784: daher ist Bd 2 zu Ostern oder wahrscheinlicher erst Michaelis 1783 ausgegeben.]

GTC für 1784

204. Goettinger Taschen CALENDER [N spiegelverkehrt, mithin wohl ungeschickt umkopiert] vom Jahr 1784 [Göttingen] bey Joh. Chr. Dietrich [1783]. [Gestochener Kupfertitel: Chronos mit Flügeln, Stundenglas und Sense, der die Jahreszahl in den Titel schreibt; gezeichnet: Ernst Ludwig] Riepenhausen del.[ineavit] et sculps[it]". 16 Modekupfer (I-IV. VII-IX und XV f. von Riepenhausen, unterschiedlich gezeichnet; Vf. Rosmaesler (del. et sc. À Dresde.), 10 f. von Thoenert (fec.), XII-XIV von Endner (del et sculp.). – 8 ungezeichnete S.: Zeitrechnung auf das Jahr 1784. 48 ungezeichnete S.: [Kalendarium]. 12 Monatskupfer [nur das 1. Gez:] „D. Chodowiecki del.[ineavit] et sculps[it]"). [Illustrationen zu Johann Gottwerth Müller von Itzehoe: Siegfried von Lindenberg; = Engelmann 1857, Nr 480. Bauer, Nr 1012-1023].
S. 1: Geburtstage des Kön. Großbrittanisch. Chur-Braunschweig-Lüneburgischen Hauses; S. 2-76: Genealogisches Verzeichniß der vornehmsten

---

71 Wir können aber nicht gänzlich ausschließen, dass der von Meusel im „Verzeichniß der Beförderer dieses Werks" in Bd 4, 1784, S. 460 erwähnte „Bibliothekssecretar [Friedrich] Ekkard in Göttingen, jetzt Kopenhagen" ganz oder teilweise Lieferant der Informationen war. Dieser verantwortet auch ein bald nach Meusel erschienenes „Allgemeines Register über die Göttingischen Gelehrten Anzeigen. 1753-1782." Göttingen: Dieterich 1784-1785, Lichtenberg hierin Bd 2, 2. Hälfte 1785: Schriften-Verzeichniß aller hier vorkommenden Schriftsteller, S. 919 f.

jetztlebenden hohen Personen in Europa. [Zweiter, gedruckter Titel = A1:] Taschenbuch zum Nutzen und Vergnügen fürs Jahr 1784. Mit Kupfern von Chodowiecki, nebst den neuesten Frauenzimmer- und Manns-Kleidungen, in Kupfer. Göttingen, bey Johann Christian Dieterich. – S. 2 vacat. S. 3-102: [Kalender-Aufsätze, siehe unten]; (l) S. 102: Einige Verbesserungen und Zusätze. S. 103 f.: Vergleichung jeder Mark [...]; S. 105 f.: Meilenmaaß; S. 105 f.: Getraidemaaß; S. 106 f.: Münzen; S. 109-111: geographische Längen und Breiten einiger Oerter; S. 111-115: Erklärung der Kupferstiche [siehe unten]; S. 116 f.: Inhalt; S. 118: [Buchhändlerische] Nachricht [des Verlegers Dieterich über Preise, Rabatte und Ausstattung des GTC].

[Kupfertitel-Faksimile: Wagnis 1992, S. 196: Nr 374. – Aus dem „Roten Buch" (siehe Siglenverzeichnis und zu Nr 181) fließen vier hds. Notizen in diesen Jg ein. – Lit.: Lauchert S. 92-96; Köhring S. 154; Lanckoronska/Rümann S. 15; Jung 175-186. – Zum GTC allgemein vgl. Anm. 11.]

Rezensionen: [A. G. Kästner]: GGA 1783, 196. St. vom 6.12. 1783, S. 1961-1963. – N.N.: AVBA, IX. St. 1783, S. 695. – (GGZ 1784, 31. St. vom 17.4., S. 263 f.). – Gr. [= J. J. Eschenburg]: ADB, Bd 58, 1. St. (1784), S. 113 f. – N.N.: AVUB 1784, Bd VII, 1. St., S. 695.

(a) S. 3-37: Ueber die Hogarthischen Kupferstiche.

[Wieder in: 11. Lieferung der „Ausführlichen Erklärung", zu Bl. 66, unter dem Titel „Die Invitationskarte" (²VS 14, S. 143-146; ein Absatz, den Lauchert S. 92 gibt, dort weggelassen). Dann in Lichtenbergs Hogarth 1999, S. 7-9. – Die ältesten Entwurfsnotizen im Nachlass: Ms. Lichtenberg IV, 47, Bl. 1; zu dem *gesamten* Projekt einer Erklärung der Kupferstiche von jeweils nur wenigen Zeilen, die wohl schon 1783 mit dem frühesten Plan einer Kommentierung entstanden sind, ebd. IV, 50 Bl. 3-8; nachfolgend in der Reihenfolge des Erscheinens: zu „Calais Gate" (1788); „Election" (1788); „March to Finchley" (1789); „Tagszeiten" (1790/1794); „Cockfighting" (1791); „Industry & Idleness" (1792/1799); „Columbus" (1793); „Lecture" (1793); „Gin Lane" (1795). Einen Teil hat Lichtenberg aber sogar selber nicht mehr verwirklicht, nämlich „Cruelty"; „England & France"; „Quack Doctor"; „Chorus". – Öffentliche (wiewohl noch ganz unbestimmte, von Dieterich oder Lichtenberg lancierte) Ankündigung: „**Göttingen**. Ueber Hogarths Charakterzeichnungen, deren vollständige Sammlung jetzt hiesige Königl. Bibliothek angekauft hat, dürfen wir bald einen Commentar von einem der scharfsinnigsten Beobachter erwarten, der sich selbst geraume Zeit unter der englischen Nation aufgehalten hat." Von N. N.: GGZ 1783, Bd 20, 61. St. vom 31.7., S. 504.] [Jung 175]

1. Das Leben einer Liederlichen. S. 9-28.

[Vollständig umgearbeitet in der „Ausführlichen Erklärung", 2. Lieferung 1795 („Buhlerin" = Nr 363; siehe dort). Nach dem GTC wieder in Lichtenbergs Hogarth 1999, S. 11-24.] [Jung 175a]

2. Herumstreifende Comödianten, die sich in einer Scheune ankleiden. S. 28-37.

[Vollständig umgearbeitet in der „Ausführlichen Erklärung", 1. Lieferung 1794 (= Nr 350; ²VS 9, S. 1-30). Nach dem GTC wieder in Lichtenbergs Hogarth 1999, S. 27-30.] [Jung 176]

†(b) S. 38-44: Seltsames Carneval.

[Verfasser: P. H. Bruce Nachrichten von seinen Reisen. Leipzig 1784, S. 172; von Lichtenberg bearbeitet. – ²VS 6, S. 344-347. Nicht in ¹VS.] [Jung 177]

†(c) S. 44-46: Vermählungsfeyer eines Zwergenpaares.

[Verfasser: P. H. Bruce: Nachrichten von seinen Reisen. Leipzig 1784, S. 101; von Lichtenberg bearbeitet.] [²VS 6, S. 347f. Nicht in ¹VS.] [Jung 178]

†(d) S. 47-50: Handel mit heiligen großen Zehen in Italien.

[Nach Sir William Hamilton. – ²VS 6, S. 348f.] [Jung 179]

 (e) S. 50-63: Neue Entdeckungen, physikalische und andere Merkwürdigkeiten.

[Weder Bezifferung noch Titel von Lichtenberg.]

[(1) Goodrick zu York beobachtet Lichtveränderungen am Algol S. 50f. – (2) Borodel zu Paris bietet Reise-Schreibetui an S. 51. – (3) Faujas de St. Fond findet, dass Basalt vom Magnet gezogen wird S. 51. – (4) Hofmann aus Straßburg könne in Minuten mit Kupferplatten Zeichnungen in hoher Auflage kopieren S. 51. – (5) Graf von Morozzo gelang eine Verbindung von Quecksilber mit Fixer Luft (CO_2) S. 51f. – (6) Le Roux hat eine Art Fallschirmhelm („Mütze") konstruiert S. 52. – (7) In Harlem gibt es jetzt 2000 Hyacinthenarten, darunter sogar eine gelbe S. 52 – (8) Ahrens, nicht Harmsen [siehe Nr 170 (h) 6] heißt der Uhrmacher zu Hannover; hat jetzt auch elektrisches Glockenspiel konstruiert (vgl. VNat 6, S. 220: Nr 272); Seitenhieb auf Orreries S. 52f. – (9) „Jemand" hat „in Frankreich erwiesen", dass die hohen Damenabsätze die Höflichkeit des Führens verursachten. S. 53f. – (10) Überlegung, ob die Änderung der Drehrichtung die Wirkung der Elektrisiermaschinen verstärke S. 54. – (11) Ablehnender Bericht, Pilatre de Rosier (= Rozier) habe im Journal de Paris (14.1.1783) ein Gerät angekündigt, mit dem man in Fixer Luft (= CO_2) atmen könne (in Wahrheit nur ein Schnorchel zum Einatmen atmosphärischer Luft durch die Nase, das Ausatmen erfolge durch den Mund) S. 54-56. – (12) Achard hat lebendigen Tieren Gas zwischen Fell und Fleisch gebracht, darunter Hunden CO_2, das absorbiert worden sei S. 56f. – (13) Wiborg erhielt einen Preis der dänischen Akademie für Verbesserung des Fontana'schen Eudiometers; anders als Scheele und Volta S. 57. – (14) Cavendish kritisiert Eudiometer grundsätzlich S. 57f. – (15) Beattie berichtet in einer Abhandlung „von dem Gedächtniß der Thiere" von einem Hund, der seinem Herrn das Leben rettete, indem er Hilfe holte. Den von Beattie gegeben Gründen mag Lichtenberg nicht unumwunden zustimmen und gibt es als Aufgabe für das GMWL, wie sich das Handeln des Hundes am leichtesten erklären ließe, ohne die unmittelbare Einwirkung der Gottheit zu bemühen S. 58-62. – (16) Landriani hat Loriots Verfahren (siehe Nr 131.j zur Behandlung von Pastellmalerei und Insekten weiterentwickelt S. 58f. – Einige Stücke, Nr 4. 6. 9. 15 auf S. 51. 52. 53. 58-62, in den ²VS 6, S. 466-468. – Ein „verschütteter Aphorismus" von S. 53f.: Gravenkamp, S. 87.] [Jung 180]

†(f) S. 64-65: Sonderbare Bestrafung eines losen Mauls in der Pfalz.

[Verfasser: Carl Ludwig; von Lichtenberg bearbeitet. – Möglicherweise direkt aus derselben Quelle wie Lichtenberg und nicht über den GTC als: Der Einfall kam ihr theuer zu stehen. In: (Simon Ratzeberger d. Jüngere [d. i. August Mylius und Friedrich Nicolai]) (Hrsg.): Vade Mecum für lustige Leute. 10. Theil, Berlin: [Nicolai] 1792, S. 45f. – ²VS 6, S. 350. Nicht in ¹VS.] [Jung 181]

 (g) S. 65-69: Ueber die Peylaischen Lichtchen.

[¹VS 6, S. 259-264.] [Jung 182]

†(h) S. 70-73: Eine Mordgeschichte ohne gleiche.

[Den „Causes Celebres" des Pitaval (in welchem Band?) nacherzählt. Unautorisierter Nachdruck: Nr 233. – Nicht in VS.] [Jung 183]

(1794) S. 73-89: Kurze Erklärung einiger physikalischen und mathematischen Instrumente, die sich in -meter endigen; auf Verlangen gegeben.

[¹VS 6, S. 264-291. Zur Textkritik S. Lauchert S. 95; die dortige Annahme eines Handexemplars Lichtenbergs für den GTC ist pure Divination: nichts überliefert. Es findet sich aber eine hds. Liste mit ca. 30 solcher Instrumente, größtenteils von Lichtenbergs Hand, im Nachlass: Ms. Lichtenberg VII E 4, Bl. 7.] [Jung 184]

†(j) S. 90-100: Ueber den Haarputz der Alten, hauptsächlich der Römerinnen.

[Verfasser: J. P. Ostertag, von Lichtenberg bearbeitet nach dem Artikel „Calamistratura" (in „Deutsche Encyclopädie oder Allgemeines Real-Wörterbuch aller Künste und Wissenschaften." 4. Bd Frankfurt am Main 1780, S. 747 ff.), den er am Schluss als seine Quelle angibt.] [Jung 185]

(k) S. 101 f.: Etwas neues vom neuen Planeten.

[Zur Bestimmung der Bahn des Uranus. Ins *Dänische* übersetzt: Nr 266. In VS nicht wiedergedruckt.] [Jung 186]

†(l) S. 111-115: Erklärung der Kupferstiche.

[Illustrationen zu Johann Gottwerth Müller von Itzehoe: Siegfried von Lindenberg, dessen 2. Aufl. 1781 f. erschienen war, mit den Erklärungen vom Verfasser selbst. Bildunterschriften auf den Platten mit den Stellenangaben: 1: Bin doch curios zu wissen, was da so gröhlet Siegfried von Lindenberg 1. Theil 90. S.; 2: Mama seliger hatte wohl recht, dass 'n Kafflier immer mehr weisz, als'n Gelehrter. 1. Th. 105. S.; 3: Servitör 1. Th. 165. S.; 4: Will dir die schöne Silfies gesegnen 1. Th. 211. S.; 5: Ei mein lieber Herr Fix, das wäre ja schön 1. Th. 234. S.; 6: Hör Er mahl, mein guter Mann, lasz Er das'n ander mahl unterwegens. Bin gar nicht für das Alfanzen, sicht er 2. Th. 23. S.; 7: Ein Acht oder Vierzehn Tage Übung würden den Avisen Drucker fürs ganz Künftige über dergleichen unbequemlichkeiten weg setzen. 2. Th. 159. S.; 8: Weisz Er was? Er ist'n Flegel – da will ich ihm's Portent drüber geben 2. Th. 3. S.; 9: Hat Er das Dingsgen bey Sich? 2. Th. 55. S.; 10: Nee, Sieht Er, nu past mir's nicht, sieht Er. Links um Leute! 2. Th. 164. S.; 11: Diener – 's hat nichts zu sagen 2. Th. 172. S.; 12: – ich bin so müde nicht, dass ich Ihnen zu gefallen nicht noch bis ans Ende von der Welt reiten wolte 2. Th. 177. S. Vgl. Lichtenbergs Brief an den Verfasser, 10.2.1783 (Bw 2, S. 519: Nr 1029) und Reschke 1978, S. 146-166.]

205. Almanac de Goettingue pour l'année 1784. [Göttingen] chez I. C. Dietrich [1783].
[Übersetzung des GTC durch Isaac Colom du Clos (vgl. Anm. 12).] (Nicht paginiert:) 14 Modekupfer. – (Nicht paginiert:) Epoques de l'année 1784. (8 S.) – (Nicht paginiert: Kalendarium 12 x 4 = 48 S. und 12 gezählte Monatskupfer).

p. 1: Jours de naissance de la Maison Royale. – p. 2-72: Etat présent des Maisons Souveraines, & de celles des Princes les plus considérables de l'Europe.

p. 1: Manuel contenant diverses connoissances curieuses et utiles pour l'année 1784. Orné de tailles-douces gravées par Chodowiecki, avec les modes les plus modernes des Dames, et des Cavaliers en taille-douce. À Gottingue, chez Jean Chrêtien Dieterich.

p. 3-27: Réflexions sur les tailles-douces de Hogarth. La vie d'un débauché. Comédiens roulans qui s'habillent dans une grange.

p. 34-40: Carnaval singulier.

p. 41-43: Solennité de mariage d'un Couple de Nains.

p. 43-46: Commerce de Saints gros orteils en Italie.

p. 46-52: Nouvelles découvertes, Curiosités de physique et autres.

p. 51f.: Punition singuliere d'une mauvaise langue dans le Palatinat.

p. 53-57: Des petites chandelles de Peyla.

p. 57-60: Histoire tragique sans égale.

p. 60-77: Courte explication de quelques instrumens de Physique et de Mathématique qui se terminent en meter, donnée pour en avoir été requis.

p. 77-87: De l'ajustement des cheveux chés les Anciens, principalement des Dames Romaines.

p. 88-89: Nouvelle Remarque au sujet de la nouvelle Planéte.

p. 89: Addition.

p. 90: Comparaison de chaque Marc ou Livre du poids de l'or, de l'argent, de la monnoye, et du commerce de plusieurs lieux, par grains ou parties nommées as, poids de Troyes d'Hollande. – p. 92-93: Miles. – p. 93-94: Mesures des Grains en pouces cubes de Paris. – p. 94-95: Autres mesures des Solides. – p. 96-98: Longitude et Latitude géographique de Livres [!] endroits. – p. 98-103: Explication des tailles-douces. – p. 104-105: Table des Matieres. – p. 105: Changemens arrivés dans la Généalogie pendant l'impression. – p. 105: Quelques fautes d'impression. – p. 106: Avertissement.

206. Die Champagner Bouteille im Kühlfaß. [Epigramm.] In: [Gottfried August Bürger (Hrsg.):] Musen Almanach A[nno] MDCCLXXXIV. Göttingen, bey J. C. Dieterich [gestochener Titel; gedruckt:] Poetische Blumenlese Auf das Jahr 1784. Göttingen bey Johann Christian Dieterich [1783], S. 48.
[Gezeichnet: „G. C. L." – Faksimile: GMA 1979. – Wiedergedruckt Haug 1808, S. 130; Lauchert S. 186; SB 3, S. 642.]

[Jung 167]

207. An die liederliche Thais. [Epigramm.] In: [Gottfried August Bürger (Hrsg.):] Musen Almanach A[nno] MDCCLXXXIV. Göttingen, bey J. C. Dieterich [gestochener Titel; gedruckt:] Poetische Blumenlese Auf das Jahr 1784. Göttingen bey Johann Christian Dieterich [1783], S. 75.
[Gezeichnet: „G. C. L." – Faksimile: GMA 1979. – Wiedergedruckt Haug 1808, S. 128. (als: „An die auschweifende Thais"; Lauchert S. 186; SB 3, S. 643.]

[Jung 168]

208. Als der Wirth zum goldnen Fisch zum Schild einen Regenbogen wählte. [Epigramm.] In: [Gottfried August Bürger (Hrsg.):] Musen Almanach. A[nno] MDCCLXXXIV. Göttingen, bey J. C. Dieterich [gestochener Titel; gedruckt:] Poetische Blumenlese. Auf das Jahr 1784. Göttingen bey Johann Christian Dieterich [1783], S. 75.
Gezeichnet: „G. C. L." – Faksimile: GMA 1979. – Wiedergedruckt Haug 1808, S. 127; Lauchert S. 186; SB 3, S. 643.]

[Jung 169]

209. Opim und Nachbar Seip. [Epigramm.] In: [Gottfried August Bürger (Hrsg.):] Musen Almanach A[nno] MDCCLXXXIV. Göttingen, bey J. C. Dieterich [gestochener Titel; gedruckt:] Poetische Blumenlese Auf das Jahr 1784. Göttingen bey Johann Christian Dieterich [1783], S. 78.
[Gezeichnet: „G. C. L." – Faksimile: GMA 1979. – Wiedergedruckt als „Die Hälfte" Haug 1808, S. 127; Lauchert S. 187; SB 3, S. 643.]

[Jung 170]

210. Noah der Stifter der zweyten Sündfluth. [Epigramm.] In: [Gottfried August Bürger (Hrsg.):] Musen Almanach A[nno] MDCCLXXXIV. Göttingen, bey J. C. Dieterich [gestochener Titel; gedruckt:] Poetische Blumenlese Auf das Jahr 1784. Göttingen bey Johann Christian Dieterich [1783], S. 80.
[Gezeichnet: „G. C. L." – Faksimile: GMA 1979. – Wiedergedruckt Haug 1808, S. 129; Lauchert S. 187; SB 3, S. 643.]

[Jung 171]

211. Der Seelenarzt zu N. an seine Gemeinde. [Epigramm.] In: [Gottfried August Bürger (Hrsg.):] Musen Almanach A[nno] MDCCLXXXIV. Göttingen, bey J. C. Dieterich [gestochener Titel; gedruckt:] Poetische Blumenlese Auf das Jahr 1784. Göttingen bey Johann Christian Dieterich [1783], S. 100.
[Gezeichnet: „G. C. L." – Faksimile: GMA 1979. – Wiedergedruckt Haug 1808, S. 128; Lauchert S. 187; SB 3, S. 643.]

[Jung 172]

212. Thraso und der Astronom, ein Einfall von Schakespear. [Epigramm.] In: [Gottfried August Bürger (Hrsg.):] Musen Almanach. A[nno] MDCCLXXXIV. Göttingen, bey J. C. Dieterich [gestochener Titel; gedruckt:] Poetische Blumenlese Auf das Jahr 1784. Göttingen bey Johann Christian Dieterich [1783], S. 125.
[Gezeichnet: „G. C. L." – Faksimile: GMA 1979. – Wiedergedruckt Haug 1808, S. 130; Lauchert S. 187; SB 3, S. 644.]

[Jung 173]

†213. Bey dem erfreulichen Geburtsfest zweyer ihm sehr lieben Personen der Gattin und des Schwiegersohns, wagte Johann Christian Dieterich der nun seit 61 Jahren kein Verse mehr gemacht hat,[72] es endlich einmal wieder. Im Junius 1783.[73] [Geburtstagscarmen.] In: [Gottfried August Bürger (Hrsg.):] Musen Almanach A[nno] MDCCLXXXIV. Göttingen, bey J.C. Dieterich [gestochener Titel; gedruckt:] Poetische Blumenlese Auf das Jahr 1784. Göttingen bey Johann Christian Dieterich [1783], S. 134-136.
[Ungezeichnet. Achenbach vermutet jedenfalls zu Recht mindestens Lichtenbergs Beteiligung und Zusammenarbeit mit G.A. Bürger bei diesem Casual-Carmen (vgl. Photorin Heft 5 (1982), S. 61 f.; dort auch wiedergedruckt), die beide genannt sind; Joost neigt sogar zu Federführung oder alleinigen Autorschaft Lichtenbergs (und hat wohl auch dessen Bruder Ludwig Christian auf seiner Seite; vgl. Bw 2, S. 757: Nr 1192).]

214. Dusch-Cantate auf dem obersten Altane abzupauken. In: [Gottfried August Bürger (Hrsg.):] Musen Almanach A[nno] MDCCLXXXIV. Göttingen, bey J.C. Dieterich [gestochener Titel; gedruckt:] Poetische Blumenlese Auf das Jahr 1784. Göttingen bey Johann Christian Dieterich [1783], S. 209.
[Ungezeichnet. Zuweisung gesichert durch den Schluss von Bürgers Brief an Dieterich, 28.8.1783 (Bürgers Bw 3, 2021, S. 371: Nr 948): Diese ‚Tusch-Kantate' gehört ganz Lichtenberg. – Wiedergedruckt Lauchert S. 187 f.; SB 3, S. 644. Vgl. noch Lichtenberg-Jahrbuch 2000, S. 39-44.]
[Jung 174]

215. Nachricht von dem ersten Blitz-Ableiter in Göttingen, nebst einigen Betrachtungen dabei. In: Gazette de Santé: Oder gemeinnütziges medicinisches Magazin. Zweyter Jahrgang. Fünftes und sechstes Stück. Zürich: Joh. Caspar Füeßly 1783, S. 684-689.
[Jedenfalls unautorisierter Nachdruck von Nr 127 (mit offenbar verdrucktem Datum „den 22. Jun. 1780": im Erstdruck soll es „Sonnabend, den 24." Juni geheißen haben, und der fiel 1780 wirklich auf einen Samstag).]

216. **London.** [Rezension über:] Tiberius Cavallo: A complete Treatise on electricity. 2. Ed. London 1782. In: GGA 1783. 191. St. vom 27.11., S. 1918-1920.
[Anonym gedruckt; Verfasserschaft bestimmt nach dem Göttinger Handexemplar der GGA (danach Hahn, S. 84; Guthke 1963, S. 336: Nr 20) bzw. dem Tübinger Handexemplar (Fambach 1976, S. 109).]
[Jung 162]

---

72 Also noch nie: Dieterich wurde am 25.5.1722 in Stendal geboren.
73 Dieterichs Gattin Christiane Elisabeth Dorothea Mevius war am 7.6.1735 in Gotha geboren; sein Schwiegersohn Johann Christian Köhler am ? 1757? in Lenglern.

217. **Leipzig.** [Kurzrezension über:] Tiberius Cavallo: Vollständige Abhand-
      lung der theoretischen und praktischen Lehre von der Elektricität nebst
      eigenen Versuchen. 2. Aufl. Leipzig 1782. In: GGA 1783. 191. St. vom
      27.11., S. 1920.
      [Anonym gedruckt; Verfasserschaft bestimmt nach dem Göttinger Handexemp-
      lar der GGA (danach Hahn, S. 84; Guthke 1963, S. 336: Nr 21) bzw. dem Tübin-
      ger Handexemplar (Fambach 1976, S. 109). – Die engl. Ausgabe rezensiert oben
      Nr 94, die erste Auflage der Übersetzung Nr 95.]

      [Jung 163]

218. **Görlitz, Leipzig u. Dessau.** [Rezension, gemeinsam mit Christian Gottlob
      Heyne, über:] Provinzialblätter. Bd 5 und 6. 1783. In: GGA 1783. 199. St.
      vom 11.12., S. 1996-2000.
      [Anonym gedruckt; Verfasserschaft bestimmt nach dem Göttinger Handexemp-
      lar der GGA (danach Hahn, S. 84; Guthke 1963, S. 337: Nr 22) bzw. dem Tübin-
      ger Handexemplar (Fambach 1976, S. 110). – Lichtenbergs Anteil an dieser Sam-
      melrezension sind jedenfalls Berichte über Blitzableitung und Hahlrauch
      (S. 1997, Z. 6, bis S. 1999, Z. 27), v. a. v. a.: „Zur **Naturkunde** gehöret: eine Nach-
      richt von einem am 23. August 1782 zu Königshayn bey Görlitz erfolgten Wet-
      terschlage", „Silberschlags Schreiben […über den] im vorhergehenden Stück er-
      wähnten Wetterschlag" und „Ueber die dunstige Luft des heurigen Sommers".]

      [Jung 164]

219. Kurze Geschichte einiger der merkwürdigsten Luftarten. In: Hannoveri-
      sches Magazin 1783, 100. St. vom 15.12., Sp. 1585-1600; 101. St. vom 19.12.,
      Sp. 1601-1610.
      [Vermutlich autorisierter Nachdruck von Nr 170(f) in zwei Folgen. Nur mit
      Monogramm gezeichnet: In einer Fußnote auf der ersten Seite erklärt der Hrsg.
      Georg Friedrich Wehrs, ihm sei der „gegenwärtige sehr befriedigende Aufsatz
      des berühmten Herrn Professors L. von dem Consistorial-Secretair Wolf zum
      Einrücken in dieses öffentliche Blatt hergegeben worden".]

                                    1783-1784

220. **Paris.** [Rezension über:] Barthélemy Faujas de St. Fond: Description des
      expériences de la machine aërostatique *de MM. de Montgolfier* et de celles aux
      quelles cette découverte a donné lieu etc. par *M. Faujas de St. Fond.* P. 1.
      Paris 1783. In: GGA 1784, 7. St. vom 10.1., S. 57-72.
      [Anonym gedruckt; Verfasserschaft bestimmt nach dem Göttinger Handexemp-
      lar der GGA (danach Hahn, S. 84; Guthke 1963, S. 337: Nr 23) bzw. dem Tübin-
      ger Handexemplar (Fambach 1976, S. 111); schon von Lauchert S. 174f. ohne
      diese Handexemplare aus dem Briefwechsel Heynes mit Soemmerring richtig
      kombiniert. – Durch Joost wiedergedruckt im Lichtenberg-Jahrbuch 2017,
      S. 367-375.]

      [Jung 187]

221. **Paris.** [Rezension über:] M.D. ***: Considération sur le globe aërostatique. Paris 1783. Lettre à M.D. *** sur son projèt de voyager avec la sphère aëro-statique de M. de Montegolfier à Aëropolis. Paris. In: GGA 1784, 17. St. vom 29.1., S. 167f.

[Anonym gedruckt; Verfasserschaft bestimmt nach dem Göttinger Handexemplar der GGA (danach Hahn, S. 84; Guthke 1963, S. 337: Nr 24) bzw. dem Tübinger Handexemplar (Fambach 1976, S. 112).]

[Jung 188]

222. **Jena.** [Rezension über:] Johann Ernst Basilius Wiedeburg: Ueber die Erdbeben und den allgemeinen Nebel von 1783. Jena 1784. In: GGA 1784, 47. St. vom 20.3., S. 470-472.

[Anonym gedruckt; Verfasserschaft bestimmt nach dem Göttinger Handexemplar der GGA (danach Hahn, S. 84; Guthke 1963, S. 337: Nr 25) bzw. dem Tübinger Handexemplar (Fambach 1976, S. 113).]

[Jung 189]

223. **Straßburg.** [Rezension über:] Friedrich Ludwig Ehrmann: Montgolfiersche Luftkörper oder aërostatische Maschinen, worinn die Kunst sie zu verfertigen und die Geschichte der bisher damit angestellten Versuche beschrieben werden, nebst einer Beschreibung der zwo ersten Reisen durch die Luft und Hrn. Dr. Würtz' Gedanken über die Ursachen des Steigens dieser Luftkugeln, welche er in dem Musée zu Paris den 1. Sept. 1783 vorgelesen hat. Straßburg 1784. In: GGA 1784, 51. St. vom 27.3., S. 509-512.

[Anonym gedruckt; Verfasserschaft bestimmt nach dem Göttinger Handexemplar der GGA (danach Hahn, S. 85; Guthke 1963, S. 337: Nr 26) bzw. dem Tübinger Handexemplar (Fambach 1976, S. 113). – Durch Joost wiedergedruckt im Lichtenberg-Jahrbuch 2017, S. 379-381.]

[Jung 190]

GMWL Jg 3, 6. St.

224. Göttingisches Magazin der Wissenschaften und Litteratur. [...] Dritten Jahrgangs Sechstes Stück. Göttingen: bey Johann Christian Dieterich, 1783.

[Eine Übersicht über die wahren Erscheinungsdaten des Jahrgangs mit Begründungshinweisen steht oben Nr 174, wo auch die Rezensionen über ihn (die oft mehrere Hefte behandeln) zusammengefasst sind. –
Dieses Heft erschien frühestens Ende Februar, wahrscheinlicher Mitte oder Ende März 1784. – Von anderen Verfassern in diesem Stück:]
I. J.[ohann] D.[avid] Michaelis, von den Gewölben unter dem Tempelberge, und Berge Zion, zur Aufklärung der Geschichte: sonderlich der beym Tempelbau Julians, und bey Herodes Plünderung des Grabes Davids ausbrechenden Flammen. S. 801-828 (Fehlpaginierung S. 817-828: verdruckt zu 719-728).

II. Beobachtungen über das Klima von Senegal. (Deutscher Auszug von Georg
Forster, von ihm mit einigen Anm. ergänzt, aus: D. J. P. Schotte: Observation on
the Synochus Atrabbiliosa.) S. 829-870 [Fehlpaginierung S. 829-832: verdruckt zu
729-732]. [Vgl. Fiedler S. 36: Nr 90; wiedergedruckt Forster AA 5, 1985, 140-
160. 819.]
III. Herr Stabsmedicus [Christian Friedrich] Michaelis an Herrn Prof. Forster,
über das große unbekannte Thier in Nordamerika. S. 871-876. [Datiert: „Neu
York den 7. August 1783." Darin noch: Brief von Michaelis an Lichtenberg (dieser – ab S. 875 – als Regest mitgeteilt Bw 2, S. 806f.: Nr 1223).]
IV. Nachricht, was zu Beobachtung der Mondfinsterniß zwischen den 1. und
11. Sept. 1783 auf der Göttingischen Sternwarte gethan worden ist. Nebst eini-
gen geographischen Anwendungen. Aufgesetzt von A. G. Kästner. S. 876-885.
V. Schreiben an Prof. Lichtenberg, D. Price's Tod betreffend. (Aus dem Eng-
lischen). S. 886-889. [Datiert: „London den 30. Sept. 1783." Auch im Bw 2,
S. 709f.: Nr 1151].
VI. Ueber das Angenehme und Unangenehme im menschl. Leben. Von Hrn.
Prof. Tiedemann. S. 889-906.
VII. J. A. Kritters Prüfung der im Jahr 1783 bekannt gemachten Reichsstadt
Nürnbergischen zweyten Leibrentengesellschaft, in welcher kein einziges Mit-
glied etwas verlieren kann, sondern auch die Einlagen der Absterbenden nebst
den Zinsen zurück bezahlt werden. S. 906-927.
VIII. Aus einem Schreiben des Hrn. Prof. Forsters an Prof. Lichtenberg. S. 928f.
[Datiert: „Cassel, d. 4. Jan. 1784." Vgl. Fiedler S. 36: Nr 91. Auch im Bw 2,
S. 815f.: Nr 1230, jedoch anscheinend nicht aufgenommen in Forster: AA].

Das Stück enthält von Lichtenberg:

225.   IX. Vermischte Gedanken über die aërostatischen Maschinen, von G. C. L.
        In: GMWL 3 (1783), 6. St., S. 930-953.
        [AS 1800, S. 397-334 [recte: 434]. ¹VS 8, S. 321-359. Nicht in den ²VS. GW 2,
        S. 348-364. SB 3, S. 63-75. – Mit textkritischen Notizen wiedergedruckt durch
        Joost im Lichtenberg-Jahrbuch 2017, S. 383-391.]
                                                                            [Jung 143]

226.   X. Bemerkungen über ein Paar Stellen in der Berliner Monatsschrift für
        den December 1783 von G. C. Lichtenberg. In: GMWL 3 (1783), 6. St.,
        S. 953-956.
        [Neuerlich über Ziehen (siehe oben Nr 133). ¹VS 4, S. 249-255. ²VS 5, S. 28-32. –
        Bei Schimpf 1993, S. 229: Nr 23; antwortet auf Biester (Schimpf 1993, S. 229:
        Nr 21, wo der Verfasser Lichtenbergs allzu spöttischen Ton kritisiert hatte) und
        Pierre Prevost (Schimpf 1993, S. 229: Nr 22, wo Lichtenberg höflich ein sachli-
        ches Missverständnis argwöhnt); hierauf antwortete Prevost, Lichtenberg lo-
        bend: Ueber ein Paar Stellen in dem neuesten Stück des Göttingischen Magazins,
        nebst einem Anhang über Wetterprophezeiungen. In Berlinische Monatsschrift
        Bd 4, 1784, September-Heft S. 238-246; hier bes. 244f. (fehlt bei Schimpf.]
                                                                            [Jung 144]

227. Nachricht. In: GMWL 3 (1783), 6. St., S. 956.
[Besteht nur aus dem einen Satz: „Im nächsten Stück des Magazins erscheint die Fortsetzung des Orbis pictus gewiß, und zwar zwey Artikel desselben: von weiblichen Bedienten und von Comödianten."]

228. Widerlegung der Nachricht [...] 1784.
[Nachdruck oder Titelauflage von Nr 186 (siehe dort). – Vorliegende Auflage bei Schimpf 1993, S. 228: Nr 17e.]

[Jung 165]

229. [Vorlesungsankündigung Lichtenbergs zum Sommersemester 1784 (Beginn: 26.4.). Lateinisch im „Catalogus Praelectionum", datiert vom herausgebenden „Prorector Joannes Beniamin Koppe": „XIII. Mart." [= 13.3.] 1784, p. VII; deutsch in:] GGA 1784. 57. St. vom 8.4., S. 569 f.
[Regest mit deutschen und lateinischen Zitaten: Cardanus S. 62.]

230. [Lichtenberg an Johann Elert Bode, 1. Juli 1782. Auszugsweise vom Empfänger publiziert.] In: J. E. Bode: Von dem neu entdeckten Planeten. Berlin: Selbstverlag, und Dessau: Buchhandlung der Gelehrten 1784, S. 94.
[Vermutlich zur Oster-Messe erschienen (1784: 2.5.-16.5.). Durch eingeschobene Kommentare unbedeutend verändert nachgedruckt nach Nr 172; siehe dort.]

231. Correspondance entre M. de Michaelis, Professeur en langues orientales à Gottingue, et M. Lichtenberg, Professeur en Physique, sur un trait de l'histoire ancienne, au sujet des conducteurs: Traduit de l'Allemand du Magasin des Sciences de Gottingue, année 1783, cinquième cahier; par M. Eisen, Ministre Luthérien à Niederbern en basse Alsace.[74] In: Jean-François Rozier: Observations sur la Physique et l'histoire naturelle et sur les arts. Bd 24, T. I, Avril 1784, S. 321. – Réponse de M. Lichtenberg: ebd. S. 322 f. – Seconde Lettre de M. Michaelis a M. le Professeur Lichtenberger [!]; traduite par M. Eysen, Ministre du Saint-Evangile à Niederbern. In: Jean-François Rozier: Observations sur la Physique [...]. Bd 25, T. II, Octobre 1784, S. 297-302. – Réponse de M. Lichtenberg: ebd. S. 302 f.
[Fortgesetzt durch Nr 247; siehe dort. – Übersetzung von Lichtenbergs Briefen an Johann David Michaelis aus dem GMWL 3 (1782), 5. St. (Nr 200) ins Französische. – Aus dieser Publikation leitete sich die folgende italienische Zusammenfassung davon ab; mit Monogramm gezeichnet: „A." (das ist, Carlo Amoretti):] Sui Conduttori Elettrici del Tempio Gerosolimitano. Osservazioni fatte da' Sigg. Michaelis e Lichtenberg e transunte dalle loro Lettere inserite nel Gior. Di Rozier. In: Opuscoli scelti sulle Scienze e sulle Arti. Tratti dagli atti delle Accademie, e dalle altre Collezioni Filosofiche e Letterarie, dalle Opere più recenti Inglesi,

---

74 Der Übersetzer heißt richtig Georges-Jacques Eissen (1740-1825) und war seit 1774 prot. Pfarrer in Niederbronn/Unterelsaß.

Tedesche, Francesi, Latine e Italiane, e da Manoscritti originali e inediti. Milano: Giuseppe Marelli. Tomo VIII (Milano 1785), p. 215 f. und 1 Tafel[75]; hierauf wird dann noch einmal hingewiesen in derselben Zeitschrift, Tomo XIV (Milano1791), parte IV, p. 279, in einer Anm. zum Aufsatz „Osservazioni sulle notizie degli Antichi intorno del Sig. Guglielmo Falconer, l'ettricità M.D.F.R.S. communicate dal Dottor Percival, Memorie della Società Letteraria e Filosofica di Manchester. Tomo III". – Auf den „Briefwechsel" mit Michaelis im GMWL gibt es dann noch einmal eine Bezugnahme in der Antologia Romana; siehe oben Nr 200.]

232.   Sonderbarer Garten. In: Allerneueste Mannigfaltigkeiten. Eine gemeinnützige Wochenschrift. 23. Woche [1784]. Vierter und letzter Jahrgang. Berlin, bey Johann Carl Eisfeld, Buchdrucker. 1785, S. 363 f.
[Erschienen Mai 1784. – Jedenfalls unautorisierter Nachdruck von Nr 170(c).]

233.   Eine Mordgeschichte ohne gleiche. In: Allerneueste Mannigfaltigkeiten. Eine gemeinnützige Wochenschrift. 4. Jg, Berlin, bey Johann Carl Eisfeld, Buchdrucker. 1784, 2. Quartal, 25. Woche, S. 381-396.
[Jedenfalls unautorisierter Nachdruck von Nr 204(h), aber ähnlich wie bei Nr 254 als „von Bürger" ausgegeben, den man als schreibenden Juristen kannte. – Titelblatt des Bandes ist zwar vordatiert auf 1785; das 25. Stück erschien aber im Juni 1784.]

234.   **Paris**. [Rezension über:] Barthélemy Faujas de St. Fond: Première suite de la descriptions des expériences aërostatique de MM. de Montegolfier et de celles auxquelles cette découverte a donne lieu. P. 2. Paris 1784. In: GGA 1784, 139. St. vom 28.8., S. 1385-1397.
[Anonym gedruckt; Verfasserschaft bestimmt nach dem Göttinger Handexemplar der GGA (danach Hahn, S. 85; Guthke 1963, S. 337: Nr 27) bzw. dem Tübinger Handexemplar (Fambach 1976, S. 116). – Wiedergedruckt durch Joost im Lichtenberg-Jahrbuch 2017, S. 391-397.]

                                                  [Jung 191]

235.   Neueste Geschichte der Blitz-Ableiter, aus dem göttingischen Taschenbuche für 1778, S. 37 und ff. In: Allerneueste Mannigfaltigkeiten. Eine gemeinnützige Wochenschrift. 4. Jg, Berlin, bey Johann Carl Eisfeld, Buchdrucker. [August/September] 1784, 3. Quartal, 35./36. Woche, S. 554-556. 557-559.
[Jedenfalls unautorisierter Nachdruck von Nr 89(d); hier jetzt im Rahmen einer Aufsatzsammlung „Von Gewittern, Blitz und Blitzableitung", hrsg. von J.C. Fuchs.]

---

75   2021 als Einzelblatt und ohne den Stich angeboten vom Antiquariat Libreria Piani (Monte San Pietro, Bologna). Siehe auch https://digital.deutsches-museum.de/de/digital-catalogue/library-object/BV010520179/#223

*236a. [Ankündigung seiner Schriften.]
[Bislang in keinem Exemplar nachgewiesener Einzeldruck, den Lichtenberg an seine Freunde als Subskriptionsaufforderung schickte;[76] Wortlaut vermutlich wie 236b oder c.]

236b. [Ankündigung seiner Schriften.] In: Anzeiger des Teutschen Merkurs Drittes Vierteljahr (September) 1784, S. CXLIV [letzte Meldung].
[Datiert und gezeichnet: „Göttingen den 20. Aug. 1784. G. C. Lichtenberg, Prof., der Philosophie.": Eigene Ankündigung der „zerstreuten Schriften von mir gesammelt", die dann aber nicht erschienen, zur Verhinderung einer fremden Ausgabe (der Herausgeber der AS 1800, der auch so etwas geplant habe, kommt indessen wahrscheinlich nicht in Betracht; siehe dort). Noch zwölf Jahre später wird im Berlinischen Archiv der Zeit Nr VIII, Juni 1796, S. 543-550, hier 546 (siehe oben Nr 61) ein Ungenannter darauf anspielen: „Der bekannte Photorin, dessen gelehrter Traktat über die Kraft der Göttingischen Mettwürste unstreitig noch gelesener seyn würde, wenn es seinem verstockten Verfasser nicht gefallen hätte, eine eigne Ausgabe seiner Schriften zu versprechen, um dadurch zu bewirken daß wir sie nicht bekommen [...]". Auch Friedrich Matthisson nahm im Jahr davor gewissermaßen Bezug darauf (Briefe, Bd 2, Zürich: Orell, Geßner, Füssli und Comp. 1795, 15. Brief S. 117: „Ich wünschte, daß es einem Nachdrucker oder anderm literarischen Freibeuter gefallen möchte, eine Sammlung von Lichtenbergs zerstreut gedruckten Aufsätzen anzukündigen, weil dies vielleicht das einzige Mittel wäre, ihm die Selbstherausgabe derselben zur Pflicht zu machen; denn strafbar wäre der Vater, der nach der Entdeckung, daß eine Zigeunerhorde damit umgehe, ihm seine Kinder zu rauben, sie in Lumpen zu stecken oder wohl gar aus Bettlerpolitik zu verstümmeln, nicht jedes von ihm abhangende Mittel gebrauchte, um ein so heilloses Unternehmen zu vereiteln."). – Nach dem „Teutschen Merkur" wiedergedruckt im Photorin Heft 3 (1980), S. 46 mit weiteren Hinweisen auf Briefzeugnisse, und im Bw 3, S. 54f. zu Nr 1359. – Zeitgenössisch zumindest noch gedruckt:

236c. [Mit leicht abweichender Orthographie, aber dem Titel:] G. C. Lichtenberg's Vermischte Schriften. In: Litteratur- und Theater-Zeitung No. XXXVIII vom 22.9.1784, 3, S. 191 f.

236d. [Kurzfassung davon, vermutlich von der Redaktion gekürzt] In: Journal von und für Deutschland, hrsg. von Günther Goeckingk Bd 2 (1784), 10. St., S. 248 (unter IX. Ankündigungen Nr 163); ferner

236e. [Dito.] In: NCN 1784, Bd 10, 51. St. vom 18.12., S. 408:
[„Hr. Prof. Lichtenberg in Göttingen will eine Sammlung seiner vermischten Schriften und zerstreuten Aufsätze auf Subscription herausgeben. Der erste Band soll Ostern 1785 erscheinen, und Briefe und andere Aufsätze, auch einige

---

76 Dass Grisebach, der ihn erwähnt (zuerst 1871; in der Auflage 1876: S. 56), selber einen gesehen oder gar besessen hätte, ist dagegen nicht zwingend gegeben: Er kann die Existenz des Prospekts aus den Briefen Lichtenbergs aus dem Winter 1784/1785, in denen mehrmals davon die Rede ist, gefolgert haben.

Gedichte, theils ungedruckte, theils schon bekanntgemachte, mit Hinweglassung aller Streitschriften und alles was beleidigen könnte, enthalten. Die Briefe über Garrik und das damalige englische Theater werden sehr verbessert erscheinen, und der Erklärung der Hogarthischen Kupferstiche sollen die vorzüglichsten Köpfe, so wie den Briefen über das Theater die vorzüglichsten Stellungen als Vignetten beygefügt werden.")] – und vermutlich noch in weiteren Blättern.

237.   The poetical Works of John Milton. Vol I. Containing Paradise Lost / II. Gottingen: Printed for I. C. Dieterich 1784. [Reihentitel:] The Works of the English poets. With prefaces, biographical and critical, by Samuel Johnson. Volume the first / the second. Gottingen: Printed for I. C. Dieterich MDCCLXXXIV. 104 + 364. 360 S. Frontispiz Bd 1: Milton, Bd 2: Saml. Johnson (beide gestochen von J. J. Sturm).
[Im 1. Bd Johnsons The Life of Milton (S. 3-104); Paradise Lost (S. 1-364); im 2. Paradise Regained (S. 3-91); Samson Agonistes (S. 93-152); Poems (S. 153-360). – Der Druck wurde von Lichtenberg überwacht, der aber weder sich als Hrsg. darin zu erkennen gab, noch irgend eigene Texte beisteuerte. Ausgegeben offenbar Michaelis 1784; Lichtenberg berichtet von dem Plan dieser Reihe und des Bandes an Schernhagen 3.3.1783 (Bw 2, S. 566: Nr 1044). Mitte Juli 1784 (an Heyne, ebd. S. 873: Nr 1279) erwähnt er die Arbeit an den Bänden, ebenso an Soemmerring 16.8.1784 (ebd. S. 891: Nr 1291). Öffentlich bekannte er sich zu seiner Rolle in der „Nachschrift" zur „Vorrede" (Nr 190), S.[VI], wiedergedruckt Lauchert S. 85; Dieterichs Ankündigung: Nr 189/XI. Mehr nicht erschienen. – Gemäß BL 1982, S. 263 Nr 1659 besaß Lichtenberg bei seinem Tod nur mehr ein Exemplar der beiden Bände.]
Rezension: [Gottfried Less:] GGA, 25. St., 14.2.1785, S. 241 (auszugsweise wiedergedruckt Lauchert S. 85 Anm.).

238.   [Vorlesungsankündigung Lichtenbergs zum Wintersemester 1784/1785 (Beginn: 11.10.). Lateinisch im „Catalogus Praelectionum", datiert vom herausgebenden „Prorector Joann. Steph. Pütter": „Kal. Septembr." [= 1.9.] 1784, p. VII; deutsch in:] GGA 1784. 157. St. vom 30.9., S. 1570. 1571.
[Regest mit deutschen und lateinischen Zitaten: Cardanus S. 62.]

GTC für 1785

239.   Goettinger Taschen Calender vom Jahr 1785. [Göttingen] bey Joh. Chr. Dietrich [1784]. [Gestochener Kupfertitel: Chronos, schreibend (wie GTC für 1784), gezeichnet: „Ernst Ludwig Riepenhausen"]. 12 Modekupfer („Riepenhausen f."), 2 Einzelkupfer („Ein junges Maedchen von der Sandwich Insel"; „Eine junge Taentzerin von Otaheiti") [hier hinter dem zweiten Titelblatt: Taschenbuch ... (siehe unten)] ([einige Blätter gekennzeichnet:] („E. Riepenhausen fec."), (42) S. [getrennt in zwei Teile]. Kalender, mit 12 Kup-

fern (auf Bl. 1 „D. Chodowiecki del. et sculp."): (Macbeth). [= Engelmann 1857, Nr 514. Bauer, Nr 1089-1100.][77] – [Zweiter Titel]: Taschenbuch zum Nutzen und Vergnügen fürs Jahr 1785. [Von diesem Jg[78] gibt es eine an dieser Stelle auf dem Titel gezeichnete] Zweyte verbesserte, mit zwei zu Hogarths Leben des Liederlichen gehörigen Kupferplatten und deren Beschreibung vermehrte Auflage [sie ist vermutlich bis ca. S. 133 ‚Männchen auf Männchen' (seiten- und zeilenidentisch) nach der 1. Auflage, dann ganz neu gesetzt.]. Mit Kupfern von Chodowiecki [2. Aufl.: Chodowiecky], nebst den neuesten Frauenzimmer- und Manns-Kleidungen, in Kupfer. Göttingen, bey [2. Aufl.: bei] Johann Christian Dieterich. S. 2-80: Genealogisches Verzeichniß der vornehmsten jetzt lebenden hohen Personen in Europa; S. 81-197: [Kalender-Aufsätze, siehe unten]; S. 198-205 ([2]211-217): Vergleichung: „196" [recte: 198] ([2]211), Meilenmaaß: 200 ([2]213), Getraidenmaaß: 201 f. ([2]215), Münzen: 202 ([2]216), geogr. Längen: S. 203-205 ([2]218-220); S. 206 ([2]221): Inhalt; S. 207 f. ([2]222): Verzeichniß der Kupferstiche; S. 207 ([2]223): [Buchhändlerische] Nachricht [des Verlegers Dieterich über Preise, Rabatte und Ausstattung des GTC]; ungezeichnete S. 208 (gezeichnet [2]224): [Nachricht] An den Buchbinder, die acht mit A, B, C – u. s. w. bezeichneten Kupferstiche betreffend.
[Um ca. 20 % vergrößertes Faksimile der verbesserten und erweiterten 2. Auflage. 14 Mode- und 12 Monatskupfer (zu Macbeth), unpag. Zeitrechnung und Kalendarium (14 Bl.); Genealogie weggelassen, und Taschenbuch zum Nutzen und Vergnügen fürs Jahr 1785. 224 S. Mit einem Nachwort von Ulrich Joost (S. 255-269). Mainz: Dieterich'sche Verlagsbuchhandlung 2001 (32 S.: Kalendarium), 136 S., (11 S.: Nachwort). – Denekes Lichtenberg-Schrank Nr 16. Gumbert-Auktion 1985, Nr 2594. – Aus dem „Roten Buch" (siehe Siglenverzeichnis und zu Nr 181) fließen 27 hds. Notizen in diesen Jg ein. – Lit.: Lauchert S. 98-100; Köhring S. 154; Lanckoronska/Rümann S. 15; Jung 197-202; Engelmann 514; Bauer, Nr 1089-1100. – Die Existenz der zweiten Auflage dieses Jahrgangs kannte kein Bibliograph, sie ist erstmals von Paul Ernst in der

77 „Die Monatskupfer dieses Jahrgangs stellen Scenen aus Macbeth dar, mit den zugehörigen Textworten aus [Gottfried August] Bürger's Uebersetzung, ohne weiteren erläuternden Text". Sie beziehen sich auf die Akte und Szenen im Drama: 1: 1,1; 2: 1,4; 3: 2,1; 4: 2,3; 5: 2,5; 6: 2,6; 7: 3,4; 8: 3,6; 9: 4,1; 10: 4,6; 11: 5,1; 12: 5,8. – Ungezeichnete Kopien derselben Abbildungen wurden schon zu der im Vorjahr bei Dieterich in Göttingen erschienenen Buchausgabe dieser Übersetzung verwendet: „Macbeth ein Schauspiel in fünf Aufzügen nach Shakespear. Seinem unvergeßlichen Freunde Johann Erich Biester in Berlin gewidmet von G. A. Bürger." (Ein bibliophiler Neudruck davon mit montierten Abbildungen: Berlin: Trowitzsch & Sohn 1923).

78 Ein Expl. dieser offenbar sehr seltenen Auflage ist (anscheinend nur) in der UB Bochum vorhanden; mein Faksimile nach diesem einzigen nachgewiesenen Exemplar ist unten bibliographiert. – War der Erfolg dieses Jahrgangs so groß, oder hatte der Verleger bei der ersten Auflage sich so sehr verkalkuliert? Vgl. dazu v. a. Lichtenberg an Kästner, 22.12.1784: Bw 2, S. 964: Nr 1324; an Soemmerring, 7.1.1785: Bw 3, S. 13: Nr 1339; an Ebert, 21.2.1785: Bw 3, S. 53: Nr 1359; ferner GTC für 1788, S. 105.

Beschreibung seiner Bibliothek erwähnt (siehe unten zu c). – Zum GTC allgemein vgl. Anm. 11.]
Rezensionen: [A. G. Kästner]: GGA 1784, 152. St. vom 20.9., S. 1521 f. [über die 1. Aufl.]. – [A. G. Kästner]: GGA 1785, 25. St. vom 14.2., S. 241 f. [über die 2. Aufl.]. – N. N.: ALZ 1785, Nr 3 vom 5.1., Sp. 16. – †Fr. [= J. J. Eschenburg]: ADB, Bd 62, 2. St. (1785), S. 399 f. [über die 2. Aufl.] – N. N.: AVBA, Bd VIII, 1784, 7. St., S. 523 f. – N. N.: MJ, 1. Bd 1785, 4. St. (1784), S. 58).

(a) S. 81-103: Ueber das Fortrücken unseres Sonnensystems.
   [¹VS 6, S. 304-333. – Zwei „verschüttete Aphorismen" von S. 83 und 103: Gravenkamp, S. 88.] [Jung 197]

†(b) S. 104-118: Vom Bohon-Upas oder dem Giftbaum.
   [Die Quelle gibt Lichtenberg selbst an: N. P. Försch; von Heydinger in seiner engl. Übersetzung vermerkt: aus dem Holländischen; im Wesentlichen ist nur die Einleitung S. 104 f. von Lichtenberg.] – [Schnelle Reaktion: Das Journal von und für Deutschland bestritt daraufhin die Existenz des Bohon Upas: Ueber den angeblichen Giftbaum 2 (1785), 9. St., S. 251. – Vgl. auch Lichtenbergs Ergänzung „aus einem Schreiben [...] Thunbergs an [...] Murray im GTC für 1788, S. 185-187 = Nr 283 (h8)] [²VS 6, S. 350-357. Nicht in ¹VS.] [Jung 198].

(c) S. 119-168: Hogarths Leben des Liederlichen, mit Zeichnungen der vorzüglichsten Köpfe erläutert [mit 8 Kupfern nach W. Hogarth von E. Riepenhausen gestochen]. [Jung 199]

(cc) [Nur in der 2. Aufl.; siehe S. 157:] S. 169-179: Zusätze zu vorstehendem Aufsatz, aber auch kleine Veränderungen, Hinweise und Ergänzungen im Text vorher, z. B. Fußnoten (bes. 147. 160) [mit 10 Kupfern – Die nachfolgenden Artikel sind entsprechend höher paginiert. Zur Geschichte der 2. Auflage dieses GTC mit eingehender Textkritik und Plustexten zu diesem Artikel durch Petra Blank, die von meinem Hinweis auf Paul Ernst angestachelt, das einzige Exemplar in öffentlichem Besitz aufspürte, im Lichtenberg-Jahrbuch 1997, S. 53-66. – Vollständig umgearbeitet in der „Ausführlichen Erklärung", 3. Lieferung 1796 (²VS 10, S. 1-146). Nach dem GTC wieder in Lichtenbergs Hogarth 1999, S. 31-63. Vgl. auch Joost/Unverfehrt S. 74 Nr 30, Abb. S. 75. – Ein „verschütteter Aphorismus" von S. 125: Gravenkamp, S. 88.]

†(d) S. 169-173 (2. Aufl.: S. 180-184): Beytrag zu einer Toiletten-Apotheke.
   [²VS 6, S. 358-360. Nicht in ¹VS.] [Jung 200]
   1. Römische Pomaden. S. 169-170 (2. Aufl.: S. 180 f.)
   2. Jasminöl. S. 171 (2. Aufl.: S. 182)
   3. Feinere destillirten Oele. S. 171-172 (2. Aufl.: S. 183 f.)
   4. Bereitung der rothen Schminke. S. 173 (2. Aufl.: S. 184)
   [Am Schluss: „(Wird künftig fortgesezt.)" – Vielleicht geschehen mit Nr 274 b; siehe dort, auch mit Blick auf die unsichere Verfasserschaft.]

(e) S. 174-194 (2. Aufl.: S. 185-206): [18] Neue Erfindungen, physikalische und andre Merkwürdigkeiten.
   [Bezifferung, nicht aber die Titel von Lichtenberg.]
   [(1) Montgolfiere'sche Maschinen S. 174 f./²185 f. – 2) Argands Lampe S. 175 f./²186 f. – 3) Kempelens Verbesserung der Dampfmaschine S. 176-

178/²187-189. – 4) Die Lichtputze S. 178-182/²189-193. – (5) Blitzeinschlag in Norwich am 7.6.1782 in ein Armen- und Werkhaus. Die später erfolgte Untersuchung durch Nairne und Blagden (Philos. Transactions 72) ergab schwere Fehler in der Anlage der Blitzableiter S. 182f./²193f.– 6) Engl. Luftpumpen von Hurter und Haas S. 183-186/²194-197/²185f. – 7) Sauerbrunnen zu Selters ökonomisch: Pacht, Gewinn, Reichweite S. 186f./²197f. – 8) Firnis zur Abdichtung der Luftbälle S. 187f./²198f.– 9) Uhrmacher Arnold in London: Verbesserung der Seeuhren durch Goldlegierung S. 188/²199. – 10) Beschreibung einer burlesken Trunkenheitsszene am Kap der guten Hoffnung durch Sparrman S. 188-190/²199-201. – 11) Saussures Hygrometer S. 190f./²201f. – 12) Achards Methode, Platin mit Arsen formbar zu machen S. 191f./²202f. – 13) Wilcke publiziert neues Verfahren zur Sättigung großer Mengen Wassers mit „fixer Luft" (=Kohlensäure) S. 192/²203. (wiedergedruckt durch Joost 2023b, S. 201). – 14) Saussure (nicht zuerst Du Carla) demonstrierte erheblichste Erhitzungen durch Sonnenlicht unter Glasplatten S. 192f./²203f. – 15) Derselbe maß menschliche Elektrizität bei Bewegungen S. 193/²204f. – 16) Derselbe maß Luftelektrizität in 50 Fuß Höhe S. 193f./²205. – 17) Ricinus-Öl als feste Gallert S. 194/²205f. – 18) Luz' Verbesserungen am Eudiometer S. 194/²206f. – Nr 4, S. 178-182, im Kalender ohne besonderen Titel, ist unter dem Titel: „Geschichte der Lichtputze" in die ¹VS 4, S. 524-529, ²VS 5, S. 316-318. – Nr 17, S. 194, unter der Rubrik „Neue Erfindungen" in die ²VS 6, S. 468. – Zwei „verschüttete Aphorismen" von S. 178 bzw. ²189 (Nr 4) und S. 190f. bzw. ²200f.: Gravenkamp, S. 88.] [Jung 201]

(f) S. 195-197 (2. Aufl.: S. 207-210): Verbesserung einiger gemeinen Irrthümer. [Bezifferung, nicht aber die Titel von Lichtenberg.] [Einleitung – 1) Gotische Baukunst S. 195/²207. – 2) y im Deutschen S. 195/²207. – 3) Schachspiel S. 195f./²207f. – 4) Schwanengesang. Einhorn S. 196/²208. – 5) Malabar S. 197/²209. – 6) Stachelschwein S. 197/²209. – 7) Hottentotten S. 197/²209. – 8) Sparrman über Feigheit des Löwen S. 197/²209. – 9) Zunge des Rhinoceros S. 197f./²209f. – 10) Leonard Euler und Fuss zum Magneten S. 198/²210. – Davon Nr 2. 3. 4 in den ²VS 6, S. 458f.] [Jung 202]

240. Almanac de Goettingue pour l'année 1785. [Göttingen] chez I. C. Dietrich [1784]. [Übersetzung des GTC durch Isaac Colom du Clos (vgl. Anm. 12).] (Nicht paginiert: 14 gezählte Kupfer von Riepenhausen). – (Nicht paginiert:) Epoques de l'année 1785. (8 S.) – (Nicht paginiert: Kalendarium 12 x 4 = 48 S. und 12 gezählte Monatskupfer).

p. 1: Manuel contenant diverses connoissances curieuses et utiles pour l'année 1785. Orné de tailles-douces gravées par Chodowiecki avec les modes les plus modernes des Dames, gravées en taille-douce. À Gottingue, chez Jean Chrétien Dieterich. – p. 3: Jours de naissance de la Maison Royale. – p. 4-76: Etat présent des Maisons Souveraines, & de celles des Princes les plus considérables de l'Europe.

p. 77-100: De la progression de notre Sistème solaire.

p. 100-114: Du Bohon-Upas, ou arbre vénéneux.

p. 115-164: La vie du Débauché par Hogarth éclaircie par des dessins des têtes les plus distinguées.

p. 165-169: Suplément [!]⁷⁹ à l'Apothicairerie des Toilettes. 1) Pommade Romaine. – 2) Huile de Jasmin. – 3) Huiles fines distillées. – 4) Préparation du Rouge ou Vermillon.
p. 170-191: Nouvelles Inventions de Curiosités physiques et autres.
p. 191-195: Réforme de quelques erreurs vulgaires.
p. 196-197: Comparaison de chaque Marc ou Livre du poids de l'or, de l'argent, de la monnoye, et du commerce de plusieurs lieux, par grains ou parties nommées as, poids de Troyes d'Hollande. – p. 198-199: Miles. – p. 199-200: Mesures des Grains en pouces cubes de Pariss. – p. 200: Autres mesures des Solides. – p. 200-201: Monnoyes. – p. 202-204: Longitude et Latitude géographique de Livres [!] endroits. – p. 204-205: Table des Matieres. – p. 206: Avertissement. – p. 207: Avis au Relieur. – p. 207: Suplément [!]⁸⁰ à la Généalogie.

241. Grabschrift auf einen wichtigen Mann. [Epigramm.] In: [Gottfried August Bürger (Hrsg.):] Musen Almanach A[nno] MDCCLXXXV. Göttingen, bey Joh. Christ. Dietrich [gestochener Titel; gedruckt:] Poetische Blumenlese Auf das Jahr 1785. Göttingen, bey Johann Christian Dieterich [1784], S. 57.
[Gezeichnet: „G. C. L." – Faksimile: GMA 1979. – Wiedergedruckt Haug 1808, S. 131; Lauchert S. 188; SB 3, S. 644.]

[Jung 194]

242. Auf die Montgolfieren. Nach dem Französischen. [Epigramm.] In: [Gottfried August Bürger (Hrsg.):] Musen Almanach A[nno] MDCCLXXXV. Göttingen, bey Joh. Christ. Dietrich [gestochener Titel; gedruckt:] Poetische Blumenlese Auf das Jahr 1785. Göttingen, bey Johann Christian Dieterich [1784], S. 112.
[Gezeichnet: „G. C. L." – Faksimile: GMA 1979. – Wiedergedruckt Haug 1808, S. 131; Lauchert S. 188; SB 3, S. 645.]

[Jung 195]

243. Drey prosaische Fabeln. Wer Anwendungen macht, mag sie auch verantworten. S. Fabeln des Don Tomas de Yriarte. 1. Der Schuh und der Pantoffel. 2. Das Nachtlichtchen und die Sonne. 3. Die beyden Magnetnadeln. In: [Gottfried August Bürger (Hrsg.):] Musen Almanach A[nno] MDCCLXXXV. Göttingen, bey Joh. Christ. Dietrich [gestochener Titel; gedruckt:] Poetische Blumenlese Auf das Jahr 1785. Göttingen, bey Johann Christian Dieterich [1784], S. 128-131.
[Gezeichnet: „G. C. L." –Lauchert S. 188-190; SB 3, S. 655 f. Durch Joost wiedergedruckt im Lichtenberg-Jahrbuch 2017, S. 66-68. – Eine Entwurfsversion: ¹VS 2, 353 f. ²VS 2, S. 66 f. (= *G 145) und im Lichtenberg-Jahrbuch 2017, S. 65 f.]

[Jung 196]

79 Wahrscheinlich Druckfehler.
80 Wahrscheinlich Druckfehler.

†244. Die Classiker an Lalius. [Epigramm.] In: [Gottfried August Bürger
(Hrsg.):] Musen Almanach A[nno] MDCCLXXXV. Göttingen, bey Joh. Christ.
Dietrich [gestochener Titel; gedruckt:] Poetische Blumenlese Auf das Jahr
1785. Göttingen bey Johann Christian Dieterich [1784], S. 200.
[Gezeichnet: L. B. G. – Faksimile: GMA 1979. – Redlich 1875, S. 47 folgend, vermutungsweise zugeschrieben; von Joost wiedergedruckt im Göttinger Jahrbuch
1978, S. 151 (dort vermurkst angegeben mit Jahrgang „1795").]

245. Anfangsgründe der Naturlehre. Entworfen von Johann Christian Polykarp Erxleben weil.[and] der Weltweish. D. und Prof. auf der Georg-
August-Universität, der Königl. Societ. der Wissens. und des Königl. Instit. der histor. Wiss. zu Göttingen, der Königl. Landwirthschaftsgesellsch.
zu Zelle und der Batav. Societ. der Experimentalphilos. zu Rotterdam Mitglied, der Berlin. Gesellsch. Naturforsch. Freunde Ehrenmitglied. Dritte
Auflage. Mit Zusätzen von G. C. Lichtenberg Prof. zu Göttingen. Göttingen, bey Johann Christian Dieterich, 1784. XLVIII, 727 S., 9 Falttafeln mit
Kupferstichen.[81]
[Lichtenbergs Nachschrift zur Widmung seines Vorgängers, ebenfalls an den gemeinsamen Lehrer Abraham Gotthelf Kästner gerichtet, ist S. [XII] datiert und
gezeichnet: „Göttingen, den 3. Nov. 1784. Gehorsamster Diener G. C. Lichtenberg", seine eigene Vorrede (beginnt S. XXIII nach den beiden des Vorgängers)
entsprechend (S. XXVI): „Göttingen im November 1784. G. C. L." S. XXXI-XXXV:
„Inhalt", S. XXXVI-XLVIII: „Beschreibung der Smeaton'schon Luftpumpe nach
Hrn. Nairne's und Blunt's Verbesserungen." (Lichtenbergs ganzer Stolz; kostete
ihn ein Jahresgrundgehalt als Professor; er ließ daher diese Beschreibung in allen
folgenden Auflagen mit dem dazugehörigen Kupferstich wieder abdrucken).
Diese Anordnung wird Lichtenberg (und werden die meisten seiner Nachdrucker, nicht alle Übersetzer) beibehalten. – An Soemmerring (11.2.1785; Bw 3,
50: Nr 1356) klagt Lichtenberg, dass „recht höllische Druckfehler darin stehen
geblieben" sind, „die ich Ihnen einmal besonders mittheilen will." Vier folgen
dann am 7.3.1785 (Bw 3, 61: Nr 1362).
Gemäß BL 1982, S. 77 Nr 393 besaß Lichtenberg bei seinem Tod (außer dem
durchschossenen Handexemplar, heute in der Forschungsbibliothek Schloss
Friedenstein in Gotha, Signatur: N 327 Rara) nur mehr ein einziges Exemplar
dieser Auflage. Nach diesem Handexemplar sehr verkleinertes Titelblatt-Faksimile: Wagnis 1992, S. 358 Nr 762 (dabei auch Faksimile der S. 215 mit Lichtenbergs Annotationen zum neuen Kapitel „Von der Luft. B) entzündbare […] gemeine inflammable Luft"). Im Nachlass finden sich noch (Ms. Lichtenberg IX
E, Bl. 37) die Seiten 615 f. mit Korrektur zu § 671 (zur Oberfläche der Erde:

---

81 Die 1. Aufl. erschien Göttingen und Gotha: Dieterich 1772. 24 S., 648 S., 8 Kupfertafeln; die 2. Aufl. Göttingen: Dieterich 1777. 32 S., 632 S., 8 Kupfertafeln; beide ohne
Lichtenbergs Zutaten. Ein unrechtmäßiger Nachdruck der 2. Aufl. erschien (wohl
bei Goebhardt in Bamberg) mit der Ortscamouflage Frankfurt und Leipzig: 1777. 32,
632 S. – Zur Bibliographie des ‚Erxleben' vgl. (fast abschließend) Beaucamp 1991,
220-228 (wo auch Standorte angegeben sind, die Titelaufnahme aber in vereinfachter
Form erfolgte); ihre Ergebnisse sind in vorliegender Bibliographie eingearbeitet.

„9281916. Siehe nächste Ausgabe S. LV") und ausführlichem Nachtrag zu § 672 „Ein gewisser Herr Matra ein Officiant bey der Schatzkammer [...]" aus dem „London Chronicle 1786. Oct. 109 und Oct. 14." (Ich habe noch nicht überprüft, ob dieses Blatt im Gothaer Exemplar fehlt.) – Ebenfalls sehr verkleinerte Titelblatt-Faksimiles dieser und der beiden vorangegangenen noch nicht von Lichtenberg bearbeiteten Auflagen bei Beaucamp 1991, S. 225; außerdem eins des unrechtmäßigen Nachdrucks „Frankfurt und Leipzig" 1777 (d.i. vermutlich Bamberg bei Göbhard: vielleicht der Auslöser für Lichtenbergs Kampfschriften gegen diesen Verleger im Herbst 1776, als die auf 1777 vordatierte rechtmäßige Auflage noch im selben Jahr, gleichfalls vordatiert, als Raubdruck erschienen war; siehe oben Nr 54f.). –
Dies ist die erste von Lichtenberg bearbeitete Ausgabe; die folgenden siehe unten 1787 (Nr 281). 1791 (Nr 316). 1794 (Nr 355); der nicht autorisierte Auszug eines Kapitels aus dieser ersten Bearbeitung durch Jacquin jr. spätestens 1796 (Nr 378). Unrechtmäßige Nachdrucke von den späteren drei Auflagen erschienen 1793 (Nr 336). 1794 (Nr 356). 1796 (Nr 377). 1801 (in Nr 355). Übersetzungen ins *Polnische* 1788 (Nr 292), *Russische* 1789 (Nr 300), *Dänische* 1790 (Nr 311); 1785 angekündigt, aber wahrscheinlich nicht zustandegekommen, eine ins *Niederländische* (Nr *261); bloß geplant, aber nicht verwirklicht, 1787 ins *Italienische* (Siehe zu Nr 281). – Vielleicht schon diese, spätestens die folgende Auflage (Nr 281) wurde den Physik-Vorlesungen an den katholischen (kurfürstlichen) Universitäten Trier und Köln zugrunde gelegt (vgl. Lichtenberg-Jahrbuch 1991, S. 224.]
Rezensionen: [A.G. Kästner]: GGA 1785, 5. St. vom 10.1., S. 41-43. – N.N.: NHGZ 1785, 3. St. vom 10.1., S. 21-24. – N.N.: NLGZ 1785, XXI. St. vom 19.2., S. 335f. – N.N.: ALZ 1785, Nr 56 vom 8.3., Sp. 236. – N.N.: Beytrag zu den EGAuN 1785, XI. Woche, 19.3., S. 171f. (Auszug aus der NHGZ, s.o.; gekennzeichnet: H.G.Z. 3. St.). – Johann August Donndorf: Beylage zum März (9. St.) d. Physikalisch-Oekonomischen Zeitung aufs Jahr 1785. Hrsg. von J. Riem und J.C.C. Löwe. Breslau, bey Gottlieb Löwe 1785, S. 209-212. – N.N.: TGA 1785, 28. St. vom 7.4., S. 221f. – N.N.: MJ 1785, 5. St., (2. Bd; Titel: 1786), S. 31f. – L. [= G.S. Klügel], in: ADB 1786, Bd 65, 1. St., S. 192-197.

[Jung 166]

1784-1785

246. [Einige Zeilen aus einem Brief Lichtenbergs an Blumenbach (Frühjahr 1781?) über Ideen zur Fortpflanzung von Empfindungen, Farben und Tönen im Gehirn; ohne Nennung Lichtenbergs.] In: Johann Friedrich Blumenbach: Rezension über Prochaska: Adnotationum academicarum Fasc. III. In: Ders. (Hrsg.): Medicinische Bibliothek. Zweyten Bandes erstes Stück. Göttingen bey Johann Christian Dieterich 1785, S. 56f.; wörtlich S. 57, Z. 6-12.
[Vgl. Bw 1, S. 672: Nr 368; bes. die letzten Zeilen und passim. Der Brief ist dort noch ganz falsch datiert, vgl. Bw 5,1, S. 148f.]

247. Suite de la correspondance de M. Lichtenberger [!]; traduite par M. Eysen, Ministre du Saint-Evangile à Niederbronn. Addition a la seconde lettre de M. Michaelis, Gottingue, le 21 Juin 1783. In: Jean-François Rozier: Observations sur la Physique [...]. Bd 26, T. I, Février 1785, S. 101-103. – Troisieme Lettre de M. le chev. Michaelis a M. Lichtenberger [!] ebd. S. 103-105. – Réponse de M. Lichtenberger. Ebd. S. 105-107.
[Fortsetzung von Nr 231; siehe dort.]

248. **Stockholm.** [Schluss eines Berichts von Johann Andreas Murray über Daniel Melanderhjelms Gedenkrede auf Peter Wilhelm Wargentin (vom 29.9.1784) mit einer Beschreibung und Deutung der von der Akademie beauftragten schwedischen „Gedächtnißmünze" durch Lichtenberg.] In: GGA 1785. 36. St. vom 5.3., S. 350f.
[Die Anzeige und Zusammenfassung eines Berichts über seine neuen botanischen Beobachtungen benutzt Murray (wegen Krankheit Lichtenbergs) zur Vorlesung der freilich offenbar schon gedruckten Mitteilung über die Gedenkmünze auf Wargentin. In: GGA 1785. 41. St. vom 14.3., S. 403. Anonym gedruckt, auch nicht in den Handexemplaren vermerkt; Verfasserschaft bestimmt nach dem Bandregister GGA 1785, S. 42 und 85, und v. a. Bw 3, S. 84f.: Nr 1375 bei Anm. 4 (und Errata dazu Bw 5,1, S. 189).]

249. [Vorlesungsankündigung Lichtenbergs zum Sommersemester 1785 (Beginn: 11.4.). Lateinisch im „Catalogus Praelectionum", datiert vom herausgebenden „Prorector Joann. Steph. Pütter": „Kal. Mart." [=1.3.] 1785, p. VI; deutsch in:] GGA 1785. 46. St. vom 24.3., S. 458. 461.
[Regest mit deutschen und lateinischen Zitaten: Cardanus S. 62f.]

GMWL Jg 4, 1. St. und Gesamtübersicht (Rezensionen)

250. Göttingisches Magazin der Wissenschaften und Litteratur. [...] Vierten Jahrgangs erstes Stück. Mit [2] Kupfern [zu S. 47 und 168]. Göttingen: bei Johann Christian Dieterich, 1785.
[Lit.: Fiedler S. 29: Nr 45.
Zur *Datierung*: An Amelung meldet Lichtenberg am 11.4.1785 (Bw 3, S. 85: Nr 1374): „Heute ist hier das 1ᵗᵉ St. des 4ᵗᵉⁿ Jahrgangs [...] ausgegeben worden".]
Rezensionen über den Jg 4:
1. St.: N.N.: MJ, 2. Bd 1786, 6. St., S. 72.
1.-2. St.: Pk. [= A.G. Walch in Schleusingen]: ADB 1786, Bd 67, 2. St., S. 596-601. – N.N.: ALZ 1785, Supplemente Nr 55, S. 220f.
2. St.: N.N.: Journal aller Journale, 1. Bd, 2. St. 1786, S. 359-361. – N.N.: MJ, 2. Bd 1786, 7. St., S. 46. –
[Von anderen Verfassern in diesem Stück:]
I. Ehrenrettung Süllys gegen Linguet. Von [Christoph Ludwig Albrecht] Patje. S. 3-24. [Fortgesetzt mit Nr 255/I.]

II. Reise nach dem Rostrap und seinen Felsenbrüdern in der Grafschaft Regenstein oder Reinstein am Unterharz von Christian Friderich Schröder. S. 25-46.
III. A. G. Kästners geometrische Erläuterungen über Josiah Wedgwood's Thermometer ... S. 47-52. [Vgl. Lichtenberg an Kästner, 4.6.1784 im Bw 2, S. 862 f.: Nr 1272.]
IV. Des Herrn Auditeur [Christian Friedrich] Friederichs [!] Briefe an einen Freund [vermutlich J. F. Hesse], eine Reise von Gibraltar nach Tanger und von da durch Spanien und Frankreich zurück nach Deutschland betreffend. S. 52-89 [Unterzeichnet: „Tanger, den 25. Junii. 1783. C. F. Friedrichs". – Ein weiterer Brief Friedrichs an Hesse, Paris, 22.11.1783, vielleicht auch für das GMWL gedacht, zuerst gedruckt in den Anm. zu Bw 2, S. 795-798: Nr 1216 Anm. 3.]
V. Ueber die Klapperschlange, ein Brief des Leibmedicus [Christian Friedrich] Michaelis an Hrn. Prof. Lichtenberg. S. 90-128 [als Regest auch im Bw 3, S. 28 f. Nr *1349.]
VI. Einige Beyträge zum Studio der Alten in der Insektengeschichte. [Am Schluss datiert und gezeichnet: „Im May 1783. Joachim Diterich Brandis."] S. 129-139.
VII. Ueber die ausgebrannten Vulcanen besonders in Deutschland. S. 139-155. [Im Umschlag (vorn und hinten innen): H. M. G. Grellmann kündigt am 4.2.1785 seine neue Zeitschrift an: „Staats-Anzeigen von Italien", nach dem Muster der Schlözer'schen Sammlung, die gleich mit Schlözers Tagebüchern einer Reise nach Italien beginnen solle.]

Das Stück enthält von Lichtenberg:

251. VIII. Des Hrn. Haas zu London Einrichtung, bey der Smeatonschen Luftpumpe das große Boden-Ventil alsdann noch zu heben, wann die bereits stark verdünnte Luft solches nicht mehr zu thun im Stande ist, nebst einem Vorschlag zu fernerer Verbesserung dieser Luftpumpe von G. C. Lichtenberg. In: GMWL 4 (1785), 1. St., S. 156-162.
[[1]VS 8, S. 360-368 (unter dem Titel: Anmerkungen über einen Aufsatz des Hrn. Tiberius Cavallo in den Philosoph. Transactions Vol 70. P. I. p. 15). Nicht in [2]VS. – Variante bei Lauchert S. 101.]

[Jung 159]

252. IX. Orbis pictus. Erste Fortsetzung. (S. dieses Mag. 1 Jahrgangs 3 St. [= Nr 124]). In: GMWL 4 (1785), 1. St., S. 162-175.
[Mit einer Kupferstichtafel (vor S. 169), signiert: D Chodowiecki del et sculpsit 1780 [= Engelmann 1857, Nr 368 II. Bauer, Nr 705]. – Der Schluss nachgedruckt (jedenfalls unautorisiert und anekdotisch ohne Lichtenbergs Namen): Nr 325. – [1]VS 4, S. 163-188. [2]VS 4, S. 212-226. Ernst 1913, Bd 1: Kupferstiche (unpaginiert); Bd 2, S. 166-193 (Text; folgt den VS, daher fehlt der Schlussabsatz im GMWL S. 175 mit der Ankündigung einer Fortsetzung). GW 2, S. 288-299. SB 3, S. 395-403. – Varianten bei Lauchert S. 101 f.]

[Jung 160]

253.   [Brief Lichtenbergs an David August Johann Friedrich Kosegarten, datiert „Göttingen den 6. März 1785"]. In: D. A. J. F. Kosegarten: De Camphora et partibus quae eam constituunt. Göttingen: Barmeier 1785 (Chem. Diss. in der med. Fakultät zur Promotion am 16.6.), S. 38-43.
[Wiedergedruckt im Bw 3, S. 57-60: Nr 1361.]

254.   Simple, jedoch authentische Relation von den curieusen schwimmenden Batterien [...]. In: Allerneueste Mannigfaltigkeiten. Eine gemeinnützige Wochenschrift. 4. Jg Berlin, bey Johann Carl Eisfeld, Buchdrucker. [Juni] 1785, 2. Quartal, 25. Woche, S. 381-396.
[Jedenfalls unautorisierter Nachdruck von Nr 196. – Der Titel ist vollständig und genau, das Gedicht zwar ohne Vorbericht, aber mit allen 46 Strophen wiedergegeben und mit den meisten Anmerkungen (es fehlen nur die zur 10. und 21. Strophe) – es wird indessen ausgegeben als „Von Bürger" (siehe auch Nr 233).]

GMWL Jg 4, 2. St.

255.   Göttingisches Magazin der Wissenschaften und Litteratur. [...] Vierten Jahrgangs zweytes Stück. Mit Kupfern. Göttingen: bei Johann Christian Dieterich, 1785.
[Erschien frühestens erste Hälfte September 1785) (siehe Lichtenberg-Jahrbuch 2010, S. 291: die Anzeige von Spazier, siehe unten) – Enthält nichts mehr von Lichtenberg. Von anderen Verfassern:
I. Fortsetzung des im vorigen Stück S. 24. Abgebrochenen Artickels. Von [Christoph Ludwig Albrecht] Patje. [siehe Nr 250/I] S. 1-24.
II. Ueber ein Thiergeschlecht der Urwelt, ein Brief des Leibmedicus [Christian Friedrich] Michaelis an Hrn. Prof. Lichtenberg. S. 25-48 [Als Regest auch im Bw 3, S. 29: Nr *1350. – Lobende Erwähnung in Friedrich Karl Gottlob Hirsching: Nachrichten von sehenswürdigen Gemälde- und Kupferstichsammlungen [...] anatomischen Präparaten [...] in Teutschland [...]. Erlangen: Palm 1787, S. 173.]
III. Schreiben des Hrn. Conducteur [Reinhard] Woltmann zu Cuxhafen an Herrn Prof. Lichtenberg. S. 49-64 [Datiert „Cuxhaven; den 25. Jan. 1785."; als Regest im Bw 3, S. 21: Nr *1346. Eine in Aussicht gestellte Fortsetzung (48 hds. Kleinquartseiten: Ms. Lichtenberg VI, 8, datiert: 14./15. Oct. 1786"; vgl. Bw 3, 267f. Nr 1477), nicht mehr erschienen. Dazu macht Lichtenberg S. 64 diese Anm.: „Da mir des Hrn. Verfassers gründliche Kenntnisse in der Mathematik und Physik aus näherm Umgang bekannt sind, so darf ich wohl in mehrerer Leser Namen, als dem meinigen, um die Mittheilung dieser Abhandlung bitten. L." – Eine weitere Anm. L.s: „Ich bin nie über Calais gegangen."]
IV. Des Herrn Vice-Berghauptmanns [Friedrich Wilhelm Heinrich] von Trebra Beschreibung einer Druse in dem Andreasberger Gebirge, am Harze. Beobachtet den 20 und 31 Januar, 1785. S. 65-83. –
V. Des Herrn Ritter [Johann David] Michaelis Zusatz zu seinem Mosaischen Recht: warum hat Mose in seinem Gesetz nichts vom Kindermord? S. 84-152.

[„Anzeige." Im inneren Heftumschlag hinten: Subskriptionsaufforderung für „Lieder einsamer und gesellschaftlicher Freude", gezeichnet: „Göttingen im September 1785. Karl Spazier."]

256. [Vorlesungsankündigung Lichtenbergs zum Wintersemester 1785/1786 (Beginn: 17.10.). Lateinisch im „Catalogus Praelectionum", datiert vom herausgebenden „Prorector Henric. Avg. Wrisberg": „XX. Aug." [= 20.8.] 1785, p. VI; deutsch in:] GGA 1785. 150. St. vom 22.9., S. 1509.
[Regest mit deutschen und lateinischen Zitaten: Cardanus S. 63.]

GTC für 1786

257. Goettinger Taschen Calender vom Jahr 1786. [Göttingen] bey Joh. Chr. Dietrich [1785]. [Gestochener Kupfertitel: Chronos mit Vorhang (wie GTC für 1781), gezeichnet: „D. Chodowiecki del."] 18 Modekupfer 1-4 (E. Riepenhausen, unterschiedl. Signiert: inv. del. Sculps), 5 f. („Dornheim del. Sc. Lipsiae"), 8-18 (Riepenhausen – nicht alle signiert, aber wohl alle von ihm). 12 Monatskupfern („D. Chodowiecki del.") in Nachstichen von Riepenhausen zu den Falstaff-Szenen in Shakespeare: Heinrich IV. T. I. [= Engelmann 1857, Nr 539 und Hirschs Korrektur. Bauer, Nr 1161-1172] mit 13 ungezeichnete Bl. (siehe unten). – [Zweiter Titel]: Taschenbuch zum Nutzen und Vergnügen fürs Jahr 1786. Mit Kupfern von Chodowiecki, nebst den neuesten Frauenzimmer-Moden, in Kupfer. Göttingen, bey Johann Christian Dieterich. S. 1-208: S. 3: Geburtstage des Kön. Großbritanisch. Chur-Braunschweig-Lüneburgischen Hauses; S. 4-80: Genealogisches Verzeichniß der vornehmsten jetzt lebenden hohen Personen in Europa; – S. 81-197: [Kalender-Aufsätze, siehe unten]; S. 198 f.: Vergleichung jeder Mark [...]; S. 200 f.: Meilenmaaß; S. 202 Getraidemaaß; S. 203: Münzen; S. 204-206 geogr. Lageangaben; S. 206 f.: Inhalt; S. 207: [Buchhändlerische] Nachricht [des Verlegers Dieterich über Preise, Rabatte und Ausstattung des GTC]. S. 208: [Nachricht] An den Buchbinder wegen der Hogarthischen Kupfer.
[Um ca. 20 % vergrößertes Faksimile (davon nur: unpag. Mode- und Monatskupfer samt Beschreibung, Zeitrechnung und Kalendarium (Genealogie ist fortgelassen) sowie Taschenbuch zum Nutzen und Vergnügen für 1786. S. [77]-208.). Mit einem Nachwort von Dietrich Rolle (15 unpaginierte Seiten + 2 S. zum Autor und editor. Notiz). Mainz: Dieterich'sche Verlagsbuchhandlung 1994. – Kupfertitel-Faksimile: Wagnis 1992, S. 196: Nr 374. – Aus dem „Roten Buch" (siehe Siglenverzeichnis und zu Nr 181) fließen sieben hds. Notizen in diesen Jg ein. – Lit.: Lauchert S. 105-109; Grisebach 1913, S. 368 Nr 1515; Köhring S. 154; Lanckoronska/Rümann S. 15; Jung 204-213. Gumbert-Auktion 1985, Nr 2595. – Zum GTC allgemein vgl. Anm. 11.]

Rezensionen: N. N.: NLGZ 1785, CXXX. St. Vom 5.11., S. 2070 f. – [A. G. Käst-
ner]: GGA 1785, 198. St. vom 15.12.1785, S. 1995 f. – N. N.: ALZ 1786, Nr 4 vom
5.1., Sp. 31 f. – N. N.: NHGZ 1786, 37. St. Vom 8.5., S. 289 f. – †Fr. [= J. J. Eschen-
burg]: ADB, Bd 70, 1. St. (1786), S. 99 f.

(a) 12 Bl. (unpaginiert): Erklärung der Kupfer zu den Falstaff-Szenen in
Shakespeare: Heinrich IV. T. I. Nach der Übersetzung von J. J. Eschenburg.
[Je eins zu „Vorerinnerung" / „Erstes Blatt" und 2-12 (Bl. 2. 7. 8. 10. 11 einseitig
bedruckt). In einem mir vorliegenden Exemplar mit den Stichen zusammen zu
einer Lage geheftet *vor* den ebenfalls ungezeichneten 20 Bl. Kalendarium; das
könnte buchbinderische Freiheit sein – Jung 204 beschreibt ein Exemplar: „innerhalb des Kalendariums [...] eingebunden", das entspricht dem Faksimile von
Rolle 1994. Außer in diesem Faksimile nicht wiedergedruckt – Die Akte und
Szenen im Einzelnen: 1: 2,2; 2: 2,2; 3: 2,3; 4: 2,4; 5: 24; 6: 2,4; 7: 3,3; 8: 3,3; 9: 3,3;
10: 4,2; 11: 5,1; 12: 5,4.] [Jung 204]

†(b) S. 81-92: Ueber einige Fastnachts-Gebräuche unsrer Vor-Eltern. [Jung 205]
[Von Grellmann, vgl. J. F. Blumenbach an F. Kries, 4.2.1802 (in Blumenbachs
Bw 6, S.135-137: Nr 1458); demnach von Stern, S. 346 Anm. 30 richtig divi-
niert. – ²VS 6, S. 360-368. Nicht in ¹VS. – Ein „verschütteter Aphorismus" von
S. 82: Gravenkamp, S. 88.]

†(c) S. 93-104: Allgemeine Küchenzettul-Probe nach den neuesten Versuchen.
[S. 104 nennt Lichtenberg seine Quelle: „fast wörtlich genommen aus des Abbt
Spallanzani Versuchen über das Verdauungsgeschäfte des Menschen &c [...]
übersetzt von D. Christ. Friedr. Michälis". In VS daher zu Recht nicht wiedergedruckt. Die Einleitung bei Lauchert S. 106 wiedergedruckt.] [Jung 206]

†(d) S. 105-118: Neueste Nachrichten von dem Frauenzimmer in NiederEgyp-
ten und einigen benachbarten Ländern. S. die Lettres sur l'Egypte par Mr. [C.]
Savary à Paris 1785. 8°.
[Gemäß der Quellenangabe im Untertitel in VS nicht wiedergedruckt.] [Jung 207]

(e) S. 118-152: Hogarths Heirath nach der Mode, mit 33 der interessantesten
Köpfe von Hr. Riepenhausen erläutert.
[6 Kupfer. –Nach dem GTC in Lichtenbergs Hogarth 1999, S. 65-89. – Vollständig umgearbeitet in der „Ausführlichen Erklärung", 4. Lieferung 1798 (s. d.); –
danach in ²VS, 10, S. 147-267. – Ein „verschütteter Aphorismus" von S. 123:
Gravenkamp, S. 89. – Drei Seiten Entwurfsnotizen im Nachlass: Ms. Lichtenberg IV, 48, Bl. 17 f.] [Jung 208]

(f) S. 152-157: Hogarths Mitternachts-Club, gemeiniglich die Punsch-Gesellschaft genannt, mit den Köpfen aller eilf Mitglieder von Hr. Riepenhausen
erläutert.
[2 Kupfer. – Vollständig umgearbeitet in der „Ausführlichen Erklärung", 1. Lieferung 1794 (Nr 350); danach in ²VS, 9, S. 33-52. Nach dem GTC in Lichtenbergs Hogarth 1999, S. 91-93. – Ein paar Zeilen Entwurfsnotizen im Nachlass:
Ms. Lichtenberg IV, 48, Bl. 18 v.] [Jung 209]

†(g) S. 158-172: Corallen-Fischerey und Manufactur zu Marseille.
[Unterzeichnet J. H. F.: Johann Heinrich von Fischer.]

†(h) S. 172-178: Kleine Haustafeln über die Verwendung von Geld und Zeit.
[Der 1. Teil dieses Aufsatzes ist dem Hannoverisches Magazin, 61. St. 1785 entlehnt; als Verfasser zeichnete: O. – ²VS 6, S. 368-373. Nicht in ¹VS. – Ein „verschütteter Aphorismus" von S. 178: Gravenkamp, S. 89.] [Jung 210]

(i) S. 179-181: Merkwürdige Belagerung und Einnahme einer Zuckerdose durch ein Corps Ameisen.
[²VS 6, S. 373-375] [Jung 211]

(j) S. 181-192: Neue Erfindungen, physikalische und andere Merkwürdigkeiten.
[Weder Bezifferung noch Titel von Lichtenberg.]
[(1) Herschels Beobachtung von 1300 neuen Nebelsternen; desselben Astronomen (und anderer: Halley, Bianchini, Don Ulloa) Beobachtung von Lichterscheinungen auf der dunklen Seite des Mondes S. 181 f. – (2) Skeptische Betrachtung der Behauptung Bottineaus, die Ankunft von Schiffen vorhersagen zu können, bevor sie über der Kimm sichtbar werden; Vergleich mit Kindermanns Sehrohr S. 182-184. – (3) Der Weinessig-Destillierer Maille zu Paris verkauft 166 verschiedene Sorten, 25 Arten Senf und 18erlei in Essig Eingemachtes S. 184. – (4) Von einer Liste mit 816 Barbierer- und Perückenmacher-Meistern zu Paris, woraus zu folgern ist, dass es dort 4080 Personen in diesen Berufen gibt S. 184 f. – (5) Am 7.1.1785 überquerte Blanchard den Kanal von Dover nach Calais; am 15.6. stürzten Pilatre de Rozier und Romain bei einem ähnlichen Versuch bei Boulogne ab S. 185 f. – (6) Zur Herstellung inflammabler Luft (Wasserstoffgas) für derlei Luftschifffahrt S. 186. – (7) Franklin „hat eine sehr simple Penduluhr angegeben" S. 186-188. – (8) Wilcke hat ein Anemometer (Windmesser) erfunden S. 188-190. – (9) Baron von Gedda hat dem iconantidiptischen [im GTC Druckfehler: incon-] Fernrohr eine andere Einrichtung als die Jeaurats gegeben S. 190. – (10) Oedman beobachtet drohendes Verhalten der Bachstelze gegen den Kuckuck („Der Nachtigall wäre so etwas zu verzeihen, aber der Bachstelze!") S. 190 f. – (11) Cavendish beschreibt allerlei Versuche von Gasreaktionen mit Elektrizität. „Man wird nicht eher in der Lehre von den Luftarten deutlich sehen lernen, bis die Chemie häufiger als bisher geschehen, ihre **Differentiale** auf diese Weise **integrieren** lehrt." S. 191 f. – (12) Edwards Massenverhältnisse für die besten Spiegelmetalle 192. – (13) Brauns Annahme des Gefrierpunkts von Quecksilber durch Hutchins widerlegt S. 192. – Nr 1, S. 181 f. war schon in den ¹VS 6, S. 333 f. vor den nachstehenden Artikel (k), „Etwas von Hrn. Herschels neuesten Entdeckungen", gesetzt worden; beide nicht in ²VS wiederholt. Nr 2, S. 182 (nicht 181!)-184 und Nr 10, S. 190 f. in den ²VS 6, S. 468-470 unter der Rubrik „Neue Erfindungen" etc.] [Jung 212]

(k) S. 192-196: Etwas von Herrn Herrschels neuesten Entdeckungen.
[Wiedergedruckt ¹VS 6, S. 334-342.] [Jung 213]

(l) S. 197: Nachschrift des Herausgebers.
[Gez.: **G. C. L.** – Entschuldigung Lichtenbergs, warum einige Artikel wegbleiben mussten, und vor allem Verantwortung gegen den Vorwurf in „einer Recension dieses Calenders vom vorigen Jahr in einer übrigens beliebten Monatschrift": **„Es scheine doch, als ob der Herr Verfasser zuweilen Dinge einmische, die eigentlich nicht für die Leser solcher Calender gehören"**; dagegen sei aber der Verkauf gerade dieses Jahrgangs „deutlicher Beweiß, daß entweder der Göttingische Calender auch von Leuten gelesen wird, die andere

Calender nicht lesen, oder daß sich der Herr Recensent einen falschen Begriff von dem Calenderlesenden Publikum in Deutschland überhaupt gemacht hat". Vermutlich war dieser Satz in der AVBA-Rezension (Bd VIII, S. 524) gemeint (s. o. Nr 239): „Von den Aufsätzen des Hrn. Prof. Lichtenbergs scheinen wohl einige nicht ganz dem Geschmacke derer, welche solche Kalender vorzüglich brauchen, angemessen.")- In den VS nicht, wohl aber bei Lauchert S. 108 wiedergedruckt. Darüber auch A. G. Kästner in den GGA 1786. 198. St. vom 15.12., S. 1995 f.]

258.   Almanac de Goettingue pour l'année 1786. [Göttingen] chez I. C. Dieterich [1785].
[Übersetzung des GTC durch Isaac Colom du Clos (vgl. Anm. 12).] (Nicht paginiert: 19 Modekupfer von Riepenhausen). – (Nicht paginiert:) Epoques de l'année 1786. (8 S.) – (Nicht paginiert:) Explication des Tailles-douces. Avant propos. (1 S.) – (Nicht paginiert: Kalendarium, bestehend aus der Erklärung des Monatskupfers (1 oder 2 S.) und jeweils 4 S. Kalender und dem jeweiligen Monatskupfer (17 S., 12 x 4 = 48 S. Kalender). – Gumbert-Auktion 1985, Nr 2596. –
p. 1: Manuel contenant diverses connaissances curieuses et utiles pour l'année 1786. Orné de taille-douces gravées par Chodowiecki, avec les modes les plus modernes des Dames, et des Cavaliers gravées en taille-douce. À Gottingue, chez Jean Chrêtien Dieterich. – p. 3: Jours de Naissance de la Maison Royale. – p. 4-76: Etat présent des Maisons Souveraines, et de celles des Princes les plus considérables de l'Europe.
p. 77-89: De quelques usages de nos Ancêtres durant le Carnaval.
p. 90-101: Echantillon général d'une Recette de Cuisine d'après les expériences les plus modernes. I. Substances indigestes, ou qui n'ont pu être digérées dans le tems ordinaire. – II. Substances moins indigestes. – III. Substances faciles à digérer, qui ont été réduites en bouillie dans l'estomac au bout d'une heure ou d'une heure et demie.
p. 102-114: Nouvelles les plus modernes des Dames de la basse-Egypte et de quelques pays voisins. Voyés [!] Lettres sur l'Egypte par M. Savary, à Paris 1785. 8°.
p. 115-148: Le mariage à la mode, par Hogarth éclairci par 33 têtes interessantes gravées par M. Riepenhausen. [Mit den Kupfern A-F.]
p. 148-154: Societé nocturne nommée communément Cotterie de débauche en Ponche par Hogarth avec les têtes des onze membres gravées par Mr. Riepenhausen. [Mit den Kupfern G-H.]
p. 154-167: La Pêche du Corail et la Manufacture de Marseille.
p. 168-174: Courtes Tablettes sur l'emploi de l'Argent et du Tems.
p. 175-177: Siege remarquable et Conquête d'une Sucriere par un Corps de fourmis.
p. 177-188: Nouvelles Inventions. Curiosités physiques et autres.
p.189-193: Des plus nouvelles Découvertes de M. Herschel.

p. 194: Postface de l'Editeur.

p. 195-196: Comparaison de chaque Marc ou Livre du poids de l'or, de l'argent, de la monnoye, et du commerce de plusieurs lieux, par grains ou parties nommées as, poids de Troyes d'Hollande. – p. 197-198: Miles. – p. 199: Mesures des Grains en pouces cubes de Paris. Autres mesures des Solides. – p. 200: Monnoyes. – p. 201-203: Longitude et Latitude géographique de Livres [!] endroits. – p. 204-205: Table des Matieres. – p. 206: Avertissement. – p. 207: Avis au Relieur. – p. 208: Corrections et supplémnet [!][82] à la Génealogie.

†258a. Der Reimer Knauf. (Nach dem Französischen.) [Epigramm.] In: [Gottfried August Bürger (Hrsg.):] Musen Almanach A[nno] MDCCLXXXVI. Göttingen, bey Joh. Christ. Dietrich [gestochener Titel; gedruckt:] Poetische Blumenlese, aufs Jahr 1786. Göttingen, bey Johann Christian Dieterich [1785], S. 46.

[Gezeichnet „L." – Faksimile: GMA 1979. – Redlich 1875, S. 14 wusste es nicht. Vorsichtig vermutungsweise zugewiesen nach Bürgers Brief an Dieterich 4.9.1785; in Bürgers Bw 3, 2021, S. 495 und 497 (Anm. 13): Nr 1026; es wäre indessen keins von Lichtenbergs besseren Epigrammen.]

259. **Haarlem** [Rezension über:] Martinus van Marum: Beschryving eener ongemeen groote electrizeer-maschine geplaatst in Teyler's museum te Haarlem en von de Proefneemingen met dezelve in't werk gesteld. Haarlem 1785. In: GGA 1785. 156. St. vom 1.10., S. 1560 [recte: 1561]-1571.

[Anonym gedruckt; Verfasserschaft bestimmt nach dem Göttinger Handexemplar der GGA (danach Hahn, S. 85; Guthke 1963, S. 337: Nr 28) bzw. dem Tübinger Handexemplar (Fambach 1976, S. 124).]

[Jung 203]

260. Briefwisseling tusschen den Heer Ridder Michaëlis en den Heer Professor Lichtenberg, over het oogmerk, of uitwerkzel, van de spitsen op Salomo's Tempel. Eerste [bis Derde] Brief. In: Algemeen Magazyn van Wetenschap, Konst en Smaak. Eerste deel, eerste stuck. Amsterdam 1785, S. 57-84.[83]

[Übersetzung von Lichtenbergs Briefen an Johann David Michaelis aus dem GMWL 3 (1782), 5. St. (= Nr 200) ins Niederländische; weder Quelle noch Übersetzer genannt. – Ebd. S. 229-246 aus derselben Quelle: Brief van Doctor Forster aan Professor Lichtenberg, over Buffons tydvajkken der natuur (nach Jg I, 1. St., S. 140-157: Siehe oben. Nr 109/VI); S. 247-264: Brief van Doctor Forster aan Professor Lichtenberg, over de wyze, hoe de bladeren der planten de lucht by zonneschyn zuyveren, en zonder zonneschyn besmetten (nach Jg 1, 2. St., S. 185-206: Siehe oben Nr 113/II). – Gumbert-Auktion 1985, Nr 2565.]

---

82 Wahrscheinlich Druckfehler.
83 Siehe auch Gumbert-Auktion Nr 2565.

*261. Johann Christian Polykarp Erxleben: [Anfangsgründe der Naturlehre.] Übersetzung ins Niederländische. Amsterdam 1785.

[Siehe oben 1784 Nr 245. Nur bibliographischer Hinweis unklarer Provenienz; vielleicht nur auf einer Buchhandelsankündigung basierend. Vermutlich sollte das Buch in demselben Verlag erscheinen wie die niederländischen Übersetzung von Erxlebens Einleitung in die Vieharzneykunde (1769: Inleiding tot de geneeskunde van het vee. 's Gravenhage: Pieter van Cleef 1770. Dieser Verleger stammte aus Deutschland und war wohl auch der Übersetzer zumindest des ersten Bandes von Lavater: Physiognomische Fragmente ins Französische; er starb aber schon im Jahr der Ankündigung. Seinen Verlag übernahm sein Sohn Isaac van Cleef, in dessen Verlagsprogramm die ndl. ‚Naturlehre‘ nicht aufgeführt ist (s. Ernst F. Kossman: De boekhandel te 's-Gravenhage tot het eind van de 18de eeuw: biografisch woordenboek van boekverkoopers, uitgevers, drukkers, boekbinders enz. Met vermelding van hun uitgaven en de veilingen door hen gehouden. Den Haag 1937, S. 65-69). – Beaucamp 1991 konnte daher so wenig wie wir ein Exemplar davon ermitteln.]

1786

262. [Zwei Briefe Lichtenbergs an einen Unbekannten („Bm“), 26.12. (1784?) und (Ende 1784/Anfang 1785)]. In: N.N.: Etwas über Ziehens Weissagung von einer bevorstehenden großen Revolution der Erde, welche besonders die Rheinländer treffen soll. Frankfurt und Mainz, bey Varrentrapp Sohn und Wenner 1786. 32 S.; die Briefe darin: S. 8 f. und 8

[Siehe oben Nr 133. – Am Schluss gezeichnet: **„Bm.“** – Brief a) = Bw 2, S. 965: Nr 1324a; Brief b) = Bw 2, S. 979: Nr 1332a. – Bei Schimpf 1993, S. 229: Nr 33a. – Auch der Verfasser hinter der Chiffre „Bm.“ (und damit zugleich Empfänger der beiden Briefe Lichtenbergs) ist weiterhin unbekannt; er sei Professor an einer offenbar südwestdeutschen Universität (Heidelberg? Mannheim? Mainz? – zur letzteren würde Michael Engel passen; siehe den vermutlich autorisierten Nachdruck Nr 279). Er habe ferner im September vorigen Jahres (also 1784?) eine lateinische Abhandlung vorgetragen: Quid de vaticinio D. Superintendentis Ziehen sana philosophia sentire iubeat? – Vermutlich entstanden im Herbst 1785: S. 7 wird der Erstdruck von Lichtenbergs Abhandlung gegen Ziehen Nr 133 vom 30.9.1780 als „Dieses 5 Jahre alte Blatt“ bezeichnet (Terminus ante quem non wäre also Oktober 1785); gleich nach Erscheinen (wohl noch vor dem Jahreswechsel) wurde die Abhandlung unrechtmäßig nachgedruckt – dieser Raubdruck (Nr 263; s. d.) lag schon im Februar vor. – Mindestens noch ein weiteres Mal, diesmal mit verkürztem Titel und in einer Zeitschrift (vielleicht autorisiert) nachgedruckt; siehe Nr 279.]

263. [Zwei Briefe Lichtenbergs an einen Unbekannten („Bm“), 26.12. (1784?) und (Ende 1784/Anfang 1785)]. In: N.N.: Kurze doch hinlängliche Widerlegung der Ziehenschen Weissagungen von der im laufenden Jahre sich ereignen sollenden Revolution der Erde. Zum Troste und Beruhigung aller darüber geängstigten Seelen besonders gedruckt. 1786. 30 S.; hierin S. 8 f. und 7 f.

[Siehe oben Nr 133. – Offenbar unautorisierter Nachdruck von Nr 262 (s. d.), ohne Angabe des Orts und Verlags in schlechterer Typographie und auf minderwertigem Papier, aber mit verändertem und ergänztem Titel. Bei Schimpf 1993, S. 230: Nr 33b. – Zur Datierung: Die Mannheimer Zeitung Nr 20, Mittwoch, den 15. Hornung [= Februar] 1786, S. 80,[84] meldet, dass genau dieser Titel in „der neuen Hof- und Akademischen Buchhandlung neben dem Gasthause zum Riesen […] zu haben" sei.]

264. Widerlegung der Nachricht […] 1786.
[Siehe oben Nr 133. – Nachdruck oder Titelauflage von Nr 186 (s. d.). – Vorliegende Auflage nicht bei Schimpf 1993.]

265. Ueber die Weissagungen des verstorbenen Hrn. Superintendenten Ziehen zu Zellerfeld. In: Bündnerisches Leseblat 1786, 6. St., S. 41-48. 7. St., S. 49-56. 8. St., S. 57-62.
[Jedenfalls unautorisierter Nachdruck von Nr 133; siehe dort. – Die erste Folge besteht größtenteils aus einem einleitenden Kommentar des anonymen Herausgebers. – Das „Leseblat" war eine kurzlebige Beilage zum Intelligenzblatt für [Grau]Bünden, erschien im ersten Halbjahr 1786 wöchentlich; die hier zur Rede stehenden Stücke also im Februar 1786 (vgl. J. Candreia: Das Bündnerische Zeitungswesen im 18. Jahrhundert. [Schulprogramm] Chur 1895, S. 32-36). – Bei Schimpf 1993, S. 228: Nr 17d erwähnt.]

266. Planeten Uranus. In: Den Physikalske Aar-Bog. Første Aargang 1783. [Hrsg. von Chr. E. Wilberg Schulz[85]]. København. Trykt hos Chr. Frid. Holm 1786, S. 58-62.
[Übersetzung von Nr 204 (k) (aus dem GTC für 1783, aber der französischen Version als Vorlage).]

267. Om Luft-Arterne. In: Den Physikalske Aar-Bog. Første Aargang 1783. [Hrsg. von Chr. E. Wilberg Schulz]. København. Trykt hos Chr. Frid. Holm 1786, S. 133-169.
[Übersetzung von Nr 170 (f) (aus dem GTC für 1783, aber der französischen Version als Vorlage; ferner dem „Taschenbuch für Apotheqver og Professor Achards Manuscript").]

268. En nye Opfindelse, at aftrykke skrevne Breve. Af Hr. Bolton. In: Den Physikalske Aar-Bog. [Hrsg. von Chr. E. Wilberg Schulz]. Første Aargang 1783. København. Trykt hos Chr. Frid. Holm 1786, S. 182-183.
[Übersetzung von Nr 125.]

---

84 https: //www.google.de/books/edition/Mannheimer_Zeitung/JBtEAAAAcAAJ?hl =de&gbpv=1&dq=Kurze+doch+hinl%C3%A4ngliche+Widerlegung+der+Ziehen schen+Weissagung&pg=PA80&printsec=frontcover
85 Die Namensform „Schulzens" bei Jördens Bd 6, S. 501 ist lediglich der Genetiv.

269. [Vorlesungsankündigung Lichtenbergs zum Sommersemester 1786 (Beginn: 1.5.). Lateinisch im „Catalogus Praelectionum", datiert vom herausgebenden „Prorector Lvdervs Kvlenkamp": „XII. Mart." [= 12.3.] 1786, p. VI; deutsch in:] GGA 1786. 58. St. vom 13.4., S. 579 f.
[Regest mit deutschen und lateinischen Zitaten: Cardanus S. 63.]

270. Ueber Hrn. Pelletier's Anwendung der Electricität zur Erkennung mineralischer Körper &c; vom Hrn. Professor Lichtenberg. In: Chemische Annalen 3 (Helmstedt u. a. 1786), Bd 1, S. 508-515.
[Der Hrsg. Crell merkt u. a. dazu an: „Dies ist eigentlich ein Brief, den Hr. Prof. L. an Hrn. [Jakob Heinrich] Wittekopp […] über diesen Gegenstand schrieb, und ihm die gefälligste Erlaubniß gab, diesen Brief zum Abdruck in den Annalen, mir mitzuteilen"; dort undatiert, gemäß dem Erscheinen des Hefts [spätestens Frühjahr 1786]. Danach wiedergedruckt im Bw 3, S. 214-218: Nr 1446. Vgl. auch GGA 1787, S. 1125; ferner Kanz 1991, S. 109-113.]
[Jung 214]

271. [Brief Lichtenbergs an Jean-André Deluc, 21. März 1785.] In: Jean-André Deluc: Idées sur la météorologie. Tome 1, Londres: T. Spilsbury 1786, S. 183 f.
[Vom Empfänger aus Lichtenbergs (verlorenem) englischen Original ins Französische übertragen; mit Erläuterung und deutscher Übersetzung wiedergedruckt im Bw 3, S. 71 f.: Nr 1367. Siehe auch oben Nr 81; unten Nr 286. Nr 404 und Nr 406.]

272. **Leipzig.** [Rezension über:] Johann Wilhelm v. Archenholtz: England (aus: England und Italien). Bd 1, 1. 2. Leipzig 1785. In: GGA 1786. 80. St. vom 20.5., S. 793-806.
[Anonym gedruckt; Verfasserschaft bestimmt nach dem Göttinger Handexemplar der GGA (danach Hahn, S. 85; Guthke 1963, S. 337: Nr 29) bzw. dem Tübinger Handexemplar (Fambach 1976, S. 130). – Wiedergedruckt SB 3, S. 189-198. Diplomatisch getreu neuerlich durch Gumbert (in LE 1, S. 376-383: Anhang VIII).]
[Jung 215]

273. [Vorlesungsankündigung Lichtenbergs zum Wintersemester 1786/1787 (Beginn: 16.10.). Lateinisch im „Catalogus Praelectionum", datiert vom herausgebenden „Prorector Gottfridvs Less": „XXIV. Augusti" [= 24.8.] 1786, p. VII; deutsch in:] GGA 1786. 150. St. vom 21.9., S. 1507. 1509.
[Regest mit deutschen und lateinischen Zitaten: Cardanus S. 63.]

274. Goettinger Taschen CALENDER vom Jahr 1787. [Göttingen] bey Joh. Chr. Dietrich [1786]. [Gestochener Kupfertitel: Chronos mit Vorhang (wie GTC für 1781), gezeichnet: „R.[iepenhausen] f.[ecit]"):] 22 Modekupfer (Bl. 14 gezeichnet: Riepenh. f., (unpag. 56) S. Kalender, mit 12 Kupfern (D. Chodowieki del. et sc.): (Shakespeare, Die lustigen Weiber von Windsor) [= Engelmann 1857, Nr 568 (ebd. Anm. 187: Nachweis, dass Chodowiecki von Dieterich für diese Arbeit 100 Taler erhielt) u. Hirschs Korrektur. Bauer, Nr 1239-1250]. — [Zweiter Titel]: [S. 1:] Taschenbuch zum Nutzen und Vergnügen fürs Jahr 1787. Mit Kupfern von Chodowiecky, nebst den neuesten Frauenzimmer- und Manns-Kleidungen, in Kupfer. Göttingen, bey Johann Christian Dieterich. S. 3: Geburtstage des Kön. Großbritannisch. Chur-Braunschweig-Lüneburgischen Hauses; S. 4-80: Genealogisches Verzeichniß der vornehmsten jetzt lebenden hohen Personen in Europa; S. 81-244: [Kalender-Aufsätze, siehe unten]; S. 245-253: Münzen, Maße, geogr. Lageangaben; S. 253f.: Inhalt; S. 255: [Buchhändlerische] Nachricht [des Verlegers Dieterich über Preise, Rabatte und Ausstattung des GTC]. S. 256: Nachricht an den Buchbinder. [Hogarth-Stiche betreffend]; Druckfehler; S. 256: Druckfehler [zu S. 89. 93.]; S. 257-272: [Kalender-Aufsätze, siehe unten]
[Korrektur lasen bei diesem Jahrgang Benecke und Grellmann, der auch einzelne Artikel verfasste (siehe unten); vgl. Lichtenberg an Blumenbach, 12.11.1786 (Bw 3, S. 291: Nr 1488. – Aus dem „Roten Buch" (siehe Siglenverzeichnis und zu Nr 181) fließen ausnahmsweise keine hds. Notizen in diesen Jg ein. – Lit.: Lauchert S. 109-113; Köhring S. 154; Lanckoronska/Rümann S. 15; Jung 219-229; Engelmann 1857, Nr 568; Bauer, Nr 1239-1250; Kroke Nr 1015-1018. – Zum GTC allgemein vgl. Anm. 11.]
Rezensionen: [A. G. Kästner]: GGA 1786, 186. St. vom 23.11., S. 1865f. – N.N.: NLGZ 1787, IV. St. vom 9.1., S. 50f. – N.N.: ALZ 1787, Nr 51a vom 28.2., Sp. 477-479 [wiedergedruckt mit Einführung von Bernd Achenbach im Lichtenberg-Jahrbuch 1991, S. 147-149]. – (MJ 4. Bd 1787, im 13. St., S. 68.). – Fr. [= J.J. Eschenburg]: ADB, Bd 75, 1. St. (1787), S. 304f.

(a) S. 81-134: Fortsetzung der Betrachtungen über das Weltgebäude. Von Cometen.
   [¹VS 6, S. 347-416] [Jung 219]

†(b) S. 134-141: Vom Hang zum Putz und von einigen sonderbaren Toiletten-Stücken.
   [Siehe auch oben Nr 239 d. – Von J.F. Blumenbach, der auch S. 137 auf das „Göttingische Museum", welches unter seiner Obhut stand, verweist; vgl. v. a. dessen Brief an F. Kries, 4.2.1802 (in Blumenbachs Bw 6, S. 135-137: Nr 1458); vgl. auch Kroke Nr 1016.] – ²VS 6, S. 375-378. Nicht in ¹VS.] [Jung 220]

†(c) S. 142-150: Sonderbare Behandlungsart der neugebohrnen Kinder bey einigen Völkern.
   [Von J.F. Blumenbach, vgl. dessen Brief an F. Kries, 4.2.1802 (in Blumenbachs Bw 6, S. 135-137: Nr 1458); das hatte Stern, S. 346 Anm. 30, schon richtig diviniert

(„may well have been the author"). Vgl. Kroke Nr 1017.] – [2]VS 6, S. 378-382. Nicht in [1]VS. – Ein „verschütteter Aphorismus", den man Lichtenberg nun mutmaßlich wieder aberkennen muss, von S. 143: Gravenkamp, S. 90.] [Jung 221]

†(d) S. 151-152: Christliches Ostergelächter. [Jung 222]

[Von Grellmann: vgl. Lichtenbergs Brief an J.F. Blumenbach, 12.11.1786 (Bw 3, S. 291: Nr 1488 und v.a. Blumenbach an F. Kries vom 4.2.1802 (in Blumenbachs Bw 6, 135-137: Nr 1458). – [2]VS 6, S. 382f. Nicht in [1]VS.]

†(e) S. 153-163: Geschichte der Hochzeitkränze und Brautringe.

[Nicht von Lichtenberg: Wiedergedruckt Grellmann 1792, S. 236-246 als „Geschichte der Hochzeitkränze und Trauringe"; vgl. Ebstein 1923, S. 145.; [2]VS 6, S. 383-388. Nicht in [1]VS]

†(f) S. 164-177: Ueber einige kräftige Mittel die Vernunft zu betäuben. [Jung 223]

[Von J.F. Blumenbach, vgl. dessen Brief an F. Kries, 4.2.1802 (in Blumenbachs Bw 6, S.135-137: Nr 1458); hatten schon Joost/Schöne (Kommentar zu Bw 3, S. 293: Nr 1488) für wahrscheinlich gehalten, Mautner (1968, S. 203 Anm.) ohne Angabe von Gründen vermutet. Vgl. Kroke Nr 1018. – [2]VS 6, S. 388-394. Nicht in [1]VS. – Ein „verschütteter Aphorismus" von S. 166: Gravenkamp, S. 90 – vielleicht abzuerkennen.]

†(g) S. 178-192: Vom Recht der Hagestolze bey Deutschen, Römern und Griechen.

[Nicht von Lichtenberg: Daher nicht in [1]VS, aber irrig [2]VS 6, S. 394-401. Vgl. Lichtenberg an J.F. Blumenbach, 12.11.1786 (Bw 3, S. 291: Nr 1488). Leitzmann 1921, S. 107 weist ihn in seinem Kommentar zu diesem Brief („nach dem eingemischten latein zu urteilen") Grellmann zu, dem folgen Ebstein 1923, S. 146 und Stern, S. 346 Anm. 30.]

†(h) S. 193-194: Recept aus dem Mittelalter, wie Vergiftungen zu heilen sind. [Jung 224]

[Nach J. v. Königshofen für den GTC bearbeitet, wobei Lichtenberg als Verfasser nicht ausgeschlossen ist. Stern, S. 346 Anm. 30 diviniert wieder Grellmann („the only criterion here of the subject matter").] [[2]VS 6, S. 403-405]

†(i) S. 195-199: Beytrag zur Sittengeschichte des Mittelalters. [Jung 225]

[Vielleicht auch von Grellmann? – [2]VS 6, S. 402. Nicht in [1]VS.]

(j) S. 199-211: Physikalische und andere Merkwürdigkeiten.

[Weder Bezifferung noch Titel von Lichtenberg.]

[(1) Herschel katalogisierte 1600 Nebelsterne; Beschreibung seines Teleskops S. 199-207 [recte: 200]. – (†2) Zitter-Rochen (Raja Torpedo) und Zitter-Aal (Gymnotus electricus) S. 207 [recte: 201]-203. [Gemäß Bw 3, S. 293: Nr 1488 Anm. 3: wahrscheinlich von J.F. Blumenbach; so auch Dougherty 2000, S. 28. Kroke Nr 1015]. – (3) Landsegeln in England S. 203. – (4) Aërostaten zu steuern S. 203f. – (5) Cavallos Entdeckung: Messing durch Hämmern magnetisch zu machen S. 204f. [siehe noch GTC für 1788 = Nr 283 (i)(1) S. 190f.; aber GTC für 1789 = Nr 293 (c)(1), S. 128f.] – (6) Dephlogistierte Luft (Sauerstoff) aus Braunstein S. 205. – (7) Verbesserung der Dampfmaschine S. 206. – (8) Versuche mit Eis aus Salpetersäure S. 206f. – (9) Kalter Punsch mit fixer Luft (Kohlensäure) S. 207. – (10) Ranziges Öl wieder süß zu machen S. 207. – (11) Fordyce Waage ($1/_{1600}$ eines Grans!) S. 208. – (12) Gefrierpunkt des Quecksilbers (Verbesserung gegenüber Brauns Angaben) S. 208. – (13) Siedepunkt des Leinöls

S. 208 f. – (14) Verwandlung von Wasser in Luft u. s. w., s. o. S. 209 f. – (15) Delucs Fischbein-Hygrometer S. 210 f. – (16) Brandgefahr beim Ölsieden S. 211. – Daraus in ²VS 6, S. 470 nur wiedergedruckt Nr 9.] [Jung 226]

(k) S. 212-232: Leichtgläubigkeit, Aberglauben und Fanatismus. Eine gemischte Gesellschaft. Mit der Unterschrift aus I. Joh. IV. Cap. V. 1. Von W. Hogarth.

[Hogarth: „1. John Ch. 4. V. 1.". 5 Tafeln. – Wieder in der 11. Lieferung der Ausführlichen Erklärung, Platte 68 (mit Zusätzen des Herausgebers); danach ²VS 14, S. 151-167. – Nach dem GTC erläutert wiedergedruckt durch Promies im Lichtenberg-Jahrbuch 1991, S. 7-28 und in Lichtenbergs Hogarth 1999, S. 95-103. – Zwei „verschüttete Aphorismen" von S. 216 und 232: Gravenkamp, S. 90. – Auf einen Druckfehler S. 217 („keiner Cherub") macht J. F. Blumenbach ihn aufmerksam; Lichtenberg dankt am 12.11.1786 (Bw 3, 291: Nr 1488).] [Jung 227]

(l) S. 232-244: Ein Wahlschmaus. (Election-Entertainment.)

[Im Kalender 7 Taf. Mit den Köpfen. – Wiedergedruckt in der 9. Lieferung der Ausführlichen Erklärung, Platte 51 (mit Zusätzen des Herausgebers); danach ²VS 13, S. 1-13 (Zusätze: S. 13-16). – Eine Variante und ein dort weggelassener Abschnitt von S. 243 bietet Lauchert S. 112. Nach dem GTC wieder in Lichtenbergs Hogarth 1999, S. 105-112.] [Jung 228]

(m) S. 257-272: Erklärung der Kupferstiche.

[S. 272 gez. „L.". Chodowiecki: Shakespeare: Die lustigen Weiber von Windsor. Bl. 1-12. „Mit Benutzung der Eschenburg'schen Uebersetzung" werden in der Erklärung die Szenen nacherzählt bzw. im Auszug vorgestellt. Auch die Zitate auf den Stichen folgen der Eschenburg'schen Übersetzung. Dargestellt sind Momente aus den Szenen 1: 1,7. 2: 2,11. 3: 3,8. 4: 3,9. 5: 3,10. 6: 4,1. 7: 4,3. 8: 4,4. 9: 4,5. 10: 4,9. 11: 4,10. 12: 5,5. – Dieterich verwendete Chodowieckis Kupferstiche in einem Nachschnitt (Engelmann 1857, Nr 568 III) für eine Ausgabe der in seinem Verlag 1786 erscheinenden Übersetzung des Dramas durch Eschenburg. Am Schluss (GTC S. 272) wird im letzten Absatz die Nachricht vom Plan dieses Drucks gegeben.] [Jung 229]

275. Almanac de Goettingue pour l'année 1787. [Göttingen] chez I. C. Dietrich [1786]. [Übersetzung des GTC durch Isaac Colom du Clos (vgl. Anm. 12).] (Nicht paginiert: 22 gezählte Kupfer mit Damen- und Herren-Moden). – (Nicht paginiert:) Epoques de l'année 1787. (6 S.) – (Nicht paginiert: Kalendarium 12 x 4 = 48 S. und 12 gezählte Monatskupfer zum Thema „Die lustigen Weiber zu Windsor").

p. 1: Manuel contenant diverses connaissances curieuses et utiles pour l'année 1787. Orné de taille-douces gravées par Chodowiecki, avec les modes les plus modernes des Dames, et des Cavaliers gravées en taille-douce. À Gottingue, chez Jean Chrêtien Dieterich.

p. 3: Jours de Naissance de la Maison Royale. – p. 4-80: Etat présent des Maisons Souveraines, et de celles des Princes les plus considérables de l'Europe.

p. 81-134: Continuation des Contemplations de l'Univers. Des Comètes.

p. 135-142: Du Penchant pour la Parure et de quelques pièces de Toilette singulieres.

p. 143-152: Maniere particuliere de traiter les enfans nouveaux-nés chéz certains peuples.

p. 153-155: Risée chrétienne de Pâque.

p. 155-166: Histoire des Couronnes nuptiales et de l'Anneau nuptial ou bagues nuptiales.

p. 166-180: De quelques moyens efficaces pour étourdir la raison.

p. 180-195: Du Droit des Célibataires chés les Allemands, les Romains et les Grecs.

p. 195-196: Recepte du moyen age pour guérir des empoisonnemens.

p. 197-201: Supplément à l'histoire des Moeurs du moyen age. I. Repas pris par l'Empereur Charles IV. chés un de ses baillifs. – II. Bal paré de l'Empereur Sigismond à Strasbourg.

p. 201-213: Curiosités physiques et autres.

p. 214-232: Crédulité et Superstition et Fanatisme. Société mêlée. Avec la souscription de S. Jean. Ch. IV. v. I. par W. Hogarth. [Mit den Kupfern A-E.]

p. 232-244: Regal au sujet d'une élection. (Election-entertainment.) [Mit den Kupfern F-M.]

p. 245-246: Comparaison de chaque Marc ou Livre du poids de l'or, de l'argent, de la monnoye, et du commerce de plusieurs lieux, par grains ou parties nommées as, poids de Troyes d'Hollande. – p. 247-248: Miles. – p. 249: Mesures des Grains en pouces cubes de Paris. – p. 249: Autres mesures des Solides. – p. 250: Monnoyes. – p. 251-253: Longitude et Latitude géographique de Livres [!] endroits. – p. 253-254: Table des Matieres. – p. 255: Avertissement. – p. 256: Avis du Relieur.

p. 257-272: Explication des Tailles-douces.

276. Das Demantene Halsband und der Strick. [Epigramm.] In: [Gottfried August Bürger (Hrsg.):] Musen Almanach A[nno] MDCCLXXXVII. Göttingen, bey Joh. Christ. Dieterich [gestochener Titel; gedruckt:] Poetische Blumenlese, aufs Jahr 1787. Göttingen, bey Johann Christian Dieterich [1786], S. 14.
[Gezeichnet: „G. C. L." – Faksimile: GMA 1979. – Wiedergedruckt Haug 1808, S. 129 (als „Das diamantne"; Lauchert S. 190; SB 3, S. 656 (unter: „Fabeln" eingeordnet). – Durch Joost wiedergedruckt im Lichtenberg-Jahrbuch 2017, S. 68 f.]
[Jung 217]

277. **Göttingen.** [Preisaufgabe der mathematischen Klasse der Sozietät der Wissenschaften für 1788, lateinisch und deutsch, betreffend „Die Theorie von Vera's Funikularmaschine durch Versuche und Rechnungen zu entwickeln".] In: GGA 1786, 196. St. vom 9.12., S. 1969 f.
[Anonym gedruckt; gezeichnet (S. 1961): „Heyne" (als dem Sekretar der Sozietät und Redaktor der GGA, siehe oben Anm. 15); Lichtenbergs Verfasserschaft ergibt sich aber aus seinem Brief an die Sozietät, 24.10.1786, mit seinen Vorschlägen (Bw 3, S. 269-273; hier 271: Nr 1479 bei Anm. 7); ferner seinen Briefen an Heyne [kurz nach dem 24.10.1780] (Bw 3, S. 274: Nr 1480) und 6.11. 1786 (Bw 3,

S. 289: Nr 1485). Lichtenberg dankt dann für die stilistische Überarbeitung (v. a. des Lateinischen) am [9.12. 1786] (Bw 3, S. 301: Nr 1495) – Vgl. noch die auf die Erstellung zurückverweisenden Kurzwiederholungen durch C. G. Heyne in den GGA 1787, 195. St. vom 8.12., S. 1945 f. und GGA 1788, 130. St. vom 16.8., S. 1299; siehe unten Lichtenbergs Gutachten über die Preisschrift: Nr 295.]

278. **Leipzig.** [Rezension über:] John Cuthbertson: Abhandlungen von der Electricität, nebst einer genauen Beschreibung der dahin gehörigen Werkzeuge. Aus dem Holländischen. Leipzig 1786. In: GGA 1786. 200. St. vom 16.12., S. 2012 f.
[Anonym gedruckt; Verfasserschaft bestimmt nach dem Göttinger Handexemplar der GGA (danach Hahn, S. 85; Guthke 1963, S. 337: Nr 30) bzw. dem Tübinger Handexemplar (Fambach 1976, S. 134).]

[Jung 216]

279. [Zwei Briefe Lichtenbergs an einen Unbekannten („Bm"), 26.12. (1784?) und (Ende 1784/Anfang 1785)]. In: N. N.: Etwas über Ziehens Weissagungen. In: Magazin der Philosophie und schönen Literatur. Mainz, gedruckt durch Andreas Graß, im Verlag von J. G. Göschen in Leipzig 1786. IV. Heft, S. 355-371; die Briefe darin S. 358 f.
[Nachdruck von Nr 262; vielleicht autorisiert: am Schluss mit Verfasser-Chiffre (allerdings verdruckt) gezeichnet: „B*n*."[86]. Bei Schimpf 1993, S. 230: Nr 33c. – Der auf ihrem Titel nicht genannte Herausgeber der Zeitschrift war Michael Engel (1755-1813), Professor in Mainz; 1798 Bibliothekar in Aschaffenburg. Erschienen ist das 4. Heft, dessen letzter Artikel unsere Abhandlung ist, vermutlich im Oktober 1786.]

1787

280. [Vorlesungsankündigung Lichtenbergs zum Sommersemester 1787 (Beginn: 23.4.). Lateinisch im „Catalogus Praelectionum", datiert vom herausgebenden „Prorector Jo. Nic. Moeckert": „V. Martii." [= 5.3.] 1787, p. VI; deutsch in:] GGA 1787. 51. St. vom 31.3., S. 506. 508.
[Regest mit deutschen und lateinischen Zitaten: Cardanus S. 63.]

281. Anfangsgründe der Naturlehre. Entworfen von Johann Christian Polykarp Erxleben weil.[and] der Weltweish. D. und Prof. auf der Georg-

---

86 In einem mir in Kopie vorliegenden Exemplar ist die Sigle von unbekannter alter Hand täuschend echt mit Tinte zu „Bm." korrigiert. Vgl. ein unkorrigiertes Exemplar aus einer Mainzer Bibliothek: https://www.google.de/books/edition/Magazin_der_ Philosophie_und_sch%C3%B6nen_Lit/jtFGAAAAcAAJ?hl=de&gbpv=1&dq= Magazin+der+Philosophie+und+sch%C3%B6nen+Literatur+1786&pg=PA338& printsec=frontcover

August-Universität, der Königl. Societ. der Wissens. und des Königl. Institut. der histor. Wiss. zu Göttingen, der Königl. Landwirthschaftsgesellsch. zu Zelle und der Batav. Societ. der Experimentalphilos. zu Rotterdam Mitglied, der Berlin. Gesellsch. Naturforsch. Freunde Ehrenmitglied. Vierte Auflage. Mit Zusätzen von G. C. Lichtenberg. Prof. zu Göttingen. Göttingen, bey Johann Christian Dieterich, 1787. LVI, 710 S., 38 S. [= 711-748] unpaginierte S. mit dem Register, 9 Falttafeln mit Kupferstichen.

[Die zweite von Lichtenberg bearbeitete Ausgabe, an der er ein volles Jahr gearbeitet haben muss: Am 28.6.1786 schreibt Johann Heinrich Fischer an S. Th. Soemmerring, Erxleben „ist schon bis zur Hälfte abgedruckt". Zum Werk siehe oben 1784: Nr 245. – Die Widmungen (S. III-XII), die beiden Vorreden des Vorgängers (S. XIII-XX) und Lichtenbergs eigene zur 3. Auflage (S. XXI-XXV) sind unverändert beibehalten. Die neue Vorrede (beginnt S. XXVI) ist (S. XXXIII) datiert und gezeichnet: „Göttingen den 12. März 1787. G. C. L." Ihr folgt S. XXXV-XXXIX: „Inhalt", S. XL-LIV: „Beschreibung der Smeatonschen Luftpumpe nach Hrn. Nairne's und Blunt's Verbesserungen.", S. LV f. „Einige Verbesserungen und Zusätze." (mit einer irrigen Korrektur, die Lichtenberg an Hindenburg, 1.6.1787 – Bw 3, S. 363: Nr 1531 – und an J.F. Blumenbach, [5.? 6. 1787]: Bw 3, S. 369: Nr 1534 wieder zurücknimmt). – Diese und alle folgenden Auflagen enthalten ein Register von Johann Philipp (von) Ro[h]de, bei dem Lichtenberg sich auf S. XXVIII der Vorrede, die in der 5. Aufl. (Nr 316) noch einmal wiederholt wird, bedankt. – Sehr verkleinertes Titelblatt-Faksimile Beaucamp 1991, S. 226. – Gemäß BL 1982, S. 77 Nr 393 besaß Lichtenberg bei seinem Tod offenbar kein Exemplar mehr außer dem durchschossenen Handexemplar, heute in der Forschungsbibliothek Schloss Friedenstein in Gotha, Signatur: N 328 Rara. Weil er dieses Exemplar über die späteren Ausgaben hinweg weiterbenutzte und es die meisten Notizen von seiner Hand enthält, ist es der Edition in VNat Bd 1, 2005, zugrundegelegt (vgl ebd. S. X). Eine Liste darin „Personen denen ich Ex. der neuen Auflage schicken muß" im Lichtenberg-Jahrbuch 2005, S. 227 f. – Ein hds. gewidmetes Exemplar: „Sr Wohlgebohren dem HE. HofR und LeibArzt [Ernst Gottfried] Baldinger | von dessen | gehorsamstem Diener | und Freund | Dem Herausgeber" ist über dessen Schwiegersohn v. Gehren in die ULB Darmstadt gelangt, Signatur 33/2708; das für „Prince Ernest Augustus" (o.D., wohl [Anfang April 1787]) vgl. Bw 5,1, S. 286; zum letzteren Exemplar dann Achenbach 2021, S. 290 f. (ebd. Faksimile der Widmung). – Denekes Lichtenberg-Schrank Nr 33. – Von dieser Auflage gab es je eine Übersetzung ins *Russische* (1789: Nr 300) und ins *Dänische* (S. unter 1790: Nr 311); eine ins *Italienische* kam wohl nicht über die Planung durch Alessandro Volta hinaus, vgl. dessen Brief an Lichtenberg, 20.8.1787 (Bw 3, S. 425: Nr 1546: „Il [= Tralles] me dit que vous travaillez à une autre édition des élemens de Physique de Erxleben, ou plûtot que vous pensez à refondre cet ouvrage. J'avois conçu le dessein de traduire en Italien l'édition que vous en avez donnee en <u>1784</u> pour m'en servir de texte dans mes leçons. Je soûpire donc après la nouvelle édition, sur-tout si vous fondez toutes vos remarques en un corps, et nous donnez ainsi un nouvel ouvrage. J'ose donc vous prier de m'envoyer les feuilles par la voye de la poste à mesure qu'elles s'impriment, afin que je puisse travailler tout de suite à la traduction."). Später ist davon nicht mehr die Rede.]

Rezensionen: [A. G. Kästner]: GGA 1787, 79. St. vom 19.5., S. 785-786. – N. N.:
NLGZ 1787, CVI. St. vom 8.9., S. 1684-1690. – N. N.: ALZ 1787, Nr 238 vom
4.10., Sp. 37-39. – N. N.: MJ 1787, 4. Bd, 13. St., S. 54. – Rg. [= G. E. Rosenthal]:
ADB1787, 2. St. (in Bd 81, 1788), S. 573-574.

[Jung 218]

282. [Vorlesungsankündigung Lichtenbergs zum Wintersemester 1787/1788
(Beginn: 15.10.). Lateinisch im „Catalogus Praelectionum", datiert vom herausgebenden „Prorector Aug. Gottl. Richter": „XXXI. Augusti." [= 31.8.]
1787, p. VII; deutsch in:] GGA 1787. 156. St. vom 29.9., S. 1562. 1564.
[Regest mit deutschen und lateinischen Zitaten: Cardanus S. 63.]

GTC für 1788

283. Goettinger Taschen Calender vom Jahr 1788. [Göttingen] bey J. C. Dieterich
[1787]. [Gestochener Kupfertitel, gezeichnet: „Chod.[owiecki delineavit]
Riep.[enhausen sculpsit]".] 12 Modekupfer (B. Rasko del.) 89 (48) S. Kalen-
darium, mit 12 Kupfern („D. Chodowiecki in. et. Sc"): (Szenen aus Shakes-
peare: Der Sturm) [= Engelmann 1857, Nr 583 und Hirschs Korrektur.
Bauer, Nr 1299-1310]. — [Zweiter Titel]: Taschenbuch zum Nutzen und
Vergnügen fürs Jahr 1788. Mit Kupfern von Chodowiecki, nebst den neu-
esten Frauenzimmer- und Manns-Kleidungen, in Kupfer. Göttingen, bey
Johann Christian Dieterich. S. 3: Geburtstage des Kön. Großbritanisch.
Chur-Braunschweig-Lüneburgischen Hauses; S. 4-80: Genealogisches
Verzeichniß der vornehmsten jetzt lebenden hohen Personen in Europa;
S. 81-212: [Kalender-Aufsätze, siehe unten]; S. 213 f.: Vergleichung jeder
Mark […] verschiedener Oerter […]; S. 215 f.: Meilenmaaß; S. 217 f.: Ge-
treidemaaß; S. 218: Münzen; S. 218-221: Geographische Länge und Breite
einiger Oerter; S. 221 f.: Inhalt; S. 223: [Buchhändlerische] Nachricht [des
Verlegers Dieterich über Preise, Rabatte und Ausstattung des GTC]. S. 224:
Nachricht an den Buchbinder. [Hogarth-Stiche betreffend].
[Aus dem „Roten Buch" (siehe Siglenverzeichnis und zu Nr 181) fließen sechs
hds. Notizen in diesen Jg ein. – Lit.: Lauchert S. 114 f.; Grisebach 1913, S. 368:
Nr 1515; Köhring S. 155; Lanckoronska/Rümann. S. 15; Jung 230-238. – Zum
GTC allgemein vgl. Anm. 11.]
Rezensionen: [A. G. Kästner]: GGA 1787, 179. St. vom 10.11., S. 1785 f. – N. N.:
NAGM, 52. St., 27.12.1787, S. 439 f. – N. N.: MJ 1789, 5. Bd, 17. St. von 1788,
S. 57-58.) – Kurzanzeige zusammen mit dem GTC für 1789: †Cr. [= Rosenthal]:
ADB, Bd 89, 1. St. (1789), S. 602.

†(a) S. 81-104: Geschichte der Handwerker und Zünfte in Teutschland, und
ihres blauen Montags.

[Nicht von Lichtenberg: Wiedergedruckt Grellmann 1792, S. 85-172 als „Handwerker und Zünfte in Teutschland, und blauer Montag.“; vgl. Ebstein 1923, S. 145. ²VS 6, S. 405-415. Nicht in ¹VS.]

(b) S. 105-127: Das Thor von Calais oder der englische Rinderbraten. Ein Blatt von Hogarth.

[Im Kalender mit 3 Kupfern – Dann in der 8. Lieferung der Ausführlichen Erklärung, Platte 46 (mit Zusätzen des Herausgebers); danach ²VS 12, S. 239-253 (Zusätze: S. 254-257). Nach dem GTC durch Promies erläutert wiedergedruckt im Lichtenberg-Jahrbuch 1997, S. 7-28 und in Lichtenbergs Hogarth 1999, S. 115-123. – Zwei „verschüttete Aphorismen“ von S. 109f. und 120f.: Gravenkamp, S. 90f.] [Jung 230]

(c) S. 128-145: Die Parlaments-Wahl. Zweyte Scene. [2 Taf.] [Jung 231]

(d) S. 146-156: Die Parlaments-Wahl. Dritte Scene. Die Stimmensammlung (polling). [5 Taf.] [Jung 232].

(e) S. 156-171: Die Parlaments-Wahl. Vierte Scene. Der Aufzug im Triumphsessel (Charing). [2 Stiche.] [Jung 233]

[b-d dann in der 9. Lieferung der Ausführlichen Erklärungen, Stiche 52-54 (mit Zusätzen des Herausgebers); danach ²VS 13, S. 17-30. Nach dem GTC wieder in Lichtenbergs Hogarth 1999, S. 125-144.]

†(f) S. 172-173: Manipulation bey den Morgenländern.

[Unterzeichnet: „B“; = sehr wahrscheinlich J. F. Blumenbach; vgl. Kroke Nr 1019.]

(g) S. 174-177: Wundercuren der geweihten Aerzte bey einigen Americanischen Völkern.

[²VS 6, S. 416f. Nicht in ¹VS.] [Jung 234]

(h) S. 178-180: Wie der Abt von der Reichenau die Frösche schweigen macht.

[²VS 6, S. 418f. Nicht in ¹VS.] [Jung 235]

(i) S. 181-187: Verbesserungen einiger populärer Irrthümer. [Weder Bezifferung noch Titel von Lichtenberg.]

[(1) Sultaninnen S. 181. – (2) Miserere (e. Krankheit) S. 181f. – (3) Quäker, ihr Wasser S. 182f. – (4) Lightfoot über Goldmuscheln S. 183f. – (5) „Kasacken, nicht Cosacken“ (Schreibweise, nur 1 Satz) S. 184. – (6) „Gepräge der Wahrheit“ (Sprachkritik) S. 184f. – (7) engl. Namen mit -s. S. 185. – (8) Buhon Upas (Brief von Thunberg an Murray) S. 185-187.]

[Nr 2 wiedergedruckt in den ²VS 6, S. 459 unter der gleichnamigen Rubrik; Nr 8 (S. 185-187) in ²VS 6, S. 357f. als Anhang zu Nr 239 †(b) „Vom Bohon Upas“. – Nr 6 von S. 184f. als ein „verschütteter Aphorismus“: Gravenkamp, S. 91.] [Jung 236]

(j) S. 188-196: Einige neue Erfindungen, physikalische und andere Merkwürdigkeiten.

[Weder Bezifferung noch Titel von Lichtenberg.]

[(1) Cometen (ergänzend zu Nr 274 (a) im GTC für 1787, S. 113) S. 188-190. – (2) Cavallos Magnetnadel S. 190f. [siehe GTC für 1787 = Nr 274 (j)(5), S. 204f.; aber GTC für 1789 = Nr 293 (c)(1), S. 128f.] – (3) Hamilton über vulkan. Landbildung S. 191f. – (4) R. W. Darwin über ocular spectres S. 192f. – (5) Menschenaffe in Paris (Daubenton: simia nasalis) S. 193. – (6) Kirwans Elektrometer S. 194. – (7) Aberglauben in Kärnten (Anekdote) S. 194f. – (8) Anekdote von der Krönung des Königs von Frankreich zu Reims (Artois Pferdeschmuck) S. 195. – (9) Absolution für Meineid (bei Desertation) durch einen katholischen Geistlichen in Oberschlesien S. 196. – Drei Stücke, Nr 5. 7. 9 von S. 193. 194 f. 196, in ²VS 6, S. 470-472. – Aus Nr 5 von S. 193 als „verschütteter Aphorismus": Gravenkamp, S. 91.] [Jung 237]

(k) S. 197-212: Kurze Erklärung der Monats-Kupfer.

[Chodowiecki nachShakespeare: Der Sturm. Bl. 1-12 (siehe oben); die Erklärung lt. Engelmann 1857, S. 309: „von Hagedorn." – Dargestellt sind auf den Blättern 1: Momente aus den Szenen 1,1; 2: 1,2; 3: 1,6; 4: 1,4; 5: 2,2; 6: 3,1; 7: 3,11; 8: 3,3; 9: 3,4; 10: 4,2; 11: 5,3; 12: 5,4.] [Jung 238]

284.   Almanac de Goettingue pour l'année 1788. [Göttingen] chez J. C. Dieterich [1787].

[Übersetzung des GTC durch Isaac Colom du Clos (vgl. Anm. 12).] (Nicht paginiert: 12 Kupfer mit modischer Kleidung für Damen und Herren). – (Nicht paginiert:) Epoques de l'année 1788. (8 S.) – (Nicht paginiert: Kalendarium 12 x 4 = 48 S. und 12 Monatskupfer zu Shakespeares „Der Sturm").

p. 1: Manuel contenant diverses connaissances curieuses et utiles pour l'année 1788. Orné de taille-douces gravées par Chodowiecki, avec les modes les plus modernes des Dames, et des Cavaliers gravées en taille-douce. À Gottingue chez Jean Chrêtien Dieterich. – p. 3: Jours de Naissance de la Maison Royale. – p. 4-80: Etat présent des Maisons Souveraines, et de celles des Princes les plus considérables de l'Europe.

p. 81-104: Histoire des professions et des corps de métier en Allemagne, et du Lundi bleu.

p. 105-126: La Porte de Calais ou le Rôti de bœuf (Rosbiff) d'Angleterre. Estampe de Hogarth [Mit den Kupfern B, A und C im Text.]

p. 127-144: L'élection des Membres du Parlement. Scéne seconde [Mit den Kupfern K und I im Text.]

p. 145-155: L'Election pour le Parlement. Troisième scène. Le recueil des voix (polling). [Mit den Kupfern E, H, G, D, F im Text.]

p. 155-169: L'Election du Parlement. Scène quatrième. La procession en char de triomphe. [Mit den Kupfern L und M im Text.]

p. 170-171: De la Manipulation chés les peuples de l'Orient.

p. 172-175: Cures miraculeuses des Médecins initiés chés quelques nations de l'Amérique.

p. 176-178: Comment l'Abbé de Reichenau fait taire les grenouilles.

p. 179-185: Corrections de quelques erreurs populaires.

p. 186-195: Quelques nouvelles inventions, Curiosités physiques et autres.

p. 195-011 [recte: 211]: Courte explication des tailles-douces qui se trouvent aux Mois.

p. 122 [recte: 212]-213: Comparaison de chaque Marc ou Livre du poids de l'or, de l'argent, de la monnoye, et du commerce de plusieurs lieux, par grains ou parties nommées as, poids de Troyes d'Hollande. – p. 214-215: Miles. – p. 216: Mesures des Grains en pouces cubes de Paris. – p. 216: Autres mesures des

Solides. – p. 217: Monnoyes. – p. 218-220: Longitude et Latitude géographique de Livres [!] endroits. – p. 220-221: Table des Matieres. – p. 222: Avertissement. – p. 223: Changemens pour la Genéalogie arrivés pendant l'impression. – p. 224: Avis au Relieur.

†285. §. 126. Georg Christoph Lichtenberg. [Anonymes Biogramm und Schriftenverzeichnis]. In: Johann Stephan Pütter: Versuch einer academischen Gelehrten-Geschichte von der Georg-Augustus-Universität zu Göttingen. 2. Theil von 1765. bis 1788. Göttingen: Vandenhoek & Ruprecht 1788, § 126, S. 174 f.

[Enthält Informationen, die damals nur Lichtenberg bekannt gewesen sein können; das fand auch schon A. G. Kästner an in seinem Elogium […] Lichtenbergii. Göttingen 1799 (Vgl. Elogium 1799, S. 8: „Illorum catalogum sine dubio ab ipso auctore exhibitum"; deutsch in: Kästner 1978, S. 193: „zweifellos vom Autor angefertigte Bibliographie"). – Pütters Widmung des Bandes an die englischen Prinzen ist datiert vom „10. März 1788".]

286 **London.** [Rezension über:] Jean André de Luc: Idées sur la météorologie. T. 1. London 1786. In: GGA 1788. 43. St. vom 15.3., S. 417-432.

[Anonym gedruckt; Verfasserschaft bestimmt nach dem Göttinger Handexemplar der GGA (danach Hahn, S. 85; Guthke 1963, S. 337: Nr 31) bzw. dem Tübinger Handexemplar (Fambach 1976, S. 146) – Siehe auch oben Nr 81. Nr 271; unten Nr 404 und Nr 406.]

[Jung 240]

287. [Vorlesungsankündigung Lichtenbergs zum Sommersemester 1788 (Beginn: 7.4.). Lateinisch im „Catalogus Praelectionum", datiert vom herausgebenden „Prorector Jo. Georg Henr. Feder": „Febr. XX." [= 20.2.] 1788, p. VI; deutsch in:] GGA 1788. 44. St. vom 17.3., S. 441. 443.

[Regest mit deutschen und lateinischen Zitaten: Cardanus S. 63.]

288. [Brief an Lorenz Florens Friedrich Crell: Bemerkungen zur Farbenlehre; vor November 1786].] In: Versuche und Bemerkungen über die Ursache der dauerhaften Farben undurchsichtiger Körper, von Edward Hussey Delaval […] Aus dem Englischen übersetzt; nebst einer Vorrede von Dr. Lorenz Crell […]. Berlin und Stettin, bey Friedrich Nicolai 1788, S. XIX-XXVII.

Crells Vorrede datiert: „10.11.1786", woraus sich Lichtenbergs Brief und auch dessen Druck eingrenzen lassen. Für diesen hat Crell aber offenbar keine ausdrückliche Einwilligung eingeholt. – Wiedergedruckt von Erich Ebstein: Lichtenberg und Goethe über die Theorie der Farben. Mit einem vergessenen Auf-

satz Lichtenbergs. In: Archiv für die Geschichte der Naturwissenschaften und
der Technik 3 (1912), S. 71-78, hier [S. 74-78; dann eingehend kommentiert und
annotiert im Bw 3, S. 276-281: Nr 1482. – Gemäß BL 1982, S. 87 Nr 445 besaß
Lichtenberg bei seinem Tod nur mehr ein Exemplar des Buchs.]

[Jung 239; siehe auch Jung 3263]

289.   **London.** [Rezension über:] Jean André de Luc: Idées sur la météorologie.
T. 2. London 1787. In: GGA 1788. 71. St. vom 3.5., S. 705-718.
[Anonym gedruckt; Verfasserschaft bestimmt nach dem Göttinger Handexemplar
der GGA (danach Hahn, S. 85; Guthke 1963, S. 337: Nr 32) bzw. dem Tübinger
Handexemplar (Fambach 1976, S. 147). – Siehe auch oben Nr 86. Nr 271. Nr 286.]

[Jung 241]

290.   **Amsterdam.** [Rezension über:] John Cuthbertson: Description of an impro-
ved air-pump and an account of some experiments made with it, by which its
superiority above all other air-pumps is demonstrated. Amsterdam 1787. In:
GGA 1788. 88. St. vom 2.6., S. 881-886.
[Anonym gedruckt; Verfasserschaft bestimmt nach dem Göttinger Handexemplar der GGA (danach Hahn, S. 85; Guthke 1963, S. 337: Nr 33) bzw. dem Tübinger Handexemplar (Fambach 1976, S. 147).]

[Jung 242]

291   [Vorlesungsankündigung Lichtenbergs zum Wintersemester 1788/1789
(Beginn: 13.10.). Lateinisch im „Catalogus Praelectionum", datiert vom herausgebenden „Prorector Theoph. Jac. Planck": „XXIV. Augusti" [= 24.8.]
1788, p. VI; deutsch in:] GGA 1788. 147. St. vom 13.9., S. 1474-1476.
[Regest mit deutschen und lateinischen Zitaten: Cardanus S. 63 f.]

292.   Fizyka Jana Polikarpa Erxlebena [folgen in polnischer Sprache seine sämtlichen Titel und Mitgliedschaften] przez G. Lichtenberga, professora fizyki
w Akademii Gietyngskiey i wielu zgromadzeń uczonych towarzysza nowemi
wynalazkami i nayjwiezszími odkryciami pomnożona dla pożytku powszech-
nego wydana w Krakowie Roku 1788. W Drukarni Szkoły Głównéy Koronnéy.
40, 300, 24 S., 3 Falttafeln mit Kupferstichen.
[Diese Übersetzung der ersten Lichtenberg'schen Ausgabe vom Erxleben 1784
(= Nr 245) ins *Polnische* durch den Theologen Andrzej Trzcinski (1749-1823),
der sich als Übersetzer in der Unterschrift seiner Widmung an seinen Gönner,
den Primas Michael Poniatowski, zu erkennen gibt, hat kein Register, dafür im
Anhang Dissertationen der Königlichen Hauptschule. In ausführlichen und pa-
triotischen Anmerkungen zu Erxlebens Vorreden berichtet er, dass er von der
Edukationskommission, einem sehr aufgeklärten Gremium, 1778 zu Studien-
zwecken ins Ausland geschickt worden war. Er studierte je zwei Jahre in Göttingen und Straßburg, wo er zum Dr. med. promoviert wurde. In Göttingen, wo er
sich am 23. Oktober 1778 für Experimentalphysik immatrikulierte, beeindruck-
ten ihn Erxlebens naturwissenschaftliche Bücher, und er erkannte den Wert des
Gesamtwerkes: Anfangsgründe der Naturlehre, Anfangsgründe der Naturge-

schichte und Anfangsgründe der Chemie. Die Naturlehre habe er schon in Göttingen zu übersetzen begonnen, die Naturgeschichte sei auch bereits geplant; sie lässt sich aber nicht nachweisen. Bei seinem mutmaßlichen Abschied am 18. September 1780 trug Lichtenberg sich in sein Stammbuch („Vivitur ingenio" etc.). Trzcinski war später Professor für Philosophie und Experimentalphysik in Krakau.– Kein Original eingesehen, unsere Angaben folgen Beaucamp 1991, 222 und dem sehr verkleinerten Titelblatt-Faksimile bei Beaucamp 1991, S. 228 sowie dessen Transkription im Lichtenberg-Jahrbuch 1998, S. 57; jetzt bei den diakritischen Zeichen leicht verbessert. Genauere Datierung könnte sich vielleicht noch aus der Widmung ergeben.]

GTC für 1789

293.   Goettinger Taschen CALENDER vom Jahr 1789. [Göttingen] bey Joh. Chr. Dietrich [! 1788]. [Gestochener Kupfertitel: Chronos (wie GTC für 1781), gezeichnet: „D. Chodowiecki del."] 12 Modekupfer („Riep. f."), (8) S. Zeitrechnung; (48) S. Kalendarium, mit 12 Kupfern („D. Chodowiecki inv. et sc.") [Beweggründe zum Heiraten und ihre Folgen; die Blätter sind jeweils deutsch und französisch (für beide Kalender) beschriftet (siehe unten) = Engelmann 1857, Nr 598 (ebd.: entstanden April 1788) und Hirschs Korrektur. Bauer, Nr 1332-1343]. – [Zweiter Titel]: Taschenbuch zum Nutzen und Vergnügen fürs Jahr 1789. Mit Kupfern von Chodowiecky, nebst den neuesten Frauenzimmer- und Manns-Kleidungen, in Kupfer. Göttingen, bey Johann Christian Dieterich.
S. 3: Geburtstage des Kön. Großbritanisch. Chur-Braunschweig-Lüneburgischen Hauses; S. 4-80: Genealogisches Verzeichniß der vornehmsten jetzt lebenden hohen Personen in Europa; S. 81-224: [Kalender-Aufsätze, siehe unten]; S. 225 f.: Vergleichung jeder Mark [...] verschiedener Oerter [...]; S. 227 f.: Meilenmaaß; S. 229 f.: Getreidemaaß; S. 230: Münzen; S. 231-233: Geographische Länge und Breite einiger Oerter; S. [234 f.]: Inhalt. S. [236 f.] Ergänzungen und Berichtigungen [zum Genealog. Verz., hier S. 7-79]; S. [238]: [Buchhändlerische] Nachricht [des Verlegers Dieterich über Preise, Rabatte und Ausstattung des GTC]; S. [239]: Nachricht an den Buchbinder. [Hogarth-Stiche betreffend].
[Aus dem „Roten Buch" (siehe Siglenverzeichnis und zu Nr 181) fließen zwei hds. Notizen in diesen Jg ein. – Lit.: Lauchert S. 115-118; Grisebach 1913, S. 368: Nr 1515; Köhring S. 155; Grisebach 1913, S. 368: Nr 1515; Lanckoronska/Rümann S. 15; Jung 244-251. – Gumbert-Auktion 1985, Nr 2597. – Zum GTC allgemein vgl. Anm. 11.]
Rezensionen: [A. G. Kästner]: GGA 1788, 166. St. vom 18.10., S. 1657 f. – (Beytrag zu den EGAuN, XLVIII. Woche, 29.11.1788, S. 743: entlehnt aus den GGA, gekennzeichnet: G.A. 166. St.) – (N.N.: MJ, 6. Bd 1790, 21. St. von 1789, S. 52.). – Kurzanzeige zusammen mit dem GTC für 1788: †Cr. [= Rosenthal]: ADB, Bd 89, 1. St. (1789), S. 602.

†(a) S. 81-123: Ueber Leckereyen.

[Unterzeichnet: G. F. = Georg Forster; vgl. auch Fiedler S. 40: Nr 114. Wiedergedruckt Forster: Kleine Schriften Bd 1, 1789, S. 355-392; Sämmtliche Schriften 5, 1843, 173-190; Forster AA 8, 1974, 164-181. 475 – und öfter.]

(b) S. 124-128: Nachricht von einer neuen und fürchterlichen Krankheit.

[= ‚Argyrophobie‘; ‚ausgeschmiert‘[87] aus: Deutsches gemeinnüziges Magazin 1. Jg 4. Quartal Leipzig 1788, S. 332. – Wiedergedruckt in ^{1}VS 4, S. 482-487. ^{2}VS 5, S. 288-290. Mitteilungen der Lichtenberg-Gesellschaft. Brief 38 (Mai 2009), S. 12 f.] [Jung 244]

(c) S. 128-147: Neue Erfindungen, physikalische und andere Merkwürdigkeiten.

[Weder Bezifferung noch Titel von Lichtenberg.]

[(1) Irrtum Cavallos, die Magnetwirkung auf Messing betreffend S. 128 f. [siehe GTC für 1787 = Nr 274 (j)(5), S. 204 f. und GTC für 1788 = Nr 283 (i)(1) S. 190 f.] – (2) Wetterharfe S. 129-134. – (3) Bennets Elektrometer (s. aber unten 11). S. 134-138. – (4) Tapeten in England; Mrs. Montagues Zimmer. S. 138. – (5) Das Ätzen in Glas vermittelst der Flussspat-Säure. S. 138-141. – (6) Berthollets Knallsilber. S. 141. – (7) Neue Tiara des Papstes. S. 142 f. – (8) Abbé Fortis über Tätowierungen in Süditalien. S. 143 f. – (9) Medailleur Werners Denkmünze auf Blanchard. S. 144 f. – (10) Trost für alte Candidaten: Der Bildungsgang Michael Kirchners, nach Zöllner: Zur allgemeinen Lektüre Bd 6. S. 145. – (11) nochmals (siehe oben 3) das Bennet'sche Elektrometer. S. 145-147. – Wiedergedruckt sind Nr 2 S. 129-131, da sie eine briefliche Mitteilung von F. A. Lichtenberg („von einem Freund aus einem Reise-Journal vom Jahr 1787") enthalten, im Bw 3, S. 538-540: Nr 1611; außerdem im Lichtenberg-Jahrbuch 2000, S. 22 f.; ferner Nr 3 und 5 in ^{1}VS 6, S. 462-467 bzw. 468-470. Nr 7-10 von S. 142-145, in ^{2}VS 6, S. 472 f. (mit falscher Quellenangabe GTC 1788).] [Jung 245]

†(d) S. 148-159: Pluderhosen und Teufeleyen, ein Paar Modesachen des sechszehnten Jahrhunderts.

[Nicht von Lichtenberg: Wiedergedruckt Grellmann 1792, S. 173-188 als „Pluderhosen und Teufel, ein Paar Modesachen des 16. Jahrhunderts"; vgl. auch J. F. Blumenbach an F. Kries, 4.2.1802 (in Blumenbachs Bw 6, S. 135-137: Nr 1458), ferner Ebstein 1923, S. 145). – ^{2}VS 6, S. 419-424. Nicht in ^{1}VS.]

†(e) S. 159-161: Was Schifziehen in Ungern für eine Strafe sey.

[Von Lichtenberg nur eine zehnzeilige Einleitung zu einem wörtlichen Zitat „ein umständlicher Bericht aus Ungern". – ^{2}VS 6, S. 424 f. Nicht in ^{1}VS.] [Jung 246]

†(f) S. 162-166: Ueber die Schädlichkeit der Schnürbrüste.

[Unterzeichnet: G. F. = Georg Forster; vgl. Fiedler S. 40: Nr 115; wiedergedruckt Forster AA 8, 1974, 182-184. 475.]

†(g) S. 167-177: Die neuesten Nachrichten vom neuen Jerusalem.

[S. 167: „von Wort zu Wort aus einem Buch genommen": nämlich Johann David Schöpf: Reise durch einige der […] nordamerikanischen Staaten. Erlangen 1788, vgl. BL 1982, S. 173: Nr 990.] [Jung 247]

---

87 So hätte Lichtenberg geschrieben, vgl. an Reuß, 25.6.1796 (Bw 4, 603: Nr 2647).

(h) S. 177-206: Erklärung Hogarth'scher Kupferstiche. Ausmarsch der Truppen nach Finchley.

[Im Kalender mit 6 Kupfern. – Dann in der 11. Lieferung der Ausführlichen Erklärungen, Platte 63 (mit Zusätzen des Herausgebers); danach [2]VS 14, S. 115-136. Nach dem GTC wieder in Lichtenbergs Hogarth 1999, S. 147-158. – Ein „verschütteter Aphorismus" von S. 201: Gravenkamp, S. 91.] [Jung 248]

(i) S. 206-208: The laughing audience. Das lachende Parterre.

[Im Kalender mit 4 Taf., welche je einzelne Gruppen darstellen, und zusammen den ganzen Kupferstich wiedergeben sollen. – Dann in der 7. Lieferung der Ausführlichen Erklärungen, Platte 42. – Wieder in Lichtenbergs Hogarth 1999, S. 159.] [Jung 249]

(j) S. 208-218: Das Collegium medicum. (Consultation of Physicians.)

[Im Kalender mit 1 Kupfer, einer verkleinerten Wiedergabe des ganzen Blatts. – Dann in der 7. Lieferung der Ausführlichen Erklärungen, Platte 43 (mit Zusätzen des Herausgebers); danach [2]VS 12,197-210. Nach dem GTC wieder in Lichtenbergs Hogarth 1999, S. 161-164] [Jung 250]

(k) S. 219-224: Kurze, jedoch hinlängliche Erklärung der Monatskupfer.

[„Heyrath durch Zuneigung Mariage par Inclination" / „Häusliche Glückseligkeit Felicité domestique"; „Heyrath aus Hochmuth Mariage par Ambition" / „Gleichgültigkeit Indifference"; „Heyrath aus Eigennutz Mariage par Interet" / „Überdruss Ennui"; „Heyrath durch Ueberredung Mariage par persuasion" / „Reue Repentir"; „Heyrath aus aus Verdruss Mariage par dépit" / „Scheidung Divorce"; „Heyrath durch Zwang Mariage par force" / „Verzweiflung Desespoir". Wiedergedruckt (als „Heiratsgründe") Ernst 1913 Bd 1: Kupferstiche (unpaginiert); Bd 2, S. 101-108 (Text).] [Jung 251]

294. Almanac de Goettingue pour l'année 1789. [Göttingen] chez J.C. Dietrich [1788].

[Übersetzung des GTC durch Isaac Colom du Clos (vgl. Anm. 12).] (Nicht paginiert: Habillemens à la Mode – 12 gezählte Kupfer). – (Nicht paginiert:) Epoques de l'année 1789. (8 S.) – (Nicht paginiert: Kalendarium 12 x 4 = 48 S. und 12 Monatskupfer zum Thema „Heyrath / Mariage").

p. 1: Manuel contenant diverses connaissances curieuses et utiles pour l'année 1789. Orné de taille-douces gravées par Chodowiecki, avec les modes les plus modernes des Dames, et des Cavaliers gravées en taille-douce. À Gottingue, chez Jean Chrêtien Dieterich. – p. 3: Jours de Naissance de la Maison Royale. – p. 4-80: Etat présent des Maisons Souveraines, et de celles des Princes les plus considérables de l'Europe.

p. 81-125: Sur les Friandises.

p. 126-130: Avis d'une nouvelle et redoutable maladie.

p. 131-150: Nouvelles inventions, curiosités, physiques et autres.

p. 151-162: Hauts-de-chausses à la matelotte, et Diableries une couple de Modes du 16me siécle.

p. 163-165: Quelle punition c'est que celle de tirer les bateaux en Hongrie.

p. 166-171: De l'effet pernicieux des Corps à lacet.

p. 171-181: Nouvelles des plus récentes de la nouvelle Jérusalem.

p. 182-221: Explication des estampes d'Hogarth. Marche des Troupes pour Finchley. [Mit den Kupfern A-F.] The laughing audience. Le parterre riant. [Mit den Kupfern I-L]. Consultation de Médecins. [Consultation of Physicians]. [Mit dem Kupfer G].

p. 222-226: Explication courte mais suffisante des tailles-douces de chaque mois.

p. 227-228: Comparaison de chaque Marc ou Livre du poids de l'or, de l'argent, de la monnoye, et du commerce de plusieurs lieux, par grains ou parties nommées as, poids de Troyes d'Hollande. – p. 229-230: Miles. – p. 231: Mesures des Grains en pouces cubes de Paris. – p. 231: Autres mesures des Solides. – p. 232: Monnoyes. – p. 233-235: Longitude et Latitude géographique de divers endroits. – p. 235-236: Table des Matieres. – p. 237- 238: Supplément et changemens. – p. 239: Avertissement. – p. 240: Avis au Relieur.

295.   **Göttingen.** [Gutachten über die nicht gekrönte Antwort auf die zwei Jahre zuvor gestellte Preisaufgabe der Sozietät der Wissenschaften: „Ueber die Verbesserung und weitere Anwendung der Vera'schen hydraulischen Maschine."] In: GGA 1788. 204. St. vom 22.12., S. 2041-2045.
[Siehe oben Nr 277. – Anonym gedruckt; Verfasserschaft bestimmt nach dem Göttinger Handexemplar der GGA (danach Hahn, S. 85; Guthke 1963, S. 337: Nr 34) bzw. dem Tübinger Handexemplar (Fambach 1976, S. 151). Die ungekürzte Fassung findet sich im Brief an die Sozietät der Wissenschaften, [spätestens 9.11. 1788]: Bw 3, S. 585-591: Nr 1640.]

[Jung 243]

1789

296.   [Nachbemerkung zu:] Friedrich Wilhelm Heinrich von Trebra und F. H. Spörer: V. Beobachtung der Magnetnadel am Harze. In: Bergbaukunde. Hrsg. v. Ignaz von Born und Friedrich Wilhelm von Trebra. Bd 1. Leipzig bey Georg Joachim Göschen 1789, S. 133.
[Datiert und gezeichnet: „Göttingen 28. August 1788. G. C. Lichtenberg. Prof der Philos." Auch im Bw 3, S. 547 f.: Nr 1618. – Gemäß BL 1982, S. 14 Nr 54 besaß Lichtenberg bei seinem Tod noch diesen (und den folgenden) Band. – In dem diesem Band unpaginiert beigegebenen „Verzeichniss jetzt bestehender Mitglieder der Societät der Bergbaukunde" wird Lichtenberg übrigens unter „4. Am Harz b.) Ausserordentliche Mitglieder" als Nr 3 gebucht (Bl. Eee [4]). – Vgl. noch Kanz 2023b, S. 169-174.]

[Jung 252]

297. [Vorlesungsankündigung Lichtenbergs zum Sommersemester 1789 (Beginn: 27.4.). Lateinisch im „Catalogus Praelectionum", datiert vom herausgebenden „Prorector Jvstvs Fridericvs Rvnde": „Kal. Martiis [!] [= 1.3.]" 1789, p. VI; deutsch in:] GGA 1789. 48. St. vom 23.3., S. 482. 483.
[Regest mit deutschen und lateinischen Zitaten: Cardanus S. 64.]

298. **Haarlem.** [Rezension über:] Martinus van Marum: *Eerste Vervolg der proefneemingen gedaan met* Teyler's *electrizeer-machine door Martinus van Marum.* Haarlem 1787. In: GGA 1789. 90. St. vom 6.6., S. 897-907.
[Anonym gedruckt; Verfasserschaft bestimmt nach dem Göttinger Handexemplar der GGA (danach Hahn, S. 85; Guthke 1963, S. 337f.: Nr 35) bzw. dem Tübinger Handexemplar (Fambach 1976, S. 155). – Im Nachlass: Ms. Lichtenberg IX E, Bl. 12-20) befindet sich ein Aushängebogen dieser Rezension mit einer im Druck nicht ausgeführten Bleistift-Verbesserung von Lichtenbergs Hand (a. a. O., S. 904, Z. 1): Schmelzung *lies*: Erhitzung]

[Jung 253]

299. [Vorlesungsankündigung Lichtenbergs zum Wintersemester 1789/1790 (Beginn: 19.10.). Lateinisch im „Catalogus Praelectionum", datiert vom herausgebenden „Prorector Joannes Andreas Mvrray": „XXIV. Sept." [= 24.9.] 1789, p. VI; deutsch in:] GGA 1789. 150. St. vom 19.9., S. 1507.
[Regest mit deutschen und lateinischen Zitaten: Cardanus S. 64.]

300. Начальныя основания | естественной науки | Иог. Христ. Полик. Ерслебена. | Докт: и профес: филос: при Кор: Геттинген: | университете, Кор: акад: наук и Кор: | истор: инстит: в Геттингене: Голланд: | Ротердам: общества експерим: философии, | и Кор: в Целле эконом: общества члена, | Берлин: естествоиспытателей дружескаго | общества почетнаго члена.; | С пополнениями | *Г. К. Лихтенберга* | профессора в Геттингене. | Переведена с 4-го издания, для | употребления при Горном училище | Часть Первая. [bzw.] Часть Вторая. | ВЪ СЪ САНКТПЕТЕРБУРГЪ Печано в Типрграфии Горнаго Училища | 1789 года
[Transliteration des Titels und bibliographische Angaben dieser Übersetzung von Erxlebens „Anfangsgründe der Physik" ins *Russische*: Načalnyja osnovanija estestvennoj nauki. Jog. Christ. Polik. Ersklebena. S popolnenijami G. K. Lichtenberga. Perevedena s četvertago izdanija, dlja upotreblenija pri Gornom Učilišče. – Čast' Pervaja [bzw.] Čast' Vtoroja. V" SANKTPETERBURG" Pečatano v Tipografii Gornago Učilišča 1789 goda. [1. Teil] 2 S., IV, VII, XX S., 416 S., 10 Kupfertafeln. – [2. Teil] 2 S., 480 S., 5 Falttafeln mit Kupferstichen.[88] –

88 Aus den Seitenzahlen dieser Übersetzung und dem Vorwort des Übersetzers schließe ich, dass die Vorreden von Erxleben und Lichtenberg nicht berücksichtigt wurden. Die 4. Auflage von Erxlebens *Naturlehre* wurde für die 1773/1774 gegründete Petersburger Bergschule (Bergakademie) ins Russische übertragen. Podschivalov war

Der Übersetzer Sergej Podschivalov folgt also der 4. Aufl. Göttingen 1787 (= Lichtenbergs zweiter Bearbeitung, siehe oben Nr 281) und zeichnet nur mit Monogramm „S. P.". Seinem kurzen Vorwort lässt sich entnehmen, dass er von G. W. Krafft[89] beeinflusst wurde. – Kein Original eingesehen, wir folgen oben den sehr verkleinerten Titelblatt-Faksimiles beider Bände bei Beaucamp 1991, S. 228, sowie den Kollationen ebd. S. 223, wobei die dortigen typographischen Versehen in der Transliteration jetzt stillschweigend verbessert wurden.]

GTC für 1790

301. Goettinger Taschen CALENDER vom Jahr 1790. [Göttingen] bei Joh. Chr. Dieterich [1789]. [Gestochener Kupfertitel: Chronos mit Vorhang (wie GTC für 1781, aber spiegelverkehrt, mithin wohl ungeschickt umkopiert), gezeichnet: „D. Chodowiecki del.[ineavit] Riepenh.[ausen] fecit"]. [Zweiter, gedruckter Titel = A1:] Taschenbuch zum Nutzen und Vergnügen fürs Jahr 1790. Mit Kupfern von Chodowiecky [= Engelmann 1857, Nr 613 und Hirschs Korrektur. Bauer, Nr 1411-1422], nebst den neuesten Frauenzimmer- und Manns-Kleidungen, in Kupfer. Göttingen, bey Johann Christian Dieterich.
52 ungezeichnete S.: [Kalendarium]. 12 Modekupfer, größtenteils gezeichnet „Riepenh.[ausen] fec.[it]" (o. ä.); 2 weitere Stiche in Mezzotinto gezeichnet: „H. J. Penningh inv.[enit] et sculps.[it] Berolini." – S. 3 [= A2]: Geburtstage des Kön. Großbrittanisch. Chur-Braunschweig-Lüneburgischen Hauses; S. 4-80: Genealogisches Verzeichniß der vornehmsten jetztlebenden hohen Personen in Europa. 12 Monatskupfer [nur das 1. Gez:] „D. Chodowiecki del[ineavit] et f[e]c[it]" [zu Stählin: Züge aus dem Charakter Peter des Großen]; S. 81-218: [Kalender-Aufsätze, siehe unten]; S. 219f.: Vergleichung jeder Mark […] verschiedener Oerter […]; S. 221f.: Meilenmaaß; S. 223f.: Getreidemaaß; S. 224: Münzen; S. 225-227: Geographische Länge und Breite einiger Oerter; S. [228f.]: Inhalt; S. [230]: Veränderungen [zum Genealogischen Verzeichnis (siehe oben), hier S. 8-45]; S. [231]: [Buchhändlerische] Nachricht [des Verlegers Dieterich über Preise, Rabatte und Ausstattung des GTC]; S. [232]: Nachricht an den Buchbinder [Hogarth-Stiche betreffend].

1776 einer ihrer ersten Absolventen; schon während seiner Schulzeit hatte er deutsche Fachbücher ins Russische übersetzt.
89 Georg Wolfgang Krafft (1701-1754) lebte 1725-1744 in Petersburg als Lehrer für Mathematik und Physik und war Mitglied der dortigen Akademie der Wissenschaften (vgl. Allgemeine deutsche Biographie Bd 17, S. 9). Seine Veröffentlichungen mögen die Anregung zur Übersetzung gegeben haben. Sein Sohn Wolfgang Ludwig Krafft (1743-1814; vgl. Allgemeine Deutsche Biographie 17, S. 20f.), wie sein Vater Akademiemitglied in St. Petersburg, war Lehrer für Physik an der Bergakademie und lehrte die Physik an diesem Institut nach Erxlebens *Naturlehre*.

[Zur Entstehungszeit: S. 133 bemerkt Lichtenberg über eine aktuelle Nachricht: „jetzt, da ich dieses schreibe, im Julius 1789". – Aus dem „Roten Buch" (siehe Siglenverzeichnis und zu Nr 181) fließen 30 hds. Notizen in diesen Jg ein. – Lit.: Lauchert S. 118-122; Köhring S. 155; Lanckoronska/Rümann. S. 15; Jung 255-268; Engelmann 1857, Nr 613; Bauer, Nr 1411-1422; Kroke Nr 1020-1023; VD18 902460/47. – Zum GTC allgemein vgl. Anm. 11.]
Rezensionen: N.N.: NLGA 1789, Nr 89 vom 6.11., S. 712f. – [A.G. Kästner]: GGA 1789, 194. St. vom 5.12., S. 1945f. – N.N.: MJ, 6. Bd 1790, 22. St., S. 60). – (N.N.: RML 1789 (1790), S. 234f.). – †Fr. [= J.J. Eschenburg]: ADB, Bd 97, 1. St. (1790), S. 154f.

†(a) S. 81-91: Wie Gottesäcker auf Kirchhöfen und Begräbnisse in den Kirchen entstanden sind.

[Nicht von Lichtenberg: Wiedergedruckt Grellmann 1792, S. 189-220 als „Wie Begräbnisse in den Kirchen und Gottesäckern, auf Kirchhöfen entstanden sind"; vgl. Ebstein 1923, S. 145.] [²VS 6, S. 426-430. Nicht in ¹VS.]

†(b) S. 92-100: Was es eigentlich mit dem Geschenke der Bräutigamshemden und des Schlafrocks bey Hochzeiten für eine Bewandnis habe.

[Nicht von Lichtenberg: Wiedergedruckt Grellmann 1792, S. 223-235 als „Was es eigentlich mit dem Geschenke der Bräutigamshemden, und des Schlafrocks am Hochzeitsabend, eigentlich für eine Bewandnis habe"; vgl. Ebstein 1923, S. 145. ²VS 6, S. 431-435. Nicht in ¹VS.]

(c) S. 101-102: Wie zwey Reichsstädtische Gesandte ein Räthsel gelöset.

[Lt. Anm. aus „Lehmann Speyerische Chronik" „in neues Deutsch übersetzt" (d.i. Christoph Lehmann: Chronica Der Freyen Reichs Stadt Speier [...]. Frankfurt am Main: Georg Heinrich Oehrling 1698. ²VS 6, S. 435f. Nicht in ¹VS.] [Jung 255]

(d) S. 103-104: Gelinde Strafe im Ehebruch ertappter Personen, bey unsern Vorfahren.

[Lt. Anm. aus dem „Juristischen Magazin" des „Hrn. Prof. Siebenkees. 2ter Bd. [1783] S. 228" gezogen (welches Lichtenberg am 28.6.1789 von der Göttinger UB entliehen hatte). – ¹VS 4, S. 487f. ²VS 5, S. 291.] [Jung 256]

(e) S. 104-114: Etwas von Hrn. D. Herschels neuesten Bemühungen.

[¹VS 6, S. 342-347, als „Nachtrag" zu dem Artikel aus dem Kalender von 1786. Indessen ist hier nur der kleinere zweite Teil des Artikels abgedruckt: S. 111-114 über Herschels Entdeckungen von Nebelsternen. S. 108 berichtet Lichtenberg von dem Brief de Lalandes, welchen er in Nr 303 referieren wird. – Der Schluss von S. 114: ein „verschütteter Aphorismus": Gravenkamp, S. 92.] [Jung 257]

†(f) S. 114-123: Tschercassische Mädchen.

[Lt. Dougherty 2000, S. 76 von J.F. Blumenbach. Vgl. Kroke Nr 1020. – ²VS 6, S. 436-440. Nicht in ¹VS.] [Jung 258]

†(g) S. 123-128: Die Brieftauben.

[Wahrscheinlich von J.F. Blumenbach, der auf diesen Artikel selber in seinem „Handbuch der Naturgeschichte" 5. Aufl. 1797, S. 193 hinweist. Vgl. auch Bw 3, S. 729 Anm. 6: Nr 1695; Dougherty 2000, S. 74; Kroke Nr 1021.] – Wiedergedruckt ²VS 6, S. 440-442; nicht in ¹VS.] [Jung 259]

(h) S. 129-132: Anweisung Leinewand in wenigen Minuten zu bleichen.

[¹VS 4, S. 489-493. ²VS 6, S. 292-294] [Jung 260]

(i) S. 133-149: Neue Entdeckungen, physikalische und andere Merkwürdigkeiten.
[Weder Bezifferung noch Titel von Lichtenberg.]
[(†1) Nordöstliche bzw. westliche Durchfahrt Nordamerikas und der Pelzhan-
del (Nachricht aus London, 30.6.1789). S. 133 f. (Eventuell von J. F. Blumenbach,
vgl. Bw 3, S. 729 Anm. 6: Nr 1695. Jedoch nicht bei Kroke.) – (2) Haggrens Rin-
gelblume. S. 134 f. [wiedergedruckt MfdB 1790, 8, S. 154]. – (3) Infusionstierchen
(nach Müller/Fabricius). S. 135. – (4) Teleskop des Abbé Rochon. S. 135 f. – (5)
Elektrizität soll (gemäß Versuchen von Bertholon und Carmois) Wachstum för-
dern. S. 136 f. [wiedergedruckt MfdB 1790, 8, S. 154 f.].– (6) Dampfmaschinen.
S. 137 f. – (†7) Ingenhouß zu Wärmeleitung. S. 139-141. (Eventuell von J. F. Blumenbach, vgl. Bw 3, S. 729: Nr 1695 Anm. 6. Vgl. Kroke Nr 1023). – (8) Dillers
Feuerwerke und ähnliche Spielereien von Kempelen und Pickel. S. 141 f. –
(9) Richés Verbesserungen an Saussures Hygrometer. S. 143. – (10) Ramsden:
Feinwaage und Kreiswinkelmesser. S. 143 f. – (11) Walkers Versuche über Ge-
frieren. S. 144 f. – (12) Kapß' Luftball. S. 145. – (13) geteilte Intelligenz; Schach-
spiel. – (14) **Lawrence Earnshaw**. S. 146 f. – (15) Naturgeschichte der Stubenfliege
und die „sehr gelehrte Demoiselle" Lemasson Le [recte: de] Golft. S. 147-49.]
[Autographe Reinschrift des Druckmanuskripts von Nr 9 f. (S. 143 f.: „Herr
Riche … Circkel auszumachen") im Nachlass: Ms. Lichtenberg VII O Bl. 28. –
Nr 5 und 11 von S. 136 f. und 144 f. unter der Rubrik „Merkwürdigkeiten" in
²VS 6, S. 473 f.; Nr 14 von S. 146 f. mit dem Titel „**Lawrence Earnshaw**" in ¹VS 4,
S. 529-531. ²VS 5, S. 319 f.; Nr 15 S. 147-149 unter dem Titel „Naturgeschichte
der Stubenfliege", in ¹VS 4, S. 532 f. ²VS 5, S. 321 f. – Drei „verschüttete Aphoris-
men" von S. 137 und 145: Gravenkamp, S. 92.] [Jung 261]

(j) S. 149-152: Sicheres Recept Dintenflecke ohne Säure aus Leinewand weg-
zuschaffen.
[¹VS 4, S. 494-497. ²VS 5, S. 295 f.] [Jung 262]

(k) S. 152-163: Lieutnant Greatraks.
[¹VS 4, S. 497-512. ²VS 5, S. 297-306. – Ein „verschütteter Aphorismus" von
S. 161: Gravenkamp, S. 93.] [Jung 263]

(l) S. 164-175: Auffrischung eines veralteten Gemähldes. Ein Gegenstück zum
animalischen Magnetismus.
[Über die Wunderheilungen des Gianfrancesco Pivati. Wiedergedruckt ¹VS 4,
S. 513-524. ²VS 5, S. 307-315. – Zwei „verschüttete Aphorismen" von S. 165 f.:
Gravenkamp, S. 93.] [Jung 264]

(m) S. 176-198: Erklärung der Hogarthischen Kupferstiche. Die Tageszeiten in
vier Blättern.
[Im Kalender mit 8 kleinen Kupfern, Zusammenstellungen der Köpfe enthaltend. Vollständig umgearbeitet in der „Ausführlichen Erklärung", 1. Lieferung
1794; danach in ²VS 9, S. 55-98. – Nach dem GTC wieder in: Lichtenbergs Hogarth 1999, S. 167-179.] [Jung 265]

(n) S. 198-200: **The sleeping Congregation**. Die schlafende Versammlung.
[Im Kalender mit 2 Kupfern, zusammengestellte Köpfe. – Drei Zeilen Entwurfsnotizen im Nachlass: Ms. Lichtenberg IV, 48, Bl. 18 v. – Dann in 10. Lieferung
der Ausführlichen Erklärungen, Platte 60 (mit Zusätzen des Herausgebers); da-

nach ²VS 13,93-104. Nach dem GTC wieder in Lichtenbergs Hogarth 1999,
S. 181.] [Jung 266]

(o) S. 201-203: The distress'd Poet. Der Dichter in der Noth.

[Im Kalender mit 2 Kupfern (zusammengestellten Köpfen). – Dann in der 7. Lieferung der Ausführlichen Erklärungen, Platte 41(mit Zusätzen des Herausgebers); danach ²VS 12, S. 81-190. Nach dem GTC wieder in Lichtenbergs Hogarth
1999, S. 183-185.] [Jung 267]

(p) S. 204-218: Erklärung der Monats-Kupfer.

[Chodowiecki nach Jakob von Stählin: Original-Anekdoten von Peter dem Großen. Leipzig 1785; darauf bezieht sich die Beschriftung der Platten: CXVI. Anecdote: „einer Weissagung seiner Geburth p, 36"; V. Anecdote: „Beherztheit in Augen-
scheinlicher Gefahr, bey der Verschwörung der Streelitzen p, 22"; XXXIII. Anecdote:
„Aufmunterung zur Beobachtung der Polizeyordnung p, 96"; XLI. Anecdote: „zu Wittenberg im Hause wo Dr Luther gelebt und gestorben p, 121"; LXXI. Anecdote: „chir-
urgische Operationen p, 208"; LXXV. Anecdote: „Thränen über Carl XII. Tod p, 229";
LXXXVIII. Anecdote: „Strenge in Criminal-Gesetzen" p, 250; XC. Anecdote: „erklährt
sich zum Haupt der Kirche in seinem Reiche p. 255"; XCIV. Anecdote: „Aufmunterung
seiner Princessinnen Töchter zum Lernen p, 269"; XCIX. Anecdote: „Favoriten p,
286"; CVI. Anecdote: „mittleidige Gesinnung über leichte fleischliche Sünden p, 207";
CXII. Anecdote: „Lebens Ende oder Veranlassung dazu p, 333".] [Jung 268]

302   Almanac de Göttingue pour l'année 1790. [Göttingen] chez J.C. Dieterich
[1789].

[Übersetzung des GTC durch Isaac Colom du Clos (vgl. Anm. 12).] (Nicht
paginiert: Coëffures⁹⁰ à la Mode (2 Kupfer). Divers Habillemens (12 Kupfer). – (Nicht paginiert:) Epoques de l'année 1790. (8 S.) – (Nicht paginiert:
Kalendarium 12 x 4 = 48 S. und 12 gezählte Monatskupfer mit dem Untertitel „Anecdoten Peter des Großen"). – Gumbert-Auktion 1985, Nr 2598.

p. 1: Manuel contenant diverses connaissances curieuses et utiles pour l'année
1790. Orné de taille-douces gravées par Chodowiecki, avec les modes les plus
modernes des Dames, et des Cavaliers gravées en taille-douce. À Gottingue,
chez Jean Chrêtien Dieterich. – p. 3: Jours de Naissance de la Maison Royale. –
p. 4-80: Etat présent des Maisons Souveraines, et de celles des Princes les
plus considérables de l'Europe.

p. 81-91: De la maniere dont les sépultures ont pris naissance aux cimetieres
& dans les églises.

p. 92-101: Ce que c'est proprement que la coutume de faire présent à la Nôce
d'Une Chemise pour l'Epoux & d'une Robe de chambre.

p. 101-102: Enigme expliquée par deux Envoyés de quelque Ville Impériale.

p. 103-104: Infliction d'une legere peine chés nos ancêtres vis-à-vis des Adul-
teres trouvés en flagrant délit.

p. 104-115: Rapport de quelques nouvelles occupations littéraires de M. le D.
Herschel.

90 Geläufige Schreibung, siehe oben Anm. 58 zu Nr 105.

p. 115-124: Des Filles de la Circassie.

p. 124-130: Des Pigeons porteurs de lettres.

p. 130-134: Instruction pour blanchir la toile en peu de minutes.

p. 134-152: Nouvelles découvertes inventions, curiosités physiques et autres.

p. 152-154: Recepte sûre pour ôter sans acide les Taches d'encre du Linge.

p. 154-166: Le Lieutenant Greatraks.

p. 166-177: Renouvellement d'un Tableau suranné. Un Pendant au Magnétisme animal.

p. 178-199: Explication des Estampes d'Hogarth. Les tems ou parties du jour en quatre planches. [Mit den Kupfern A, B, C, D, E, F, G, H.]

p. 200-202: The Sleeping Congregation. L'Assemblée s'endormant. [Mit den Kupfern I, K.]

p. 202-204: The distress'd Poet. Le Poete en détresse. [Mit den Kupfern L, M.]

p. 205-219: Explication des tailles-douces de chaque mois.

p. 220-221: Comparaison de chaque Marc ou Livre du poids de l'or, de l'argent, de la monnoye, et du commerce de plusieurs lieux, par grains ou parties nommées as, poids de Troyes d'Hollande. – p. 222-223: Miles. – p. 224: Mesures des Grains en pouces cubes de Paris. – p. 224: Autres mesures des Solides. – p. 225: Monnoyes. – p. 226-228: Longitude et Latitude géographique de divers endroits. – p. 228: Table des Matieres. – p. 230: Changemens & Additions. – p. 231: Avertissement. – p. 232: Avis au Relieur.

303. **Göttingen.** [Referat (in der 3. Pers.) von Lichtenbergs Bericht vor der Sozietät der Wissenschaften am 28. November 1789 über seinen Briefwechsel mit Josèphe Jérôme de LaLande im Sommer d. J. über Fragen der Astronomie, besonders über de Lambres Elemente des „Georgsplaneten" (Uranus) sowie dessen Identität mit einem von Tobias Mayer sen. gemessenen Fixstern; ferner über eine von Seyffer in derselben Sitzung mitgeteilten Beobachtung des Uranus, vorgenommen durch den Mannheimer Astronomen Barry.] In: GGA 1789. 199. St. vom 12.12., S. 1994, Z. 23, bis S. 1997, Z. 2 bzw. 14.

[Anonym gedruckt; Verfasserschaft bestimmt nach dem Göttinger Handexemplar der GGA (danach Hahn, S. 85; Guthke 1963, S. 338: Nr 36) bzw. dem Tübinger Handexemplar (Fambach 1976, S. 158). – Die zitierten Briefe (von S. 1994-1996) im Bw 3, S. 722. 730. 737f.: Nr *1689. *1696. *1703. Hinweis auf diesen Brief gibt Lichtenberg im GTC für 1790, S. 107f. = Nr 301 (e). – SK-Tagebuch, 28.11.1789: „Nachricht von dela Lande in der Soc. vorgelesen, über die Elemente des Uranus." –
Guthke folgert a. a. O. wohl zu Recht aus dem Fehlen von Seyffers Namen in beiden Handexemplaren der GGA, dass Lichtenberg auch der Verfasser des Berichts im folgenden letzten und eben ungezeichneten Absatz (zwölf Zeilen) über Seyffers Referat gewesen sei.]

[Jung 254]

1790

304. [Vorlesungsankündigung Lichtenbergs zum Sommersemester 1790 (Beginn: 19.4.). Lateinisch im „Catalogus Praelectionum", datiert vom herausgebenden „Prorector Joannes Christoph. Gatterer": „XXVIII. Febr." [= 28.2.] 1790, p. VI; deutsch in:] GGA 1790. 45. St. vom 20.3., S. 450. 452.
[Regest mit deutschen und lateinischen Zitaten, Hinweis über Vertretung: Cardanus S. 64.]

305. **Genf.** [Rezension über:] Marc Auguste Pictet: Essais de physique. I. Geneva 1790. In: GGA 1790. 147./148. St. vom 13.9., S. 1433 [recte 1473]-1486.
[SK-Tagebuch, 9.8.1790: „Pictets Buch von Seyffer erhalten"; 24.8.: „Recension von Pictet angefangen"; 26.8.: „Ich Heyne die Recension von Pictet geschickt". – Anonym gedruckt; Verfasserschaft bestimmt nach dem Göttinger Handexemplar der GGA (danach Hahn, S. 85; Guthke 1963, S. 338: Nr 37) bzw. dem Tübinger Handexemplar (Fambach 1976, S. 163).]

[Jung 269]

306. [Vorlesungsankündigung Lichtenbergs zum Wintersemester 1790/1791 (Beginn: 18.10.). Lateinisch im „Catalogus Praelectionum", datiert vom herausgebenden „Prorector Godofredvs Less": „XXI. Augusti" [= 21.8.] 1790, p. VI; deutsch in:] GGA 1790. 150. St. vom 18.9., S. 1506 f.
[SK-Tagebuch, 11.8.1790: „Kulenkamp [als Dekan?] die Lectionen abfordern lassen." – Regest mit deutschen und lateinischen Zitaten, Hinweis über Vertretung: Cardanus S. 64.]

GTC für 1791

307. GOETTINGER Taschen CALENDER für das Jahr 1791 [Göttingen] bey Joh. Christ. Dieterich [1790]. [Gestochener Kupfertitel: Apollo mit Harfe und Lorbeerkranz, der den Zeitvorhang nach rechts aufzieht, links von zwei Eroten begrüßt; gezeichnet: „D. Chodowiecki del. Dornheim sc. Leipzig".] [Zweiter, gedruckter Titel = A1:] Taschenbuch zum Nutzen und Vergnügen fürs Jahr 1791. Mit Kupfern von Chodowiecky, nebst den neuesten Frauenzimmer- und Manns-Kleidungen, in Kupfer. Göttingen, bey Johann Christian Dieterich.
(56 unpag. S.): Zeitrechnung auf das Jahr 1791. Die vier Jahreszeiten. Erklärung der Zeichen. [Kalendarium]. Von den Finsternissen. Allgemeine Witterungsregeln. 12 Modekupfer, größtenteils gezeichnet „Riep.[enhausen]". – S. 3 [= A2]: Geburtstage des Kön. Großbrittanisch. Chur-Braunschweig-Lüneburgischen Hauses; S. 4-80: Genealogisches Verzeichniß der vornehmsten jetztlebenden hohen Personen in Europa., mit 12 Monatskupfern [nur das 1. Gez:] „D. Chodowiecki f.[ecit]" (nach J. M. Chenier: Carl IX

oder die Bartholomäus Nacht. [= Engelmann 1857, Nr 630 und Hirschs Korrektur. Bauer, Nr 1457-1468. Siehe dazu Dieterichs Brief an Chodowiecki, 25.1.1790, aus dem hervorgeht, dass die Wahl des Sujets Chodowiecki überlassen war: Dieterich 1992, S. 283 f. u. Anm. S. 394]; S. 81-219: [Kalender-Aufsätze, siehe unten]; S. 220 f.: Vergleichung jeder Mark [...] verschiedener Oerter [...]; S. 222 f.: Meilenmaaß; S. 224 f.: Getreidemaaß; S. 225: Münzen; S. 226-228: Geographische Länge und Breite einiger Oerter; S. [229 f.]: Inhalt; S. [231]: [Buchhändlerische] Nachricht [des Verlegers Dieterich über Preise, Rabatte und Ausstattung des GTC]; S. [232]: Nachricht an den Buchbinder. [Hogarth-Stiche betreffend.]

[Zur Datierung der Entstehung: „Eben da ich an diesem Aufsatz schreibe (Anfang August 1790)" (S. 162, s. u.). – SK-Tagebuch, 20.7.1790: „Erstes Mspt zum Calender in die Druckerey"; 22.7.1790: „Heute um Halb 5 auf, und am Calender geschrieben."; 23.7.1790: „erste Correctur vom Calender"; 4.8.1790: „den 4ten Calenderbogen corrigirt"; 20.8.1790: „Das Ende der Beschreibung der Hogarth. Kupfer in die Druckerey geschickt."; 22.8.1790: „Den Calender um 10 Uhr morgens vollendet. (76 Seiten in folio kleingeschrieben)"; 19.9.1790: „Dieterich mir den ersten gebundenen Calender"; 14.11.1790: „Calender an HE. v. Trebra"; 29.11.1790: „an den Vetter [F. A. Lichtenberg]"; 30.3.1791: „Billet an Schlötzer mit dem Calender". – Aus dem „Roten Buch" (siehe Siglenverzeichnis und zu Nr 181) fließen zwei hds. Notizen in diesen Jg ein. – Lit.: Lauchert S. 122-125; Köhring S. 155; Lanckoronska/Rümann S. 15; Baumgärtel 452; Jung 272-280; Engelmann 1857, Nr 630; Bauer, Nr 1457-68; Willnat (Dieterich) S. 191, 26/4. – Denekes Lichtenberg-Schrank Nr 16. – Gumbert-Auktion 1985, Nr 2599. – Zum GTC allgemein vgl. Anm. 11.]
Rezensionen: N. N.: NLGA 1790, Nr 90 vom 8.11., S. 719 f. – [A. G. Kästner]: GGA 1790, 184. St. vom 18.11., S. 1841-1843. – (N. N.: MJ 7. Bd (Titel: 1792), im 25. St. von 1790, S. 87.) – (N. N.: RML 1791 (1793), S. 524). – †Fr. [= J. J. Eschenburg], ADB, Bd 103, 1. St. (1791), S. 283 f.

(a) S. 81-89: Amintors Morgen-Andacht.

[Die Anmerkung: „Gegenwärtiger Aufsatz" sei „dem Herausgeber von einem Ungenannten zugekommen", ist eine Fiktion Lichtenbergs; ähnlich wie in Nr 368 (b) und Nr 396 (c); etwas fraglicher in Nr 368 (c). – ^{1}VS 5, S. 3-13. ^{2}VS 5, S. 334-339. GW 2, S. 364-369. SB 3, S. 76-79]; [Jung 272]

(b) S. 89-124: Ueber einige wichtige Pflichten gegen die Augen.

[Wie Lichtenberg selber angibt, teilweise aus dem Kapitel über die Augen von J. G. Büschs „Erfahrungen" (1790) und einer Schrift des englischen Optikers George Adams: „An essay on vision" (1789) gezogen. ^{1}VS 5, S. 14-60. ^{2}VS 5, S. 340-366. GW 2, S. 370-389. SB 3, S. 80-94; oft nachgedruckt, sowohl unautorisiert (siehe unten Nr 312. 329; und noch einmal gleich nach dem Tod des Verfassers in den Commentarien der Neuern Arzneykunde. Hrsg. von Christian Gottlob Hopf. 6. Bd, Tübingen: Verlag der Heerbrandischen Buchhandlung 1800, S. 263-299) wie auch autorisiert und weiterbearbeitet durch Soemmerring (Nr 347. 364. 382), ja sogar übersetzt (ins *Dänische*: Nr 342; ins *Schwedische*, der Version Nr 347 folgend: Nr 386).] [Jung 273].

†(c) S. 125-145: Auch unter den Hottentoten gibt es ganze Leute.

[Auszüge aus der Reisebeschreibung von F. LeVaillant, mit einigen Noten Lichtenbergs.] [Jung 274]

†(d) S. 146-158: Warnungs-Geschichte für Magnetisirer.
[„Frei übersetzt" aus der med. Diss. von Aug. Ferdinand Wolff: Analecta quae-
dam medica. Göttingen 1790.] [Jung 275]

(e) S. 158-186: Neue Entdeckungen, physikalische und andere Merkwürdig-
keiten.
[Weder Bezifferung noch Titel von Lichtenberg.] [Jung 276]
[(1) Abbt Hell hat drei Sternbilder benannt, zu Ehren Georgs III. und Herschels
S. 158-162. – (2) Herschels neue Entdeckungen zu Rotation und Trabanten des
Saturns S. 162f. – (3) Heberden ordnet Monate nach ihren Temperaturen
S. 163f. – (4) Leuchten verfaulter Kartoffeln, worüber Valmont de Bomare in der
Königlichen Gesellschaft zur Förderung des Ackerbaus vorgetragen habe S. 164-
167. – (5) Schiffsleutnant Riou lässt sein leckgeschlagenes Schiff evakuieren,
bringt es dann allein nach Kapstadt. Franklins Brief an Leroy: seine Meinung zu
ähnlichen Fällen S. 167-171. – (6) Capeller berichtet von einer Matrone in Lu-
zern 1582, die 14 verschiedene Tiere (Vögel und Säugetiere) friedlich aus einem
Topf fressen ließ S. 171f. – (7) Pommerelles habe bei Geburten einen Zusammenhang zwischen Breitengraden und Geschlechter- wie Größenverhältnissen erwiesen S. 172. – (8) Beispiel für Fleiß und äußerste Sparsamkeit bei ausgeprägter
Freigiebigkeit für Notleidende S. 172-174. – (9) Pictets neue Wärmeversuche
S. 174-177. – (10) Flintensteine, wie sie zu verfertigen seien S. 177-181. – (11)
Kels Entdeckung, faules Wasser trinkbar zu machen S. 181. – (12) Dess. bibliogr.
Entdeckung, dass schon 1725 Ätzen mit Flussspat in Glas bekannt war S. 181-
183. – (13) Papst Zacharias und die Antipoden S. 183f. – (14) Schrauben in In-
dien; Verfertigung und Entstehung des Linksgewindes S. 184f. –
Davon Nr 4 (S. 164-167; nun als „Leuchtende Kartoffeln") und Nr 5 (S. 167-171,
nun als „Lieutenant Riou") in ^{1}VS 5, S. S. 451-455. 455-461 (wiederholt ^{2}VS 6,
S. 217-219. 220-223); ferner Nr 6. 8. 13. (S. 171. 172-174. 183f.) unter „Merkwürdigkeiten" nur in ^{2}VS 6, S. 475f.]

(f) S. 187-192: Wohlfeiles Mittel, sich in Sommern, da, wie im vergangenen,
das Eis rar ist, kühles Getränke und Gefrorenes zu verschaffen.
[^{1}VS 5, S. 61-68. ^{2}VS 5, S. 367-371.] [Jung 277]

(g) S. 193-206: Erklärung Hogarthischer Kupferstiche. I) Das Hahnen-Gefecht.
[SK-Tagebuch, 19.6.1790: „Morgens den KK. [Königlichen] Printzen den Hogarth zu geschickt, nach der Castration" [entweder im unfertigen Nachstich
‚avant la lettre' oder im Erklärungs-Manuskript, zur Unterrichtung]; 4.8.1790:
„Riepenhaußen bringt mir die Kupfer zum Hogarth Cockpit."; 20.8.1790: „Das
Ende der Beschreibung der Hogarth. Kupfer in die Druckerey geschickt." – Im
Kalender mit 6 Kupfern. – Wiedergedruckt (mit Zusätzen des Herausgebers) in
der 8. Lieferung der Ausführlichen Erklärungen, Platte 45; danach ^{2}VS 12, S. 221-
238. – Nach dem GTC wieder in Lichtenbergs Hogarth 1999, S. 187-194. – Ein
„verschütteter Aphorismus" von S. 183f.: Gravenkamp, S. 93.] [Jung 278]

(h) S. 206-210: II) Finis.
[Mit 1 Kupferstich, Wiedergabe des ganzen Blattes in verkleinertem Maßstabe. –
Wiedergedruckt (mit Zusätzen des Herausgebers) in der 7. Lieferung der Ausführlichen Erklärung, Platte 44; danach ^{2}VS 12, S. 211-220 (hier Titel ergänzt:
„oder das Ende aller Dinge"). Nach dem GTC wieder in Lichtenbergs Hogarth
1999, S. 197-199.] [Jung 279]

†(i) S. 210-219: Erklärung der Monats-Kupfer.
[Siehe oben Chodowiecki nach: Karl IX oder die Bartholomäus-Nacht. Aus dem Französischen des Herrn [Marie Joseph] Chénier. Straßburg 1790. Verfasser der Beschreibung? – Dargestellt sind Momente aus den Tragödien-Szenen 1,2. 1,4. 2,2. 2,3. 3,1. 3,2. 4,5. 4,6. 4,6. 5,2. 5,3. 5,4. – Ein „verschütteter Aphorismus" von S. 212: Gravenkamp, S. 93 f.] [Jung 280]

308.   Almanac de Goettingue pour l'année 1791. [Göttingen] chez I.C. Dieterich [1790].
[Übersetzung des GTC durch Isaac Colom du Clos (vgl. Anm. 12).] (Nicht paginiert: 12 gezählte Modekupfer). – (Nicht paginiert:) Epoques de l'année 1791 (8 S.). – (Nicht paginiert: Kalendarium 12 x 4 = 48 S. und 12 gezählte Monatskupfer zu M.J. Chéniers „Charles IX, ou La Massacre de la Saint-Barthélemy").
p. 1: Manuel contenant diverses connaissances curieuses et utiles pour l'année 1791. Orné de taille-douces gravées par Chodowiecki, avec les modes les plus modernes des Dames, et des Cavaliers gravées en taille-douce. À Gottingue, chez Jean Chrêtien Dieterich. – p. 3: Jours de Naissance de la Maison Royale. – p. 4-80: Etat présent des Maisons Souveraines, et de celles des Princes les plus considérables de l'Europe.
p. 81-89: Dévotion du matin d'Amintor.
p. 90-126: Réflexions sur quelques devoirs importans par rapport aux yeux.
p. 126-144: Parmi les Hottentots il y a aussi de braves gens.
p. 145-157: Avertissement historique aux Magnétiseurs.
p. 157-185: Nouvelles découvertes, Curiosités, physiques & autres.
p. 186-192: Moyen de se procurer en Eté à peu de prix une boisson fraiche & et de la glace, quand elle est rare comme l'Eté passé.
p. 193-210: Explication des Estampes d'Hogarth. I) La lutte des Coqs. II) Finis. [Mit den Kupfern A-G.]
p. 210-220: Explication des tailles-douces de chaque mois.
p. 221-222: Comparaison de chaque Marc ou Livre du poids de l'or, de l'argent, de la monnoye, et du commerce de plusieurs lieux, par grains ou parties nommées as, poids de Troyes d'Hollande. – p. 223-224: Miles. – p. 225: Mesures des Grains en pouces cubes de Paris. – p. 225: Autres mesures des Solides. – p. 226: Monnoyes. – p. 227-229: Longitude et Latitude géographique de divers endroits. – p. 229-230: Table des Matieres. – p. 231: Avertissement. – p. 232: Addition. Avis au Relieur.

†309.   Gestrafte Vorsicht. [Derb-erotisches Scherzgedicht in vierhebigen Jamben mit wechselnden Kadenzen; Reimschema aabbacc.] In: [Gottfried August Bürger (Hrsg.):] Musen Almanach 1791. Göttingen, bei J.C. Dieterich [gestochener Titel; gedruckt:] Poetische Blumenlese, aufs Jahr 1791. Göttingen, bey Johann Christian Dieterich. [1790], S. 188.

[Gezeichnet: „***", eine Chiffre, die sonst nur im MA (1779 und 1780, siehe die Nr 91 und 106) von Lichtenberg verwendet wurde, mindestens einmal in Zusammenarbeit mit Bürger – deswegen bloß vermutungsweise bis zum Beweis einer anderen Autorschaft ihm zugewiesen.]

310. **London.** [Rezension über:] Jean André de Luc: Letter to Dr. James Hutton concerning the theory of rain. 1789. In: GGA 1790. 161 St. vom 9.10., S. 1613-1615.
[SK-Tagebuch, 2.9.1790: „Den Morgen an Heyne geschrieben die Rec. von De-Luc's Briefen geschickt". – Anonym gedruckt; Verfasserschaft bestimmt nach dem Göttinger Handexemplar der GGA (danach Hahn, S. 85; Guthke 1963, S. 338: Nr 38) bzw. dem Tübinger Handexemplar (Fambach 1976, S. 164).]
[Jung 270]

311. J.C.P. Erxlebens Begyndelsesgrunde til Naturlæren. Med VIII Kobbere. Oversat af C. Olufsen, Landmaaler. Kiøbenhavn: Trykt paa Gyldendals Forlag. 1790. 8 ungezeichnete S., 634 S., 31 unpaginierte S. 8 Falttafeln mit Kupferstichen.
[Titel S. [*1], Rückseite vacat; „Forerindring" des Übersetzers, gezeichnet „O.", auf unpaginierten S. [*3f.] des Titelbogens; „Indholt" S. [*5-8]. „Begyndelsesgrunde" S. 1-634. Register: 31 unpaginierte S.
(Kollationiert nach einem Exemplar im Besitz von Christoph Lichtenberg, Dortmund. Vgl. auch Beaucamp 1991, S. 224 mit sehr verkleinertem Titelblatt-Faksimile S. 228; Kanz 1998, S. 302-304 mit Hinweisen zur Art der Bearbeitung durch den Übersetzer; siehe unten. – Ersch 1791 bis 1795 Bd 2, 2. Hälfte. Weimar 1800, Nr X 67c, ergänzt noch (nicht nach dem Titelblatt, vermutlich also einem Katalog oder wahrscheinlicher der Rezension in „Efterredninger", s. u.): „efter d. 4. Af – Lichtenberg rett. Og forög. Udg." „43 B[ogen] 8. […] (1 R. 4 Mk.)" – und weist auf diese *Rezensionen:* ALZ 1794 Bd I. No 61 vom 21.2., Sp. 482f. (wiedergedruckt bei Kanz 1998, S. 303). – N.N., in: Nyeste Kiøbenhavnske Efterredninger om laerde Sager 1791, I. Bd, No. 9, S. 140-143 (hier heißt es: „paa Gyldendals Forlag: Trykt hos J.F. Morthorst"; „med 8 Kobbertavler"). – Kritik og Antikritik eller Anmeldelser ob Bedommelser af de nyeste indenlanske Skrifter. Udgiven af et Selskab. Ottende Hefte (15.3.-9.8.1791). Kiøbenhavn: Trykt hos Sebastian Popp of paa hans Forlag. Hierin: Nr 47 vom 2.8.1791, S. 740f.
Die „Anfangsgründe der Naturlehre" ins *Dänische* übersetzt durch Lichtenbergs Schüler, den Landvermesser Oluf Christian Olufsen (1763-1827), nach der 4. Auflage (der 2. Lichtenberg'schen) bei Dieterich 1787 (Nr 281). In einem neuen Vorwort – die Vorreden von Erxleben und Lichtenberg entfielen in seiner Ausgabe – erwähnt Olufsen die zahlreichen Zusätze von Lichtenberg; da sie aber seiner Meinung nach mit dem Text von Erxleben keine Einheit bildeten, änderte und gestaltete er das Werk um, indem er die Ergänzungen Lichtenbergs in seiner Übersetzung in den Text Erxlebens integrierte; Lichtenberg wird daher als Ko-Autor im Text nicht mehr im Einzelnen angezeigt. Auch die in allen Ausgaben Lichtenbergs mitgeteilte Kupfertafel der Luftpumpe Smeatons überging er.]

312. Vorschriften zur Erhaltung der Augen. Altona: Pinkvoß o. J. [1791?]. 16 S.
[Anonym gedruckt. – Offenbar unautorisierter Raubdruck nach dem GTC für
1791 (s. Nr 309b) – also nach Michaelis 1790 – im damals dänischen Staatsgebiet
gedruckt. Ein Exemplar dieses offenbar recht seltenen Drucks in der HAB Wol-
fenbüttel vorhanden (Sign.: Mo Kapsel 1:18).]

313. **Tübingen.** [Rezension über:] Marc Auguste Pictet: Versuch über das Feuer.
Aus dem Franz. v. M. J. Kapf. Tübingen 1791. In: GGA 1791. 13. St. vom
22.1., S. 128.
[SK-Tagebuch, 12.11.1790: „Uebersetzung von Pictet erhalten"; 27.12. „Ich die
deutsche Uebersetzung von Pictet recensirt".; Verfasserschaft bestimmt nach
dem Göttinger Handexemplar der GGA (danach Hahn, S. 85; Guthke 1963,
S. 338: Nr 39) bzw. dem Tübinger Handexemplar (Fambach 1976, S. 168).]
[Jung 282]

314. Herrn Prof. P.[ublicus Alexander Joseph] Hamiltons, Beschreibung der Wirkun-
gen des heftigen Gewitters, welches den 28sten May 1790, Abends gegen halb
8 Uhr, die Stadt Erfurt betroffen hat, nebst kurzer Erläuterung einer an diesem
Abend auf zwey Ackerstücken entstandenen sehr beträchtlichen Aushöhlung.
(Auszug eines Schreibens an Hrn. Hofrath Lichtenberg in Göttingen [vom 11.?
Dezember 1790]). In: Journal der Physik. Hrsg. von Friedrich Albert Carl Gren.
Jahr 1791. Leipzig bey Johann Ambrosius Barth. Des vierten Bandes zweytes
Heft, S. 163-171.
[Der Brief wird erwähnt in Hamiltons Schreiben an Lichtenberg vom 22. Januar
1791 (Bw 3, S. 837: Nr 1811) und erklärt es; datieren lässt er sich zumindest vermutungsweise nach dem SK-Tagebuch: Am 29.10.1790 notiert Lichtenberg die
offenbar erste Begegnung: „Den Morgen P. Hamilton aus Erfurt bey mir"; dann
am 5.12.1790: „An HE. Hamilton geschrieben"; vermutlich enthielt dieser Brief
die Aufforderung, den Sachverhalt schriftlich darzulegen; am 14.12.1790: „Brief
von Prof. Hamilton". Zwar an Lichtenberg gerichtet, kann die Publikation doch
nur von ihm veranlasst erfolgt sein. Der Brief ist von Joost kommentiert wiedergedruckt (mit anderen Nachträgen) als Bw Nr 1785 im Lichtenberg-Jahrbuch
2012, S. 202-207. Das betreffende Heft des Journals erschien vermutlich im 2.
Quartal 1791. – Gemäß BL 1982, S. 15: Nr 61 besaß Lichtenberg die Jahrgänge
1790-1797 (heute in der NsuUB Göttingen: 8 Phys math II 2260).]

315. [Vorlesungsankündigung Lichtenbergs zum Sommersemester 1791 (Beginn: 9.5.). Lateinisch im „Catalogus Praelectionum", datiert vom herausgebenden „Prorector Ioannes Stephanvs Pütter": „Martii XVI." [= 16.3.] 1791,
p. VI; deutsch in:] GGA 1791. 61. St. vom 16.4., S. 612.
[Regest mit deutschen und lateinischen Zitaten: Cardanus S. 64.]

316.   Anfangsgründe der Naturlehre. Entworfen von Johann Christian Polykarp Erxleben weil.[and] der Weltweish. D. und Prof. auf der Georg-August-Universität, der Königl. Societ. der Wissens. und des Königl. Instit.
der histor. Wiss. zu Göttingen, der Königl. Landwirthschaftsgesellsch. zu
Zelle und der Batav. Societ. der Experimentalphilos. zu Rotterdam Mitglied, der Berlin. Gesellsch. Naturforsch. Freunde Ehrenmitglied. Fünfte
Auflage. Mit Zusätzen von G. C. Lichtenberg. Königl. Großbrit. Hofr. und
Prof. zu Göttingen. Göttingen, bey Johann Christian Dieterich, 1791. LIX
+ [I] (enthält S. III-XII: die Widmungen, S. XIII-XX: Erxlebens beide Vorreden, S. XXI-XXVI: Lichtenbergs Vorreden zur 3.-5. Aufl., S. XLV-LIX: Beschreibung der Smeatonschen Luftpumpe, S. [LX]: Zusätze und Verbesserungen. 755 S., 29 unpaginierte S. [= 756-784] mit dem Register [von Johann
Philipp (von) Ro[h]de, bei dem sich Lichtenberg auf S. XXVIII (in der Vor-
rede zur hier wieder abgedruckten 4. Aufl.) bedankt], 1 unpag. Bl. „Nach-
trag zu den Verbesserungen [auf S. LXX]", „An der Erxlebenschen Physik
hinten anzuheften" (Rückseite vacat). 9 Falttafeln mit Kupferstichen.
[Vorrede S. XL datiert und gezeichnet: „Göttingen den 30. April 1791. G.C.L." –
Die dritte von Lichtenberg bearbeitete Ausgabe; zum Werk siehe oben 1784 Nr 245.
Der Preis betrug übrigens (lt. Ersch 1791 bis 1795 Bd 2, 2. Hälfte. Weimar 1800,
Nr X. 67b) „1 Rthlr 12 Groschen". – Sehr verkleinertes Titelblatt-Faksimile bei
Beaucamp 1991, S. 226. Die Vorrede ist nachgedruckt in VNat Bd 1, 2005, S. 885-
889. – Nichtautorisierte Nachdrucke siehe unten 1793: Nr 336. 1796: Nr 377. –
SK-Tagebuch, 1789 Innendeckel hinten enthält drei Notizen (überschrieben:
„Erxleb. Comp.") für die 5. Auflage; 12.7.1790: „Den Bogen B und C von Erx-
leben in die Druckerey"; 1791 Innendeckel vorn enthält ebenfalls drei physikali-
sche Notizen, vermutlich auch für die 5. Aufl.; 1791 Fliegendes Vorsatz hinten
verso: „Vorrede und Zusätze [zu Erxleben, 5. Aufl.]". – 11.1.1791: „Abends der
Factor wegen MS. gemahnt."; 17.1.1791: „Crawfords Theorie nach der Druckerey."; 18.1.1791: „Ende von Crawfords Theorie in die Druckerey."; 21.1.1791:
„Crawfords Theorie aus der Druckerey corrigirt."; 6.5.1791: „Das lezte zum
Compendio."; 31.5.1791: „Großes Billet an Kästner mit den Terzien Uhren und
dem neuen Compendio"; 3.7.1791: „Mein Compendium nach Gotha.";
13.7.1791: „Sonst viel Betrübniß über einige Ausdrücke im Compendio.";
14.7.1791: „Compendium an Girtanner."; 15.7.1791: „Briefe und Compendia an
Gren, Hindenburg, Gehler und Klügel."; 31.7.1791: „Furcht wegen meines
Compendii!!!"; 18.8.1791: Dieterich „hat Briefe aus Wien um 50 Ex. Erxleben";
9.9.1791: „Ein Exemplar von Erxleben an Feder." – Die Entstehung fiel in den
schweren Schub von Lichtenbergs Lungenerkrankung 1789/1790, daher ist an
dieser Auflage weniger verändert als an den anderen und zog sich der Druck
länger als ein halbes Jahr hin. –
Das durchschossene Handexemplar dieser Ausgabe, das Lichtenberg vielleicht
sogar gelegentlich an Hörer verliehen hat (SK-Tagebuch, 14.11.1793: „Herrn
Carl das Compendium geliehen"), ist früh verschollen (vgl. VNat Bd 1, 2005,
S. X bei Anm. 5). – Bei seinem Tod besaß Lichtenberg gemäß BL 1982, S. 77
Nr 393 nur mehr zwei Exemplare der 5. Ausgabe. – Zu einem hds. gewidmeten
Exemplar für den „Printzen Ernst August" (o.D., wohl Anfang Mai 1791) siehe
Bw 5,1, S. 286; es befindet sich inzwischen im Besitz des Museums Ober-Ram-

stadt. – Zum Exemplar aus dem Besitz von Gauß mit dessen hds. Notizen (heute in der Handschriftenabteilung der NsuUB Göttingen: Sign.: Gauß-Bibliothek) siehe Joost im Lichtenberg-Jahrbuch 1997, S. 245f.]

Rezensionen: [A. G. Kästner]: GGA 1791. 103. St. vom 27.6., S. 1033-1035. – N. N.: NLGA 1791, Nr 73 vom 12.9., S. 583. – N. N.: GGZ 1791, 94. St. vom 26.11., S. 900f. – Friedrich Albert Carl Gren: Journal der Physik Bd 4 (1791), H. 10, S. 142-145. – Hpm. [= Johann August Donndorf]: ADB, Bd 110, 1. St. (1792), S. 155f. – N. N.: Baldingers MJ 1792, 7. Bd, 28. St., S. 33.

[Jung 271]

317.   [Vorlesungsankündigung Lichtenbergs zum Wintersemester 1791/1792 (Beginn: 17.10.). Lateinisch im „Catalogus Praelectionum", datiert vom herausgebenden „Prorector Hern. Avg. Wrisberg": „Kal. Septembr." [= 1.9.] 1791, p. VI; deutsch in:] GGA 1791. 154. St. vom 24.9., S. 1546. 1548.

[Regest mit deutschen und lateinischen Zitaten: Cardanus S. 64.]

GTC für 1792

318.   GOETTINGER Taschen CALENDER Für das Jahr 1792. [Göttingen] bey Joh. Christ. Dieterich. [1791]. [Gestochener Kupfertitel: Apollo (wie GTC für 1791), gezeichnet: „D. Chodowiecki del."] 12 Modekupfer. (fast alle gezeichnet: „Riep. f."), (unpag. 56) S. Kalender, mit 6 Monatskupfern (D. Chodowiecki inv. Del.): (6 Blätter: Sechs „grosse Begebenheiten des vorletzten Deceniums", in allegorischen Bildern) [= Engelmann 1857, Nr 661 und Hirschs Korrektur. Bauer, Nr 1521-1526]. – [Zweiter Titel:] Taschenbuch zum Nutzen und Vergnügen fürs Jahr 1792. Mit Kupfern von Chodowiecki, nebst den neuesten Frauenzimmer- und Manns-Kleidungen in Kupfer. Göttingen, bey Johann Christian Dieterich. S. 3-80: Genealogisches Verzeichniß der vornehmsten jetzt lebenden hohen Personen in Europa; S. 81-213: [Kalender-Aufsätze, siehe unten]; S. 214f.: Vergleichung jeder Mark […] verschiedener Oerter […]; S. 216f.: Meilenmaaß; S. 218f.: Getreidemaaß; S. 219: Münzen; S. 220-222: Geographische Länge und Breite einiger Oerter; S. 222f.: Inhalt; S. [222]: [Buchhändlerische] Nachricht [des Verlegers Dieterich über Preise, Rabatte und Ausstattung des GTC]. Nachricht an den Buchbinder [Hogarth-Stiche betreffend].

[Zu diesem Jahrgang gibt es, heute in der Bodmeriana in Genf (von Bodmer 1936 erworben aus der Sammlung von Stefan Zweig), ein Schema bzw. Brouillon mit zu verwendenden Ideen (nur teilweise von Lichtenberg ausgearbeitet, v. a. unten Nr 318 (i): S. 195. 207f. 211) und Hinweisen auf Sudelbuchstellen. Als Faksimile mit Transkription und Einleitung publiziert von Otto Weber 1994: „Die Steckenpferde sind recht gute Pferde". Zugleich Jahresgabe der Lichtenberg-Gesellschaft 1994. Die Transkription (a. a. O. S. 4 und 7) enthält anderthalb Dutzend kleiner orthographischer oder morphologischer Versehen, die aber den Wortlaut alle nicht tangieren. Undatiert, wahrscheinlich aus dem Frühsommer 1791. – SK-Tagebuch,

2.7.1791: „Morgens Riepenhaußen bey mir wegen der Calender Kupfer.";
23.7.1791: „Den Nachmittag zum erstenmal die Feder zum Calender angesezt";
26.7.1791: „Den Morgen um 6 das erste Mss. zum Calender in die Druckerey.";
28.7.1791: „Den ersten Calender Bogen zur Correktur (NB 9 ½ Folio Seiten meines
Mss. machten den Bogen aus.)"; 30.7.1791: „Mspt. bis 21 fol. Seite."; 15.8.1791:
„Riepenhaußen mir den Hogarth [= Kupferstiche gebracht]"; 19.8.1791: „Neue
Verbesserungen in die Druckerey"; 20.8.1791: „ich und der kl. Junge mit dem Hogarth im Regen, in der großen Kutsche nach dem Garten"; 21.8.1791: „Ich am Hogarth angefangen zu erklären"; 21.8.1791: „Viel Hogarth und gut."; 31.8.1791: „Calender zu Ende"; 7.10. 1791: „Brief an Kästner wegen der Druckfehler im Calender"
[= Bw 3, S. 961: Nr 1937: vier auf den Seiten 192. 174. 212. 213]; 14.10.1791: „HE.
v. Stackelberg schreibt sich auf und fragt nach dem Calender Räthsel."; 30.10.1791:
„An Kant geschrieben, und ihm und Dr Jachmann Calender geschickt."; 14.11.1791:
„An Wendt Calender geschickt"; 29.11.1791: „Brief an meinen Vetter [F. A. Lich-
tenberg] nebst Calendern"; 18.12.1791: „Wildts Auflösung des Räthsels!!";
3.1.1792: „Calender Recension in der Litt. Zeitung" [siehe unten ALZ]; 25.2.1792:
„Nachmittags HE. Balser bey mir Auflösung des Räthsels an ihn."; 28.2.1792:
„Balsers Zweifel gegen die Auflösung des Räthsels."; 16.3.1792: „Räthselauflösung
an Feder." – Aus dem „Roten Buch" (siehe Siglenverzeichnis und zu Nr 181) flie-
ßen 30 hds. Notizen in diesen Jg ein. – Lit.: Lauchert S. 125-128; Grisebach 1913,
S. 368: Nr 1515; Köhring S. 155; Lancoronska/Rümann. S. 15; Jung 284-292. –
Gumbert-Auktion 1985, Nr 2600. – Zum GTC allgemein vgl. Anm. 11.]
Rezensionen: [A. G. Kästner]: GGA 1791, 173. St. vom 29.10., S. 1729-1731. –
N. N.: NLGA 1791, Nr 91 vom 14.11., S. 725 f. – N. N.: ALZ 1791, Nr 343 vom
26.12., Sp. 628-630 (vgl. oben SK-Tagebuch, 3.1.1792).

(a) S. 81-116: Einige Neuigkeiten vom Himmel.

[Wiedergedruckt ¹VS 6, S. 416-462. – Ein „verschütteter Aphorismus" von S. 86:
Gravenkamp, S. 94.] [Jung 284]

†(b) S. 116-128: Ueber die Tactik der Thiere.

[Verfasser: F. Meyer; in VS nicht wiedergedruckt.]

(c) S. 128-136: Bedlam für Meinungen und Erfindungen.

[Kriterien der Aufnahme S. 130 f.; Insassen sind: 1) Abbé Perisset S. 131 f. – 2)
zwei Gegner des kopernikanischen Systems, ein „noch" ungenannter Deutscher
und der Engländer Cunningham S. 132 f. – 3) J. H. B. de St. Pierre S. 133 f. – 4)
Herrn Carta's Agent S. 134 f. – 5) Charles Rabiqueau S. 135 f. – 6) Carra S. 136. –
SK-Tagebuch, 2.8.1791. „Bedlam geschrieben". – ¹VS 5, S. 69-80. ²VS 5, S. 372-
378. Mit weiteren Materialien, eingehender Einführung und Kommentierung
hrsg. von Joost im Lichtenberg-Jahrbuch 2022, S. 103-124.] [Jung 285]

†(d) S. 137-145: Von der Aeolus-Harfe.

[SK-Tagebuch, 26.3.1791: „Blumenbach über die Aeolian Harp.". Demnach über-
sandte J. F. Blumenbach entweder einen von ihm verfassten Artikel oder grund-
legende Informationen und ist mehr als *möglicherweise* der Autor, wie in Bw 3,
S. 447 Anm. 1 zu: Nr 1549, vor allem Bw 3, S. 866 Anm. 3 zu: Nr 1844 angenommen wird, sondern wenigstens *Koautor*. Die Formulierung in Brief und Tagebuch
roburieren diese Annahme, auch insofern, als Lichtenberg die Hauptquelle
(Jones: „Physiological disquisitions" 1781) daher im März 1791 noch ganz unbekannt war und er sie sich nun erst (sogar zurückhaltend) von Blumenbach erbat.
Seltsam, dass Leitzmann 1921, S. 114 wieder eine fremde Autorschaft nichteinmal

in Betracht zieht. Indessen dürfte der jetzige Text zumindest von Lichtenberg stilistisch bearbeitet worden sein. Vgl. Kroke Nr 1024. – Anders als bei den früheren Kalenderaufsätzen scheint Blumenbach aber die Verfasserschaft nicht beansprucht zu haben, daher ist der Aufsatz wiedergedruckt [1]VS 5, S. 81-92. [2]VS 6, S. 3-10. Dann mit eingehendem Kommentar von W. Promies, der indessen nicht an Lichtenbergs Autorschaft zweifelt, im Lichtenberg-Jahrbuch 2000, S. 19-25.] [Jung 286]

(e) S. 146-149: Erfindung neuer Kartoffeln.
[In VS nicht wiedergedruckt.] [Jung 287]

(f) S. 150-159: Nachtrag zu den kurzen Erklärungen einiger phys. und mathem. Instrumente, die sich in meter endigen. (S. das Taschenbuch [= GTC] für 1784, S. 73 &c.)
[[1]VS 6, S. 291-304.] [Jung 288]

(g) S. 160-164: Von einigen Verbesserungen der Harmonica.
[Zu Quandt sowie Chladnis Euphon. In VS nicht wiedergedruckt.] [Jung 289]

(h) S. 165-168: Miscellaneen.
[Bezifferung und Titel von Lichtenberg.] [Jung 290]
1) Merkwürdige Wirkung des Blitzes. S. 165-168
[In VS nicht wiedergedruckt.]
2) Wie weit manche Vögel zählen können. S. 168-171
[[1]VS 5, S. 461-465. [2]VS 6, S. 224-226.]
3) Cagliostro. S. 171-175
[[2]VS 6, S. 442-444. Nicht in [1]VS.]
4) Auch einmahl ein Räthsel. S. 176-177
[In VS nicht wiedergedruckt.]
5) Ein Paar neue Schlüsse aus alten Londonschen Mortalitätstabellen. S. 177-178
[[2]VS 6, S. 445. Nicht in [1]VS. – Zwei „verschüttete Aphorismen" von S. 177 f.: Gravenkamp, S. 94.]
6) Was vermag Electricität nicht? S. 179-181
[[1]VS 6, S. 471-473.]
7) Hr. de la Peyrouse und seine Uhr. S. 181-182
[Über Jean-François de Galaup La Pérouse. – In VS nicht wiedergedruckt.]
8) Ein Paar Worte von unsrer Atmosphäre. S. 182-184
[[1]VS 6, S. 474-476]

(i) S. 185-211: Erklärung Hogarthischer Kupferstiche. Die Folgen der Emsigkeit und des Müssiggangs. (In zwölf Blättern.)
[SK-Tagebuch, 15.8.1791: „Riepenhaußen mir den Hogarth." 20.8.1791: „Um 6 Uhr fahren Dieterich, ich und der kl. Junge mit dem Hogarth im Regen, in der großen Kutsche nach dem Garten". 21.8.1791: „Ich am Hogarth angefangen zu erklären". 28.8.1791: „Viel Hogarth und gut." – Ein Blatt mit handschriftlichen Notizen für diesen Kalenderartikel ist oben S. 203 eingehend charakterisiert: „Die Steckenpferde sind recht gute Pferde. Ein Lichtenberg-Manuskript aus der Sammlung Stefan Zweig." – Die erste Hälfte dieses Artikels ist noch von Lichtenberg vollständig umgearbeitet worden für die 5. Lieferung der „Ausführli-

chen Erklärung" (1799 = Nr 402), der letzten von L. selbst veranstalteten: Platte
33-38; danach ²VS 11, S. 1-164. Die nur sehr knappen Erläuterungen im Kalen-
der sind dabei sehr erweitert worden; doch ist die Einleitung, von Einschaltun-,
gen abgesehen, ziemlich wörtlich wiederholt, ebenso sonst einzelne ausgeführte
Züge. Die Erklärungen zur 2. Hälfte sind in der 6. Lieferung der „Ausführlichen
Erklärung" ergänzt und erweitert aus dem Kalender abgedruckt. – Nach der
GTC-Version wieder in Lichtenbergs Hogarth 1999, S. 200-131. Vgl. auch Joost/
Unverfehrt S. 74 Nr 31, Abb. S. 75.] [Jung 291]

(j)   S. 211-213: Kurze Erklärung der Monatskupfer.
[Von Chodowiecki (siehe oben): Sechs bedeutende Ereignisse des vorletzten De-
cenniums: Die Erklärungen, die vermutlich von Lichtenberg stammen, aber in
anderer Reihenfolge (4.5.6.1.2.3) bzw. Numerierung als die Blattzeichnungen: 1:
„Kayser Leopolds sanfte wieder Eroberung seiner Balgischen[!] Staaten"; 2: „Auf-
klärung" [Dies Blatt und Lichtenbergs Erläuterung (S. 212 f.) diente allen zehn
Heften der Zeitschrift „Photorin" als Umschlagillustration beziehungsweise
Rückendeckeltext]; 3: „Toleranz" [Die aufgeklärte Weisheit, in der Gestalt der
Minerva, nimmt die Bekenner aller Religionen in ihren Schutz]; 4: „Der Fürsten-
bund" [Friedrich II. bietet den Kurfürsten und Herzögen die Hand über dem
Altar der Eingikeit. Alle sind in römischer Tracht.]; 5: „Der Todt Friedrich des
Zweyten" [1786]; 6: „Die Französische Constitution" [Die Freiheit triumphiert
über Tyrannen. – Zwei „verschüttete Aphorismen" von S. 211-213 (Einleitung
und Nr 2): Gravenkamp, S. 94 f.] [Jung 292]

319.   Almanac de Goettingue pour l'année 1792. [Göttingen] chéz I. C. Dieterich [1791].
[Übersetzung des GTC durch Isaac Colom du Clos (vgl. Anm. 12).] (Nicht
paginiert: 12 Kupfer mit Damen- und Herren-Moden). – (Nicht paginiert:)
Epoques de l'année 1792. (8 S.) – (Nicht paginiert: Kalendarium 12 x 4 = 48
S. und 6 gezählte Monatskupfer zu unterschiedlichen Themen).
p. 1: Manuel contenant diverses connaissances curieuses et utiles pour l'année 1792. Orné de taille-douces gravées par Chodowiecki, avec les modes les
plus modernes des Dames, et des Cavaliers gravées en taille-douce. À Gottingue, chez Jean Chrêtien Dieterich. – p. 3: Jours de Naissance de la Maison
Royale. – p. 4-82: Etat présent des Maisons Souveraines, & de celles des
Princes les plus considérables de l'Europe.
p. 83-119: Quelques Nouvelles du Ciel.
p. 119-131: De la Tactique des Animaux.
p. 131-140: Bedlam pour les opinions & les inventions.
p. 140-148: De la Harpe d'Eole.
p. 148-152: Inventions de nouvelles pommes de terre.
p. 152-162: Addition aux courtes descriptions de quelques instrumens de physique & de mathematique, qui se terminent en metre. (V. Almanac de poche de
1784. P. 73. &c.)
p. 162-167: De quelques nouvelles améliorations de l'Harmonica.
p. 167-184: Mêlanges. 1) Effet remarquable de la foudre. – 2) Jusqu'où certains
oiseaux peuvent compter. – 3) Cagliostro. – 4) Voyons aussi une Enigme. – 5)

Une couple de nouvelles conclusions tirées d'anciennes tablettes de mortalité de Londres. – 6) Que ne peut effectuer l'électricité? – 7) Mr. de la Peyrouse & sa pendule. – 8) Quelques mots sur notre Atmosphere.
p. 184-209: Explication des Estampes d'Hogarth. Les suites de l'industrie & de l'oisiveté. (en douze feuilles.) [Mit den Kupfern A, B, C, D, E, F, G, H, I, K, L, M.]
p. 209-212: Courte explication des tailles-douces pour les moins. 1) L'association des Princes. – 2) La mort de Frederic second. – 3) La nouvelle constitution française. – 4) Les Etats des Pays-bas autrichiens reconquis avec douceur par Leopold II. – 5) L'éclaircissement de la Raison. – 6) La Tolérance.
p. 213-214: Comparaison de chaque Marc ou Livre du poids de l'or, de l'argent, de la monnoye, et du commerce de plusieurs lieux, par grains ou parties nommées as, poids de Troyes d'Hollande. – p. 215-216: Miles. – p. 217: Mesures des Grains en pouces cubes de Paris. – p. 217: Autres mesures des Solides. – p. 218: Monnoyes. – p. 219-221: Longitude et Latitude géographique de divers endroits. – p. 222-223: Table des Matieres. – p. 224: Avertissement. – p. 224: Avis au Relieur.

†320.   **Göttingen.** [Gutachten über die nicht gekrönte Antwort auf die zwei Jahre zuvor offenbar von A. G. Kästner gestellte Preisaufgabe der Sozietät der Wissenschaften für den November 1791: „Was für ein Verhalten ist bey schiefem Widerstande und Stoße, zwischen der Größe desselben und deren Neigungswinkel? Wie findet man den Widerstand auf krummen Flächen?" In: GGA 1791. 198. St. vom 10.12., S. 1979-1985.
[Anonym gedruckt; Verfasserschaft bestimmt nach Lichtenbergs Tagebuch, woraus zumindest eine Mitautorschaft Lichtenbergs mit Kästner beim Gutachten hervorgeht; SK-Tagebuch, 25.9.1791: „Kästner schickt die Preiß Abhandlung."; 19.10.1791: „Preißschrifft beurtheilt."; 21.10.1791: „meine Beurtheilung der Preißschrifft an Kästner". Das Göttinger wie auch das Tübinger Handexemplar der GGA (Fambach 1976, S. 151) melden als Verfasser nur Heyne (danach Hahn, Guthke 1963 und daher Jung 1972 kennen den Artikel folglich nicht – siehe oben Anm. 15), der allerdings als Sekretar der Sozietät die betreffende Sitzung zu leiten hatte und deshalb den ausführlichen Bericht zeichnete, aber der Verfasser dieser Beurteilung qua Amt und Kompetenz gar nicht sein könnte. – Die von Kästner gestellte Aufgabe (in den GGA 1789, 28. St. vom 16.2., S. 274f.) wurde mangels befriedigender Lösungseinsendungen unverändert wiederholt in den GGA 1789, 200. St. vom 14.12., S. 2003-2005 und ein Jahr später 1790, S. 1984.]

321.   Beobachtung eines schönen Meteors. In: Neues Hannoverisches Magazin 1. Jg (1791), 102. St. vom 23.12., Sp. 1625-1632.
[Gezeichnet Sp. 1629 (vor der „Nachschrift": „Göttingen. J.[!] C. Lichtenberg."; datiert Sp. 1631/1632: „den 15. Nov. L." – SK-Tagebuch, 13.11.1791: „Aufsatz über das Phänomen"; 14.11.1791: „An Wendt Calender geschickt."; 14.11.1791: „Brief an meinen Vetter nebst Calendern". – Wiedergedruckt im Bw 3, S. 982-985: Nr 1966.]

[Jung 281]

1792

322. Schreiben des Herrn Hofr. Lichtenberg an den Herausgeber des neuen Hannoverischen Magazins [= Klockenbring. Enthält einen Bericht über vier Mitteilungen, die Lichtenberg aufgrund seines Aufsatzes „Beobachtung eines schönen Meteors" zugegangen waren.] In: Neues Hannoverisches Magazin 2 (1792), 16. St. vom 24.2., Sp. 241-244.
[Wiedergedruckt ^{1}VS 8, S. 68-72 (nicht in ^{2}VS), dann wieder im Bw 3, S. 1029 f.: Nr 2014. – Der darin eingelegte Brief des Astronomen Johann Hieronymus Schroeter ist im N. Hann. Magazin anschließend (Sp. 243-250; auch in ^{1}VS 8, S. 72-84) vollständig mitgeteilt; auch wieder im Bw 3, S. 1020-1023: Nr 2000. Dort ist ein Druckfehler in Lichtenbergs letzter Anm. („1754") zu 1757 korrigiert.
SK-Tagebuch, 11.1.1792: „Brief von Kästner über das Meteor"; 23.1.1792: „Brief an Klockenbring mit der Abhandlung von Schröter"; 26.1.1792: „Brief an Klockenbring geschrieben und den Brief vergessen wegzuschicken. Finde das verlorne Konzept wieder."; 28.1.1792: „Brief von Klockenbring mit Kästners Mspt zurück."; 30.1.1792: „Brief an Sekr. Wolff und Klockenbring".]
[Jung 293]

323. **Göttingen.** [Preisaufgabe der mathematischen Klasse der Sozietät der Wissenschaften für November 1794, lateinisch und deutsch, betreffend „die Lehre von der Zusammensetzung des Wassers zur Widerlegung oder Bestätigung derselben"]. In: GGA 1792. 37. St. vom 5.3., S. 361-366.
[SK-Tagebuch, 5.10. 1791: „Ich schreibe an den Preißfragen"; 6.10. 1791: „13 Preißfragen an Kästner"; 10.10.1791: „Kästner schickt die Preißfragen wieder"; 5.11. 1791: „An HofR. Kästner über Preißfragen"; 6.11. 1791: „Brief von Kästner mit den Fragen"; 31.12.1791: „Ich wegen der Societäts Fragen unruhig *und* leer beschäfftigt"; 3.1.1792: „Sehr misvergnügt, ich weiß selbst nicht warum. Die xxx [≈ ärgerlichen] Preißfragen. Lion^{91} heißt auch ignorance!!."; 5.1.1792: „Morgens viel an den Preißfragen geschrieben"; 11.1.1792: „Brief von Kästner [...] über die Preißfragen."; 24.1.1792: „Den Bogen Mspt zu den Preißfragen verlohren!"; 25.1.1792: „Societätsfragen an Kästner."; 26.1.1792: „Finde das verlohrne Concept wieder." 7.2.1792: „An der deutschen Uebersetzung der Fragen für die Societät."; 28.2.1792: „Dr Meier bey mir dabey von der Preißfrage gesprochen. Abends Correctur der Preißfragen noch im Bette erhalten."; 29.2.1792: „An Heynen die Correktur, worin die beyden Preißfragen aus Versehen stehen, gesandt.". – Anonym gedruckt; Verfasserschaft bestimmt nach dem Göttinger Handexemplar der GGA (danach Hahn, S. 85; Guthke 1963, S. 338: Nr 40) bzw. dem Tübinger Handexemplar (Fambach 1976, S. 176). – Die deutsche Fassung wiedergedruckt bei Hahn, S. 77-79. Lichtenbergs Entwurfs-Manuskript der Vorschläge zu beiden Aufgaben, lateinisch und deutsch, im Akademie-Archiv Göttingen, Scient 182, 1 Nr 30; die 2. Aufgabe, datiert 8.2.1792, abgedruckt in den Anm. zu Bw 3, 1049 f.: Nr 2031. – „Gleichwohl ist keine Beantwortung eingegangen" (GGA 1794, 200. St. vom 15.12., S. 2002). Anonym; im Göttinger Handexemplar der GGA auf S. 361 gezeichnet: „Heyne [als dem Sekretar der

---

91 Lichtenberg durchstreicht hier das i (statt des o); ähnlich auch am 27.2.1792.

Sozietät und Überwacher des Lateinischen; siehe oben Anm. 15] / Lichtenberg". Lichtenbergs Verfasserschaft bestimmt nach seinem Brief an Kästner, [6.10. 1791] (Bw 3, S. 957-959: Nr 1936), und an C. G. Heyne, 29.2.1792 (Bw 3, S. 1048: Nr 2031); der lateinische Text dort, GGA S. 361-363, ist vor dem Druck von Heyne überarbeitet; vgl. Heynes Antwort Nr 2032. – Wie sonst auch öfter, wurde die Aufgabe mangels befriedigender Lösungsangebote mit den Preisaufgaben der anderen Klassen in Kürzestfassung (ohne jede Erläuterung) ein Vierteljahr später (anonym, von Heyne) wiederholt (GGA 1792, 120. St. vom 28.7., S. 1195); dann im Dezember noch einmal in der Langfassung (Nr 335).

[Jung 296]

324.   [Vorlesungsankündigung Lichtenbergs zum Sommersemester 1792 (Beginn: 23.4.). Lateinisch im „Catalogus Praelectionum", datiert vom herausgebenden „Prorector Lvidervs Kvlenkamp": „II. Mart." [= 2.3.] 1792, p. VI; deutsch in:] GGA 1792. 51. St. vom 31.3., S. 508.
       [Regest mit deutschen und lateinischen Zitaten: Cardanus S. 65.]

325.   8. Fragment aus dem Briefe einer Kammerjungfer. In: Vade Mecum für lustige Leute. Th. 10, Berlin: [Nicolai] 1792, S. 7.
       [Anonym gedruckt. – Bloßes Plagiat (unter Verwendung zweier Witze vom Schluss des „Orbis pictus. Erste Fortsetzung" (Nr 252): „statt **Kniee** schreiben die meisten **Keine**"; „dankte Gott alle Morgen auf den Knien (vermuthlich auf den Keinen) dafür, daß er sie zur Atheistin habe werden lassen").]

326.   Gnädigstes Sendschreiben der Erde an den Mond. In: Johann Christoph König: Praktisches Handbuch des deutschen Styles. Bd 1, Nürnberg und Altdorf: Monath- und Kußlerische Buchhandlung 1792, S. 237-254.
       [Als 27. und letztes der „Beyspiele des Brief-Styles". Jedenfalls unautorisierter Nachdruck von Nr 142.]
       Rezension von [Karl Reinhard] in den GGA 1792, 130. St. vom 16.8., S. 1299-1304; unser Text dort erwähnt und launig kommentiert S. 1302.

327.   51. Wer lügen will, muß recht lügen. Auf Verlangen dritte Auflage. Avertissement. In: (Simon Ratzeberger d. Jüngere [d. i. August Mylius und Friedrich Nicolai]) (Hrsg.): Vade Mecum für lustige Leute. 10. Theil, Berlin: [Nicolai] 1792, S. 50-54.
       [Anonym gedruckt. – Unautorisiert nach Nr 61, wahrscheinlich der 3. Auflage (siehe dort): Der Text des Avertissements gegen Philadelphia (beginnt im Vade mecum S. 51) ist dort gezeichnet und datiert: „**, den 13ten Jenner, 1777".]

328.   [Vorlesungsankündigung Lichtenbergs zum Wintersemester 1792/1793 (Beginn: 14.10.). Lateinisch im „Catalogus Praelectionum", datiert vom herausgebenden „Prorector Theop. Iac. Planck": „Kal. Sept." [= 1.9.] 1792, p. VI; deutsch in:] GGA 1792. 152. St. vom 22.9., S. 1522. 1524.
       [Regest mit deutschen und lateinischen Zitaten: Cardanus S. 65.]

329.   Ueber einige wichtige Pflichten gegen die Augen. Wien: Hörling 1792.
       61 S.

[Unrechtmäßiger Nachdruck von Nr 307 (b), s.d.]

Rezensionen: Eb [= G.A. Gramberg]: NADB, Bd 6, 2. St. (1793), S. 578-580. –
N.N.: MZ, 1. Bd 1794, Nr 25, 27.3.1794, S. 445-447.

[Jung 283]

GTC für 1793

330.   GOETTINGER Taschen CALENDER für das Jahr 1793. [Göttingen] bey Joh.
       Christ. Dieterich [1792]. [Gestochener Kupfertitel: Apollo (wie GTC für
       1791), ungezeichnet, aber Chodowiecki delineavit] 12 Modekupfer, teilweise
       gezeichnet „Riepenh. f." (Nr 4. 5.), „Riep." (9), „Rieph." (6), „E. Riepen-
       haus" (7). (58 unpag.) S. (A-E1) Kalendarium, mit 6 Kupfern [nur das
       1. Gez:] „D. Chodowiecki del. et sc." (Begebenheiten aus der neueren Zeit-
       geschichte) [= Engelmann 1857, Nr 686 und Hirschs Korrektur. Bauer,
       Nr 1581-1586. – [Zweiter Titel, = S. 1]: Taschenbuch zum Nutzen und
       Vergnügen fürs Jahr 1793. Mit Kupfern von Chodowiecky, nebst den neu-
       esten Frauenzimmer- und Manns-Kleidungen, in Kupfer. Göttingen bey
       Johann Christian Dieterich. S. 2 vacat, S. 3: Geburtstage des Kön. Groß-
       brittanisch. Chur-Braunschweig-Lüneburgischen Hauses; S. 4-78: Genea-
       logisches Verzeichniß der vornehmsten jetzt lebenden hohen Personen in
       Europa; S. 79-201: [Kalender-Aufsätze, siehe unten]; S. 202-210: Verglei-
       chung jeder Mark &c. (202); Meilenmaaß (204); Getraidemaaß (206); Mün-
       zen (207); Geogr. Länge und Breite einiger Oerter (208); S. 210f.: Inhalt;
       S. [212]: [Buchhändlerische] Nachricht [des Verlegers Dieterich über
       Preise, Rabatte und Ausstattung des GTC]. – Nachricht an den Buchbin-
       der. [Auf dem letzten Blatt des Halbbogens (unpag.) S. [213f.]: „Joh. Chr.
       Dieterich's neue Verlagsbücher."
       [Um ca. 20% vergrößertes Faksimile (davon nur: unpag. Mode- und Monats-
       kupfer samt Beschreibung, Zeitrechnung und Kalendarium (Genealogie ist fort-
       gelassen) sowie Taschenbuch zum Nutzen und Vergnügen für 1793: S. 79-214.
       Mit einem Nachwort von Horst Gravenkamp (26 unpaginierte Seiten). Mainz:
       Dieterich'sche Verlagsbuchhandlung 1990. – Kupfertitel-Faksimile: Wagnis
       1992, S. 196: Nr 374. –
       SK-Tagebuch, 10.7.1792: „Schreibe am Calender"; 14.7.1792: „Abends viel Wein
       und am Seebad geschrieben"; 15.7.1792: „Nachmittag viel am Calender geschrie-
       ben vom Seebad"; 29.7.1792: „Den 2ten Bogen zum Calender corrigirt"; 23.8.1792:
       „Morgens Schrecken wegen des 29ten Febr. Es war aber Panisch!! leider nicht so
       {r}echt !!; 2.9.1792: „Calender geendigt. 87. Fol. Seiten Mspt."; 6.10. 1792:
       „Abends den ärgerlichen Schreibfehler im Calender."; 2.2.1793: „Calender an
       meinen Vetter [F.A. Lichtenberg]". – Aus dem „Roten Buch" (siehe Siglenver-
       zeichnis und zu Nr 181) fließen 28 hds. Notizen in diesen Jg ein. – Lit.: Lauchert
       S. 129-134; Köhring S. 155; Lanckoronska/Rümann S. 15; Jung 297-305; Engel-

mann 1857, Nr 686; Bauer, Nr 1581-1586; VD18 90246020. – Gumbert-Auktion 1985, Nr 2601. – Zum GTC allgemein vgl. Anm. 11.]
Rezensionen: [A. G. Kästner]: GGA 1792, 174. St. vom 1.11., S. 1737-1739. – N. N.: NLGA 1793, 1. Beilage zum 1.1., S. 5 f. – N. N.: TGA 1793, 18. St. vom 28.2., S. 137-140. – N. N.: ALZ 1793, Nr 182 vom 22.6., Sp. 718 f. – (N. N.: MJ 1793, 8. Bd, 31. St., S. 12). – N. N.: RML (1792-1794), S. 227-228. (Lichtenbergs „Seebad"-Aufsatz).

(a) S. 79-92: Neuigkeiten vom Himmel.
[¹VS 7, S. 3-19.] [Jung 297]

(b) S. 92-109: Warum hat Deutschland noch kein großes öffentliches Seebad?
[Jung 298]
[SK-Tagebuch, 14.7.1792: „Abends viel Wein und am Seebad geschrieben"; 15.7.1792: „Nachmittag viel am Calender geschrieben vom Seebad.". – Gleich nach Erscheinen des GTC wohl unautorisiert nachgedruckt; siehe Nr 332. – Wiedergedruckt ¹VS 5, S. 93-115. ²VS 6, S. 11-23. GW 2, S. 390-399. SB 3, S. 95-102.]

(c) S. 110-119: Trostgründe für die Unglücklichen, die am 29ten Februar geboren sind.
[SK-Tagebuch, 23.8.1792: „Morgens Schrecken wegen des 29ten Febr. Es war aber Panisch ! !". – Wiedergedruckt ¹VS 5, S. 116-129. ²VS 6, S. 24-31. GW 2, S. 400-409. – Ein „verschütteter Aphorismus" von S. 119: Gravenkamp, S. 95.] [Jung 299]

(d) S. 120-122: Auflösung des im Taschencalender vom vorigen Jahre S. 176 aufgegebenen Räthsels.
[In VS nicht wiedergedruckt.] [Jung 300]

(e) S. 122-164: Miscellaneen.
[Bezifferung und Titel von Lichtenberg.] [Jung 301]
1) Steigender Luxus unter den Heiligen. S. 122-123
[²VS 6, S. 476 f. Nicht in ¹VS.]
2) Von einer in dieser Caffeezeit seltenen weiblichen Erscheinung. S. 123-128
[Wiedergedruckt ¹VS 5, S. 465-472. ²VS 6, S. 227-230. – Ein „verschütteter Aphorismus" von S. 123 f.: Gravenkamp, S. 95 f.]
3) Wie man in diesem Jahre den Georgs-Planeten (Uranus) ohne viele Mühe finden kann. S. 129-135
[In VS nicht wiedergedruckt. – Ein „verschütteter Aphorismus" von S. 135: Gravenkamp, S. 96.]
4) Ein Compliment dergleichen wenige gemacht werden. S. 136
[Anekdote über Fontenelle, schon knapp in J 465. In VS nicht wiedergedruckt.]
5) Hupazoli und Cornaro, oder: Thue es ihnen nach wer kann. S. 137-143
[¹VS 5, S. 472-480. ²VS 6, S. 231-236. GW 2, S. 406-409. SB 3, S. 485-487.]
†6) Etwas aus dem Innern von Africa. S. 143-146.
[Von Lichtenberg übersetzt „Aus dem Briefe eines englischen Gelehrten", 3.8. 1792: von J. Planta? – S. 145 eine Anmerkung, gez. „L.".]
7) Vom Würfel. S. 146-149
[¹VS 5, S. 481-485. ²VS 6, S. 237-239.]
8) Einige physikalische Merkwürdigkeiten. S. 149-164
[Bezifferung von Lichtenberg, nicht aber die Titel:]

1) Fliegen in Madeira ertränkt. S. 149-151. – 2) Bennets Versuch mit Kreuzspinnen. S. 151. – 3) Ingenhousz über Wachstum der Pflanzen. S. 151 f. – 4) Berthollets Neutralsalz. S. 152 f. [siehe unten zum GTC für 1794, S. 167.] – 5) Thomas Wedgwood über Theorie des Lichts. S. 153 f. – 6) Donner auf Noten zu setzen. S. 154-156. – 7) Lentin über Leinwandbleichen mit Chlor. S. 156-158. [Aus einem Brief von Ludwig Lentin aus der 1. in die 3. Pers. umgeschrieben; vgl. Bw 3, S. 1136 f.: Nr 2119.] – 8) Von Maculaturbleichen. S. 158-160. – 9) (briefliche) Nachricht von Johann Gottlieb Friedrich Schrader über ein Teleskop Schroeters zu Lilienthal. S. 160-162. [Vgl. Bw 3, S. 1138 f.: Nr 2124.]. – 10) Casbois' Neues Hygrometer. S. 162-164. – Davon sind wiedergedruckt die Nummern 1) S. 149-151 unter dem Titel: „Fliegen in Madeira ertränkt", in ¹VS 6, S. 476-478; Nr 4) im Lichtenberg-Jahrbuch 2008, S. 178; Nr 6) S. 154-156 unter dem Titel: „Vorschlag den Donner auf Noten zu setzen", in ¹VS 6, S. 478-480; Nr 8) S. 158-160 unter dem Titel: „Von Maculaturbleichen", in ¹VS 5, S. 485-487. ²VS 6, S. 240 f.; mit geändertem Anfang; der originale Schluss von 7 bzw. Anfang von 8 bei Lauchert S. 13. – Nr 10); S. 162-164 unter dem Titel: „Neues Hygrometer" in ¹VS 7, S. 339-342.

(f) S. 165-173: Erklärung Hogarthischer Kupferstiche. (Columbus breaking the Egg). Eigentlich, Columbus wie er ein Ey auf die Spitze stellt.
[Im Kalender mit dem ganzen Kupfer in verkleinerter Nachbildung. – Dann in der 8. Lieferung der „Ausführlichen Erklärung", Platte 49 (mit Zusätzen des Herausgebers); danach ²VS 12, S. 277-284; Varianten siehe Lauchert S. 132. Nach dem GTC wieder in Lichtenbergs Hogarth 1999, S. 233-236. – Drei „verschüttete Aphorismen" von S. 168. 172. 173: Gravenkamp, S. 96. – SK-Tagebuch, 1792, vorderes Vorsatzblatt (undatiert): „Ja bald anzuschaffen Ireland's Illustrations of Hogarth's Works". 30.6.1792: „Irelands Hogarth durchgesehen."; 24.8.1792: „Schreibe etwas am Hogarth."; 25.8.1792: „Heute in der Stadt früh auf, *und* an dem Hogarth gearbeitet. Es will nicht flecken. Ich weiß nicht recht warum."] [Jung 302]

(g) S. 173-179: Die Vorlesung. (The Lecture.)
[Mit 4 Kupfern mit verkleinerten Köpfen. – Dann in der 8. Lieferung der „Ausführlichen Erklärung", Platte 50 (mit Zusätzen des Herausgebers); danach ²VS 12, S. 287-290; Varianten s. Lauchert S. 132. Nach dem GTC wieder in Lichtenbergs Hogarth 1999, S. 239-241. – Zwei „verschüttete Aphorismen" von S. 176. 179: Gravenkamp, S. 96.] [Jung 303]

(h) S. 180-186: Southwark-Fair. Der Jahrmarkt von Southwark.
[Im Kalender mit 6 kleinen Kupfern, einzelne Gruppen aus dem Kupferstich darstellend. – Dann in der 10. Lieferung der „Ausführlichen Erklärung" Platte 57, danach ²VS 13, S. 65-80; Varianten siehe Lauchert S. 132. – Wieder in Lichtenbergs Hogarth 1999, S. 243-251] [Jung 304]

(i) S. 197-200: Kurze Erklärung der Monatskupfer.
[Nach Chodowiecki; siehe oben: Bl. 1: „Vermählung des Herzogs von Jork / Mariage du Duc d'Jork"; 2: „Die neue Polnische Constitution / La Nouvelle Constitution Polonnoise"; 3: „Der Friede zwischen Oesterreich und der Türkey / La paix entre l'Autriche et la Turquie"; 4: „Die Kinder drohen ihrer Mutter / Les enfants de france menacent leur mere"; 5: „Die Empörung der Neger / La revolte des Negres"; 6: „Der Friede zwischen Russland und der Türkey / La paix entre la Russie et la Turquie". Verfasser der „Erklärung"?] [Jung 305]

(j) S. 201: Nöthige Zusätze und Verbesserungen [zu den Seiten 141. 156. 81. 91].

331. Almanac de Göttingue pour l'année 1793. [Göttingen] chez Joh. Chrit. [!] Dieterich [1792].

[Übersetzung des GTC durch Isaac Colom du Clos (vgl. Anm. 12).] (Nicht paginiert: 12 Kupfer mit Damen- und Herren-Moden). – (Nicht paginiert:) Epoques de l'année 1793. (10 S.) – (Nicht paginiert: Kalendarium 12 x 4 = 48 S. mit 6 Kupfern zu aktuellen historischen Ereignissen).

p. 1: Manuel contenant diverses connaissances curieuses et utiles pour l'année 1793. Orné de taille-douces gravées par Chodowiecki, avec les modes les plus modernes des Dames, et des Cavaliers gravées en taille-douce. A Gottingue, chez Jean Chrêtien Dieterich. – p. 3: Jours de Naissance de la Maison Royale. – p. 4-78: Etat présent des Maisons Souveraines, & de celles des Princes les plus considérables de l'Europe.

p. 79-92: Nouvelles du Ciel.

p. 93-110: Pourquoi n'y a-t-il point encore en Allemagne de grand Bain marin public?

p. 111-120: Principes de consolation pour Ceux qui ont eu le malheur de naître le 29me Fevrier

p. 121-122: Solution de l'Enigme proposée dans l'almanac de poche de l'année passée, page 178.

p. 123-164: Mêlanges. 1) Luxe augmentant parmi les Saints. – 2) Rare apparition féminine dans l'époque présente du café. – 3) Comment l'on peut trouver en cette année-ci, sans beaucoup de peine, la Planète Uranus (dite de George). – 4) Compliment, dont on fait peu de semblables. – 5) Hupazoli & Cornaro, ou: Faites-en autant si vous pouvés [!]. – 6) Quelques remarques à l'égard de l'intérieur de l'Afrique. – 7) Du Dé ou du Cube. – 8) Quelques curiosités remarquables de la physique.

p. 165-197: Explication des Estampes d'Hogarth. (Mit 10 Kupfern A – K): (Columbus breaking the Egg). Proprement: Colomb, mettant un œuf sur la pointe. La Lecture. (The Lecture).

Southwark-Fair. La foire de Southwark.

p. 198-201: Explication succincte des tailles-douces pour les mois.

p. 202: Addition nécessaire.

p. 203-204: Comparaison de chaque Marc ou Livre du poids de l'or, de l'argent, de la monnoye, et du commerce de plusieurs lieux, par grains ou parties nommées as, poids de Troyes d'Hollande.

p. 205-206: Miles. – p. 207: Mesures des Grains en pouces cubes de Paris. – p. 207: Autres mesures des Solides. – p. 208: Monnoyes. – p. 209-211: Longitude et Latitude géographique de divers endroits. – p. 212-213: Table des Matieres. – p. 214: Avertissement. Avis au Relieur.

332. Warum hat Deutschland noch kein großes öffentliches Seebad? In: Hamburgische Addreß-Comtoir-Nachrichten vom 8.11. 1792.
[Ohne Verfasserangabe, nachdem der ungenannte Einsender, Reinhard Woltman, bereits am 29.10.1792 ebd. über diesen Aufsatz im GTC berichtet hatte. Dieser Nachdruck von Nr 330 (b) war autorisiert, wie aus Woltmans Brief an Dieterich, 11.10.1792, hervorgeht (siehe Dieterich 1992, S. 386 f.).]

333. Schreiben an den Herausgeber des Neuen Hannoverischen Magazins [über den Hagel.] In: Neues Hannoverisches Magazin 2 (1792), St. 93 vom 19.11., Sp. 1473-1476.
[Gezeichnet: „Göttingen. J.[!] C. Lichtenberg." Eigentlich Vorrede zu einer Abhandlung von Lichtenbergs Schüler W. A. E. Lampadius: „Einige Nachrichten und Bemerkungen über die Gewitter vom dritten September dieses Jahres" (folgt ebd. Sp. 1475/76-1486 und („Schluß") ebd. St. 94 vom 23.11., Sp. 1489-1494. – SK-Tagebuch, 31.10.1792: „Abends Brief an Eisendecher mit Lampadius vom Hagel." 4.11. 1792: „Eisendecher Brief und Geld wegen Lampadius" (Honorar für dessen Artikel; erst wiedergedruckt im Bw 3, S. 1161 f.: Nr 2161; nicht in VS). – Fortgeführt mit Nr 338: den am Schluss dieser ‚Vorrede' angekündigten „Anmerkungen, womit ich nachstehenden Aufsatz zu begleiten willens war"; sie seien „etwas groß geraten", er wolle sie „nächstens besonders mittheilen".]
[Jung 294 / 295]

334. 8. Auszug aus einem Brief des Henrn [!] Hofr. Lichtenberg an den Herausgeber. In: Journal der Physik. Hrsg. von Friedrich Albert Carl Gren. Bd 6, Leipzig bey Johann Ambrosius Barth 1792, S. 414 f.
[Nicht datiert, geschrieben nach dem 27.11.1792. Wiedergedruckt im Bw 5,1, S. 108 f.: Nr 2181a. – Gemäß BL 1982, S. 15: Nr 61 besaß Lichtenberg die Jahrgänge 1790-1797 (heute in der NsuUB Göttingen: 8 Phys math II 2260).]

335. **Göttingen.** [Wiederholung der deutschen und lateinischen Preisaufgabe für 1794, betreffend „die Lehre von der Zusammensetzung des Wassers zur Widerlegung oder Bestätigung derselben"]. In: GGA 1792, 196. St. vom 8.12., S. 1960 f.
[Siehe oben Nr 323. – Anonym gedruckt. das Göttinger und Tübinger Handexemplar geben als Verfasser jetzt nur „Heyne", der die Kundgabe in seinem Amt als Sekretar der Sozietät ausgefertigt hatte; siehe oben Anm. 15.]

1793

336. Anfangsgründe der Naturlehre. Entworfen von Johann Christian Polykarp Erxleben, weil.[and] der Weltweish. D. und Prof. auf der Georg Augusts-Universität, der Königl. Societ. der Wissensch. und des Königl. Instit. der histor. Wiss. zu Göttingen, der Königl. Landwirthschaftsgesellsch. zu Zelle und der Batav. Societ. der Experimentalphilos. zu Rotterdam Mit-

glied, der Berlin. Gesellsch. Naturforsch. Freunde Ehrenmitglied. Fünfte
Auflage. Mit Zusätzen von G. C. Lichtenberg. Königl. Großbrit. Hofr. und
Prof. zu Göttingen. Wien, gedruckt bey Johann Thomas Edlen von Tratt-
nern, kaiserl. Königl. Hofbuchdrucker und Büchhändler. 1793. LXIV, 755
S., 29 [=756-784] unpaginierte S. mit dem Register, 9 Kupfertafeln.
[Nicht autorisierter Nachdruck des legendären österreichischen Raubdruckers.
Wie schon am Umfang der arabisch gezählten Seiten erkennbar, nach Dieterichs
5. Aufl. 1791 (siehe oben Nr 316): ‚Männchen auf Männchen' (seiten- und möglichst sogar zeilenidentisch) – offenbar um das Register unverändert übernehmen zu können.[92] Die römisch gezählten Titelbogen enthalten alle Teile der Originalausgabe. – Sehr verkleinertes Titelblatt-Faksimile bei Beaucamp 1991,
S. 226.]

337.   Noch eine angebliche Aufschrift auf Lessings Grabmal. In: Neues Hannoverisches Magazin 3 (1793), St. 9 vom 1.2., Sp. 129-134.
[SK-Tagebuch, 2.2.1793: „Mein Aufsatz über Leßings Grabschrifft im Hannö-
ver*schen* Magazin." – Nachgedruckt in Nr 340. Der Aufsatz veranlasste Daniel
Jenisch anonym als zweites seiner „Gespräche im Reich der Todten." Ein „Ge-
spräch zwischen Leßing und Lichtenberg über Nazional-Monumente: oder Besser gar keine, als armselige National-Monumente" aufzunehmen. In: [Derselbe:]
Beleuchtungen des weise-närrischen und närrisch-weisen Menschengeschlechts.
Nebst vielen Kupfern vorstellend die Thier-Redoute in Menschen-Maske. Berlin: Verlag der königlichen academischen Kunst- und Buchhandlung 1802.
S. 148-157.]

[Jung 306]

338.   An den Herausgeber. Einige Bemerkungen über die Entstehung des Ha-
gels. In: Neues Hannoverisches Magazin 3 (1793), 10. St. vom 4.2., Sp. 145-
160; 11. St. vom 8.2., Sp. 161-170.
[Wiederaufnahme von Nr 333. – SK-Tagebuch, 14.1.1793: „Brief an Eisendecher
mit den Abhandlungen für das Hann. Magazin.". – Nicht autorisiert nachgedruckt 1796: Nr 373. – Auch im Bw 4, S. 11-24: Nr 2211.]

[Jung 307]

339.   [Vorlesungsankündigung Lichtenbergs zum Sommersemester 1793 (Beginn: 15.4.). Lateinisch im „Catalogus Praelectionum", datiert vom herausgebenden „Prorector Ivstvs Frider. Rvnde": „Kal. Mart." [= 1.3.] 1793, p. VI;
deutsch in:] GGA 1793. 43. St. vom 16.3., S. 435.
[Regest mit deutschen und lateinischen Zitaten: Cardanus S. 65.]

---

92 Üblicherweise versuchten nicht nur die Nachdrucker, sondern auch die Verlage der
Originalausgaben in dieser Zeit, durch kleinere Drucktypen oder kompresseren Satz
ihre Neuausgaben zu reduzieren, weswegen diese fast immer geringeren Seitenumfang aufweisen. Siehe auch zu Nr 411.

340. Noch eine angebliche Aufschrift auf Lessings Grabmal. In: Lessings Denkmal. Eine vaterländische Geschichte; dem deutschen Publicum zur Urkunde vorgelegt von G.[ustav] F.[riedrich Wilhelm] Großmann. Zweyter Theil [= Dramaturgische Zeitschrift 1. St. S. 87-346]. Hannover: Pockwitz / Hahn 1793, S. 307-313.

[Nachdruck von Nr 337. – Photomechanischer Neudruck davon, mit Anmerkungen und Nachwort von Axel Fischer. Hildesheim: Olms 1997, a. a. O. und Anm. S. *52-*54.]

341. [Vorlesungsankündigung Lichtenbergs zum Wintersemester 1793/1794 (Beginn: 14.10.). Lateinisch im „Catalogus Praelectionum", datiert vom herausgebenden „Prorector Ivstvs Frider. Rvnde": „XXVII. Augusti" [= 27.8.] 1793, p. VII; deutsch in:] GGA 1793. 147. St. vom 14.9., S. 1475 f.

[Regest mit deutschen und lateinischen Zitaten: Cardanus S. 65.]

342. Om nogle vigtige Pligter, som man skylder sine Øine (af Professor Lichtenberg i Göttingen). In: Gavnlig og Unterholdende Læsning i Naturvidenskaben. Samlet [und wohl auch übersetzt; bearbeitet?] af Odin Wolff. [Bd 1 (von 3, bis 1803] København: S. Poulsen Forlag 1793, S. 85-108.

[Darin Übersetzung von Nr 307 (b) nach dem GTC für 1791, S. 89-124 ins *Dänische*. –
Anzeige des Buchs mit knapper Inhaltsangabe in der ALZ 1794, Nr 68 vom 27.2., Sp. 542 f.; hierzu bloß: „Lichtenbergs Abhandlung über einige Pflichten, die man seinen Augen schuldig ist, welche ganz übersetzt ist". Vgl. Kanz 1998, S. 303 f.]

GTC für 1794

343. GOETTINGER Taschen CALENDER Für das Jahr 1794. [Göttingen] bey Joh. Christ. Dieterich [1793]. [Gestochener Kupfertitel: Apollo (wie GTC für 1791), ungezeichnet:] „D. Chodowiecki del.[ineavit]". [Zweiter, gedruckter Titel = A1:] Taschenbuch zum Nutzen und Vergnügen fürs Jahr 1794. Mit Kupfern von Chodowiecky, nebst den neuesten Frauenzimmer- und Manns-Kleidungen, in Kupfer. Göttingen bey Johann Christian Dieterich. 10 ungezeichnete S.: Zeitrechnung auf das Jahr 1794 und Erscheinung des Planeten. 48 ungezeichnete S.: [Kalendarium]. 12 Modekupfer, ungezeichnet; vermutl. von Riepenhausen. 6 Monatskupfer (nur Bl. 1 trägt unten links die Bezeichnung: „D. Chodowiecki fec.") (je 2 Blätter Aufrichtigkeit und Heuchelei zu): Die Freundschaft. Die Theilnahme. Das Almosen) [= Engelmann 1857, Nr 713 und Hirschs Korrektur. Bauer, Nr 1689-1694]. – S. 3 [= A2]: Geburtstage des Kön. Großbrittanisch. Chur-Braunschweig-Lüneburgischen Hauses; S. 4-78: Genealogisches Verzeichniß der vornehmsten jetzt lebenden hohen Personen in Europa; S. 79-214: [Kalen-

der-Aufsätze, siehe unten]; S. 218 f.: Zusätze und Verbesserungen [zu S. 95. 154. 155. 186]; S. 220 f.: Vergleichung jeder Mark [...] verschiedener Oerter [...]; S. 222 f.: Meilenmaaß; S. 224: Getreidemaß; S. 225: Münzen; S. 226-228: Geographische Länge und Breite einiger Oerter; S. 228 f.: Inhalt; S. [230]: [Buchhändlerische] Nachricht [des Verlegers Dieterich über Preise, Rabatte und Ausstattung des GTC]; S. [230]: Nachricht an den Buchbinder. [Hogarth-Stiche betreffend].

[Um ca. 20 % vergrößertes Faksimile (davon nur: unpag. Mode- und Monatskupfer samt Beschreibung, Zeitrechnung und Kalendarium (Genealogie ist fortgelassen) sowie Taschenbuch zum Nutzen und Vergnügen für 1794. S. [77]-230. Mit einem Nachwort von Horst Gravenkamp (23 unpaginierte Seiten). Dieterich'sche Verlagsbuchhandlung 1993. – SK-Tagebuch, 20.4.1793: „Riepenhaußen das erste Hogarthische Kupfer.“; 16.7.1793: „Ich will am Calender schreiben es geht aber nicht.“; 20.7.1793: „Ich schreibe am Calender, es geht aber nicht sonderlich.“; 21.7.1793: „Schlecht gearbeitet am Calender.“ 23.7.1793: „Auf dem Cabinet am Calender gearbeitet aber sehr schlecht, ich kan wie man sagt noch nicht recht hinein kommen.“; 24.7.1793: „5 Seiten für den Calender!! Noch nichts in Druckerey.“; Schreibkalender 25.7.1793: „erstes Mspt. in die Druckerey“; 25.7.1793: „Früh auf dem Cabinet Calender in die Druckerey“; Schreibkalender 26.7.1793: „1. Bogen des Calenders [=] F korrigirt“; 26.7.1793: „Die erste Calender Correctur aus der Druckerey, beinah 11 geschriebene Seiten auf den gedruckten Bogen.“; 27.7.1793: „Correktur und Revision nach der Druckerey vom Garten aus.“; 30.7.1793: „Abends Aerger über seine [= Dieterichs] Mahnung wegen des Calenders.“; Schreibkalender 3.8.1793: „Bogen G. corrigirt zum Calender, (der 2te)“; 3.8.1793: „2ter Bogen des Calenders zur Correctur, [Bogen] G. nämlich. 22 Seiten Mss.“; Schreibkalender 11.8.1793 „3ter Bogen zum Calender corrigirt.“; 24.8.1793: „Nicht sonderlich, viel am Calender geschrieben [...] 5ter Bogen corrigirt“; 10.9.1793: „Will am Calender schreiben, aber kan nicht. Sehr bedencklich.“; 11.9.1793: „Heute meinen Calender geschlossen. 81 Seiten nun sind noch zurück: die Cal. Kupfer bey denen ich mich aber nicht viel aufhalten will.“; 12.9.1793: „Calender geendigt {83. Folio Seiten.}“; 14.9.1793: „Corrigire den lezten Calender Bogen.“; 20.11.1793: „Blumhof einen Taschencalender“; 29.11.1793: „[David Joseph] Veith bey mir mit dem Calender“; 2.12. 1793: „Brief an meinen Bruder [Ludwig Christian Lichtenberg]. Dietrich schickt ihm [...] Calender.“; 21.12.1793: „Calender an Wendt“. – Aus dem „Roten Buch“ (siehe Siglenverzeichnis und zu Nr 181) fließen 30 hds. Notizen in diesen Jg ein. – Lit.: Lauchert S. 135-138; Köhring S. 155; Lanckoronska/Rümann S. 15; Jung 313-323. – Gumbert-Auktion 1985, Nr 2602. – Zum GTC allgemein vgl. Anm. 11.]

Rezensionen: N. N.: NNGZ 1793, XC. St. vom 8.11., S. 718-720. – N. N.: NLGA 1793. XXII. Beilage zum 15.11., S. 172-174. – [A. G. Kästner]: GGA 1793. 200. St. vom 16.12., S. 2001-2004.– N. N.: EGZ 1793, 103. St. vom 24.12., S. 819-822. – N. N.: TGA 1794, 1. St. vom 2.1., S. 2-5. – (MJ, 9. Bd 1796, 33. St. (1794), S. 77-78.)

(a) S. 79-112: Einige Betrachtungen über die physischen Revolutionen auf unsrer Erde.

[^{1}VS 7, S. 25-68] [Jung 313]

(b) S. 113-115: Die vierzehn Schwestern.

[¹VS S. 130-133. ²VS 6, S. 32 f. – Ein „verschütteter Aphorismus" von S. 115: Gravenkamp, S. 96 f.] [Jung 314]

†(c) S. 116-125: Wie man zum Citoyen du pays plat gemacht wird.

[Verfasser: J. Long; von Lichtenberg bearbeitet.] [¹VS 5, S. 134-145. ²VS 6, S. 34-40] [Jung 315]

(d) S. 125-134: Nachricht von einer Wallrath-Fabrik.

[L. gibt seine Quelle selbst an: L. F. F. Crell: Chemische Annalen 1792, nach Fourcroy in den Annales de Chemie V. – Plagiierend nachgedruckt in Nr 345a, siehe dort. – ¹VS 5, S. 146-157. ²VS 6, S. 41-47. SB 3, S. 103-106. Durch Joost erläutert wiedergedruckt im Lichtenberg-Jahrbuch 2017, S. 99-103.] [Jung 316]

(e) S. 134-145: Einige Betrachtungen über vorstehenden Aufsatz, nebst einem Traum.

[¹VS 5, S. 158-172. ²VS 6, S. 48-55. SB 3, S. 107-111. Durch Joost erläutert wiedergedruckt im Lichtenberg-Jahrbuch 2017, S. 103-105.] [Jung 317]

(f) S. 145-158: Miscellaneen. [Bezifferung, nicht aber die Titel von Lichtenberg.] [Jung 318]

1) Chateauneuf und seine Geisteskräfte S. 145. – 2) Anekdote über Philippe Egalité S. 146. – 3) Maultrommeln aus Schwabach (vgl. J 859) S. 146 f. – 4) „öfter" (grammatische Reflexion) S. 147. – 5) Shakespeare (schreibweise, nach Malone) S. 147 f. – 6) Militärstand und das Duell S. 148 f. – 7) Wirkung der Unbefangenheit: Anekdote über eine angeblich Taubstumme in Glasgow S. 149 f. – 8) Voltaires Vorschlag für die Inschrift über dem Portal des Theaters von Lyon S. 150. – 9) Neues Scheidungsrecht in Frankreich S. 151 f. – 10) Witziger Ausspruch von Boswell (Franzosen bei Dornick) S. 152. – 11) Kopfsteuerberechnung auf Skio S. 152-154. – 12) Wortspiel Linguets über die Bastille S. 154. – 13) Anekdote über Garricks rhetorische Unzulänglichkeit S. 155. – 14) Hobbes' Dictum über Demokratie S. 157. – 15) Buchstaben-Räthsel S. 157 f. (s. u.) – Davon sind in ²VS 6, S. 477-480 wiedergedruckt die Nummern 3): S. 146 f. 7): S. 149 f.; aus derselben Nr 7 von S. 150: zwei „verschüttete Aphorismen" in Gravenkamp, S. 97.] 11-14): S. 152-157. – Zu Nr 15) SK-Tagebuch, 7.12. 1793: „Brief von Pastor Stoltz mit dem Räthsel."; 16.12.1793: „Dieterich verlangt die Räthsel für Herrn Prof. Havemann in Lüneburg."; 20.12.1793: „Brief von HE v. Lansberg aus Münster über die Räthsel". – Außerdem erschienen im Reichs-Anzeiger. Gotha 1793 Bd 2, Nr 153, Sp. 1358 f. (unter der Rubrik „Allerhand") eine Wiederholung der beiden Rätsel mit dem Versuch ihrer „Auflösung" durch einen ungenannten Einsender; darauf reagierte im Januar 1794 Nr 1, Sp. 8, ein anderer Ungenannter, wies die Lösungen zurück und präsentierte zwei andere. Auf ihn reagierte – jetzt bestätigend – Lichtenberg am 31.1.1794 (siehe unten Nr 346).

(g) S. 158-161: Das Gemählde ohne gleiches. [In VS nicht wiedergedruckt.] [Jung 319]

(h) S. 161-194: Neue Entdeckungen, physikalische und andere Merkwürdigkeiten.

[Bezifferung und Titel von Lichtenberg.] [Jung 320]
1) Electrische Thiere und Steine S. 161-163. In VS nicht wiedergedruckt.
2) Künstliche Kälte S. 164-165. In VS nicht wiedergedruckt.
3) Magnetnadeln aus Kobolt-König S. 165-167. In VS nicht wiedergedruckt.

4) Warnung vor einem vermeintlichen chemischen Spielwerk S. 167-171. In VS nicht wiedergedruckt, aber in Hans-Georg Joost / Ulrich Joost: „Ich bin über die Wirckung einer so kleinen Quantität Saltz erstaunt". Lichtenbergs Korrespondenz mit Ferdinand Wurzer über die Wirkung von ‚Potasse muriatique oxygénée'. In: Lichtenberg-Jahrbuch 2008, S. 177-188; dort S. 178f. – Ein „verschütteter Aphorismus" von S. 170: Gravenkamp, S. 97.

5) Ein Wort über die höchste Bergvestung, und den Mont Rose. S. 171-174. In VS nicht wiedergedruckt.

6) Zwey Entdeckungen des Herrn Fabroni. S. 174-175. In VS nicht wiedergedruckt.

7) Regenbogen auf dem trocknen Wege. S. 176-178. [1]VS 7, S. 343-346.

8) Urnen und Aschenkrüge von einer neuen Art. S. 178-181. [1]VS 5, S. 488-492. [2]VS 6, S. 242-244.

9) Neue Filtrir-Maschine. S. 182-184. In VS nicht wiedergedruckt.

10) Das Neueste von der so genannten thierischen Electricität. S. 184-193. In VS nicht wiedergedruckt.]

(i) S. 194-207: Erklärung der Hogarthischen Kupferstiche. Frankreich und England.

[Im Kalender mit vollständiger verkleinerter Nachbildung der beiden Kupferstiche. – Dann in der 7. Lieferung der Ausführlichen Erklärung, Platte 39 und 40 (mit Zusätzen des Herausgebers); danach [2]VS 12, S. 165-180. Nach dem GTC wieder in Lichtenbergs Hogarth 1999, S. 253-257. – Zwei „verschüttete Aphorismen" von S. 201 und 205: Gravenkamp, S. 97.] [Jung 321]

(j) S. 207-214: Der aufgebrachte Musiker (The provoked musician); Auch, wie auf unserm Exemplar, Der Musiker in Wuth (The enraged musician).

[Im Kalender mit 3 Kupfern. – Dann in der 8. Lieferung der „Ausführlichen Erklärung" Platte 47 (mit Zusätzen des Herausgebers; fortgefallen ist ein Eingangsabsatz Lichtenbergs (dieser gedruckt Lauchert S. 138); danach [2]VS 12, S. 261-267 als „Der erzürnte Musicus." Nach dem GTC wieder in Lichtenbergs Hogarth 1999, S. 259-263.] [Jung 322]

(k) S. 214-218: Kurze Erklärung der Monathskupfer.

[Chodowiecki (siehe oben): 1/2: „Die Freundschaft / L'Amitié"; 3/4: „Die Teilnahme / La Compassion"; 5/6: „Das Almosen / L'aumone". – Verfasser der „Erklärung"? – Wiedergedruckt (als „Wahre und falsche Tugend") Ernst 1913, Bd 1: Kupferstiche (unpaginiert); Bd 2, S. 109-114 (Text).] [Jung 323]

(l) S. 218f.: Zusätze und Verbesserungen [zu den Seiten 95. 154. 155. 186.]

344. Almanac de Göttingue pour l'année 1794. [Göttingen] chez I.C. Dieterich [1793].

[Übersetzung des GTC durch Isaac Colom du Clos (vgl. Anm. 12).] (Nicht paginiert: 12 gezählte Kupfer mit Damen- und Herren-Moden). – (Nicht paginiert:) Epoques de l'année 1794. (10 S.) – (Nicht paginiert: Kalendarium 12 x 4 = 48 S. und 6 Kupfer mit verschiedenen Motiven).

p. 1: Manuel contenant diverses connaissances curieuses et utiles pour l'année 1794. Orné de taille-douces gravées par Chodowiecki, avec les modes les plus modernes des Dames, et des Cavaliers gravées en taille-douce. A Gottingue, chez Jean Chrêtien Dieterich. – p. 3: Jours de Naissances de la Maison Royale. – p. 4-78: Etat présent des Maisons Souveraines, & de celles des Princes les plus considérables de l'Europe.

p. 79-114: Quelques Réflexions sur les Révolutions physiques arrivées sur notre Terre.

p. 115-117: Les quatorze Soeurs.

p. 118-127: Comment on fait un Citoyen du pays plat.

p. 127-136: Nouvelle d'une fabrique de Blanc de Baleine.

p. 137-147: Quelques Réflexions sur le mémoire précédent, avec le récit d'un Songe.

p. 148-161: Mêlange.

p. 161-164: Le Tableau sans pareil.

p. 164-196: Nouvelles Découvertes, Curiosités physiques & autres. 1) Animaux & Pierres électriques. – 2) Froid artificiel. – 3) Aiguille aimantée par le régule du cobalt. – 4) Avertissement au sujet d'un prétendu jeu chymique. – 5) Un mot sur la plus haute des forteresses montagnardes & le Mont Rose. – 6) Deux découvertes de M. Fabroni. – 7) Des Arc-en-ciels sur un chemin sec. – 8) Des Urnes & des Vases à cendre d'une nouvelle façon. – 9) Nouvelle machine à filtrer. – 10) Les nouvelles les plus fraiches de l'électricité animale.

p. 196-215: Explication d'Estampes de Hogarth. La France & l'Angleterre. – (A) France. (B) Angleterre. [Mit den Kupfern A, B]. Le Musicien provoqué; (The provoked musician); & comme sur notre exemplaire Le musicien enragé (The enraged musician). [Mit den Kupfern C, D, E.]

p. 216-218: Courte Explication des Estampes pour les Mois.

p. 219: Additions & Corrections.

p. 220-21 [recte: 221]: Comparaison de chaque Marc ou Livre du poids de l'or, de l'argent, de la monnoye, et du commerce de plusieurs lieux, par grains ou parties nommées as, poids de Troyes d'Hollande. – p. 222-223: Miles. – p. 224: Mesures des Grains en pouces cubes de Paris. – p. 224: Autres mesures des Solides. – p. 225: Monnoyes. – p. 226-228: Longitude et Latitude géographique de divers endroits. – p. 228-229: Table des Matieres. – p. 230: Avertissement. Avis au Relieur.

345. [Aus Lichtenbergs Brief an Georg Heinrich Nöhden, 17. Juni 1793, mit physikalischer Erläuterung einer Vergil-Stelle (II, 680 ff.)]. In: Nöhden: Erklärende Anmerkungen zu Virgils Aeneis [...] zum Gebrauche auf Schulen, in: Ders.: Encyclopädie der lateinischen Classiker. 1. Abt., Fünfter Theil, Braunschweig: Schul-Buchhandlung 1794, S. 129-132 (zu Theil 2, 1794, S. 671).
[Auszugsweise und gegenüber dem hds. Original leicht abgeändert (vollständiger wiedergedruckt ²VS 8, 119; danach Br 3, 1904, S. 82-84: Nr 635; wiedergedruckt nach der Handschrift und eingehend kommentiert Bw 3, S. 105 f. Nr 2276). – SK-Tagebuch 16.6.1793: „Brief von Nöthen [wegen] Ascanius Flämmchen." – Der Band 5,1 erschien Oktober oder Anfang November 1793:

Die Vorrede datiert vom 30.9.1793, Nöhdens Übersendung an Lichtenberg erfolgte mit Brief vom 17. [recte: 18.] 11.1793 (Bw 4, S. 184: Nr 2315); SK-Tagebuch, 18.11.1793: „Nöhdens Virgil". Korrekturen zu Druckfehlern in diesem Briefabdruck stehen in Bd 5,2, 1794, am Schluss.]

345a. Merkwürdigkeit einer neuen Wallrathfabrik in England. In: Handlungs-Zeitung oder Wöchentliche Nachrichten von Handel, Manufakturwesen, Künsten und neuen Erfindungen, von Johann Adolph Hildt. Gotha 1793, 49. St. vom 7.12., S. 388-392 (unter der Rubrik „Künste und neue Erfindungen").
[Plagiierend veränderter und offenbar unrechtmäßiger Abdruck von Nr 343d. Vgl. Lichtenbergs Brief an Blumenbach vom 31.5.1794 (Lichtenberg-Jahrbuch 2010, S. 286f., nicht im Bw). Mit Erläuterungen wiedergedruckt Kanz 2012, S. 152-162; hier 153-156.]

1794

346. Auflösung eines Räthsels. [An den Herausgeber des Reichs-Anzeigers]. In: [Rudolf Zacharias Becker (Hrsg.):] Der Reichs-Anzeiger. Gotha 1794. Nr 31 vom 6.2., Bd 1, Sp. 280.
[Gezeichnet und datiert: „Göttingen, den 31. Jan. 94. G.C. Lichtenberg". Auch im Bw 4, S. 219: Nr 2340. Siehe oben zu Nr 343 (f) 15 (GTC für 1794), darin S. 157f.]

347 Adams, Büsch und Lichtenberg über einige wichtige Pflichten gegen die Augen. Mit einigen Anmerkungen herausgegeben von S.[amuel] Th.[omas] Sömmerring. Frankfurt am Main: Varrentrapp und Wenner 1794. 51 S.
[S. 1: Titel; S. 2: vacat; S. 3-6: „Vorrede des Herausgebers", datiert: „Mainz, den 16. Dec. 1793"; S. 7-51: Lichtenbergs Text aus dem GTC für 1791 (Nr 307 b) ist unverändert übernommen, doch hat der Herausgeber Soemmerring die wenigen Zeilen Anmerkungen Lichtenbergs durch 18, z. T. sehr umfangreiche Anmerkungen ersetzt (mehr als das Zehnfache der Lichtenberg'schen – sie machen jetzt ein Viertel des Buchs aus. Offenbar mit Erlaubnis, aber ohne Zutun Lichtenbergs gedruckt; vgl. SK-Tagebuch, 28.3.1794: „Brief von Sömmering mit seiner Schrift über die Augen" (erschienen demnach Anfang März). – Die Schrift blieb in Varrentrapps Verlag bis 1803; 2. Aufl. ebd. 1795. 52 S. = Nr 364; 3. Aufl. ebd. 1797. 52 S. = Nr 382; Vielleicht schon ab der 4. Aufl. ebd. 1803: 52 S. (von uns nicht autopsiert); spätestens ab 5. Auflage: „von Soemmerring" und ohne Nennung der ‚Ko-Autoren' „Adams, Büsch und Lichtenberg", Frankfurt am Main bey Ferdinand Boselli 1819: 56 S. Es folgt noch eine wohl unveränderte 6. Aufl. 1860 (4.-6. Auflage fehlen Jung). Im Vorwort zur 5. Auflage (S. 3-8) heißt es S. [3] und pass., er habe „der vierten und fünften Ausgabe eine veränderte, und wie ich hoffe, vollkommnere Einrichtung" gegeben; weiterhin habe er die Worte „meines unvergeßlichen Freundes Lichtenberg [...] beibehalten, nur mit Weglassung einiger Stellen, welche blos Persönlichkeiten betrafen. Die Vermehrun-

gen [er nennt zehn Quellen] sind nicht, wie in den drey vorigen Ausgaben, als [Fuß-]Noten beigebracht, sondern gehörigen Orts in den Text eingeschaltet." Übersetzung 1796 ins *Dänische* nach der 2. Aufl. (Nr 365): Nr 378a; und 1797 nach der 3. Aufl. (Nr 382) ins *Schwedische*: Nr 386. – Gemäß BL 1982, S. 86 Nr 443 besaß Lichtenberg bei seinem Tod nur mehr ein Exemplar des Büchleins in dieser Auflage. – Denekes Lichtenberg-Schrank Nr 43. – Gumbert-Auktion 1985, Nr 2613.]
Rezensionen: WGZ 1794, H. 2, S. 232 (lt. Ersch 1791 bis 1795 Bd 1, 1. Hälfte. Weimar 1799, SR V, 2125b). – N. N.: MZ, 3. Bd 1794, Nr 59, 24.7.1794, S. 125. – [G. C. Lichtenberg:] GGA 1794. 67. St. vom 26.4., S. 679 [= unsere Nr 351]. – N. N.: GGZ Bd 2, 70. St. vom 30.8.1794, S. 637. – N. N.: TGA, 92. St., 17.11.1794, S. 736f. – NCN Bd 20, 36. St. vom September 1794, S. 283f. – N. N.: ML (2. Hälfte, 1797), S. 442-443.

[Jung 310]

348. [Vorlesungsankündigung Lichtenbergs zum Sommersemester 1794 (Beginn: 5.5.). Lateinisch im „Catalogus Praelectionum", datiert vom herausgebenden „Prorector Io. Georg. Henricvs Feder": „XII. Martii" [= 12.3.] 1794, p. VI; deutsch in:] GGA 1794. 50. St. vom 29.3., S. 500.
[Regest mit deutschen und lateinischen Zitaten: Cardanus S. 65.]

† 349a Anzeige. In: Deutsche Monatsschrift (Berlin: Vieweg) April 1794 (unpaginiert beigeheftet). – Zumindest noch:

† 349b Dass. in: Politische Annalen 6, April/Mai 1794 (unpaginiert beigeheftet).
[Datiert und gezeichnet: „Göttingen im Februar 1794. Johann Christian Dieterich" – wir nehmen aber für gewiss an, dass diese Anzeige nicht vom Unterzeichneten Dieterich verfasst ist, sondern von Lichtenberg selbst, wonach sie hier in die Chronologie der Werke eingefügt werden durfte. Faksimiliert (nach der Deutschen Monatsschrift) im Marbacher Magazin „Vom Schreiben 6" = Bd 88 (1999). Hrsg. von R. Tgahrt und H. Mojem, Nr, S. 162 unter: Beiwerk: wie sich Bücher präsentieren.]

Hogarth, 1. Lieferung

350. G. C. Lichtenbergs ausführliche Erklärung der Hogarthischen Kupferstiche, mit verkleinerten aber vollständigen Copien derselben von E.[rnst Ludwig] Riepenhausen. Erste Lieferung. Göttingen im Verlag von Joh. Christ. Dieterich 1794. XXVIII (+ 3), 270 S.
S. [II]: [Motto: „Hogarth unrivall'd stands, and shall engage | Unrivall'd praise of the most distant age. | CHURCHILL]. – S. V-XXVIII: Vorrede. – S. XXIX: Verbesserungen. – S. XXX-XXXII: [vacat] – S. [3]-90: I. Strolling Actresses dressing in a barrn. Herumstreichende Comödiantinnen, die sich in einer Scheune ankleiden. – S. [91]-156: II. A midnight modern Conversation. Eine gesellschaftliche Mitternachts-Unterhaltung im neusten Geschmack: oder Die Punsch-Gesellschaft. – S. [157]-

192: III. Die vier Tags-Zeiten (S. 161: 3. Morning. Der Morgen. S. 195: 4. Noon. Der
Mittag. S. 195: 4. Noon. 223: 5. Evening. Der Abend. S. 251: 6. Night. Die Nacht).
Göttingen im Verlag von Joh. Christ. Dieterich 1794. XXXVIII, 270 S. [Paginie-
rungsfehler: springt von 184 auf 183 zurück [statt 185], also 183 und 184 doppelt.
[Die vorstehende Kollation nach der *editio princeps* (A): Bei diesem im 19. Jhdt.
erfolgreichsten Werk Lichtenbergs ist die genaue Zuordnung der Doppeldrucke
dieser und der folgenden Lieferungen (Bänden) zu ihren jeweiligen bis zu sechs
Auflagen, die mit wortgleichem und jeweils sehr ähnlich gesetztem Titel, aber je
unterschiedlichen Kollationen daherkommen, nur möglich mithilfe der Tabelle
bei Achenbach 2021, S. 187 (unten als unsere Nr 411 wiederholt und ergänzt)
und deren eingehender Begründung: Ich fasse unten Nr 410-412 Achenbachs
Beobachtungen zusammen und gebe noch weitere. Siehe auch unsere Vergleichungstabelle der Kalenderversionen und der Fundstellen in den Werkausgaben
(unten Nr 412). – Jördens Bd 3, S. 360 bietet bei *seiner* Inhaltsübersicht die Seitenzahlen der Auflage B.[93] Lauchert lässt uns mit dem Hogarth Lieferung 1-5
etwas im Stich; auch er hat S. 138 f. und passim offenbar nicht nach dem wahren
Erstdruck der Ausführlichen Erklärung bibliographiert; gibt diesmal keine Hinweise zur Textkritik und bemerkt dabei auch nicht, dass ²VS der Auflage E zu
folgen scheint und nichteinmal (zumindest nicht vollständig) die älteren Errata-
listen berücksichtigt hat. Ebenso gibt es Grund zur Annahme, dass SB nicht, wie
ihr Herausgeber behauptet, den Erstdrucken (oder wie die 3. Lieferung zumindest in Bezug auf die Textillustration zeigt, der Ausgabe B) folgte, sondern entweder ²VS oder der Auflage E (siehe zur 4. Lieferung!).
Der Plan der Buchausgabe geht vermutlich schon auf die 80er-Jahre zurück; vgl.
auch Friedrich Matthisson, der in den Erinnerungen an seinen Besuch bei Lichtenberg 1794 Bezug darauf nahm (Schriften, 3, Zürich: Orell, Geßner, Füssli und
Comp. 1825, S. 107 (wiedergedruckt durch Achenbach im Photorin Heft 7-8
(1984), S. 31). – Titelblatt-Faksimiles der verschiedenen (gleichlautenden) Ausgaben: Achenbach 2021, S. 189. 193. 196 f. – Die Vorrede ist datiert und gezeichnet:
„Göttingen im May 1794. G.C.L.". Vgl. SK-Tagebuch, 20.11.1793: „Hogarth
Kupferstiche finden sich bey Riepenhaußen Abends Riepenhausen bey mir";
12.2.1794: „Erster Kupferstich von Hogarth."; 13.2.1794: „Dietrich spricht von
400. Honorar für das Hefft von Hogarth."; 14.2.1794: „zum erstenmal seit langer
Zeit viel für Hogarth gesammelt"; 18.2.1794: „Erste vollständige Abdrücke von
strolling actors"; 4.3.1794: „Brief an Kästner nebst strolling actresses"; 18.3.1794:
„viel Hogarth"; 19.3.1794: „Viel Hogarth geschrieben."; 24.3.1794: „Ich nieder-
geschlagen. Hogarth rückt nicht vor."; 3.4.1794: „Viel Hogarth."; 9.4.1794: „dem
Factor das erste Mspt zum Hogarth."; 12.4.1794: „Erster Bogen von Hogarth aus
der Druckerey, und zwar den umgesetzten."; 16.4.1794: „Viel Hogarth. Ersten
wirklichen Abdruck."; 19.4.1794: „4te Platte von Hogarth."; 24.4.1794: „5ten Bogen
von Hogarth corrigirt."; 29.4.1794: „Hannah bringt mir Correktur."; 1.5.1794: „Ich
viel Hogarth und Punschgesellschafft geschlossen.";7.5.1794: „Hogarths Kupferstiche eingebunden."; 9.5.1794: „Hogarth geendigt ohne die Vorrede."; 12.5.1794:
„Hogarth gantz vollendet ! !"; 20.5.1794: „Hogarth an Kästner und Blumenbach

---

93 Achenbach 2021, S. 192 (erläutert S. 199) irrt sich hier ausnahmsweise, wenn er sie
   unter die Mischausgaben rechnet; die einzige abweichende Position (Lfg 1) hat bei
   Jördens (Bd 3, S. 360) auch die niedrigere Seitenzahl von Auflage B! (S. 137 statt 157;
   der Gesamtumfang ist also 236 statt 270 Seiten).

mit Briefen."; 22.5.1794: „Dummes Billet v Fiorillo [etwa mit Kritik am Hogarth?].
Hogarth an HE. v. Ende und Ramberg."; 2.6.1794: „Brief von Wolf endlich, und
von HE. v. Ende wegen Hogarth"; 7.6.1794: „Nicht sonderliche Nachricht von
Hogarth."; 29.6.1794: „Brief von meinem Bruder über die Hogarthischen Kupfer"; 13.6.1794: „Dietrich mir noch 100 Thaler bezahlt."; 1.9.1794: „9 Exemplare
von Hogarth auf einmal fort."; 25.12.1794: „Trebra auch den lezten Hogarth.";
30.5.1795: „Der Factor bringt die Correctur zum Nachschuß vom ersten Stück des
Hogarth."[94] – Außer den im Tagebuch genannten Freistücken ging offenbar noch
eins am 1.7.1794 (dann vermutlich schon eins vom Nachschuss?) mit Begleit-
schreiben von Dieterich an Goethe (siehe Dieterich 1992, S. 387f.) – Die „Verbesserungen" Lichtenbergs S. XXIX sind in die späteren Auflagen eingearbeitet; nicht
alle hds. Korrekturen in seinem Handexemplar (Original heute bei Familie Lichtenberg in Otjisororindi, Namibia): S. 140, Z. 5 v. u.: die **Philosophie**] manche **Philosophie** – S. 177 Z. 2: hinter „weggestrichen" erg. „wurde" – S. 210, Z. 6 es] <sie>
es [? – vermutlich also wieder rückgängig gemacht. – Denekes Lichtenberg-
Schrank Nr 42. – Siehe auch Nr 363 (Bd 2, 1795). Nr 372 (Bd 3, 1796). Nr 389
(Bd 4, 1798). Nr 402 (Bd 5, 1799).]
Rezensionen: [A. G. Kästner]: GGA 1794, 89. St. vom 5.6., S. 889-892. – N.N.:
NNGZ, L. St., 24.6.1794, S. 393-400. – N.N.: NLGA, 58. St., 21.7.1794, S. 459-
461. – [J.W. Archenholtz]: Minerva. 1794, 3. Bd, 7. St. (Juli-Sept.), S. 180f. (wie-
dergedruckt Achenbach 2021, S. 180f.; zuvor im Photorin Heft 7-8 (1984),
S. 29). – J.J. Eschenburg: ALZ 1794, Bd 3, Nr 235, Sp. 162-167 (wiedergedruckt
Eschenburg 2013, S. 35-42). – N.N.: GGZ 1794, 67. St. vom 20.8., S. 604-606. –
Gentleman's Magazine 1795, S. 59 (Januar). – N.N.: OALZ 1795, XIX. St. vom
13.2., S. 297-301. – N.N.: TGA, 58. St., 20.7.1795, S. 462-464. (Rezension der 1.,
Anzeige der 2. Lieferung.) – N.N.: MJ, 9. Bd (1796), 34. St. (1795), S. 58-59. – Fa.
[J.J. Eschenburg]: NADB, Anhang zu Bd 1-28 (1792-1795), 1. Abt. (1797), St. 1,
S. 193-200. (Rezension über Lieferung 1-3; wiedergedruckt Eschenburg 2013,
S. 19-27). – N.N.: JdBK 1797, S. 182-188 (1. und 2. Lieferung) – [J. K. S. Mor-
genstern]: NBsWfK Bd 63 (1800), 1. St., S. 20-60 (Rezension über 1.-5. Liefe-
rung. In sieben Abschnitte gegliedert, die Jördens Bd 3, S. 362 referiert: „Ueber
Sittengemälde überhaupt, und besonders über die satirischen, in den bildenden
Künsten; Ueber den Unterschied zwischen Charakterstücken und Karikaturen;
Ueber **Hogarths** Künstlercharakter, und den Werth seiner Werke im Allgemei-
nen; Ueber den Werth des **Lichtenbergischen Kommentars** überhaupt, als einer
bloßen Erklärung; Ueber die einzelnen Blätter und den ihnen beigelegten Sinn;
Ueber **Lichtenbergs** Arbeit als selbstständiges Werk des Witzes; Ueber **Riepen-
hausens** Kopien der **Hogarthischen** Kupfer"). – N.N.: The Foreign Quarterly
Review 16 (1836), S. 279-303.

[Jung 308/1]

---

94 Damit lässt sich der zweite Abdruck der ersten Lieferung datieren (siehe unten
Nr 411 zur Ausgabe B), und Lichtenberg war demnach sogar noch über die ersten
Neuauflagen (‚Nachschüsse') des Hogarth orientiert, hat wenigstens anfangs sogar
eine Korrektur mitgelesen. – Bereits im Aufsatz „Zeitordnung im Essen, in den Ru-
hestunden, und im öffentlichen Unterrichte, vom Jahre 1580" in den „Blättern ver-
mischten Inhalts" Bd 6, Oldenburg 1797 [erschienen aber wohl spätestens 1796],
S. 265-269, zitiert der Verfasser, J. K.W. Möhsen, ein längeres Stück aus Lichtenbergs
„Punsch-Gesellschaft", in **A** S. 100-103, mit der Seitenangabe „87ff.", also nach **B**.

351. **Frankfurt am Mayn.** [Gewissermaßen Selbstanzeige von Nr 347:] Adams, Büsch und Lichtenberg: „Einige wichtige Pflichten gegen die Augen". Frankfurt am Main: Varrentrapp & Wenner. In: GGA 1794. 67. St. vom 26.4., S. 679.

[Siehe Nr 347. – Anonym gedruckt; Verfasserschaft bestimmt nach dem Göttinger Handexemplar der GGA (danach Hahn, S. 85; Guthke 1963, S. 338: Nr 41) bzw. dem Tübinger Handexemplar (Fambach 1976, S. 191).

[angemerkt in Jung 310]

†352. **Göttingen.** [Anzeige:] Johann Christian Daniel Wildt: De rotatione annuli Saturni. In: GGA 1794. 93. St. vom 12.6., S. 932.

[Kurze Notiz, dass Wildt diese Schrift über Herschels Beobachtung der Saturntrabanten der Sozietät vorgelegt habe (am 17.5.1794); Verfasser lt. den Randnotizen sowohl im Göttinger als auch von Reuß im Tübinger Handexemplar der GGA: Heyne;[95] daher nicht bei Guthke 1963. Verfasserschaft von uns aber Lichtenberg zuerkannt gemäß dessen eigenhändigem Entwurfs-Manuskript für diese GGA-Notiz (im Nachlass, dabei Wildts Handschrift: Ms. Lichtenberg VI, 35, 2, Bl. 3v.). Die Abhandlung selber, die offenbar nicht zu den Glanzlichtern der Göttinger Astronomie zählte, erschien nicht in den Commentationes der Sozietät, sondern im folgenden Jahr bei Hahn in Hannover, vgl. BL 1982, S. 73 Nr 367.]

353. **Hamburg.** [Rezension über:] Johann Albert Heinrich Reimarus d. A. D.: neuere Bemerkungen vom Blitze; dessen Bahn, Wirkung, sichere und bequeme Ableitung, aus zuverlässigen Wahrnehmungen von Wetterschlägen dargelegt. Hamburg: Carl Ernst Bohn 1794. In: GGA 1794. 119. St. vom 26.7., S. 1192-1199.

[SK-Tagebuch, 27.5.1794: „Reimarus Recension angefangen"; 12.7.1794: „Endige die Recension von Reimarus". – Anonym gedruckt; Verfasserschaft bestimmt nach dem Göttinger Handexemplar der GGA (danach Hahn, S. 85; Guthke 1963, S. 339: Nr 42) bzw. dem Tübinger Handexemplar (Fambach 1976, S. 193). Vgl. noch Lichtenbergs Brief an Heyne, [12.7.1794] (Bw 4, S. 304: Nr 2410).]

[Jung 326]

354. 4. Auszug aus einem andern Briefe des Herrn D. Pfaff. [Darin eingelegt Lichtenbergs Brief an Christoph Heinrich Pfaff, 16.3.1794]. In: Journal der Physik. Hrsg. von Friedrich Albert Carl Gren. Jahr 1794. Des achten Bandes zweytes Heft. Leipzig, bey Johann Ambrosius Barth, (23. Heft der Gesamtfolge) S. 280-284; hier S. 282f.

[Das Heft enthält S. 196 einen Brief, datiert Prag, 12.5.1794, das nächste Heft beginnt mit einem Artikel, datiert (S. 356) vom 10.10.1794; ist also vermutlich im August oder September erschienen. – Lichtenbergs Brief ist vollständig wieder-

---

95 Das erklärt sich vermutlich aus der redaktionellen Behandlung durch Heyne – oder wollte dieser Lichtenberg aus der Schusslinie von Kästner, dem Protektor Wildts, nehmen?

gedruckt im Bw 4, S. 237-239: Nr 2354. – Gemäß BL 1982, S. 15: Nr 61 besaß Lichtenberg die Jahrgänge 1790-1797 des „Journals" (das Exemplar besitzt heute die NsuUB Göttingen: 8 Phys math II 2260).]

355. Anfangsgründe der Naturlehre. Entworfen von Johann Christian Polykarp Erxleben weil.[and] der Weltweish. D. und Prof. auf der Georg-August-Universität, der Königl. Societ. der Wissensch. und des Königl. Instit. der histor. Wiss. zu Göttingen, der Königl. Landwirthschaftsgesellsch. zu Zelle und der Batav. Societ. der Experimentalphilos. zu Rotterdam Mitglied, der Berlin. Gesellsch. Naturforsch. Freunde Ehrenmitglied. Sechste Auflage. Mit Verbesserungen und vielen Zusätzen von G. C. Lichtenberg Königl. Großbrit. Hofr. und Prof. zu Göttingen. Göttingen, bey Johann Christian Dieterich, 1794. LXV S., 1 ungezeichnete S. [= LXVI] „Zusätze und Verbesserungen.", 773 S., 31 [= 774-814] unpaginierte S. mit dem Register [von Johann Philipp (von) Ro(h)de, bei dem sich L. in der 4. Aufl. 1787 auf S. XXVIII bedankt hatte (in der 5. Aufl. wiederholt), jetzt natürlich, soweit es nicht ohnehin auf Paragraphen verweist, mit angepassten Seitenzahlen]. 9 Falttafeln mit Kupferstichen. [Vorrede S. XLVII datiert und gezeichnet: „Göttingen, den 1. October 1794. G. C. L." – Entwurfsnotizen gibt Joost 2013. Zum Werk siehe oben 1784: Nr 245. – Der Preis betrug übrigens (lt. Ersch) 1 Rthlr 12 Groschen. – Sehr verkleinertes Titelblatt-Faksimile bei Beaucamp 1991, S. 226.
SK-Tagebuch, 1794 Vorsatzblätter vorn sechs physikal. Notizen für Vorlesung und Erxleben, darunter: „Ja ehe ich an der Physik weiter schreibe die lezten Stücke von Crells Annalen durchzugehen". 16.2.1794: „Ich schreibe viel am compendio zumal frantz. Chemie."; 21.7.1794: „Am Erxleben gearbeitet."; 23.7.1794: „Viel Erxleben"; 6.10. 1794: „letztes Msspt von der Vorrede in die Druckerey"; 8.10. 1794: „lezte Correctur zum Compendio"; 12.10.1794: „Compendiums Angst."; 27.10.1794: „Dedications-Exemplar an Kästner."; 1.12. 1794: „Compendium an Blumenbach." –
Gemäß BL 1982, S. 77 Nr 393 besaß Lichtenberg bei seinem Tod (außer dem durchschossenen Handexemplar, heute in der Forschungsbibliothek Schloss Friedenstein in Gotha, Signatur: N 413 Rara) noch drei Exemplare davon. Eine Liste der Empfänger, an die Lichtenberg „Compendia [dieser Auflage] gegeben" habe, steht im Tagebuch: gedruckt im Bw 5,1, S. 228.– Kai Torsten Kanz 1996 weist im hds. gewidmeten Exemplar für Johann Georg Büsch, den Direktor der Handelsakademie in Hamburg, zwei kleine eigenhändige Korrekturen Lichtenbergs in der Vorrede nach: S. XXIII, Z. 15: nun der Kleine gegen den Großen] nur der Kleine gegen den Großen; S. XXIV, Z. 2 v. u.: ja] je. (Kanz gibt auch Lichtenbergs Widmung und die Provenienz des Bandes, welcher sich heute in Lichtenberg'schen Familienbesitz befindet). – Auszüge aus der Vorrede „von bleibendem allgemeinen Interesse" wiedergedruckt bei Lauchert S. 139-142 (von den Seiten XXIf. XXIV. XXIVf. XXXI. XXXIV. XXXVII. XXXIX. XLV); die ganze Vorrede in VNat Bd 1, 2005, S. 890-911 (allerdings mit einem halben Dutzend unbedeutender Druckfehler); dem folgen S. 913-974 Lichtenbergs hds. Marginalien zu dieser Auflage).]
Rezensionen: [A. G. Kästner]: GGA 1794, 184. St. vom 17.11., S. 1841-1845 (vgl. SK-Tagebuch, 24.11.1794: „gute Recension der Physik"). – Otmar (d.i. J. K. C. Nachtigall): RA, Nr 22, 27.1.1795, Sp. 205f. (nicht eigentlich eine Rezension,

sondern die Aufforderung an Lichtenberg, endlich ein eigenes Handbuch der Physik zu verfassen). – N.N.: GGZ 1795, 37. St., vom 6.5., S. 331-333. – N.N.: TGA 1795, 99. St. vom 10.12., S. 789-792. – N.N.: MJ 1796, 9. Bd, 36. St., S. 19. – Bh. [Johann August Donndorf]: NADB, Bd 23, 2. St. (1796), S. 512-513.

Ein unrechtmäßiger Nachdruck (Nr 356) davon erschien schon im selben Jahr; ein weiterer gleichfalls nicht autorisierter noch sieben Jahre später: „Anfangsgründe der Naturlehre. Entworfen von Johann Christian Polykarp Erxleben, weil.[and] der Weltweish. D. und Prof. auf der Georg Augusts-Universität, der Königl. Societ. der Wissensch. und des Königl. Instit. der histor. Wiss. zu Göttingen, der Königl. Landwirthschaftsgesellsch. zu Zelle und der Batav. Societ. der Experimentalphilos. zu Rotterdam Mitglied, der Berlin. Gesellsch. Naturforsch. Freunde Ehrenmitglied. Sechste Auflage. Mit Verbesserungen und vielen Zusätzen von G.C. Lichtenberg. Königl. Großbrit. Hofr. und Prof. zu Göttingen. Wien, gedruckt bey Joh. Thom. Edl. von Trattnern, k.k. Hofbuchdrucker und Buchhändler. 1801." LIV S., 773 + 41 [774-800] unpaginierte S. mit dem Register, 9 Falttafeln mit Kupferstichen. Auch dieser also, wie schon am Umfang der arabisch gezählten Seiten erkennbar ‚Männchen auf Männchen gesetzt' – offenbar um das Register unverändert übernehmen zu können. Die „Beschreibung der Smeaton'schen Luftpumpe" ist diesmal durch kompresseren Satz um eine Seite reduziert, und die „Zusätze und Verbesserungen" sind weggelassen, um durch das ersparte Blatt beim letzten Titelbogen „d" auf die Bogengrenze (16 statt 18 S.) zu kommen. – Sehr verkleinerte Titelblatt-Faksimiles von allen drei hier genannten Ausgaben bei Beaucamp 1991, S. 227. – Gumbert-Auktion 1985, Nr 2566.

[Jung 311]

356. Anfangsgründe der Naturlehre. Entworfen von Johann Christian Polykarp Erxleben weil.[and] der Weltweish. D. und Prof. auf der Georg Augusts-Universität, der Königl. Societ. der Wissensch. und des Königl. Instit. der histor. Wiss. zu Göttingen, der Königl. Landwirthschaftsgesellsch. zu Zelle und der Batav. Societ. der Experimentalphilos. zu Rotterdam Mitglied, der Berlin. Gesellsch. Naturforschender Freunde Ehrenmitglied. Sechste Auflage. Mit Verbesserungen und vielen Zusätzen von G.C. Lichtenberg Königl. Großbrit. Hofr. und Prof. zu Göttingen. Frankfurt und Leipzig, 1794. LIV [recte: LXIV], 772 S., 27 [773-814] unpaginierte S. mit dem Register, 9 Falttafeln mit Kupferstichen.

[Wie schon am Umfang der arabisch gezählten Seiten erkennbar, ein unrechtmäßiger Nachdruck der 6. Aufl. von Dieterichs Edition (Nr 355) im selben Jahr (!) wie die Vorlage, ‚Männchen auf Männchen' (seiten- und möglichst sogar zeilenidentisch) – offenbar um das Register unverändert übernehmen zu können. Der Verleger ist unbekannt, der Verlagsort die übliche Camouflage in diesem illegalen Geschäft. Wegen der Präsenz in vornehmlich oberdeutschen Bibliotheken ist er wohl südlich des Mains zu suchen. Die „Beschreibung der Smeaton'schen Luftpumpe" ist durch kompresseren Satz um eine Seite reduziert, und die „Zusätze und Verbesserungen" sind auf die letzte Seite des Registerbogens verschoben, um durch das ersparte Blatt beim letzten Titelbogen „d" auf die Bogengrenze (16 statt 18 S.) zu kommen. – Siehe auch 1796. – Sehr verkleinertes Titelblatt-Faksimile bei Beaucamp 1991, S. 227.]

[Jung 312]

357. [Vorlesungsankündigung Lichtenbergs zum Wintersemester 1794/1795 (Beginn: 13.10.). Lateinisch im „Catalogus Praelectionum", datiert vom herausgebenden „Prorector Io. Georg. Henricvs Feder": „exeunte Augusto" [im ausgehenden August = 31.8.] 1794, p. VI; deutsch in:] GGA 1794. 151. St. vom 20.9., S. 1514-1516.
[Regest mit deutschen und lateinischen Zitaten: Cardanus S. 65.]

GTC für 1795

358. Göttinger Taschen CALENDER Für das Iahr 1795. [Göttingen] bei Ioh. Chr. Dieterich [1794]. [Gestochener Kupfertitel; Vignette: Chronos mit Flügeln und Sense auf Wolke; ungezeichnet, vermutl. von Riepenhausen gestochen]. 12 (ungezeichnete) Modekupfer; 5 ungezeichnete Bl. Zeitrechnung auf das Jahr 1795, 24 ungezeichnete Bl. Kalendarium, mit 12 Monatskupfern: 6 Blatt allegorische Darstellungen zur Moral, das erste gezeichnet: „Schubert inv. del. E. Riepenhausen sculps"; 6 Blatt aktuelle Ereignisse, das 5. Bl. gezeichnet: „Schubert del." — [Zweiter Titel]: Taschenbuch zum Nutzen und Vergnügen fürs Jahr 1795. Mit zwölf Monathskupfern, nebst den neuesten Frauenzimmer- und Manns-Kleidungen, in Kupfer. Göttingen bey Johann Christian Dieterich. – S. 3 [= A2]: Geburtstage des Kön. Großbrittanisch. Chur-Braunschweig-Lüneburgischen Hauses; S. 4-78: Genealogisches Verzeichniß der vornehmsten jetzt lebenden hohen Personen in Europa; S. 79-219: [Kalender-Aufsätze, siehe unten]; S. 220 f.: Vergleichung jeder Mark oder Pfund […]; S. 222 f.: Meilenmaaß; S. 224 f.: Getraidemaaß; S. 225: Münzen; S. 226-228: Geographische Längen […]; S. 228 f.: Inhalt; S. [230]: [Buchhändlerische] Nachricht [des Verlegers Dieterich über Preise, Rabatte und Ausstattung des GTC]; S. [230]: Nachricht an den Buchbinder. [Hogarth-Stiche betreffend].
[SK-Tagebuch, 26.7.1794: „Calender zu schreiben angefangen"; 28.7.1794: „Calender Mspt nach der Druckerey."; 29.7.1794: „Erste Calender Correctur aus der Druckerey."; 13.9.1794: „viel Calenderwesen."; 15.9.1794: „Calender geschlossen nahe an 100 Seiten."; 27.11.1794: „Wein von HE. v. Trebra und Calender an ihn."; 13.2.1795: „Abends Brief vermuthlich von Pfarrer Bohnenberger wegen des Calenders!". – Aus dem „Roten Buch" (siehe Siglenverzeichnis und zu Nr 181) fließen 31 hds. Notizen in diesen Jg ein.– Lit.: Lauchert S. 143-146; Köhring S. 155; Lanckoronska/Rümann S. 15; Jung 328-335a. – Denekes Lichtenberg-Schrank Nr 16. – Zum GTC allgemein vgl. Anm. 11.]
Rezensionen: N.N.: NNGZ 1794, LXXXIX. St. vom 7.11., S. 706-711. – N.N.: EGZ 1794, 102. St. vom 23.12., S. 813-815. – N.N.: NLGZ 1795, 1. Beilage zum 1.1., S. 2-4. – N.N.: TGA 1795, 1. St. vom 1.1., S. 3-7. – N.N.: ALZ 1796, 23. St. vom 20.1., Sp. 179-180. – [A.G. Kästner]: GGA 1795. 15. St. vom 24.1., S. 143-147. – Edk. [= J.J. Eschenburg]: NADB, Anhang zu Bd 1-28 (1797), 1. Abteilung, S. 624.

(a) S. 79-108: Geologische Phantasien (Franklins Geogenie).
  [¹VS 7, S. 69-106; der dort fehlende letzte Absatz: Lauchert S. 143. Vollständig
  SB 3, S. 112-124.] [Jung 328]

(b) S. 109-114: Auch ein Paar Worte von Polen.
  [¹VS 5, S. 173-180. ²VS 6, S. 56-60. Wiedergedruckt im Lichtenberg-Jahrbuch
  1998, S. 43-46; dort erläutert durch Tadeusz Zatorski.] [Jung 329]

(c) S. 115-126: Das Luftbad.
  [SK-Tagebuch, 6.6.1794: „Lufftbad. №̱ 1." [bezieht sich aber vielleicht bloß auf
  die praktische Anwendung, nicht die Abfassung des Artikels.] – Wiedergedruckt
  ¹VS 5, S. 181-196. ²VS 6, S. 61-69. GW 2, S. 410-416. SB 3, S. 125-129.] [Jung 330]

(d) S. 127-144: Ueber Gewitterfurcht und Blitzableitung. (Auf Verlangen.)
  [¹VS 5, S. 197-220. ²VS 6, S. 70-82. SB 3, S. 130-137.] [Jung 331]

(e) S. 145-156: Ueber das Eselslehn und die ehemalige Weiberpolizey in der
  Vaterstadt des Herausgebers.
  [H. B. Wencks „Hessischer Geschichte" „entlehnt", von Lichtenberg bearbei-
  tet. – In VS als: „Weiberpolizey in Darmstadt", ¹VS 5, S. 221-236. ²VS 6, S. 83-91.
  Erläutert wiedergedruckt durch Joost im Lichtenberg-Jahrbuch 2011, S. 49-55. –
  Ein „verschütteter Aphorismus" von S. 154f.: Gravenkamp, S. 97f.] [Jung 332]

(f) S. 157-182: Miscellaneen.
  [Bezifferung und Titel von Lichtenberg.] [Jung 333]
  a) Ein Wort über das Alter der Guillotine. S. 157-165.
  [¹VS 5, S. 492-503. ²VS 6, S. 245-252. GW 2, S. 417-421. SB 3, S. 488-491.]
  b) Etwas von Jesuiten. S. 165-166
  [²VS 6, S. 446. Nicht in ¹VS.]
  c) Von Räthseln. S. 166-168
  [In VS nicht wiedergedruckt.]
  d) Wohin wird es noch mit den Complimenten kommen? S. 168-169
  [²VS 6, S. 480. Nicht in ¹VS.]
  †e) Getaufte Juden. S. 169
  [In VS nicht wiedergedruckt; dafür Lauchert S. 144.]
  f) Ein Original-Genie. S. 170-171
  [In VS nicht wiedergedruckt.]
  †g) Ein seltsamer Besuch. S. 172-180
  [Verfasser: J. G. Schummels Reise durch Schlesien; von Lichtenberg kommentierte Auszüge.] [²VS 6, S. 480-484. Nicht in ¹VS. – Ein „verschütteter Aphorismus" von S. 179f.: Gravenkamp, S. 98.]
  h) [Ohne Überschrift:]
  [Der reisende Däne Sneedorf fand in einem Tollhaus unter 38 Rasenden sieben
  Magister.] S. 180f. [²VS 6, S.484f. – Ein „verschütteter Aphorismus" von S. 180f.:
  Gravenkamp, S. 98.]

(g) S. 182-203: Neue Erfindungen, physikalische und andere Merkwürdigkeiten.
  [Bezifferung, nicht aber die Titel von Lichtenberg.] [Jung 334]
  [1) Bericht von Dr Swediauer [recte: Swediaur] über eine neue venerische Krankheit in Kanada S. 182f. – 2) Erfindung des Mechanicus Cuthbertson zur Verbesserung der Ladung Leidener Flaschen S. 183-185. – 3) Neue Entdeckungen Her-

schels zur Venus S. 185 f. – 4) Herschels neue Messungen zur Rotationszeit des Saturns S. 186 f. – 5) Pfaffs Versuche mit tierischer Elektrizität S. 187-193 (stammt von Christoph Heinrich Pfaff selbst, nach dessen „De electricitate sic dicta animali": Vgl. Bw 4, S. 322: Nr 2426). – 6) Neuerlich zum Wallrath [siehe oben Nr 343 (d)] S. 193. – 7) Tierische Electricität: Zungenversuch mit Zinkstück (siehe Nr 334; ferner Bw Nr 2153. 2174. 2190.) S. 193-195.– 8) Hundsnasen S. 195-198. Wiedergedruckt unter dem Titel: „Neuer Gebrauch der Hunde" in ¹VS 5, S. 503-507. ²VS 6, S. 261-263. – Ein „verschütteter Aphorismus" von S. 196 f.: Gravenkamp, S. 99. – 9) Zum Einfluss des Mondes auf die Witterung S. 198-203. Wiedergedruckt unter dem Titel: „Eine kleine Lehre und Warnung für Meteorologen" (aus Lichtenbergs Eingangssatz), in ¹VS 7, S. 346-352.

(h) S. 204-215: Erklärung Hogarthischer Kupferstiche. Die Biergasse und das Branntwein- (Genever-) Gäßchen. (**Beer street and Gin-lane.**)

[Im Kalender zum ersten drei, zum zweiten zwei Kupfer. – Dann in der 10. Lieferung der „Ausführlichen Erklärung" Platte 58 und 59 (mit Zusätzen des Herausgebers); danach ²VS 13, S. 80-88. 89-97; zwei dort weggelassene Absätze bringt Lauchert S. 145. Nach dem GTC wieder in Lichtenbergs Hogarth 1999, S. 261-269. – Ein „verschütteter Aphorismus" von S. 205 f.: Gravenkamp, S. 98 f.] [Jung 335]

†(i) S. 215-219: Erklärung der Monathskupfer.

[Gestochen von J. D. Schubert: 6 Blatt allegorische Darstellungen, 6 Blatt aktuelle Ereignisse. – Bis auf die Einleitung stammt der Text von Schubert, wie Lichtenberg betont.] [Jung 335a].

[Jung 328-335a]

359.   Almanac de Göttingue pour l'année 1795. [Göttingen] chez I. C. Dieterich [1794]. [Übersetzung des GTC durch Isaac Colom du Clos (vgl. Anm. 12).] (Nicht paginiert: 12 gezählte Kupfer mit Damen- und Herren-Moden). – (Nicht paginiert:) Epoques de l'année 1795. (10 S.) – (Nicht paginiert: Kalendarium 12 x 4 = 48 S. und 12 gezählte Monatskupfer mit unterschiedlichen Motiven). – Gumbert-Auktion 1985, Nr 2603.

p. 1: Manuel contenant diverses connaissances curieuses & utiles pour l'année 1795. Avec douze estampes en taille-douces, avec les modes les plus modernes des Dames, & des Cavaliers gravées en taille-douce. À Gottingue, chez Jean Chrêtien Dieterich. – p. 3: Jours de Naissance de la Maison Royale. – p. 4-78: Etat présent des Maisons Souveraines & de celles des Princes les plus considérables de l'Europe.

p. 79-109: Fantaisies géologiques. (La Géogénie de Franklin.)

p. 110-116: Quelques mots sur la Pologne.

p. 116-128: Les Bains aériens.

p. 128-146: De la crainte des orages & des conducteurs de la foudre. (Requis.)

p. 146-157: Du fief à l'âne, & de l'ancienne police de femmes dans la ville où est né l'Editeur.

p. 157-182: Mèlange. A) Un mot sur l'age ou l'ancienneté de la guillotine. – b) Quelques mots des Jesuites. – c) Des Enigmes. – d) A quel point iront enfin les complimens?

e) Juifs bâtiséS. – f) Un Génie original. – g) Visite singuliere. – h) [ohne Titel.]

p. 183-203: Nouvelles Decouvertes, Curiositès physiques & autres.

p. 204-214: Explication de quelques estampes de Hogarth. Rue à la bierre & la ruelle au brandevin (de genèvre). (Beer Street and Gin-lane). [Mit den Kupfern F, G, H, I, K.]

p. 215-219: Explication des Estampes pour les Mois.

p. 220-221: Comparaison de chaque Marc ou Livre du poids de l'or, de l'argent, de la monnoye, et du commerce de plusieurs lieux, par grains ou parties nommées as, poids de Troyes d'Hollande. – p. 222-223: Miles. – p. 224: Mesures des Grains en pouces cubes de Paris. – p. 224: Autres mesures des Solides. – p. 225: Monnoyes. – p. 226-228: Longitude et Latitude géographique de divers endroits. – p. 228: Table des Matieres. – p. 230: Avertissement. Avis au relieur.

360. Antwort auf die Frage über Wetterparoskope, im 75 Stück des neuen Hannoverischen Magazins von diesem Jahre. In: Neues Hannoverisches Magazin 4 (1794), 85. St. vom 24.10., Sp. 1345-1352.

[Als „Scopparo"[96] camoufliert im SK-Tagebuch, 14.10.1794: „damned Scopparo"; 15.10.1794: „die Wolcken zertheilen sich am Himmel aber *nicht* in meinem Scopparo Kopf."; 17.10.1794: „Billet an Kästner (Scopparo)". – In Nr 361 wegen eines Fehlers korrigiert. Wiedergedruckt im Bw 4, S. 349-353: Nr 2444.]

[Jung 324]

361. Eine kleine Palinodie, in einem Sendschreiben an den Herausgeber des neuen Hannöverischen Magazins. In: Neues Hannoverisches Magazin 4 (1794), 89. St. vom 7.11., Sp. 1409-1412.

[Zur Behebung eines Fehlers in Nr 360. Wiedergedruckt im Bw 4, S. 355-357: Nr 2447. SK-Tagebuch, 8.11. 1794: „Das dumme Magazin mit Palinodie". S. die vorige Nummer. – Der offenbare Druckfehler des Magazins „Reise und Parometer" (im Bw nicht verbessert) wird im Lichtenberg-Jahrbuch 2007, S. 245 (begründet) emendiert zu „Reise-Parometer".]

[Jung 325]

---

96 Giulia Cantarutti macht mich darauf aufmerksam, dass italienisch scop(p)a Besen und Staubbesen heißt, scop(p)are entsprechend fegen, kehren; auspeitschen, geißeln (vgl. C. I. Jagemann: Dizionario Italiano-Tedesco. Edizione nuova Leipzig: Jacobäer 1803, p. 1019). Das wird Lichtenberg gewusst haben: er war vielleicht schon auf der Schule, wahrscheinlicher bei seinem Hauswirt Tompson 1767 etwas in der damaligen Handelssprache Italienisch unterwiesen worden und hat vor der dann nicht zustande gekommenen Italienreise sein „etwas rostig gewordnes Italiänisch wieder blanck" gescheuert (an Gotthilf Hieronymus Amelung, 11.2.1785. Bw 3, 46: Nr 1355).

1795

362. [Vorlesungsankündigung Lichtenbergs zum Sommersemester 1795 (Beginn: 20.4.). Lateinisch im „Catalogus Praelectionum", datiert vom herausgebenden „Prorector Io. Frid. Schlevsner": „Kal. Mart." [= 1.3.] 1795, p. VII; deutsch in:] GGA 1795. 45. St. vom 19.3., S. 452.
[Regest mit deutschen und lateinischen Zitaten: Cardanus S. 65.]

Hogarth, 2. Lieferung

363. G. C. Lichtenbergs ausführliche Erklärung der Hogarthischen Kupferstiche, mit verkleinerten aber vollständigen Copien derselben von E.[rnst Ludwig] Riepenhausen. Zweyte Lieferung. Göttingen im Verlag von Joh. Christ. Dieterich 1795. XIV (+ 1), 376 S.
[Vgl. die erläuternden Präliminarien zu Nr 350! – Die folgende Kollation nach der *editio princeps* (A): S. II: [Motto nach Churchill (wie Nr 350).] – S. III: **Vorrede.** – S. [XV]: Druckfehler. – S. [3]: VII. Der Weg der Buhlerinn. Erste Platte. S. [5]-72: VII. The Harlots Progress. Der Weg der Buhlerinn. – S.73-116: VIII: = Zweyte Platte. – S. 117-192: IX: = Drittte Platte. – S. 193-246: X. = Vierte Platte. – S. 247-320: XI. = Fünfte Platte. – S.321-376: XII. = Sechste Platte. (Jördens 3, S. 360 bietet bei seiner Inhaltsübersicht die Seitenzahlen der Auflage B!). – Hds. stichworthafte Arbeitsnotizen im Nachlass: Ein früher Entwurf Nachlass: Ms. Lichtenberg IV, 47 Bl. 2 f.; Ms. Lichtenberg IV, 49, Bl. 1-11; darin Bl. 1 f. (zur „II. Platte"); ebd. Bl. 3 r. + v. (zur „III. Platte"); ebd. Bl. 4 zu verschiedenen Platten. Zur „IV. Platte" ebd. Bl. 5. Hier (ebd. Bl. 9 f.) liegt auch das Fragment des Briefs von Eschenburg [Anfang Juni 1785?] (Bw 5.1, S. 88 f.: Nr 1375a) mit Hinweisen des Absenders zur GTC-Fassung (unsere Nr 204 (a)1.) und weiteren Notizen Lichtenbergs zur jetzigen Version. Ferner (nach Lichtenbergs Angaben auf den vorgenannten Blättern) im anscheinend nur für „Harlot" angelegten, aber nicht mehr im Nachlass vorhandenen „Livre rouge" (er verweist hier auf deren p. 66. 69. 73. 74. 78 f. 83. 85. 92. 102. 103.) [Dieses Buch kann nicht identisch sein mit dem „Roten Buch" zum Kalender (Nachlass: Ms. Lichtenberg IV, 46), aus dem hier p. 49 angezogen ist!].
Die Vorrede ist datiert und gezeichnet: „Göttingen den 18. April 1795. G. C. L." – SK-Tagebuch, 18.6.1794: „Riepenhausen bey mir. Wir beschließen das Leben einer Buhlschwester, statt Marriage à la mode zu nehmen."; 27.12.1794: „Viel am Hogarth geschrieben p, *und* gute präparatoria"; 30.12.1794: „Noch will es mit Hogarth *nicht* gehen!!"; 4.1.1795: „viel Hogarth rein geschrieben"; 8.1.1795: „Erster Bogen von Hogarth aus der Druckerey."; 12.3.1795: „Correspondenz mit Prof. Arnemann, wegen Hogarth."; 6.4.1795: „Sehr viel Hogarth."; 9.4.1795: „Viel Hogarth. Endige das 5ᵗᵉ Blatt von Harlot."; 18.4.1795: „Hogarth gantz geendigt."; 1.5.1795: „Billet von Kästner wegen Hogarth."; 10.5.1795: „Ich Hogarth an Eschenburg."; 24.5.1795: „Abends [Dieterich] mir 400 *Reichstaler* für Hogarth."; 15.6.1795: „Brief von meinem Bruder wegen Hogarths."; 25.6.1795: „An Trebra den Hogarth geschickt nebst Gevatter Brief."; 13.10.1795: „Brief an Göthe mit dem Hogarth." – Die „Druckfehler" Lichtenbergs S. XV sind in die

späteren Auflagen eingearbeitet; dagegen nicht alle der hds. Korrekturen in seinem Handexemplar (Original heute bei Familie Lichtenberg auf der Farm Otjisororindi, Namibia): S. 53: „Rabat" erg. „zurück" [nicht ausgeführt] – S. 125, Z. 2 v. u.: Zweck] Zwang – S. 151, Z. 5: Telegraphen] Brille [nicht ausgeführt] – S. 258, Z. 3 v. u.: hinter „war." Geändert zu „Der andere Dr. Misaubin," – S. 263, letzte Z. überlassen diese] überlassen sie – S. 265, Z. 5: Landmanns] Landsmanns – S. 312, Z. 8/9: Trok-kung] Trock-nung – S. 327 Anm. Z. 6: am Rand erg.: „(1658)" – S. 338, Z. 5: Gebet-Besteck] Bet-Besteck. – Lauchert, S. 146 (ohne Hinweise zur Textkritik). – Denekes Lichtenberg-Schrank Nr 42.]
Rezensionen: N. N.: NNGZ 1795, XLIII. St. vom 29.5., S. 337-341. – [A. G. Kästner]: GGA 1795, 86. St. vom 30.5., S. 857-859. – [J. W. Archenholtz]: Minerva 1795, 2. Bd (April-Juni), S. 568 (wiedergedruckt durch Achenbach 2021, S. 181; zuerst im Photorin Heft 7-8 (1984), S. 29). – TGA 1795, S. 462-464. – N. N.: OALZ 1795, St. CXXXVII vom 18.11., Sp. 994f. – J. J. Eschenburg: ALZ 1795, Bd 2, Nr 170 vom 19.6., Sp. 596-599 (wiedergedruckt Eschenburg 2013, S. 43-46). – Gentleman's Magazine 1795, S. 682[97]. – N. N.: MJ, 9. Bd (1796), 36. St., S. 62. – N. N.: JdBK 1797, S. 182-188 (Rezension über Lieferung 1 und 2) – *Fa.* [J. J. Eschenburg:] NADB, Anhang zu Bd 1-28 (1792-1795), 1. Abt., St. 1 (1797), S. 193-200. (Rezension über Lieferung 1-3). – [J. K. S. Morgenstern:] NBsWfK Bd 63 (1800), 1. St., S. 20-60 (Rezension über 1.-5. Lieferung; eingehender siehe zur 1. Lieferung 1794).

[Jung 308/2]

364. Adams, Büsch und Lichtenberg über einige wichtigen Pflichten gegen die Augen. Mit einigen Anmerkungen hrsg. von S[amuel] Th[omas] Sömmerring[98]. 2. Aufl. Frankfurt am Main: Varrentrapp & Wenner 1795. 52 S.
[Gemäß dem Vorwort S. [6], datiert „1. Sept. 1795", hatte der Hrsg. „nur wenige Veränderungen und Zusätze für nöthig befunden" (es sind jetzt 20 Anmerkungen gegenüber der 1. Auflage: Nr 347; s. d.). Lichtenbergs Text beginnt wieder S. [7]; winzige Veränderungen im Text S. 11 Z. 6 immer crescendo] immer zunehmend (crescendo); S. 14 Z. 8-10 („man bemühe ... sich erhalten") in größerer Schrift. – Übersetzung ins *Dänische* nach dieser Auflage: Nr 378a.]
Rezension: [Selbstanzeige durch S. Th. Soemmerring]: GGA 1795, S. 1888.

[Jung 327]

365. **Göttingen.** [Rezension über:] Augustin Gottfried Lentin: Ueber das Verkalken der Metalle, wenn sie in dephlogisirter Luft der Wirkung des Feuers ausgesezt werden. Göttingen: Vandenhoeck & Ruprecht 1795. In: GGA 1795. 93. St. vom 11.6., S. 929-933.
[Anonym gedruckt; Verfasserschaft bestimmt nach dem Göttinger Handexemplar der GGA (danach Hahn, S. 85; Guthke 1963, S. 339: Nr 43) bzw. dem Tü-

---

97 Vgl. Br 3, 1904, 318.
98 Diese Auflage nicht autopsiert. Der Verfasser schrieb sich damals schon selber: Soemmerring (zumeist auch in deutscher Schrift beziehungsweise Frakturdruck); Jung hat sogar Sömmering (mutmaßlich falsch).

binger Handexemplar (Fambach 1976, S. 199). Wiedergedruckt Lichtenberg-Jahrbuch 2012, S. 218-220. –
SK-Tagebuch, 19.5.1795: „Recensionen an Heynen."; 1795 vorderes Vorsatzblatt
verso (= p. 2): „NB. Meine Recension von Lentins Schrifft steht № 93. 1795".]

[Jung 336]

366.   **Hannover.** [Rezension über:] Plan von der Neustadt Pirmont mit ihrem
       Mineral-Brunnen und der umliegenden Gegend, aufgenommen im Jahr
       1790, gest. von F. Cöntgen. Hannover: Helwing. In: GGA 1795. 101. St.
       vom 25.6., S. 1014 f.
       [SK-Tagebuch, 19.5.1795: „Recensionen an Heynen." – Anonym gedruckt; Ver-
       fasserschaft bestimmt nach dem Göttinger Handexemplar der GGA (danach
       Hahn, S. 85; Guthke 1963, S. 339: Nr 44) bzw. dem Tübinger Handexemplar
       (Fambach 1976, S. 199).]

[Jung 337]

367.   [Vorlesungsankündigung Lichtenbergs zum Wintersemester 1795/1796
       (Beginn: 12.10.). Lateinisch im „Catalogus Praelectionum", datiert vom he-
       rausgebenden „Prorector Io. Petr. Waldeck": „XII. Augusti" [= 12.8.] 1795,
       p. VII; deutsch in:] GGA 1795. 143. St. vom 5.9., S. 1434. 1436.
       [Regest mit deutschen und lateinischen Zitaten: Cardanus S. 65.]

GTC für 1796

368.   Göttinger Taschen CALENDER Für das Iahr 1796. [Göttingen] bei Ioh. Chr.
       Dieterich. [1795]. [Gestochener Kupfertitel; Vignette: Chronos (wie GTC
       für 1795); ungezeichnet, vermutl. von Riepenhausen gestochen]. 6 Mode-
       kupfer (Nr 1 gezeichnet: „Riepenh. f."), (66 unpag. S.) Kalender, mit
       12 Kupfern (Nr 1: „Schubert del."): (Folgen des Krieges und des Frie-
       dens). – [Zweiter Titel:] Taschenbuch zum Nutzen und Vergnügen fürs
       Jahr 1796, von G. C. Lichtenberg. Mit zwölf Monathskupfern, nebst den
       neuesten Frauenzimmer- und Manns-Kleidungen, in Kupfer. Göttingen
       bey Johann Christian Dieterich. – S. 3 [= A2]: Geburtstage des Kön. Groß-
       brittanisch. Chur-Braunschweig-Lüneburgischen Hauses; S. 4-82: Genea-
       logisches Verzeichniß der vornehmsten jetzt lebenden hohen Personen in
       Europa; S. 83-209: [Kalender-Aufsätze, siehe unten]; S. 210 f.: Vergleichung
       jeder Mark [...] verschiedener Oerter [...]; S. 212 f.: Meilenmaaß; S. 214:
       Getreidemaaß; S. 215: Münzen; S. 216 f.: Geographische Länge und Breite
       einiger Oerter; S. 218 f.]: Inhalt; S. [220]: [Buchhändlerische] Nachricht
       [des Verlegers Dieterich über Preise, Rabatte und Ausstattung des GTC];
       S. [220]: Verbesserungen. [zu S. 142. 155. 166. 168.]

[Erst ab diesem Jahrgang ist der GTC auf dem 2. Titel S. [1] namentlich gezeichnet als: „von G. C. Lichtenberg", wie dann auch noch in den drei folgenden von Lichtenberg verfassten bzw. redigierten Jahrgängen des GTC. – SK-Tagebuch, 10.7.1795: „Am Calender angefangen zu schreiben"; 11.7.1795: „Ich schreibe am Calender, es will aber nicht rutschen."; 12.7.1795: „viel am Calender."; 14.7.1795: „Calender in die Druckerey."; 29.7.1795: „3ᵗᵉʳ Bogen vom Calender zur Correktur."; 1.8.1795: „Ich schreibe viel am Calender."; 4.9.1795: „Calender geendigt"; 21.12.1795: „Calender an meinen Bruder [Ludwig Christian]". 4.1.1796: „Abends nach Tisch a + b [im Reichs-Anzeiger] gegen den Calender!! [siehe unten Nr 370] fürchterliche Nacht." – Aus dem „Roten Buch" (siehe Siglenverzeichnis und zu Nr 181) fließen 17 hds. Notizen in diesen Jg ein. – Lit.: Lauchert S. 146-149; Grisebach 1913, S. 368: Nr 1515; Köhring S. 155; Lanckoronska/Rümann S. 15; Jung 338-344; Willnat (Dieterich) S. 191. 26/4. – Denekes Lichtenberg-Schrank Nr 16. – Gumbert-Auktion 1985, Nr 2604. – Zum GTC allgemein vgl. Anm. 11.]
Rezensionen: N.N.: NLGA, XXI. Beilage zum 1.11. 1795, S. 161-163. – N.N.: TGA, 2. St., 7.1.1796, S. 12-16. – N.N. [J.J. Eschenburg?]: ALZ 1796 Nr 23, vom 20.1., Sp. 179-181. – [A.G. Kästner]: GGA 1796. 24. St. vom 11.2., S. 233-235. – N.N.: GTH, 12. St. 1796, S. 99. – N.N.: Tüb. Gel. Anz. 2. St. 1796, S. 12-16.

(a) S. 83-120: Dreht sich der Mond um seine Axe? (Auf Verlangen).
[¹VS 7, S. 107-154. – Ein „verschütteter Aphorismus" von S. 83: Gravenkamp, S. 99.] [Jung 338]

† (b) S. 121-146: Von den Kriegs- und Fast-Schulen der Schinesen, nebst einigen andern Neuigkeiten von daher.
[Zur Verfasser- und Herausgeber-Fiktion siehe auch Anm. zu Nr 307 (a). – SK-Tagebuch, 1.8.1795: „Tsinglong". – Wiedergedruckt ¹VS 5, S. 237-270. ²VS 6, S. 92-110. SB 3, S. 440-450.] [Jung 339]

†(c) S. 146-159: Ein neuer Damen-Anzug, vermuthlich in Indien.
[Zur Verfasser- und Herausgeber-Fiktion (die hier – siehe S. 154 mit der Korrektur des Autors durch den Herausgeber – allerdings ziemlich *sophisticated* wäre) siehe Annotation zu Nr 307 (a). – ¹VS 5, S. 271-287. ²VS 6, S. 111-120. Lichtenberg-Jahrbuch 1995, S. 7-29.] [Jung 340]

(d) S. 160-187: Neue Erfindungen, physicalische und andere Merkwürdigkeiten.
[Alle Bezifferungen und die Titel von Nr 1. 6f. 10 von Lichtenberg.] [Jung 341]
[1] „Das Eiduranion oder transparente Orrery." S. 160-165. – 2) Ausnahme von der Regel, dass weibliches Rotwild keine Hörner hat. S. 165f. – 3) Wootz, eine neue Art Eisen aus Ostindien (Mittelamerika); Bericht darüber von Pearson in den Philosophical Transactions 1795. S. 166. – 4) 1 ½-2 Millionen Hunde in England; Berechnung, wie hoch der Steuergewinn selbst bei Schwund sein müsste. S. 167. – 5) Neue Chemische Entdeckungen (u. a. Titan), am Schluss ein paar Seitenhiebe auf Alchemie und Spagyrik. S. 167-169. (Nr 1-5 in VS nicht wiedergedruckt.) – 6) „Wie die Schineser ihr großes Papier verfertigen" S. 169-171. Wiedergedruckt ¹VS S. 508-511. ²VS 6, S. 264f. Bibliogenie S. 74f. – 7) „Ueber Bücher-Formate" S. 171-178. Wiedergedruckt ¹VS 5, S. 511-520. ²VS 6, S. 266-271. Bogeng 1920, S. 159-161; Bibliogenie S. 75-79; ferner Lichtenberg-Jahrbuch 1992, S. 45-48. Vgl. dazu eingehend Achenbach 2021, S. 66-81. – 8) Volta bestätigt durch seine Versuche Delucs Theorie Evaporation. In VS nicht wiedergedruckt. S. 178f. – 9) Neue Versuche zur Verdampfung von Wasser durch G. G. Schmidt. S. 180-182. In VS nicht

wiedergedruckt.– †10) „Das Neueste vom Einhorn" S. 182-187. Verfasser: H. Cloete, in den Schriften der Seeländischen Gesellschaft der Wissenschaften zu Vlissingen. Gemäß F. A. A. Meyers Brief an L. vom 18.7.1795 (Bw 4, 484: Nr 2549) ist der Artikel von Meyer übersetzt. – In VS nicht wiedergedruckt.

(e) S. 188-201: Miscellaneen.

[Bezifferung und Titel von Lichtenberg.] [Jung 342]

1) Ueber das im vorigen Jahre aufgegebene Räthsel. S. 188-189. [In VS nicht wiedergedruckt.]

2) Ein neues Räthsel. S. 189-190. [In VS nicht wiedergedruckt.]

3) Eine rührende Grabschrift. S. 190-191. [In VS nicht wiedergedruckt.]

4) Gelehrte Diebstähle. S. 191-193. [Wiedergedruckt [2]VS 6, S. 487 f. Nicht in [1]VS.]

5) Zero. S. 193. [Wiedergedruckt [1]VS 5, S. 520 f. [2]VS 6, S. 272.]

6) Vom bibliopolischen Jahre. S. 194-196. [Wiedergedruckt [1]VS 5, S. 521-524. [2]VS 6, S. 273 f. Bibliogenie S. 79 f.]

7) Trost bey trauriger politischer Aussicht. S. 196-197. [Wiedergedruckt [1]VS 5, S. 525 f. [2]VS 6, S. 275.]

8) Etwas Stoff zu Montags-Andachten. S. 197-201. [Wiedergedruckt [1]VS 5, S. 526-532. [2]VS 6, S. 276-279. GW 2, S. 422-424. SB 3, S. 492-493. Vgl. dazu auch Achenbach 2021, S. 388 f.]

(f) S. 202-204: Ein Blättchen von Hogarth.

[Wiedergedruckt in der 11. Lieferung der „Ausführlichen Erklärung", Platte 67, mit dem Titel: „Eine Scene aus Pope's Lockenraub" (mit Zusätzen des Herausgebers); danach [2]VS 14, S. 147 (ohne den Eingangsabsatz – den gibt Lauchert S. 148 –aber mit der ganzen Stelle bei Alexander Pope, von der Lichtenberg nur den 1. Vers zitiert hatte). – Nach dem GTC wieder in Lichtenbergs Hogarth 1999, S. 271 f.] [Jung 343]

†(g) S. 205-209: Erklärung der Monathskupfer.

[J. D. Schubert: Die Folgen des Krieges und des Friedens. Bl. 1-12. – Verfasser vermutlich, wie im GTC für 1795, Schubert: Vgl. Nr 358†(i).] [Jung 344]

369. Almanac de Göttingue pour l'année 1796. [Göttingen] chez I. C. Dieterich [1795]. [Übersetzung des GTC vermutlich durch François Soulange d'Artaud oder René Leroi de Chateaubourg (vgl. Anm. 13).] (Nicht paginiert: 6 Kupfer mit Damen- und Herren-Moden). – (Nicht paginiert:) Epoques de l'année bissextile 1796. (10 S.) – (Nicht paginiert: Kalendarium 12 x 4 = 48 S. und 12 gezählte Monatskupfer zu unterschiedlichen Themen der menschlichen Betätigung).

p. 1: Etrennes pour l'utilité et l'agrément du Lecteur par M. Lichtenberg. L'an 1796 dont chaque mois est orné d'une estampe et des modes de nos Dames et Cavaliers en taille-douce. À Gottingue chez J. C. Dieterich. – p. 3: Jours de Naissance de la maison Royale. – p. 4-82: Table Généalogique des Maisons Souveraines & de celles des autres Princes & Princesses de l'Europe.

p. 83-118: La lune tourne-t-elle sur son axe? (Par ordre.)

p. 119-121: Post-Scriptum.

p.122-148: Des Academies militaires-Ecoles de jeune des Chinois, et d'autres Nouvelles de la Chine.

p. 149-162: Nouvelle mode des Dames probablement dans l'Inde orientale.

p. 163-189: Découvertes en Physique et autres nouveautés interessantes. 1) Eiduranion ou l'orrery transparent. – 2)-5) [ohne Titel.] – 6) De la fabrication du grand Papier des Chinois. – 7) Sur les Formats des livres. – 8)-9) [ohne Titel.] – 10) Les Nouvelles les plus recentes du Monocéros.

p. 189-202: Varietés amusantes. 1) Sur l'Enigme proposée l'an passé. – 2) Nouvelle Enigme. – 3) Epitaphe touchant. – 4) Plagiats. – 5) Zéro. – 6) Sur l'année bibliopole. – 7) Consolation dans les Catastrophes politiques, qu'on pressent. – 8) Un mot sur la dévolution du lundi bleu.

p. 202-205: Une feuille estampée de Hogarth. (1 Bild).

p. 205-211: Explication des Estampes.

p. 212-213: Comparaison de chaque Marc ou Livre du poids de l'or, de l'argent, de la monnoye, et du commerce de plusieurs lieux, par grains ou parties nommées as, poids de Troyes d'Hollande. – p. 214-215: Miles. – p. 216: Mesures des Grains en pouces cubes de Paris. – p. 216: Autres mesures des Solides. – p. 217: Monnoyes. – p. 218-220: Longitude et Latitude géographique de divers endroits. – p. 220-221: Table des Matières. – p. 222: Avertissement.

1796

370. [An den Herausgeber des Reichs-Anzeigers; unter der Rubrik „Berichtigung und Streitigkeiten"]. In: [Becker, Rudolf Zacharias (Hrsg.):] Der Reichs-Anzeiger. Gotha 1796. Nr 36 vom 12.2., Bd 1, Sp. 369-372.
[Datiert und gezeichnet „Göttingen im Jan. 96. G. C. Lichtenberg". Antwort auf einen „Herrn von M–r, der in Num. 291 des R. A. vom v. J. [Dezember 1795] eine Vergleichung zwischen den geogr. Längen und Breiten einiger Oerter nach deren Angaben im **Gothaischen** und **Göttingischen** Taschencalender angestellt hat" mit wortreicher Bitte um Entschuldigung für den peinlichen Fehler, dass Lichtenberg seit seiner Übernahme des GTC ungeprüft und daher unverändert eine Reihe falscher geographischer Angaben im Kalender alljährlich wiederholte: „Es soll nicht wieder geschehen". In Wahrheit hatte aber der Astronom Franz Xaver v. Zach in Gotha am 22.12.1795 in einem kleinen Artikel im „Reichsanzeiger" (Nr 291) unter der Chiffre „a + b" anlässlich einer diesbezüglichen Anfrage sehr höflich darauf hingewiesen, dass die geographische Länge und Breite (longitudo & latitudo) bestimmter Orte jahrelang in der betreffenden Tabelle in Lichtenbergs „Göttinger Taschen Calender" (und anderen Jahrbüchern) immer wieder falsch angegeben worden waren. Aber schon länger wusste Lichtenberg von diesem beschämenden Irrtum, und seitdem bezeichnete er auch ohne die erwartete öffentliche Zurechtweisung mit der kryptischen Hüllformel ‚Longlat' (die keinesfalls eine Erektion meint) den Zustand seelischer Anspannung und irrationaler Angst (z.B. bei ähnlichen Erlebnissen). – SK-Tagebuch, 4.1.1796: „Abends nach Tisch a + b gegen den Calender ! ! fürchterliche Nacht." 11.1. „Brief von meinem Bruder über Long. Lat ! !" – Wiedergedruckt im Bw 4, S. 549-551: Nr 2606.]

371. [Vorlesungsankündigung Lichtenbergs zum Sommersemester 1796 (Beginn: 12.4.). Lateinisch im „Catalogus Praelectionum", datiert vom herausgebenden „Prorector Io. Fridr. Gmelin": „Kal. Febr." [= 1.2.] 1796, p. VII; deutsch in:] GGA 1796. 39. St. vom 7.3., S. 396.
[Regest mit deutschen und lateinischen Zitaten: Cardanus S. 65.]

Hogarth, 3. Lieferung

372. G.C. Lichtenbergs ausführliche Erklärung der Hogarthischen Kupferstiche, mit verkleinerten aber vollständigen Copien derselben von E.[rnst Ludwig] Riepenhausen. Dritte Lieferung. Göttingen im Verlag von Joh. Christ. Dieterich 1796. VII, 368 S.
[Vgl. die erläuternden Präliminarien zu Nr 350! – Die folgende Kollation nach der *editio princeps* (A): S. II: [Motto nach Churchill (wie Nr 350).] – S. III-VI: Vorerinnerung [gezeichnet und datiert. „Göttingen; im April 1796. G.C.L.".]. – S. [VII:] Verbesserungen. – S. 1-368: XIII.-XX. The Rake's Progress. Der Weg des Liederlichen. [= Erste Platte. bis Achte Platte.] S. 1-56: XIII: = Erste Platte. S. 57-120: XIV: = Zweyte Platte. – S. 121-160: XV: = Drittte Platte. – S. 161-204: XVI. = Vierte Platte. – S. 205-254: XVII. = Fünfte Platte. – S. 255-284: XVIII. = Sechste Platte. – S. 285-328: XIX. = Siebte Platte. – S. 329-368: XX. = Achte Platte. (Jördens 3, S. 360 bietet bei seiner Inhaltsübersicht wohl wieder die Seitenzahlen der Auflage B, die aber bei dieser Lieferung mit A fast identisch zu sein scheint. Sie ist indessen nicht vom Stehsatz genommen, sondern sehr genau ‚Männchen auf Männchen' nachgesetzt worden, wie eine genaue Vergleichung mithilfe der Diagonale – zum Verfahren vgl. Joost 2009, S. 186 unten – ergab). – Diese Lieferung enthielt im Text am Schluss der Beschreibung der 2. Platte vignettenartig einen kleinen Kupferstich mit der Bildüberschrift: „Hier ist der [auf S. 84 Anm.] versprochene Franzosen-Fresser *Figg* ganz nach dem Leben.", mit dem man auf einen Blick die jeweilige Auflage bestimmen kann (dazu Achenbach 2021, S. 224. 232. 245-249): in der Erstausgabe A 1796, S. 120, in runder Aureole und ohne die „Bengel" = die (Knüppel, mit welchen Figg kämpfte; siehe zu B!); in B 1796 [recte wohl: 1798 – oder sogar erst um 1800?], S. 120, jetzt aber mit den beiden „Bengeln", die in A und B auf S. 80 beschrieben werden (SB 3, S. 849 bzw. 840: zumindest der Text dieser Lieferung folgt also dort der Ausgabe B – die andern vermutlich auch) – die Vignette wurde also überarbeitet; in Auflage C (1796; recte: 1816? Oder später?), S. 110 fehlt die Illustration ganz; da sie in den Text eingelegt war, ersparte man sich also den Aufwand bei diesem Druckbogen, der dazu zweimal bedruckt werden musste. Indessen ist die nun sinnlose Überschrift versehentlich hier noch stehen geblieben. In Auflage D (1796; recte: 1825? Oder sogar erst 1835?), S. 63, ebenso in Auflage E (1796; recte: nach 1835), S. 46, sowie dem Wiener Nachdruck, erschienen 1818 bei Kaulfuß und Armbruster, fehlt die Vignette wie nun aber auch endlich deren Überschrift. Vgl. Achenbach 2021, S. 245-249 (zuerst Lichtenberg-Jahrbuch 2008): mit Abbildungen der beiden Vignetten, und Joost/Unverfehrt S. 74-76 Nr 32 und 32 a. – Ein paar Blätter mit Entwurfsnotizen im Nachlass: Ms. Lichtenberg IV, 47, Bl. 4r. („Vorrede", nicht verwendet); Bl. 4v. (zur 7. Platte, Erstdruck S. 305-307 = SB 3, S. 894f., nur teilweise wörtlich); zur 8. Platte („Bed-

lam") ebd. Bl. 5 v.; drei Absätze daraus gedruckt im Lichtenberg-Jahrbuch 2022, S. 121, deren letzter von Lichtenberg verändert verwendet im Erstdruck S. 352 = SB 3, S. 907). Ferner zur Eheschließungs-Szene auf der 5. Platte ("Copulation") Ms. Lichtenberg IV, 48, Bl. 19f.; gedruckt (mit kleinen Fehlern) Joost/Unverfehrt S. 106f. Ebd. die letzte Seite – Bl. 20 v. – nur charakterisiert: sie entspricht nämlich in ihrer ersten Hälfte fast wörtlich einem Absatz zu Platte 7 (Erstdruck S. 294-298 = SB 3, S. 892). – Weitere hds. stichworthafte Arbeitsnotizen im Nachlass: Ms. Lichtenberg IV, 50 Bl. 2f. (zur 3. Platte); Bl. 8 r.+v. ("St. James Street IV": zur 4. Platte); Bl. 16f. ("White's Coffee House": zur 6. Platte); Bl. 18f. ("Tollhauß VIII": zur 8. Platte); Bl. 9-11: "Ausdrücke und Wendungen" (Notizen für alle Blätter). – SK-Tagebuch, 23.4.1795: "Erste Platte von Rake."; 30.11.1795: "An mein Bruder mit der 5ten Platte von Hogarth. Rake."; 18.1.1796: "Schreibe am Hogarth."; 20.1.1796: "Viel Hogarth."; 25.1.1796: "Mspt z. Hogarth in die Druckerey."; 19.2.1796: "IV^{te} Platte angefangen."; 1 3. 1796: "IV^{te} Platte von Hogarth geendigt."; 8.3.1796: "Vte Platte von Hogarth vollendet."; 23.3.1796: "VII Platte angefangen."; 1.4.1796: "Hogarths 8tes Blatt angefangen!"; 2.4.1796: "An Bedlam von Hogarth gearbeitet. Es will nicht gehen."; 11.4.1796: "Noch nicht fertig mit Hogarth ! ! schweres Hertz."; 12.4.1796: "Hogarth fertig. Schwer!"; 14.4.1796: "Das 3te Heft von Hogarth gebunden. An Kästner Hogarth."; 5.5.1796: "Hogarth an Blumenbach."; 14.5.1796: "viel Bedlam" (diese Stelle bezieht sich aber vielleicht wie auch Noctes 176 = *G 50 auf eine lange geplante Fortsetzung von Nr 318c; vgl. Lichtenberg-Jahrbuch 2022, S. 124); 16.6.1796: "Ich schreibe an Prof. Pfaff mit Hogarth das Packet wird aber nicht angenommen, weil die Post nur Einmal geht."; 15.8.1796: "Recension des III^{ten} Hogarth. in der Litt. Zeitung N° 233. von diesem Jahre."; 16.8.1796: "Merkur 6tes Stück worin von Hogarth geredet wird gelesen." [Neuer TM Bd 2 (1796), S. 194-200: Brief aus London, dat. 29.4.1796 von Hüttner mit Ergänzungen von Karl August Böttiger, darin S. 199f. sehr schmeichelhaftes englisches Urteil über Lichtenbergs Hogarth-Erklärung (wiedergedruckt durch Achenbach im Photorin Heft 7-8 (1984), S. 28]; 3.9.1796: "viel von meinem eignen Hogarth gelesen und etwas geschmaußt."; 24.12.1796: "Heute gingen die Paquete nach Erlan*gen* und Darmstadt ab. Im [...] lezten Hogarth 2te und 3te Lieferung. [...] an meinen Vetter und [...] an Zimmermann." – Die "Verbesserungen" Lichtenbergs S. XV alle in den späteren Auflagen korrigiert. In diesem Band seines Handexemplars (Original heute bei Familie Lichtenberg in Otjisororindi, Namibia) keine Korrekturen. – Lauchert, S. 138f. (ohne Hinweise zur Textkritik). – Denekes Lichtenberg-Schrank Nr 42.] *Rezensionen:* [A. G. Kästner]: GGA 1796, 87. St. vom 30.5., S. 865f. – [J. W. Archenholtz]: Minerva 1796, 2. Bd (April bis Juni), S. 566 [allgemein lobende Anzeige des Erscheinens: "Die Erklärung, ein Denkmal des deutschen Witzes, wird gewiß noch als ein solches bewundert werden, wenn andre Werke, denen man jetzt Unsterblichkeit zutraut, längst vergessen seyn dürften."] (wiedergedruckt durch Achenbach 2021, S. 181; zuerst im Photorin Heft 7-8 (1984), S. 29). Siehe auch Nr 372a. – J. J. Eschenburg: ALZ 1797, Bd 3, Nr 233 vom 27.7., Sp. 241-244 (wiedergedruckt Eschenburg 2013, S. 47-51). – *Fa.* [J. J. Eschenburg]: NADB, Anhang zu Bd 1-28 (1792-1795), 1. Abt. (1797), St. 1, S. 193-200. (Rezension über Lieferung 1-3). – [J. K. S. Morgenstern:] NBsWfK Bd 63 (1800), 1. St., S. 20-60 (Rezension über 1.-5. Lieferung; eingehender siehe zur 1. Lieferung 1794). – Vgl. noch (Karl August Böttiger): Entwicklung des Ifflandischen Spiels. (wie oben Nr 52) Bd 1, 1796, S. 328f. (zum 7. Blatt S. 293 "Worte sind nicht da" etc.).

[Jung 308/3]

† 372a. Erklärung an einen Theil des Publicums, den Lichtenbergischen Hogarth betreffend. In: Minerva. Ein Journal historischen und politischen Inhalts. Hrsg. von J. W. v. Archenholtz 1796, dem Juliheft unpaginiert beigeheftet. [Datiert und gezeichnet „Göttingen den 6 Jul. 1796. J. C. Dieterich." – Wiedergedruckt (nach der Minerva) durch Achenbach 2021, S. 181-184 (zuerst im Photorin Heft 7-8 (1984), S. 6-8); Achenbachs Begründung der Zuweisung in Anm. 9 mit Hinweis auf den ‚ganzen Stil' und v. a. den Eingangssatz: „Eine gute Waare lobt sich selbst".]

373.   Ueber die Hagelentstehung. In: Johann Samuel Halle: Fortgesetzte Magie, oder die Zauberkräfte der Natur, so auf den Nutzen und die Belustigung angewandt worden. Bd 7. Wien: gedruckt bey Johann Thomas Edlen von Trattnern 1796, S. 358-374.
[Jedenfalls unautorisierter Nachdruck von Nr 338.]

374.   [Vorlesungsankündigung Lichtenbergs zum Wintersemester 1796/1797 (Beginn: 16.10.). Lateinisch im „Catalogus Praelectionum", datiert vom herausgebenden „Prorector Christoph. Meiners": „Augusti d.[ie] XX." [= 20.8.] 1796, p. VII; deutsch in:] GGA 1796. 146. St. vom 10.9., S. 1460 f.
[Regest mit deutschen und lateinischen Zitaten: Cardanus S. 65.]

375.   Anschlagzettel über Philadelphias Kunststücke zu Göttingen. Hrsg. von Johann Erich Biester. In: Berlinische Monatsschrift Bd 28 (1796), September-Heft S. 241-249.
[Unautorisierter Abdruck des „Avertissement" gegen Philadelphia (Nr 61) nach der 3. Auflage; siehe dort. – Einleitung und Beschreibung der Holzschnitt-Vignette (aber ohne Abbildung) vom ungenannten Hrsg.]

376.   Berichtigung. [Brief an den Herausgeber des Reichs-Anzeigers]. In: [Rudolph Zacharias Becker (Hrsg.):] Der Reichs-Anzeiger. Gotha 1796. Nr 290 vom 14.12., Bd 2, Sp. 6729-6731.
[Datiert „Göttingen im November [1796]": Bezieht sich auf die Empfehlung eines Holzanstrichs ebd. 2. Bd 1796, Nr 245, vom 21.10.1796, Sp. 6223 f. – Wiedergedruckt im Bw 4, S. 654 f.: Nr 2703.]

377.   Johann Christian Polykarps [!] Erxleben Anfangsgründe der Naturlehre. Erste [beziehungsweise] Zweyte Abtheilung. Fünfte Auflage. Mit Zusätzen von G. C. Lichtenberg Königl. Großbritan. Hofr. und Professor zu Göttingen. Frankfurt und Leipzig 1796. Bd 1: 15 ungezählte S., 442, XVIII S. – Bd 2: 4 ungezählte S., 443-755 S. (durchlaufende Paginierung), 33 [= 756-789] unpaginierte S. mit dem Register, 9 Falttafeln mit Kupferstichen.
[Unautorisierter Nachdruck; Herausgeber und Verleger sind unbekannt, die beiden Verlagsorte die übliche Camouflage in diesem illegalen Geschäft. Wegen der

Präsenz in vornehmlich oberdeutschen Bibliotheken ist der Verlag wohl südlich des Mains zu suchen. Wie schon am Umfang der arabisch gezählten Seiten erkennbar, ein Nachdruck der 5. Aufl. von Dieterichs Edition 1791 [Nr 316] in zwei Bänden mit durchlaufender Pagina, aber ‚Männchen auf Männchen' (seiten- oder sogar zeilenidentisch) – offenbar um das Register unverändert übernehmen zu können. Die Titelbögen enthalten in Bd 1: S. [1] Titel, [2] vacat, [3-14] neue Vorrede des ungenannten Herausgebers; die Vorreden Erxlebens und Lichtenbergs sind fortgelassen; [15 f. Inhalt. – in Bd 2: S. [1] Titel, [2] vacat, [3 f.] Inhalt. – Sehr verkleinerte Titelblatt-Faksimiles beider Bände bei Beaucamp 1991, S. 227.]

378   [Ohne Titel. Systematische Zusammenstellung der Luftarten (= Gase) – Zusätze zum § 236 des Erxleben nach der 3. (= der erstmals von Lichtenberg bearbeiteten) Auflage 1784 (Nr 245; in den vorangehenden Auflagen fehlt das Kapitel noch, in den späteren ist es jedesmal leicht verändert – und damit hier eindeutig dieser Quelle zuzuordnen), S. 208-225; zum Gebrauch für Vorlesungen.] o. O. [Wien?] o. J. [frühestens Michaelis 1784, spätestens Michaelis 1796 je für die folgenden Wintersemester.] 22 S.
[Unautorisierter Nachdruck. Aus der Vorrede des ungenannten Herausgebers (höchstwahrscheinlich Joseph Franz von Jacquin) geht hervor, dass dieser den Druck zum Gebrauch einer eigenen physiko-chemischen Vorlesung an seine Hörer austeilen ließ. Das mutmaßliche Unikat eingehend beschrieben und kollationiert sowie mit ausgewählten Varianten und Faksimiles der Einleitung hrsg. von Joost im Lichtenberg-Jahrbuch 2022, S. 275-285.]

378a.   Øien-Raad, eller Adams, Büsch og Lichtenberg, om nogle vigtige Pligter imod Øinene. Med en Deel Anmærkninger udgiven af Hr. Professor Sømmering i Mainz. Efter anden Udgave fordansket og med Tillæg af Fests Skrift og nogle egne Anmærkninger forøget af D. Johan Clemens Tode, Professor i Medicinen og kongelig Hofmedikus. København: Schubothes Forlag 1796. 70 S.
[Mit eigenen Bemerkungen des Herausgebers stark ergänzte Übersetzung ins *Dänische* von Nr 364 („efter anden Udgave"); dieser Teil reicht bis S. 50. Es folgen (S. 51-64) „Tillæg af Hr. Pastor Fest's Geschichte eines Augenkranken, zu besserer Behandlung schwacher und nochgesunder Augen.", dann (S. 65-70) „Om de Pletter, som svæve for Øineue. Endnu et Par Ord." – *Anzeige* (lt. Forfatterlexikon omfattende Danmark, Norge og Island indtil 1814 Bd 8, København 1930, S. 279): „Kritik og antikr. Journal I. p. 332".]

379. Göttinger Taschen CALENDER Für das Iahr 1797. [Göttingen] bei Ioh. Chr.
Dieterich. [1796].
[Gestochener Kupfertitel; Vignette: Chronos (wie GTC für 1795); ungezeichnet, vermutl. von Riepenhausen gestochen]. [Zweiter, gedruckter Titel = A1:] Taschenbuch zum Nutzen und Vergnügen fürs Jahr 1797, von
G. C. Lichtenberg. Mit zwölf Monathskupfern, nebst den neuesten Frau-
enzimmer- und Manns-Kleidungen, in Kupfer. Göttingen bey Johann
Christian Dieterich.
10 ungezeichnete S.: Zeitrechnung auf das Jahr 1797. 58 ungezeichnete S.:
[Kalendarium]. 6 Modekupfer, ungezeichnet; vermutl. von Riepenhausen. – S. 3 [= A2]: Geburtstage des Kön. Großbrittanisch. Chur-Braunschweig-Lüneburgischen Hauses; S. 4-80: Genealogisches Verzeichniß der
jetzt lebenden hohen Personen in Europa. 12 Monatskupfer von „Schubert
inv." (Je dreimal die vier Tageszeiten). S. 83-218: [Kalender-Aufsätze, siehe
unten]; S. 219f.: Vergleichung jeder Mark [...] verschiedener Oerter [...];
S. 221f.: Meilenmaaß; S. 223f.: Getreidemaaß; S. 224: Münzen; S. 225-227:
Geographische Länge und Breite einiger Oerter; S. 227f.: Inhalt; S. [229]:
[Buchhändlerische] Nachricht [des Verlegers Dieterich über Preise, Rabatte und Ausstattung des GTC]; S. [230]: Verbesserung. [zu S. 111].
[Um ca. 20% vergrößertes Faksimile: 6 Bl. Mode- und 12 Bl. Monatskupfer, unpag.
Zeitrechnung und Kalendarium sowie Taschenbuch zum Nutzen und Vergnügen
fürs Jahr 1797 von G. C. Lichtenberg. Mit zwölf Monathskupfern, nebst den neu-
esten Frauenzimmer- und Manns-Kleidungen, in Kupfer. S. 1-227 + (3) (also inclusive 80 S. der Genealogie). Mit einem Nachwort von Martin Stingelin unpag. 15 S.
+ 1 S. zum Autor). Mainz: Dieterich'sche Verlagsbuchhandlung 1997. –
SK-Tagebuch, 24.6.1796: „Dietrich bringt Calender Kupfer immer maulend";
29.6.1796: „Ich schreibe am Calender oder sammle wenigstens dazu."; 7.7.1796:
„Am Calender geschrieben, aber noch nichts für die Druckerey"; 8.7.1796:
„Heute dem Factor sagen lassen daß er sich auf den Montag zum Calender schi-
cken kan."; 11.7.1796: „Calender Mspt in die Druckerey"; 14.7.1796: „Erste
Correktur vom Calender."; 2.9.1796: „Den Calender geschlossen. Die Monatskupfer. Für die Tabellen muß noch gesorgt werden !!!"; 24.12.1796: „Heute gingen die Paquete nach Erlangen und Darmstadt ab. Im ersten 2 Calender von 96
und 2 von 97. Im lezten Hogarth 2te und 3te Lieferung. 4 Calender von 97 an
meinen Vetter [F. A. Lichtenberg] und 2 von 97 an [Christian Heinrich] Zimmermann.". – Aus dem „Roten Buch" (siehe Siglenverzeichnis und zu Nr 181) fließen zehn hds. Notizen in diesen Jg ein. – Lit.: Lauchert S. 149-151; Grisebach
1913, S. 368: Nr 1515; Köhring S. 155; Lanckoronska/Rümann S. 15; Jung 347-
353. – Denekes Lichtenberg-Schrank Nr 16. – Gumbert-Auktion 1985,
Nr 2605. – Zum GTC allgemein vgl. Anm. 11.]
Rezensionen: [A. G. Kästner]: GGA 1796. 179. St. vom 7.11., S. 1785-1788. –
N. N.: NNGZ 1796, XCII. St. vom 15.11., S. 734-736. – N. N.: NLGA 1796,
XXII. Beilage zum 15.11., S. 175-177. – N. N.: TGA 1797, 2. St. vom 5.1., S. 10-
13. – N. N.: NADB 1797, 30. Bd, 1. St., Intelligenzblatt Nr 9, S. 70-71. – N. N.:

NMPJ, 1. Bd (1797), 1. St., S. 16. – N. N.: „Interpretationsschnitzer des Hofraths Lichtenberg in Göttingen" in: Allgemeiner Litterarischer Anzeiger 1797, Nr CXXXVI vom 14.11., Sp. 1399 (mit Bezug auf den 8. Stich und dessen Beschreibung S. 216; wiedergedruckt durch Promies im Photorin Heft 2 (1980), S. 45; zu Promies' Vermutung einer Antwort Lichtenbergs darauf (ebd.) siehe aber Achenbach im Photorin Heft 7-8 (1984), S. 32).

(a) S. 83-111: Das Neueste von der Sonne; größtentheils nach Herschel.
[^{1}VS 7, S. 155-190.] [Jung 347]

(b) S. 111-126: Kurze Zusammenstellung der vorzüglichsten Ereignisse bey dem ungewöhnlichen Ausbruche des Vesuvs im Sommer 1794.
[^{1}VS 7, S. 287-305.] [Jung 348]

(c) S. 126-131: Ein Paar vulcanische Producte für den Menschenbeobachter.
[Nicht wieder abgedruckt.] [Jung 349]

(d) S. 132-137: Streit über einen Sitz in der Kirche; keinen bischöflichen.
[^{1}VS 5, S. 288-294. ^{2}VS 6, S. 121-125.] [Jung 350]

(e) S. 137-156: Ueber Ernährung, Kochen und Kost-Sparkunst.
[Verfasser: B. Thompson Graf v. Rumford; von Lichtenberg bearbeitet. – ^{1}VS 5, S. 295-319. ^{2}VS 6, S. 126-139. – Ein „verschütteter Aphorismus" von S. 139: Gravenkamp, S. 99 f.] [Jung 351]

(f) S. 157-197: Miscellaneen.
[Bezifferung und Titel von Lichtenberg.] [Jung 352]
1) Vom Feuer. S. 157-160.
[^{1}VS 5, S. 320-324. ^{2}VS 6, S. 140-142.]
2) Ein neuer Märtyrer der Meteorologie. S. 160-161.
[In VS nicht wiedergedruckt.]
3) Steinregen zu Sienna. S. 161-169.
[^{1}VS 7, S. 352-362.]
4) Ein großer Waghals. S. 169-171.
[^{2}VS 6, S. 447. Nicht in ^{1}VS.]
5) Das Perpetuum mobile zu Lemsal in Liefland. S. 171-180
[^{1}VS 7, S. 306-318.]
6) Der einfache Telegraph. S. 181-185.
[In VS nicht wiedergedruckt.]
7) Auflösung des Räthsels im Taschenbuche vom vorigen Jahre. S. 185-186.
[In VS nicht wiedergedruckt.]
8) Caminfeuer zu färben. S. 186-187.
[^{1}VS 7, S. 363-365.]
9) Das Neueste von den Kröten. S. 188-197.
[^{1}VS 7, S. 365-377. – Ein „verschütteter Aphorismus" von S. 190: Gravenkamp, S. 100.]
10) Vergleichung der Tage des neu-französischen Kalenders mit dem Gregorianischen, für das Fünfte laufende Jahr der Republik. – Ein nöthiger Mode-Artikel [mit Tabellen]. S. 198-206.
[In VS nicht wiedergedruckt.]

†(g) S. 207-218: Ein Paar Worte über die Monathskupfer.
[J. D. Schubert: Die vier Tageszeiten. Bl. 1-12. Verfasser vermutlich, wie im GTC für 1795, Schubert: Vgl. Nr 358†(i).] [Jung 353]

380 Almanac de Göttingue pour l'année 1797. [Göttingen] chez I. C. Dieterich [1796].
[Übersetzung des GTC vermutlich durch François Soulange d'Artaud oder René Leroi de Chateaubourg (vgl. Anm. 13).] (Nicht paginiert: 6 gezählte Modekupfer). – (Nicht paginiert:) Epoques de l'année 1797. (10 S.) – (Nicht paginiert: Kalendarium 12 x 4 = 48 S. und 12 gezählte Monatskupfer).
p. 1: Etrennes pour l'utilité et l'agrément du Lecteur par M. Lichtenberg. L'an 1797 dont chaque mois est orné d'une estampe et des modes de nos Dames et Cavaliers en taille-douce. À Gottingue chez J. C. Dieterich. – p. 3: Jours de naissance de la Maison Royale. – p. 4-82: Table Généalogique des Maisons Souveraines & de celles des autres Princes & Princesses de l'Europe.
p. 83-111: Du Soleil d'après les découvertes récentes de Herschel.
p. 111-125: Apperçu [!][99] concentré des principaux événements de l'éruption du Vesuve en été 1794.
p. 126-131: Une couple de productions Volcaniques présentées à l'observateur des hommes.
p. 131-136: Le siège d'église, non épiscopal.
p. 136-153: Sur l'art d'alimenter les hommes, sur l'art de cuisine & autres objets d'économie.
p. 154-155: La recette d'un punsch énergique & d'un gout exquis.
p. 155-205: VariétéS. 1) Du feu. – 2) Un nouveau martyr de la météorologie. – 3) La pluie à pierres à Siena. – 4) Le saut périlleux d'un Anglais. – 5) Le Perpetuum mobile à Lemsal en Livonie. Postscriptum. – 6) Le télégraphe le plus simple. – 7) Solution de l'énigme de l'an passé. – 8) Le mode de colorer son feu de cheminée. – 9) Les dernières nouvelles du Crapaud. – 10) Nouveau Calendrier français de l'an 5. de la République Française comparé au Grégorien. Table du nouveau Calendrier français de l'an 5 de la République comparativement au Grégorien.
p. 207-219: Explication des Gravures.
p. 220-221: Comparaison de chaque Marc ou Livre du poids de l'or, de l'argent, de la monnoye, et du commerce de plusieurs lieux, par grains ou parties nommées as, poids de Troyes d'Hollande. – p. 222-223: Miles. – p. 224: Mesures des Grains en pouces cubes de Paris. – p. 224: Autres mesures des Solides. – p. 225: Monnoyes. – p. 226-228: Longitude & Latitude géographique de divers endroits. – p. 228-229: Table des Matières. – p. 230: Avertissement.

99 Wahrscheinlich Druckfehler.

381. [Vorlesungsankündigung Lichtenbergs zum Sommersemester 1797 (Beginn: 1.5.). Lateinisch im „Catalogus Praelectionum", datiert vom herausgebenden „Prorector Ivstvs Fridericvs Rvnde": „VIII. Martii" [= 8.3.] 1797,
p. VII; deutsch in:] GGA 1797. 52 St. vom 1.4., S. 516.
[Regest mit deutschen und lateinischen Zitaten: Cardanus S. 66.]

382. Adams, Büsch und Lichtenberg über einige wichtige Pflichten gegen die
Augen. Mit Anmerkungen hrsg. von S.[amuel] Th.[omas] Sömmerring.
Dritte Auflage. Frankfurt am Main: Varrentrapp und Wenner 1797. 52 S.
[Wohl unveränderte Auflage von Nr 364; s. d. – Denekes Lichtenberg-Schrank
Nr 44.]

[Jung 345]

383. [Vorlesungsankündigung Lichtenbergs zum Wintersemester 1797/1798
(Beginn: 16.10.). Lateinisch im „Catalogus Praelectionum", datiert vom herausgebenden „Prorector Ivstvs Fridericvs Rvnde": „XXIV. Augusti" [= 1.9.]
1797, p. VI; deutsch in:] GGA 1797. 148. St. vom 16.9., S. 1475 f.
[Regest mit deutschen und lateinischen Zitaten: Cardanus S. 66.]

384. Explication détaillée des gravures d'Hogarth par Mr. G. E. [!]^100 Lichtenberg.
Ouvrage traduit de l'allemand en français par M.[aurice] M.[aria] Lamy. Suivi de
six planches gravées par Mr. E. Riepenhausen. Vol. 1. Goettingue: Dieterich
1797. LII, 244 S.
[Übersetzung von „Die vier Tagszeiten" und „Die Punschgesellschaft" aus der
1. Lieferung der „Ausführlichen Erklärung der Hogarthischen Kupferstiche" (in
Nr 350) ins *Französische*, damals von einem französischen Refugié in Göttingen
angefertigt. Mehr nicht erschienen. Wiedergedruckt Paris: Fage Editions 2018.
104 S. (in der neuen, liebevoll gestalteten Edition offenbar hie und da sprachlich
ganz leicht modernisiert). Jördens 3, S. 363, (vielleicht nach einer Rezension):
„Trotz vieler und zum Theil arger Fehler kann man doch den Fleiß nicht ver-
kennen, den der Uebersetzer im Ganzen genommen auf seine Arbeit verwendet
hat". – Im Vorwort des Übersetzers (S. XIII-XVI) teilt dieser einen Brief von
ihm an Lichtenberg, 13.7.1796 und das Referat des Gegenbriefs mit (wiedergedruckt im Bw 3, Nr 2655. *2656); demnach korrigierte Lichtenberg die Übersetzung. SK-Tagebuch, 24.8.1796: „Früh Morgens Lamy mit s. Hogarth bey
mir."; 16.10.1796: „Nachmittag Lamy, der den Hogarth übersetzen will.";
19.10.1796: „Abbé Lamy liest mir vor." – Gemäß BL 1982, S. 295 Nr 1866 besaß
Lichtenberg bei seinem Tod nur mehr ein Exemplar dieses Buchs. Vgl. noch
Joost/Unverfehrt S. 76 Nr 32 b.]

_____

100 Wahrscheinlich Druckfehler, welcher aber Lichtenberg besonders gekränkt haben
dürfte.

Rezensionen: [A.G. Kästner]: GGA 1797, 115. St. vom 22.7., S. 1137. – Am.
[Gebhardt Ulrich Brastberger]: NADB, Bd 37 (1798), 1. St., S. 362-369. – N.N.:
ALZ 1797, Bd 2, Nr 205, Sp. 820-824. – N.N.: Magasin encyclopédique, ou Journal
des sciences, des lettres et des arts. Bd 1, 1798, S. 136 (Kurzanzeige).
[Jung 346]

385   [Brief von Lichtenberg an Franz Xaver von Zach, 18. Mai 1794]. In: Franz
       Xaver von Zach: [Kommentierte Zusammenstellung der Briefe von de La-
       lande an v. Zach; Lichtenbergs Brief in Anm. 31, die von S. 209-214 läuft].
       In: Johann Elert Bode: Berliner Astronomisches Jahrbuch für das Jahr
       1796. 3. Supplementband. Berlin 1797, S. 168-222.
       [Lichtenbergs Brief darin S. 214. Wiedergedruckt Brosche 1982, S. 62 und im
       Bw 3, S. 263: Nr 2375.]

386.   Adams, G. Büsch und J.G. [!] Lichtenberg: Om några wigtiga Skyldigheter
       emot Ögonen. Med Anmärkningar, af S. Th. Sömmering. Öfwesättning
       efter den Tredje Tyska Uplagan. Stockholm: J.C. Holmberg 1797. 67 + 1 S.
       [Übersetzung von Nr 347 nach der 3. Auflage (Nr 382) ins *Schwedische.*]

GTC für 1798

387.   Göttinger Taschen CALENDER Für das Iahr 1798. [Göttingen] bei Ioh. Chr.
       Dieterich. [1797]. [Gestochener Kupfertitel; Vignette: Chronos (wie GTC
       für 1795); ungezeichnet, vermutl. von Riepenhausen gestochen]. 6 „Habil-
       lements à la mode“ (teilweise gezeichnet „R.“ = Riepenhausen), (58 unge-
       zeichnete S.) Kalender, mit 12 Monatskupfern (Schubert inv. et sc.): (Die
       Hauptstationen des weiblichen Lebens). – [Zweiter Titel:] Taschenbuch
       zum Nutzen und Vergnügen fürs Jahr 1798, von G.C. Lichtenberg. Mit
       zwölf Monathskupfern, nebst den neuesten Frauenzimmer- und Manns-
       Kleidungen, in Kupfer. Göttingen bey Johann Christian Dieterich. – S. 3
       [= A2]: Geburtstage des Kön. Großbritannisch. Chur-Braunschweig-Lü-
       neburgischen Hauses; S. 4-82: Genealogisches Verzeichniß der vornehm-
       sten jetzt lebenden hohen Personen in Europa; S. 83-223: [Kalender-Auf-
       sätze, siehe unten]; S. 224f.: Vergleichung jeder Mark […] verschiedener
       Oerter […]; S. 226f.: Meilenmaaß; S. 228f.: Getreidemaaß; S. 229: Münzen,
       S. 230-232: Geographische Länge und Breite einiger Oerter; S. [233f.]: In-
       halt; S. [235]: [Buchhändlerische] Nachricht [des Verlegers Dieterich über
       Preise, Rabatte und Ausstattung des GTC]. S. [236]: Verbesserungen und
       Zusätze [zu S. 93. 116].
       [Kupfertitel-Faksimile: Wagnis 1992, S. 196: Nr 374. – Aus dem „Roten Buch“
       (siehe Siglenverzeichnis und zu Nr 181) fließen sechs hds. Notizen in diesen Jg
       ein. – Lit.: Lauchert S. 152-155; Grisebach 1913, S. 368: Nr 1515; Köhring S. 155;

Lanckoronska/Rümann S. 15; Jung 354-361. – Gumbert-Auktion 1985, Nr 2606. – Zum GTC allgemein vgl. Anm. 11.]
Rezensionen: N. N.: NNGZ 1797. 179. St. vom 27.10., S. 685-688. – [A. G. Kästner]: GGA 1797, 187. St. vom 25.11., S. 1857-1860. – N. N.: GGZ, 1. St. vom 3.1.1798, S. 5 f. – N. N.: TGA 1798, 4. St. vom 11.1., S. 27-30. – N. N.: GTH, 1. St. 1798, S. 6 f. – N. N.: NMPJ 1797, 1. Bd, 4. St. (1798), S. 59-60.

(a) S. 83-120: Geologisch-Meteorologische Phantasien.
[¹VS 7, S. 191-239.] [Jung 354]

(b) S. 121-131: Das war mir einmahl eine Wurst. (Ein Beytrag zur Theorie der Processionen).
[Nach Michael Lilienthal: Erleutertes Preußen Bd 1, 1723; von Lichtenberg zusammengestellt. – ¹VS 5, S. 331-344. ²VS 6, S. 147-154. – Ein „verschütteter Aphorismus" von S. 123: Gravenkamp, S. 100.] [Jung 355]

(c) S. 132-138: Eine kleine Aufgabe für die Uebersetzer des Ovid in Deutschland.
[¹VS 5, S. 345-352. ²VS 6, S. 155-161. Vgl. Achenbach 2021, S. 366-369.] [Jung 356]

(d) S. 138-154: Ueber das Perpetuum mobile zu Lemsal in Liefland. (Ein Nachtrag zu dem Aufsatz hierüber im hiesigen Taschenbuche [= GTC] für 1797, S. 171.)
[Nach einem Brief von A. W. Graf v. Mellin an Lichtenberg vom 10.1. (gregorianisch: 21.1.) 1797. – ¹VS 7, S. 319-338. Wiedergedruckt im Bw 4, S. 677-679: Nr 2719. Beim Absendeort Kolzon *lies:* Kolzen (Druckfehler).] [Jung 357]

(e) S. 154-169: Verzeichniß einer Sammlung von Geräthschaften, welche in dem Hause des Sir H. S. künftige Woche öffentlich verauctionirt werden soll. (Nach dem Englischen).
[¹VS 5, S. 353-372. ²VS 6, S. 162-172. SB 3, S. 451-457.] [Jung 358]
[Eine Fortsetzung zu Lebzeiten, nicht von Lichtenberg, sondern wohl von Marcus Herz: Fragmente aus einer Abendunterhaltung in der Feßlerschen Mittwochsgesellschaft: In: Neuer Teutscher Merkur. Nov. (1798), S. 215-222. Zu dieser und den weiteren Fortsetzungen siehe Bw 4, S. 782 f.: Nr 2793 und Achenbach 2021, S. 82-117 (zuerst 1993, S. 29-32), am Schluss mit weiteren Hinweisen auf Nachahmungen; zuletzt noch Dirk Sangmeister im Lichtenberg-Jahrbuch 2023, S. 227-229.]

(f) S. 170-203: Neue Entdeckungen, physicalische und andere Merkwürdigkeiten, Anecdoten &c.
[Bezifferung und Titel von Lichtenberg.] [Jung 359]
[Einleitung – Überleitung vom vorigen Artikel) S. 170-172. Wiedergedruckt Lauchert S. 153; nicht in VS.]
1) Dr. Herschels neueste Entdeckung. S. 172-176. [¹VS 7, S. 19-24, unter dem Titel: „Nachtrag". Nicht in ²VS.]
2) Eine moderne Entdeckung des Herrn Dutens. S. 176-179. [Quelle: Louis Dutens: Recherches sur l'origine des decouvertes, attribuées aux modernes. 1766 ff. Wiedergedruckt ²VS 6, S. 448-450. Nicht in ¹VS. – Ein „verschütteter Aphorismus" von S. 179: Gravenkamp, S. 100.]

3) Directer Beweis von der Umdrehung der Erde um ihre Axe. S. 180-183. [Dazu ein „Zusatz" S. 273 (siehe unten „i"). Ohne den letzteren wiedergedruckt ¹VS 7, S. 378-382. Nicht in ²VS.]

4) Große Scharfsichtigkeit der Geier. S. 183-185. [Lichtenberg gibt die Quelle an: Everard Home in den Philosophical Transactions für 1795 und 1796. – Wiedergedruckt ²VS 6, S. 450 f. Nicht in ¹VS.]

5) Merkwürdige Zuneigung einer Gans zu einem Haushunde. S. 186-190. [Lichtenberg gibt die von ihm nacherzählte Quelle an: nach D. Lyson: Environs of London. – Wiedergedruckt ²VS 6, S. 451-453. Nicht in ¹VS.]

6) Ueber öconomische Behandlung der Wasserdämpfe. S. 190-195. [Wiedergedruckt ¹VS 5, S. 325-330. ²VS 6, S. 143-146.]

7) Bitterer, aber gerechter Witz. Zwey englische Anecdoten. S. 195-198. [Wiedergedruckt ²VS 6, S. 485 f. Nicht in ¹VS.]

8) Die Feuer von Baku. S. 198-203. [Als Quelle nennt Lichtenberg Jacob Reineggs: Allgemeine historisch-topographische Beschreibung des Kaukasus 1796; er könnte sein Wissen aber auch aus Friedrich Knoll: „Wundererscheinungen für Liebhaber der Natur." Hrsg. von Johann Christian Wiegleb. Erfurt 1788 bezogen haben (vgl. BL 1982, S. 47 Nr 221, wo auch ein Manuskript des Verfassers – im Nachlass: Ms. Lichtenberg VI, 40 – „Das ewige heilige Feuer der Gebern bei Baku am Caspischen Meere" (1784) angeführt ist (vgl. Bw 2, 831: Nr 1248). – Wiedergedruckt ¹VS 7, S. 407-414. Nicht in ²VS.]

(g) S. 204-210: Vergleichung der Tage des Neufränkischen Kalenders mit dem Gregorianischen, für das VI^te Jahr der Republik. Ein nöthiger Mode-Artikel.

[In VS nicht wiedergedruckt.] [Jung 360]

†(h) S. 211-223: Ein Paar Worte über die Monathskupfer.

[J. D. Schubert: „Die Hauptstationen des weiblichen Lebens"; in doppelter Darstellung, auf rechtem und auf verkehrtem Weg. Bl. 1-12. Verfasser vermutlich, wie im GTC für 1795, Schubert: Vgl. Nr 358†(i).] [Jung 361]

(i) S. 236: Verbesserungen und Zusätze. [u. a. zu oben (f)3.]

388. Almanac de Göttingue pour l'année 1798. [Göttingen] chez I. C. Dieterich [1797].

[Übersetzung des GTC vermutlich durch François Soulange d'Artaud oder René Leroi de Chateaubourg (vgl. Anm. 13).] (Nicht paginiert: 6 Kupfer mit Damen- und Herren-Moden). – (Nicht paginiert:) Epoques de l'année 1798. (10 S.) – (Nicht paginiert: Kalendarium 12 x 4 = 48 S. und 12 gezählte Monatskupfer mit den Lebensstufen des Menschen).

p. 1: Etrennes pour l'utilité et l'agrément du Lecteur par M. Lichtenberg. L'an 1798 dont chaque mois est orné d'une estampe et des modes de nos Dames et Cavaliers en taille-douce. À Gottingue chez J. C. Dieterich. – p. 3: Jours de Naissance de la Maison Royale. – p. 4-82: Table Généalogique des Maisons Souveraines & de celles des autres Princes & Princesses de l'Europe.

p. 83-122: Fantaisies Géo-météorologiques.

p. 122-132: Ah! Quelle saucisse! (Article additionnel à la théorie des processions.)

p. 133-138: Problême adressé aux traducteurs d'Ovide en Allemagne.

p. 139-153: Sur le Perpetuum mobile à Lemsal en Livonie. (Complement de l'art. sur cet objet dans l'Almanac de 1797 pag. 171.)

p. 154-169: Catalogue d'une collection de meubles, qui doivent être vendus à l'encan dans la maison de Sir H. S. la Semaine prochaine. (Tiré de l'anglais.)

p. 169-200: Nouvelles découvertes, curiosités physiques & autres, anecdotes &c. 1) La découverte la plus recente de M. Herschel. – 2) Une découverte moderne de M. Dutens. – 3) Puissant argument pour la rotation de la terre sur son axe. – 4) La vue perçante des Vautours. – 5) Affection singulière d'une oie pour un chien domestique. – 6) Sur l'oeconomie des vapeurs aquaries. – 7) Saillie sanglante, mais juste. Deux anecdotes anglaises. – 8) Les feux de Baku.

p. 201-207: Table du nouveau Calendrier français de l'an 6. de la République comparativement au Grégorien.

p. 208-218: Explication des Gravures.

p. 219-220: Comparaison de chaque Marc ou Livre du poids de l'or, de l'argent, de la monnoye, et du commerce de plusieurs lieux, par grains ou parties nommées as, poids de Troyes d'Hollande. – p. 221-222: Miles. – p. 223: Mesures des Grains en pouces cubes de Paris. – p. 223: Autres mesures des Solides. – p. 224: Monnoyes. – p. 225-227: Longitude et Latitude géographique de divers endroits. – p. 227: Table des Matières. – p. 229: Avertissement. – p. 230: Addition.

1798
Hogarth, 4. Lieferung

389.   G. C. Lichtenbergs ausführliche Erklärung der Hogarthischen Kupferstiche, mit verkleinerten aber vollständigen Copien derselben von E.[rnst Ludwig] Riepenhausen. Vierte Lieferung. Göttingen im Verlag von Joh. Christ. Dieterich 1798. V (+ [V]: Verbesserungen.), 312 S.
[Vgl. die erläuternden Präliminarien zu Nr 350! – Die folgende Kollation nach der *editio princeps* (A):: S. III-V: Vorerinnerung. [ungezeichnet datiert: „Göttingen im Januar 1798."] – S. [VI:] Verbesserungen. – S. [VIII:] [Motto: „Foecunda culpae saecula nuptias | Primum inquinavere, et genus et domos, | Hoc fonte derivata clades | In patriam populumque fluxit. | HOR. Carm. Lib. III. ode VI. v. 17." – S. 3-312: [XXI. = Erste Platte bis XXVI. = Sechste Platte] Marriage à la Mode. Die Heirath nach der Mode. – S. 1-52: XXI. = Erste Platte. S. 53-82: XXII. = Zweyte Platte. – S. 83-136: XXIII. = Drittte Platte. – S. 137-208: XXIV. = Vierte Platte. – S. 209-254: XXV. = Fünfte Platte. – S. 255-312: XXVI. = Sechste Platte. (Jördens 3, S. 360 bietet bei seiner Inhaltsübersicht wohl wieder die Seitenzahlen der Auflage B, die aber bei dieser Lieferung mit A fast oder ganz identisch ist. SB hat zwar Lichtenbergs Errata im Erstdruck alle in seinem Text korrigiert, ein Erratum jedoch nicht,

welches er gewiss wenigstens im Kommentar mitgeteilt hätte – mithin ganz so wie die Auflage E und ^{2}VS, weshalb ich Promies im Verdacht habe, eine von diesen beiden Ausgaben seinem Text zugrundegelegt zu haben. Es fehlt der Satz: „S. 72 [= SB 3, S. 930] ist bey der Note zu merken, daß eigentlich **John Wesley** der Stifter der Methodistischen Secte war.“). Dieses Erratum hat sogar noch die Ausgabe D (dort ungezählte S. [174]) und ist SB gleichfalls entgangen, nichteinmal im Kommentar erwähnt.

SK-Tagebuch, 12.1.1797: „Ausserordentlich aus ein ander [mit Dieterich?] wegen Cop.[ernicus] Hog.[arth] und 1000 andern Dingen.“. SK-Tagebuch, Innendeckel vorn 1797 (aber offenbar erst zum Jahreswechsel auf 1798 für die Errata-Liste notiert): „Hogarth-Druckfehler S. 9. 2te Zeile von unten pecuniäres" (von Lichtenberg in die Liste der „Verbesserungen" S. VI aufgenommen). – In dem unten nachgewiesenen Notizheft Ms. Lichtenberg IV, 48 Bl. 1-16 findet sich Bl. 16 v. eine wohl auch erst im Januar 1798 entstandene Liste „Druckfehler und Verbesserungen", die bis auf die <gestrichenen Notizen>, welche mir auch nicht alle klar sind, sämtlich für die gedruckten „Verbesserungen" (S. [VI] des Erstdrucks) verwendet wurden: „pecuniär S. [9 2. Zeile v. u.] – Noten von Milton 10 statt 12. – <mannigfaltig.> – <heillos> – p. 30. Z. 9. Nichts statt nicht. – Der Stiffter der Methodistischen Secte war nicht Whitfield sondern John Wesley ein in vieler Rücksicht verehrungswürdiger Mann, dessen Leben der D. Med. John Whitehead vortrefflich beschrieben hat ad pag. 72 NB. – Was ist eigentlich Rout. – S. 6 Z. 5 seine st.[att] sein – S. 30. 5 Z von unten dem stat[t] den – 42. Z. 11 befragt. – 214 Z. 6. Gefalten. – <162. Z. 7 von unten l. für Einfassung>". – Die gedruckten Corrigenda in jenen „Verbesserungen" sind ausgerechnet bis auf das ad pag. 72 NB alle in die späteren Auflagen eingearbeitet; dagegen nicht die hds. Korrektur in seinem Handexemplar (Original heute bei Familie Lichtenberg in Otjisororindi, Namibia): S. 224 Z. 7 v. u.: unterste] nächst folgende [scil. Staffel]. – Lauchert, S. 156 (ohne Hinweise zur Textkritik). Joost/Unverfehrt S. 76. – Einige Notizen Lichtenbergs zu Vorarbeiten finden sich in seinem Notizbüchlein „Noctes" (N 103. 189. 191. 199. 204 künftiger Zählung; vorläufig nur erreichbar in meiner Faksimile-Edition Göttingen: Wallstein 1992); ferner 20 Stellen im Sudelbuch L (SB 1) sowie ein ungedrucktes Heftchen im Nachlass: Ms. Lichtenberg IV, 48, Bl. 1-16 (gemäß einer studentischen Namenseintragung zwischen April und Juni 1797 ‚in Arbeit‘, mit diagonalen ‚erledigt‘-Ausstreichungen; Publikation geplant), sowie „einige hieher gehörige Anekdoten in dem rothen Calender Buch auf dem hintersten Blatt" (siehe zu Nr 181 und Siglenverzeichnis).]

Rezensionen: [A. G. Kästner]: GGA 1798, 50. St. vom 29.3., S. 491-493. – J.J. Eschenburg: ALZ 1798, Bd 2, Nr 119 vom 14.4., Sp. 113-117 (wiedergedruckt Eschenburg 2013, S. 52-58). – Lt. Erschs Repetitorium der Literatur für die Jahre 1796-1800. Bd 2. 2. Hälfte. Weimar 1807, Nr 208a gibt es noch eine Rezension in den Greifswalder Kritischen Nachrichten 1798, 111 f. – [J. K. S. Morgenstern:] NBsWfK Bd 63 (1800), 1. St., S. 20-60 (Rezension über 1.-5. Lieferung; eingehender siehe zur 1. Lieferung 1794).

390. [Vorlesungsankündigung Lichtenbergs zum Sommersemester 1798 (Beginn: 23.4.). Lateinisch im „Catalogus Praelectionum", datiert vom herausgebenden „Prorector Henric. Avgvst. Wrisberg": „XX. Febr." [= 20.2.] 1798, p. VI; deutsch in:] GGA 1798. 44. St. vom 17.3., S. 435.
[Regest mit deutschen und lateinischen Zitaten: Cardanus S. 66.]

391. Ueber den neulichen Erdfall zu Winzingerode bey Duderstadt. [An den Hrsg. C. W. Eisendecher; nebst einem Brief von J. F. Benzenberg, datiert „Duderstadt, den 18ten März 1798", auf Sp. 755-758.] In: Neues Hannöverisches Magazin 8 (1798), 47. St. vom 11.6., Sp. 753-760.
[Gezeichnet „Göttingen G. C. Lichtenberg". Wiedergedruckt im Bw 4, S. 850-855: 2840; siehe auch ebd. Nr 2825. – Einen Druckfehler in Sp. 760 moniert Lichtenberg im Brief an Benzenberg, 14.6.1798 (Bw 4, S. 883: Nr 2861), und kündigt Beschwerde beim Redaktor Eisendecher an, der auch durch einen Errata-Vermerk in Nr 54 des Magazins vom 6.7.1798, Sp. 887 Abhilfe schafft: Sp. „760 Zeile 19 statt dumm, was etc. lese man: und dem, was man den praktischen Blick nennt.", und im Exemplar der Göttinger UB ist es mit Tinte von alter Hand am Rand korrigiert.]

[Jung 362]

392. **Göttingen**. [Rezension über:] Johann Karl Fischer: Physikalisches Wörterbuch oder Erklärung der vornehmsten zur Physik gehörigen Begriffe und Kunstwörter sowohl nach atomistischer als auch nach dynamischer Lehrart betrachtet, mit kurzen beigefügten Nachrichten von der Geschichte der Erfindungen und Beschreibungen der Werkzeuge. Lieferung 1: A-Elektr. Göttingen: Dieterich 1798. In: GGA 1798. 124. St. vom 4.8., S. 1225-1232.
[Anonym gedruckt; Verfasserschaft bestimmt nach dem Göttinger Handexemplar der GGA (danach Hahn, S. 85; Guthke 1963, S. 339: Nr 45) bzw. dem Tübinger Handexemplar (Fambach 1976, S. 220). – Wiedergedruckt in den SB 3, S. 198-202.]

[Jung 363]

393. [Vorlesungsankündigung Lichtenbergs zum Wintersemester 1798/1799 (Beginn: 16.10.). Lateinisch im „Catalogus Praelectionum", vom herausgebenden „Prorector Io. Godofr. Eichhorn" nicht datiert [vermutlich um den 1.9.] 1798, p. VII; deutsch in:] GGA 1798. 148. St. vom 15.9., S. 1474. 1476.
[Regest mit deutschen und lateinischen Zitaten: Cardanus S. 66.]

394. Aus einem Schreiben vom Hofrath Lichtenberg. In: Franz Xaver von Zach (Hrsg.): Allgemeine Geographische Ephemeriden Bd 2, Weimar 1798, S. 260-263.
[Erschienen vermutlich zu Michaelis 1798. Wiedergedruckt Brosche 1982, S. 62-64 und im Bw 4, S. 915 f.: Nr 2885].

395. Schillers, Göthes, Lichtenbergs und der vorzüglichsten deutschen Classiker zerstreute Aufsätze. Gesammlet aus den neuesten Zeitschriften. Hamburg [ohne Verlagsangabe] 1798. 207 S.
[Von Lichtenberg: I.: Verzeichniß einer Sammlung von Geräthschaften (S. 5-19)
(siehe Nr 387e); III. Das war mir einmahl eine Wurst (S. 21-30) (siehe Nr 387b);
IV. Bitterer aber gerechter Witz (S. 30 f.) (siehe Nr 387f7). Enthält übrigens
nur einen Artikel von Schiller, keinen von Goethe, sonst Pfeffel, Matthisson,
Schmidt, Stille, Becker, Lafontaine, Starke. – Gemäß BL 1982, S. 258 Nr 1625
besaß Lichtenberg bei seinem Tod immerhin noch ein Exemplar dieses Buchs.]

GTC für 1799

396. Göttinger Taschen CALENDER Für das Iahr 1799. [Göttingen] bei Ioh. Chr.
Dieterich. [1798]. [Gestochener Kupfertitel; Vignette: Chronos (wie GTC
für 1795); ungezeichnet, vermutl. von Riepenhausen gestochen]. [Zweiter,
gedruckter Titel = A1:] Taschenbuch zum Nutzen und Vergnügen fürs Jahr
1799, von G. C. Lichtenberg. Mit zwölf Monathskupfern, nebst den neuesten Frauenzimmer- und Manns-Kleidungen, in Kupfer. Göttingen bey
Johann Christian Dieterich [1798]. [84] und 238 S.: 6 Modekupfer, ungezeichnet; vermutl. von Riepenhausen. 10 ungezeichnete S.: Zeitrechnung
auf das Jahr 1799. 58 ungezeichnete S.: [Kalendarium]. 16 ungezeichnete S.:
Deutsch- und Französischer Kalender für das Jahr 1799. – S. 3 [= A2]: Geburtstage des Kön. Großbrittanisch. Chur-Braunschweig-Lüneburgischen
Hauses; S. 4-82: Genealogisches Verzeichniß der jetzt lebenden hohen Personen in Europa. 12 Monatskupfer „Schubert inv." (Vier Stationen im
weiblichen Leben); S. 83-227: [Kalender-Aufsätze, siehe unten]; S. 228 f.:
Vergleichung jeder Mark [...] verschiedener Oerter [...]; S. 230: Meilenmaaß; S. 232 f.: Getreidemaaß; S. 233: Münzen, S. 234-236: Geographische
Länge und Breite einiger Oerter; S. 236 f.: Inhalt; S. [238]: [Buchhändleri-
sche] Nachricht [des Verlegers Dieterich über Preise, Rabatte und Ausstattung des GTC].
[Um ca. 20 % vergrößertes Faksimile (nur die Kupferstiche jetzt in Originalgröße): 6 Bl. Mode- und 12 Bl. Monatskupfer, unpag. Zeitrechnung und ein
„Deutsch- und Französischer Kalender" sowie Taschenbuch zum Nutzen und
Vergnügen fürs Jahr 1797 von G. C. Lichtenberg. Mit zwölf Monathskupfern,
nebst den neuesten Frauenzimmer- und Manns-Kleidungen, in Kupfer. S. 1-3.
83-[also nur S. 1, ohne die andern 79 S. der Genealogie]-236 + (2). Mit einem
Nachwort von Hans Esselborn. Mainz: Dieterich'sche Verlagsbuchhandlung
1998. –
SK-Tagebuch, 13.9.1798: „Heute den 13. den Calender geendigt mit 128 Folio
Seiten ! !"; 26.1.1799: „Calender an Mamsel [Agnes] Wendt.". – Aus dem „Roten
Buch" (siehe Siglenverzeichnis und zu Nr 181) fließen acht hds. Notizen in die-
sen Jg ein. – Lit.: Lauchert S. 156-158; Grisebach 1913, S. 368: Nr 1515; Köhring
S. 155; Lanckoronska/Rümann S. 15; Jung 365-369. – Denekes Lichtenberg-

Schrank Nr 16. – Gumbert-Auktion 1985, Nr 2607. – Zum GTC allgemein vgl. Anm. 11.]

Rezensionen: N.N.: OALZ 1798, St. CXLVII vom 10.12., Sp. 1107. – K.A. Böttiger: Journal des Luxus und der Moden 13 (1798), S. 669-670. – N.N.: TGA 1799, 1. St. vom 1.1., S. 3-6. – N.N.: LZ 1799, Nr 7 vom 10.1., Sp. 54. – [A.G. Kästner]: GGA 1799. 17. St. vom 31.1., S. 161 f.

(a) S. 83-111: Rede der Ziffer 8 am jüngsten Tage der 1798ten Jahres im großen Rath der Ziffern gehalten.

[[1]VS 5, S. 373-410. [2]VS 6, S. 174-194. SB 3, S. 458-469] [Jung 365]

(b) S. 111-149: Neuigkeiten vom Himmel.

[[1]VS 7, S. 240-286. Nicht in [2]VS. – Zwei „verschüttete Aphorismen" von S. 146 und 149: Gravenkamp, S. 100 f.] [Jung 366]

(c) S. 150-180: Daß du auf dem Blocksberge wärst. Ein Traum wie viele Träume.

[Zur Verfasser- und Herausgeber-Fiktion siehe auch die Anm. zu Nr 307 (a). – [1]VS 5, S. 411-450. [2]VS 6, S. 195-216. GW 2, S. 425-441. SB 3, S. 470-482. – Druckfehler GTC S. 152 (und VS) „vor Kindern"; SB 3, 471 emendiert zu: „von Kindern"; richtig: „vor [= für] Kinder" (eingehend diskutiert und begründet in Joost 2017, S. 198). – SK-Tagebuch, 18.11.1791: „Den Abend meiner Frau von den doppelten Mädchen erzählt aus der Transact."; 1.1.1793: „an den doppelten Printzen gedacht und ernstlich".] [Jung 367]

(d) S. 181-215: Neue Erfindungen, physikalische und andere Merkwürdigkeiten.

[Bezifferung und Titel von Lichtenberg.] [Jung 368]

a) Lösch-Anstalten S. 181-192. [Wiedergedruckt [1]VS 7, S. 382-396. Nicht in [2]VS.]

b) Etwas über Telegraphen. S. 192-194. [In VS nicht wiedergedruckt.]

c) Magnetnadel ohne Abweichung. S. 194-201. [Dazu siehe den „Nachtrag" am Schluss dieses Abschnitts, S. 214 f. – Wiedergedruckt [1]VS 7, S. 396-405. Nicht in [2]VS.

d) Neue Schmelz-Mahlerey. S. 210-205. [In VS nicht wiedergedruckt.]

e) Kohlengruben unter der See, und Etwas von negativen Brücken. S. 205-209. [Wiedergedruckt [1]VS 5, S. 532-540. [2]VS 6, S. 280-284.

f) Jüdische Industrie neben holländischer Frugalität. S. 210-211. [Wiedergedruckt [1]VS 5, S. 540-544. [2]VS 6, S. 286-288.]

g) Mechanische Theorie des Kusses, nach Hrn. Hofr. [W.] v. Kempelen. S. 212-214. [Wiedergedruckt [2]VS 6, S. 488-490. Nicht in [1]VS.]

Nachtrag zum Artikel c) Magnetnadel ohne Abweichung. S. 214 f. [Siehe oben Nr 396 (d): S. 194-201. – [1]VS 7, S. 406 f. Nicht in [2]VS.]

†(e) S. 215-227: Erklärung der Kupferstiche.

[J.D. Schubert: Vier Stationen im weiblichen Leben: „Kind", „Mädchen", „Frau", „Wittwe". Verfasser vermutlich, wie im GTC für 1795, Schubert: Vgl. Nr 358†(i). – Nicht wiedergedruckt. Nur drei „verschüttete Aphorismen" von S. 225. 226 f. 216: Gravenkamp, S. 100 f.] [Jung 369]

397. Almanac de Göttingue pour l'année 1799. [Göttingen] chez I.C. Dieterich [1798].

[Übersetzung des GTC vermutlich durch François Soulange d'Artaud oder René Leroi de Chateaubourg (vgl. Anm. 13).] (Nicht paginiert: 6 gezählte Modekupfer). – (Nicht paginiert:) Epoques de l'année 1797. (10 S.) – (Nicht paginiert: Kalendarium 12 x 4 = 48 S. und 12 gezählte Monatskupfer). – (Nicht paginiert:) Nouveau Calendrier français pour l'an 1799. (4 + 12 = 16 S.) – Gumbert-Auktion 1985, Nr 2608.

p. 1: Etrennes pour l'utilité et l'agrément du Lecteur par M. Lichtenberg. L'an 1799 dont chaque mois est orné d'une estampe et des modes de nos Dames et Cavaliers en taille-douce. À Gottingue chez J.C. Dieterich. – p. 3: Jours de naissance de la Maison Royale.

p. 4-82: Table généalogique des Maisons Souveraines & de celles des autres Princes & Princesses de l'Europe.

p. 83-112: Discours du chiffre 8 prononcé dans le grand Conseil des Chiffres le jour suprême de l'an 1798. (Le Zéro occupe, comme à l'ordinaire, le fauteuil de président).

p. 112-115: Postscriptum de l'Editeur.

p. 115-153: Nouvelles du Ciel.

p. 154-185: Que tu fusses au Blocksberge! Rêve comme tant d'autres rêves.

p. 185-196: Nouvelles découvertes physiques & autres objets memorables. A) Extinction des embrasements. – b) Addition au Télégraphe. – c) Aiguille aimantée sans déclinaison. – d) Nouvelle peinture en émail. – e) Carrières de charbons de terre sous la mer & ponts négatifs. – f) Industrie juive à coté de la frugalité hollandaise. – g) Mécanisme du baiser d'après M. le Conseiller de Kempelen.

p. 213-214: Article additionnel à l'article c) l'aiguille aimantée sans declinaison.

p. 214-225: Explication des Gravures.

p. 226-227: Comparaison de chaque marc ou Livre du poids de l'or, de l'argent, de la monnoye, et du commerce de plusieurs lieux, par grains ou parties nommées as, poids de Troyes d'Hollande. – p. 228-229: Miles. – p. 230: Mesures des Grains en pouces cubes de Paris. – p. 231: Autres mesures des Solides. – p. 231: Monnoyes. – p. 232-234: Longitude et Latitude géographique de divers endroits. – p. 235-236: Table des Matières. – p. 237: Avertissement.

398. **Göttingen.** [Preisaufgabe der mathematischen Klasse der Sozietät der Wissenschaften für November 1800, lateinisch und deutsch, betreffend „Bestimmung der Gesetze der Bewegung der Dämpfe".] In: GGA 1798. 191. St. vom 1.12., S. 1902-1904.

[Anonym; im Göttinger Handexemplar der GGA auf S. 1897 gezeichnet: „Heyne" (als dem Sekretar der Sozietät; siehe oben Anm. 15); fehlt daher bei Guthke 1963. Lichtenbergs Verfasserschaft bestimmt nach seinem Entwurf im Brief an die Sozietät, 26.8.1798 (Bw 4, S. 932 f.: Nr 2896). Vgl. auch Elogium 1799,

S.7 und Anm. 2: „Quaestiones classis mathematicae alternatim mecum proposuit. Illam postremo, cuius responsum vltimi saeculi anno exspectatur. Quas motus leges seruet ebullientis aquae vapor per canales datos"; deutsch in: Kästner 1978, S. 192: „Fragen der mathematischen Klasse [der Sozietät der Wissenschaften] legte er im Wechsel mit mir vor, zuletzt jene, deren Antwort im letzten Jahr dieses Jahrhunderts erwartet wird: ‚welche mechanischen Gesetze befolgt Wasserdampf durch gegebene Kanäle?'." Die Frage blieb unbeantwortet (vgl. GGA 1800, S. 1914).]

399.   **Görlitz.** [Rezension über:] Adolph Traugott von Gersdorf: Anzeige der nothwendigsten Verhaltungsregeln bey nahen Gewittern und der zweckmäßigsten Mittel, sich selbst gegen die schädlichen Wirkungen des Blitzes zu sichern. Für Unkundige. Görlitz: Anton 1798. In: GGA 1798. 192. St. vom 1.12., S. 1918 f.
[Anonym gedruckt; Verfasserschaft bestimmt nach dem Göttinger Handexemplar der GGA (danach Hahn, S. 85; Guthke 1963, S. 339: Nr 46) bzw. dem Tübinger Handexemplar (Fambach 1976, S. 222).]

[Jung 364]

400.   Der Anschlagzettel. In: Ernst Ludwig Wilhelm Nebel (Hrsg.): Medicinisches Vademecum für lustige Aerzte und lustige Kranke, enthaltend eine Sammlung medicinischer Scherze, komischer Einfälle […] aus den besten Schriftstellern zusamengetragen. 4. Th., Berlin und Leipzig: Carl August Nicolai 1798, S. 134–139.
[Abdruck des „Avertissement" gegen Philadelphia nach der 3. Auflage (Nr 61) oder wahrscheinlicher Nr 375; mit eingehender Beschreibung.]

1799

401.   [Vorlesungsankündigung Lichtenbergs zum Sommersemester 1799 (Beginn: 8.4.) erschien nur mehr lateinisch im „Catalogus Praelectionum" (p. VI), datiert vom herausgebenden „Prorector Christ. Frid. Ammon": „M.[edio?] Februario" [= 14.?2.] 1799 und ist sonach, eines akademischen Lehrers würdig, die letzte von ihm autorisierte Publikation; die deutsche Version in den GGA kam aus bekanntem Grund nicht mehr zustande.]
[Regest mit lateinischem Zitat: Cardanus S. 66.]

Postuma im Todesjahr
Hogarth, 5. Lieferung

402.   G. C. Lichtenbergs ausführliche Erklärung der Hogarthischen Kupferstiche, mit verkleinerten aber vollständigen Copien derselben von E.[rnst Ludwig] Riepenhausen. Fünfte Lieferung. Göttingen im Verlag von Joh. Christ. Dieterich 1799. IV, 235 S.

[Vgl. die erläuternden Präliminarien zu Nr 350! – Die folgende Kollation nach der *editio princeps* (A): S. III f.: Vorerinnerung des Verlegers [danach habe Lichtenberg das Heft „noch beynahe ganz besorgt. Nur den letzten Bogen der Erklärung hat ein Freund von ihm und mir[101] zum Druck befördert"]. – S. 3-235: XXVII. [Erste Platte. bis XXXII = Sechste Platte.] Industry and Idleness. Fleiß und Faulheit. S. 1-70: XXVII: = Erste Platte. S. 71-96: XXVIII: = Zweyte Platte. – S. 97-136: XXIX: = Drittte Platte. – S. 137-158: XXX. = Vierte Platte. – S. 159-184: XXXI. = Fünfte Platte. – S. 185-235: XXXII. = Sechste Platte. (Jördens 3, S. 360 bietet bei seiner Inhaltsübersicht wohl wieder die Seitenzahlen der Ausgabe B, die aber bei dieser Lieferung mit A fast identisch ist). – Die Vorrede ist datiert und gezeichnet: „Göttingen, im März, 1799. Joh. Chr. Dieterich." Erschienen zur Oster-Messe 1799 (14.4.-21.4.). – Hds. Vorarbeiten Lichtenbergs im Nachlass: Ms. Lichtenberg IV, 52: größtenteils ungedrucktes Kleinquart-Notizheft (das wenige bislang daraus Gedruckte: SB 2, S. 543 f. = Miszellen-Heft 1-18), auch mit vereinzelten Notizen für die folgenden Kupferstiche (zwei geheftete Lagen, insgesamt 26 Bl. / 52 Seiten, davon 31 beschrieben); begonnen „1798.", bei Lichtenberg Tod sozusagen noch ‚in Arbeit', mit diagonalen ‚erledigt'-Ausstreichungen; Publikation demnächst im Lichtenberg-Jahrbuch). – SK-Tagebuch, 6.1.1799: „Ich arbeite noch immer an der dritten Platte von Industry und Idleness. No more temptations.", 8.1.1799; 29.1.1799: „früh die lezten Blätter zur 3.ten Platte."; 31.1.1799: „D.[ieterich] bezahlt 80 St. Louisd'or für das noch nicht vollendete Stück von Hogarth". – In diesem und den folgenden Bänden des Handexemplars (Originale heute bei Familie Lichtenberg in Otjisororindi, Namibia) naturgemäß keine Korrekturen mehr. – Lauchert, S. 158 f.: (ohne Hinweise zur Textkritik), aber Notizen zur Geschichte der „ausführlichen Erklärung" und Briefzeugnisse. – Zur Entstehung und Fortsetzung siehe Dieterich 1993, S. 289 und speziell 290.]

Rezensionen: NNGZ 1800, S. 221-223. – EGZ 1799, Bd 1, S. 921-923. – Gd. [= Johann Joachim Eschenburg]: NADB, Bd 60, St. 2 (1801), S. 359-363 (Rezension über 5. und 6. Lieferung, wiedergedruckt Eschenburg 2013, S. 28-33). – [J. K. S. Morgenstern:] NBsWfK Bd 63 (1800), 1. St., S. 20-60 (Rezension über 1.-5. Lieferung; eingehender siehe zur 1. Lieferung 1794). – J. J. Eschenburg: ALZ 1804, Bd 1, Nr 2 vom 2.1., Sp. 11-16. (5.-7. Lieferung; wiedergedruckt Eschenburg 2013, S. 59-67).

101 Wer dieser „Freund von ihm und mir" war, ist nicht gesichert. Promies vermutet (SB 3K, S. 427) Christoph Girtanner, welcher nachher den GTC erbte, aber nur mehr den Jahrgang 1800 vor seinem allzu frühen Tod redigieren konnte. Ebensowohl käme aber auch schon Friedrich Bouterwek in Betracht (s. u. Nr 410 zu (a) 6 und zu Nr 412.)

403. Eine gesellschaftliche Mitternachtsunterhaltung im neusten Geschmack: oder Die Punsch-Gesellschaft, aus der Ausführlichen Erklärung der Hogarthischen Kupferstiche. In: Beyspiele von allen Arten des deutschen Prosaischen Styles, aus den besten Schriftstellern gezogen, nach der Adelungischen Eintheilung geordnet, und sowohl mit Einleitungen als mit Anmerkungen versehen. Leipzig: Schwickert 1799, S. 438-446.
[Jedenfalls unautorisierter Nachdruck nach Nr 350. In der Abteilung „Komischer Styl". Mit sieben z. T. Lichtenberg kritisierenden Anmerkungen. Erwähnt Jördens Bd 3, S. 364.]

404. G. C. Lichtenberg's Bemerkungen über einen Aufsatz des Herrn Hofr. Mayer zu Erlangen über den Regen, und Herrn de Lüc's Einwürfe gegen die französische Chemie. (Hrsg. von Friedrich Kries). In: Ludwig Wilhelm Gilbert (Hrsg.): Annalen der Physik 2 (1799), 2. St., S. 121-153.
[Publiziert aus dem Nachlass: Ms. Lichtenberg V, 25, Bl. 1-11; weitere Fragmente und „Vermischte Anmerckungen" Bl. 12-26. Erschienen Juli oder August 1799. – Diese Antwort Lichtenbergs auf einen Aufsatz von Johann Tobias Mayer jun im Journal der Physik Bd 5 (1792), H. 3, S. 371 ist gemäß dem Tagebuch schon im Spätsommer 1792 begonnen, im Oktober fertiggestellt, jedoch im November entweder vom Zeitschriftenherausgeber abgelehnt oder von Lichtenberg zurückgefordert worden: Vgl. SK-Tagebuch, 1.2.1792: „Grens' Journal mit Mayers Vertheid. des Φlogistons"; 21.7.1792: „Ich bekomme das 15 Stück von Grens Journal, worin Mayers Abhand*lung* die mich sehr beschäfftigt."; 27.7.1792: „Entdeckung daß Mayern schwer bey zu kommen ist."; 29.9.1792: „Lampadius bringt mir seinen Aufsatz und ich lese ihm etwas aus meinem Aufsatz gegen Mayer vor."; 14.10.1792: „Ich endige den Brief und Abhandlung für Gren gegen Mayer!! Morgen geht er fort."; 5.11. 1792: „3<u>ter</u> Brief an Gren."; 9.11. 1792: „Gren schickt zurück."; 17.6.1793: „Journal von Gren mit Mayers Theorie der Elektricität." – An Blumenbach, 15.10.1792 (im Bw 3, S. 1155: Nr 2153: „gestern an Gren für sein Journal abgeschickt". – Zur Drucklegung und Honorierung siehe Ludwig Christian Lichtenberg an Dieterich, 1.8.1799 (Dieterich 1993, S. 291). – Wiedergedruckt bald nach dem Erstdruck in Nr 407, dort S. 195-228 (die beiden Anmerkungen des Herausgebers der Annalen der Physik, Gilbert, die erste ziemlich ausführlich, sind im 2. Abdruck weggelassen beziehungsweise ersetzt). – Vgl. Darmstädter 1931, S. 454-476; hier besonders S. 464f.]
[Jung 370]

405. [Brief an Alexander Nicolaus Scherer, Göttingen, 28. November 1798. Eingelegt in dessen] Nekrolog. 8. Georg Christoph Lichtenberg. In: Allgemeines Journal der Chemie. Bd 3 (1799), H. 17, S. 609-616; hier S. 613-616.
[Erschienen ca. August oder September 1799. Wiedergedruckt in SB 4, S. 1000 f.: Nr 760, und im Bw 4, S. 987-989: Nr 2940.]
[Jung 2164]

406.   Nicolaus Copernicus. In: Pantheon der Deutschen. 3. Theil Leipzig, bey
        Friedrich Gotthold Jacobäer 1800. 116 S.
        [Zur schon im Winter 1796/1797 erfolgten Entstehung und der nachherigen Ver-
        zögerung des Drucks durch den Konkurs seines ursprünglichen Verlegers Hof-
        mann vgl. vor allem Dieterich 1984, S. 45. 47. 53. 55 f. 68 f. 73. 75. 89. 106 f.:
        Nr 14 f. 18. 20 f. 29-31. 46. 60 f.; ferner Dieterich 1993, S. 289. 294. – SK-Tage-
        buch, 15.1.1796: „abends an Hofmann nach Chemnitz. Wegen Copernicus.";
        9.9.1796: „Dietrich schickt mir durch Georg eine Bout. Champagner, wovon ich
        4 Gläser trincke und viel Copern: schreibe."; 25.11.1796: „Brief von Hofmann
        mit Porträt von Copern.!!"; 30.12.1796: „viel Copern."; 3.1.1797: „Sehr wohl und
        vergnügt, viel Cop."; 12.1.1797: „Ausserordentlich aus ein ander [mit Diete-
        rich?] wegen Cop. Hog.[arth] und 1000 andern Dingen."; 8.2.1797: „Ich weiß
        nicht was es werden wird Cop. Cop. hat viele Schuld."; 14.2.1797: „Einfall bey
        Tisch wegen Copcop und Heynen"; 19.3.1797: „Mspt. an Hofmann nach Leip-
        zig". – Mit Datum vom 12.11.1796 hatte der Verleger (Carl Gottlieb Hofmann in
        Chemnitz) die Subskription eröffnet; der 3. Bd, der den Kopernikus enthalten
        sollte, zum Preis von 2 Reichstalern 12 Gutegroschen (Reichs-Anzeiger Nr 4
        vom 5.1.1797, Sp. 43). Wegen wirtschaftlicher Probleme des Verlags erschien
        Lichtenbergs Abhandlung jedoch erst postum zu Michaelis 1799. Jeder Beitrag
        weist in dem Sammelwerk eine eigene Paginierung auf, sollte demnach wohl
        auch einzeln verkäuflich sein. – Wiedergedruckt [1]VS 6, S. 1-158. [2]VS 5, S. 151-
        243. SB 3, 138-188. Vgl. Lauchert S. 159-161; mit ca. 20 Lesarten des Erstdrucks,
        aber nicht der Handschrift, die Lauchert ja auch noch nicht kannte (Autogra-
        phen im Nachlass: Ms. Lichtenberg V, 19; außerdem ebd. V, 20: allographe Ab-
        schrift davon; V, 21: Materialien: Vorarbeiten und V, 22: Exzerptenbücher und
        Entwürfe. Ferner ein früher Entwurfszettel IX E Bl. 70 f.; teilweise mit Blei und
        demnach wahrscheinlich im Bett entstanden. Publikationen daraus durch Alex-
        ander Neumann im Lichtenberg-Jahrbuch 1998, S. 58-62; 2001, S. 9-14; 2002,
        S. 219 f.; 2012, S. 79-90; 2013, S. 245-273). – Denekes Lichtenberg-Schrank
        Nr 41. – Gumbert-Auktion 1985, Nr 2620.]
        Rezensionen: Lt. Ersch 1796 bis 1800 Bd 2,2, Weimar 1807, Nr 2499 noch diese:
        „NadB 57 I. 164-182; Obd.[LZ] 1802 I 984-987; LJ 1800. III, 620-622; T. 1801,
        S. 314-320.".

        [Jung 371]

407.   Georg Christoph Lichtenberg's Vertheidigung des Hygrometers und der
        de Lüc'schen Theorie vom Regen. Herausgegeben von Ludwig Christian
        Lichtenberg, Sachs. Goth. Legationsrath, und Friedrich Kries, Professor
        am Gothaischen Gymnasium. Göttingen, bey Johann Christian Dieterich
        1800. XVI, 228 S.[102] [Darin auch Nr 404.]

102 Gumberts Vermutung, es habe bereits 1796/1797 eine Hygrometer-Schrift „in ande-
    rer Form" gegeben, die gedruckt, aber nicht ausgeliefert worden sein soll (vgl.
    Gumberts *Auktion* 1985, Nr 2567), ist ein Missverständnis: Tatsächlich waren damals
    bereits die ersten elf Bogen ausgedruckt, als Lichtenberg aus den von Gumbert ge-
    nannten Gründen die Arbeit abbrach; auf Drängen Dieterichs wurde nach Lichten-
    bergs Tod der letzte Bogen der Abhandlung, soweit er sich aus den Notizen vervoll-

[Titelblatt-Faksimile: Wagnis 1992, S. 335. – Die (unvollständige) „Vertheidigung" umfasst die S. 1-187 (bricht dort ab); es folgt S. 188-194 eine „Anmerkung der Herausgeber" und S. 195-228 die zur Sache gehörige Abhandlung Nr 404 (s. d.). Erschienen ist das Buch postum Michaelis 1799 (der „Vorbericht" – S. III-XVI – ist datiert und gezeichnet: „Gotha im August 1799. Die Herausgeber"; eine Sendung von fertigen Belegexemplaren kündigt Dieterich am 24.10. an: Dieterich 1984, S. 79: Nr 35), aber einmal mehr vordatiert auf 1800. Zur Redaktion siehe Ludwig Christian Lichtenberg an Dieterich, 7.8.1799 (Dieterich 1993, S. 289); zur Drucklegung und Honorierung siehe Ludwig Christian Lichtenberg an Dieterich, 1.8.1799 (Dieterich 1993, S. 291). – Handschriften im Nachlass: Ms. Lichtenberg V, 23-25, zumeist Vorarbeiten und Entwürfe. Der Hintergrund: Nachdem D. O. Zylius bereits 1792 in Grens Journal der Physik Bd 6, H. 1, S. 195-212 ein polemisches „Schreiben an den Herausgeber, über einige vom Hrn. Hofrath Lichtenberg gemachte Einwürfe gegen das antiphlogistische System, und gegen die Auflösung des Wassers in der Luft" publiziert hatte, welches der „Herausgeber" gleich anschließend selbst beantwortete (a. a. O., S. 205-212), hatte Zylius in Bd 8, H. 1, S. 51-64 darauf einlenkend repliziert (und wandte sich auf den letzten beiden Seiten auch noch einmal Lichtenberg zu): Schreiben vom Herrn Zylius in Rostock an den Herausgeber, über Herrn de Luc's Lehre von der Verdunstung und dem Regen. Zylius hatte inzwischen mit seinen Thesen an der Preisaufgabe für 1794 der Berliner Akademie der Wissenschaften teilgenommen, die die Theorie des Regens von Lichtenbergs Freund Jean André Deluc betraf: Les observations de M. de Luc & les fondemens sur lesquels il appuie sa theorie, sont-ils suffisans pour rejeter entierement le systeme de la solution? 2. Comment, en admettant l'opinion de M. de Luc, peut-on deduire des principes physiques la transformation des vapeures en air, & la decomposition de cet air, de façon qu'il en resulte des nuages & de la pluie? (Histoire de l'academie royale des sciences et belles-lettres 1792-93. Berlin 1798). Zylius gewann den Preis. Seine Preisschrift las Lichtenberg gleich nach ihrem Erscheinen im Sommer 1795, und sie veranlasste ihn zu einer Entgegnung, die schon im Herbst dieses Jahres entstand und von ihm sogleich sukzessive zum Druck gebracht wurde, vgl. dazu SK-Tagebuch, 27.7.1795: „Nachricht von der Berliner Preisschrifft durch meinen Bruder!"; 7.8.1795: „Zül zum Buchbinder." 7.8.1795: „Bekam Zyl. im Bette. [...] viel Zyl. in der Stille."; 8.8.1795: „Ich siegreich über Zyl."; 12.10.1795: „Immer mehr gegen Zylius bevestigt!!"; 17.10.1795: „Viel Preißschrifft mit unüberwindlicher Schwachheit, die meiner Vernunfft nicht unterworfen ist. Was das werden will."; 31.10.1795: „Dem Dieterich das erste Mspt. gegeben, v. Zylius."; 14.11.1795: „{Erste Correktur anti Zyl.}"; 18.11.1795: „Das neue Papier zum Zyl. kömmt an!!!"; 2.12.1795: „Lese, daß Z. Hofmeister zu Bützow ist."; Vorsatzblatt 1796: „Eine gute Recens. von Zyl. steht Litteratur Zeitung 1796 N⁰ 171. und allg. d. Biblioth. B. 29. S. 113.". Im Frühjahr stockte die Arbeit, Lichtenberg scheint geradezu depressive Anwandlungen und Unzulänglichkeitsgefühle darüber bekommen zu haben: SK-Tagebuch, 9.3.1796: „Sehr mißvergnügt wegen allerley heimliches ignoramus. Stinky, Long lat ζυλζακ und Hock."; 11.4.1796: „schweres Hertz. Long Lat. Ζουλ."; 12.4.1796: „schwer Ζουλ.". An demselben Tag „gestand er" Alexander Nicolaus Scherer, wie dieser in seinem Nekrolog berichtet (siehe oben Nr 405; dort S. 612) bei dessen Besuch „daß er

ständigen ließ, nur eben fertig gedruckt und zusammen mit dem Vorhandenen und dem Aufsatz gegen Johann Tobias Mayer jun. (Nr 404) im Anhang ausgeliefert.

zwar bereits mehrere Bogen desselben habe abdrucken lassen, daß er aber bey näherer Durchsicht gefunden habe, er habe mit zu vieler Wärme geschrieben. Er fände es daher für nothwendig, das Ganze zu unterdrücken. So kam es denn auch, daß nichts davon bekannt wurde." Das Buch war mittlerweile schon 1796 im Messkatalog angezeigt worden, und damals lagen auch schon 11 Bogen (also bis S. 176) fertig ausgedruckt vor, „der 12te ist größtentheils abgesezt." (an J. F. Blumenbach, [24.3.1796]: im Bw 4, S. 563: Nr 2617); geplant waren ca. dreizehn. Aber Lichtenberg hatte sich schon im Spätsommer 1796 entschlossen, die Polemik nicht zu publizieren (vgl. an Friedrich Kries, August 1796: Bw 4, S. 622: Nr 2666, und an Karl Gottlieb Hofmann, 8.9.1796 im Bw 4, S. 624: Nr 2670; endgültig an Blumenbach, 10.6.1798 im Bw 4, S. 881: Nr 2860) – obgleich es noch in den GGZ (10. St. vom 3.2.1798, S. 80) hieß, das Buch sei „beynahe seit einem Jahre bereits größtentheils abgedruckt worden" und „Vielleicht wird es bald ganz vollendet". Deluc berichtet dann noch von einem Brief Lichtenbergs an ihn im Préface zu dessen Introduction à la physique terrestre par les fluides expansibles; precedée de deux Mémoires sur la nouvelle théorie chimique, Paris und Mailand: Nyon, 1803, S. I-III (wiedergedruckt im Lichtenberg-Jahrbuch 2007, S. 254 f. als Bw Nr *2899a). – Denekes Lichtenberg-Schrank Nr 55. – Gumbert-Auktion 1985, Nr 2567.– Lauchert S. 7. Dieterich 1984, S. 45. 47.49. 55 f. 59. 65. 76 f. 79. 82 f.: Nr 14-16. 20 f. 24. 27. 32. 34 f. 39. Vgl. Härtl, S. 25-30 – und die seither erschienenen Bände der Arnim-Edition.]
Rezensionen: ALZ 1800; Nr 12 vom 10.1., Sp. 89-93. – Neues Medicinisches und Physisches Journal. Hrsg. von E. G. Baldinger. Marburg. 2. Bd 3. St. (1800), S. 94 f. – NCN Bd 26, 14. St. vom April 1800, S. 109 f. – Annalen der Rostockschen Academie Bd 10 (1801), 15. St. vom 26.5., S. 113-116. – Eine Anzeige in Gilberts Annalen der Physik. 4. Bd, S. 126 ff. – Lt. Ersch 1796 bis 1800 Bd 2,2, Weimar 1807, Nr 238 noch dies: „L. 99 II. 815-819". – [Gmelin] in den GGA 1800, 143. St. vom 6.9., S. 1421 („Hr. L. A. von Arnim Beytrag zur Berichtigung des Streits über die ersten Gründe der Hygrologie und Hygrometrie; Saussure's Meinung sey zwar gegen die Einwürfe de Luc's und die Rechnungen Lichtenberg's geschützt, habe aber noch viele Lücken."). – Zylius selber antwortete (sehr polemisch) mit Bemerkungen über [Titel, s. o.] in den Annalen der Physik. 5. Bd, 3. St., S. 257-271; diese „Bemerkungen" referiert [Gmelin] in den GGA 1800, 147. St. vom 13.9., S. 1466 f.: „Hr. **Zylius** vertheidigt seine Preisschrift über das Hygrometer und **de Luc's** Theorie vom Regen gegen einige Beurtheilungen, vornehmlich unsers sel. **Lichtenberg**; unsern Lesern mag es genug seyn, um den Geist der Vertheidigung zu kennen zu lernen, den Schluß zu lesen: ‚grobe Exclamationen und insipide Schnurren sind freylich leichter zutage gefördert, aber damit wird für die Physik nichts gewonnen'." – Erwähnt ist Lichtenbergs Abhandlung noch in Jean André Deluc: Introduction à la physique terrestre par les fluides expansibles. Tome 1, Paris 1803, S. 330 (im Kap. Traité elementaire sur les fluides expansibles).

[Jung 372]

408.   **Minchen** [Epigramm, entstanden ca. 1763]. In: [Karl von Reinhardt (Hrsg.):] Musen-Almanach 1800. Göttingen, bei J. C. Dieterich [gestochener Titel; gedruckt:] Poetische Blumenlese für das Jahr 1800. Göttingen, bei Johann Christian Dieterich. [1799], S. 114.
[Gezeichnet: „**G. Ch. Lichtenberg**." – Faksimile: GMA 1979. – Beim postumen Erstdruck mit dieser Entstehungs-Anekdote vom Einsender A. G. Kästner an-

merkungsweise begleitet: „*Um 1763 etwa sieben bis acht Jahr. Sie besuchte den Verfasser zuweilen, wollte aber nie Französisch sprechen, das sie lernte. Er gab ihr einmahl diese Verse, die sie ihren Ältern brachte. Der Mittheiler hat sie vom Vater gehört." Wiedergefunden und -gedruckt durch Achenbach im Photorin Heft 5 (1982), S. 62. – Man wird bei einer sieben- oder achtjährigen Professorentochter aus Göttingen zunächst an die ‚Universitätsmamsellen' zu denken haben, jene legendären Opfer des aufklärerisch-pädagogischen Impetus ihrer Väter; es kommt aber bei einer um 1755 geborenen wohl nur Magdalene Philippine Gatterer (*1756) in Betracht, denn die anderen (Caroline Michaelis, Dorothea Schlözer, Therese Heyne, Meta Wedekind) waren alle deutlich jünger. Auch wenn der Name nicht ganz genau passt (eine Kontraktion M-ine wäre außerhalb solcher Poesie allzu weit hergeholt), so gehörte doch Lichtenberg frühzeitig zu Gatterers Historischem Institut, war dort schon 1763 von seinem Bruder eingeführt worden und kann die spätere Dichterin damals als Kind kennengelernt haben.]

409.   Georg Christoph Lichtenberg's auserlesene Schriften. Mit 24 Kupfern nach D. Chodowiecki. Baireuth, bei Johann Andreas Lübecks Erben 1800. XVI, 440 S., [Erste, wiewohl unrechtmäßige postume Auswahl von Lichtenbergs Schriften, hier z. T. gekürzt. Inhaltsübersicht mit Seitenzahlen (s. u.) auch schon bei Jördens Bd 3, S. 358 f. – Schon 1799 im Intelligenz-Blatt der ALZ. (Nr 41, S. 324) angezeigt (Preis: 2 Thaler 16 Ggr.) und wohl auch schon im Dezember größtenteils ausgedruckt; eine Erklärung des Verlegers (S. 438- 440) datiert aber erst: im Ianuar 1800. Der ungenannte Herausgeber (lt. [5]Meusel Bd 10, 1803, S. 138: Christian Siegmund Krause, 1758-1829) erklärt in seiner Vorrede, er habe „seit zwölf Jahren [mithin seit 1787 oder 1788] auf allerlei Art, durch List und offene Aufforderung und Bitte, den Wunsch aller Menschen von Sinn und Geist zu befördern gesucht, eine Sammlung dieser unschätzbaren Aufsätze von ihrem Verfasser selbst zu erhalten; aber vergebens" – Lübeck ist demnach wohl nicht der 1784 in Nr 236 gemeinte „Verleger im Reich". Zu seinem Streit mit der Dieterich'schen Verlagsbuchhandlung über diese Sammlung vgl. Dieterich 1984, S. 55. 85-87. 91 f. 106: Nr 20. 41-43. 47 f. 61 (dort sind auch die öffentlichen Erklärungen im „Reichs-Anzeiger" nachgewiesen). – Der Band enthält neben einer Widmung an den „Kammerpräsidenten von Schuckmann" (S. [III]-[VI] die erwähnte Vorrede (S. [VII]-XVI; dann (teils leicht gekürzt) S. 1-58: unsere Nr 124; S. 59-89: Nr 52; S. 90-109: Nr 58; S. 110-156: Nr 79; S. 157-246: Nr 72; S. 247-257: Nr 70 aa; S. 257-264: Nr 131 (h); S. 265-278: Nr 181; S. 279-350: Nr 28; S. 351-378: Nr 195; S. 379-396: Nr 196; S. 397-334 [recte: 434]: Nr 225; S. 437 Druckfehler; S. 438-440: Erklärung des Verlegers. – Denekes Lichtenberg-Schrank Nr 56; Gumbert-Auktion 1985, Nr 2548. *Rezension*: Gd. [Johann Joachim Eschenburg]: NADB, Bd 67, 1. St. 4. Heft (1801), S. 260 f. – N. N.: Art. XVII. Lichtenberg's auserlesene Schriften, &c. Thew select writings of G. c. Lichtenberg [...]. In: The German Museum, or Repository of the Literature of Germany, the North and the Continent in general. . Vol. III für the Year 1801. London S. 70 f. [Jung 2008]

410. Ausführliche Erklärung der Hogarthischen Kupferstiche Lieferung 6-14

Vorbemerkung: Im 19. Jahrhundert sollten Lichtenbergs Ausführliche Hogarth-Erklärungen sein am weitesten verbreitetes, am häufigsten nachgedrucktes und vermutlich meistgelesenes Werk werden; es gibt allein mit dem Titeltext der Erstausgabe fünf neugesetzte Auflagen, bei einzelnen Lieferungen der Auflage B noch eine weitere – und darin sind nicht eingerechnet die im Habsburgerstaat veranstalteten unautorisierten Nachdrucke (Wien: Johann Schwinghamer 1811; Wien Chr. Kaulfuß und C. Armbruster 1818-1823, die danach vom Wiener Buchhändler Rudolf Sammer übernommen und bis mindestens 1835 vertrieben wurde, mit den Nachstichen von Carl Rahl – dazu eingehend Achenbach 2021, S. 213-230.); dann die ebenfalls mehrfach im Stereotyp-Verfahren nachgedruckte Version in der 2. Ausgabe der Vermischten Schriften (Bände 9-14, Göttingen: Dieterich 1850-1853)[103]; zuvor schon die Zusammenfassungen im Pfennigmagazin (v. a. 1835 f.)[104] und (jetzt nur Hogarth Kupfertafeln vermutlich nach Riepenhausen als Stein-

---

103 Sie wurde begleitet mit Abb.: *Hogarth's Werke in verkleinerten aber vollständigen Copien von Ernst Riepenhausen* (Neue Ausgabe von H. Loedel). In 12 Lfgn; 1.-8. Lfg Tafel 1-50, 9-12 Taf. 51-88 (in Kupfer) Folio Göttingen 1850-1852; mehrere Auflagen. Eingehend hierzu Achenbach 2021, S. 237-244.

104 N.N.: [*Hogarth und seine Werke*, „nebst einer kurzen Erklärung, nach Lichtenberg" (1835, S. 26): 26 Holzschnittwiedergaben mit Beschreibungen]. In: *Das Pfennig-Magazin der Gesellschaft zur Verbreitung gemeinnütziger Kenntnisse*. Leipzig: Brockhaus 1835-1836. (Photomechanischer Nachdruck, leicht verkleinert, bei Nördlingen: Greno 1985). Im Einzelnen: Nr 95 v. 24.1.1835, S. 25 f.: *Hogarth und seine Werke*; S. 31 f.: *Hogarth's Werke 1. Der erzürnte Musikus.* – Nr 99 v. 21.2.1835, S. 63 f.: *2. Das Hahnengefecht.* – Nr 104 v. 28.3.1835, S. 102-104: *3. Die Heirath nach der Mode.* – Nr 112 v. 23.5.1835, S. 167 f.: *4. Fleiß und Faulheit I.* – Nr 113 v. 30.5.1835, S. 175 f.: *4. Fleiß und Faulheit II.* – Nr 115 v. 13.6.1835, S. 191 f.: *4. Fleiß und Faulheit III.* – Nr 116 v. 20.6.1835, S. 198-200: *4. Fleiß und Faulheit IV.* – Nr 117 v. 27.6.1835, S. 207 f.: *4. Fleiß und Faulheit V.* – Nr 123 v. 8.8.1835, S. 249 f.: *5. Der Dichter in der Noth.* – Nr 126 v. 29.8.1835, S. 279 f.: *6. Der Weg des Liederlichen I.* – Nr 130 v. 26.9.1835, S. 311 f.: *6. Der Weg des Liederlichen II.* – Nr 134 v. 24.10.1835, S. 343 f.: *7. Die Biergasse und das Branntweingäßchen I.* – Nr 135 v. 31.10.1835, S. 351 f.: *7. Die Biergasse und das Branntweingäßchen II.* – Nr 145 v. 9.1.1836, S. 16: *8. Der Politiker.* – Nr 149 v. 6.2.1836, S. 47 f.: *9. Die abfahrende Landkutsche.* – Nr 153 v. 5.3.1836, S. 78-80: *10. Die Parlamentswahl: 1. Der Wahlschmaus.* – Nr 155 v. 19.3.1836, S. 95 f.: *10. Die Parlamentswahl: 2. Die Stimmensammlung.* – Nr 157 v. 2.4.1836, S. 111 f.: *10. Die Parlamentswahl: 3. Die Abstimmung.* – Nr 159 v. 16.4.1836, S. 127 f.: *10. Die Parlamentswahl: 4. Die Huldigung.* – Nr 180 v. 10.9.1836, S. 259 f.: *11. Der Ausmarsch der Truppen nach Finchley.* – Nr 185 v. 15.10.1836, S. 335 f.: *12. Das Thor von Calais, oder der englische Rinderbraten.* – Nr 190 v. 19.11.1836, S. 375 f.: *13. Der Chorus.* – Nr 194 v. 17.12.1836, S. 407 f.: *14. Das lachende Parterre.* – Nr 224 v. 15.7.1836, S. 222-224: [15.] *Der Tanz, Kupferstich von Hogarth.* –Nr 296 v. 1.12. 1838, S. 351 f.: [16.] *Hogarth's Perspective*. [Nicht bei Jung].

druck) im Lithographischen Institut Elias Poenicke & Sohn,[105] die zweibändige Ausgabe von Franz Kottenkamp in mehreren Auflagen mit Stahlstich-Reproduktionen (Stuttgart: Literatur Comptoir 1840-1882)[106], schließlich die Schumann'-sche 1880-1887,[107] allesamt in starken und oft mehrfach erneuerten Auflagen – von den Nachahmungen[108] und vergleichenden Erwähnungen[109] gar nicht zu reden. – Die Kollationen und Inhaltsverzeichnisse, die Jördens Bd 3, S. 361 bis zur 9., in Bd 6, S. 502 zur 10. Lieferung bietet, folgen wieder (wie bei Lieferung 1-5) einem Exemplar der Auflage B, die bei diesen Lieferungen mit A fast (aber doch nicht ganz!) identisch ist (vgl. die Synopsis der Auflagen: unsere Nr 411.) Eine „Konkordanz der Hogarth-Stiche und ihrer Beschreibungen" nach den verschiedenen Ausgaben bieten wir in Nr 412; eine knappe (heute fast nicht mehr erreichbare) Darstellung „Die Entstehungs- und Überlieferungsgeschichte eines Erfolgsbuchs des 19. Jahrhunderts" findet man in Joost/Unverfehrt S. 14-22; zum wirkungsgeschichtlichen Umkreis ebd. passim.

(410.) Die postumen Lieferungen im Einzelnen nach dem Erstdruck (=Ausgabe A):

G. C. Lichtenbergs [ab der 6. Lieferung: Lichtenberg's] ausführliche Erklärung der Hogarthischen Kupferstiche, mit verkleinerten aber vollständigen Copien derselben von E.[rnst Ludwig] Riepenhausen. [Lieferung

---

105 *William Hogarths sämmtliche Werke. 74 Blätter in einem Bande.* Leipzig: Poenicke & Sohn o.J. [1. Aufl. sollte lt. „Subscriptions-Anzeige", datiert „Leipzig im März 1831", zwischen Ostermesse 1831 und Ostern 1832 erscheinen, 2. Aufl. ca. 1838, 3. Aufl. 1841/42]. Diese Ausgabe gehört strenggenommen nicht hierher, da sie ohne Lichtenbergs Text erschien (daher fehlt sie zu Recht bei Jung), veranlaßte aber nach Achenbachs Vermutung die Ausgabe D (siehe unten Nr 411 zu D).

106 *William Hogarth's Zeichnungen nach den Originalen in Stahl gestochen. Mit der vollständigen Erklärung derselben von G. C. Lichtenberg.* Hrsg. u. fortgesetzt von Franz Kottenkamp. Abth. 1.2. [Lfg 1-26] Stuttgart: Literatur-Comptoir 1840. XXIV, 994 S. – Neue Ausgabe in einem Bande. Stuttgart: Rieger 1854. XXIV, 994 S. – 2., verb. Aufl. [Lfg 1-24.] Stuttgart: Rieger 1857-1858. XXII, 725 S., 93 Umriss-Stahlstiche – 3., aufs neue durchgesehene und verbesserte Aufl. Stuttgart: Rieger 1873. XXXII, 606 S., 93 Umriss-Stahlstiche – 3., aufs Neue durchges. und verb. Neue Ausg. [bearb. u. eingel. von Ludwig Gantter.] Stuttgart: Rieger 1882. XXXII, 606 S., 93 Umriss-Stahlstiche [Jung 2141-2145].

107 *Hogarths Werke. Eine Sammlung von Stahlstichen nach seinen Originalen.* Mit Text von G. C. Lichtenberg. Revidiert u. vervollständigt von Paul Schumann. 1. Aufl. Reudnitz bei Leipzig: A. H. Payne 1880. XXV, 354 S. – 3. Aufl. [Lfg 1-30.] Reudnitz bei Leipzig: A. H. Payne 1886-1887. XXV, 354 S. Mit 87 Stahlstichen und einem Titelstahlstich ‚Hogarth in seinem Atelier'. Im *afda* 1887, S. 356 ist die 3. Aufl. allerdings bibliographiert: Lfg 1-22 à 3 Stahlstiche. S. 1-264. [Jung 2146].

108 Vgl. Joost/Unverfehrt 1988.

109 Z.B. schon Karl Morgenstern in einem Aufsatz über *Flaxman's und Piroli's: Kupferwerk zu Dante's Divina Comedia* im *Neuen Teutschen Merkur* 3. St. (März) 1798, (*Kunstnachrichten*) S. 305-310, hier 309f.

6-11:] Mit Zusätzen nach den Schriften der englischen Erklärer. [Lieferung
12:] fortgesetzt vom Herausgeber der sechsten Lieferung mit Benutzung
der englischen Erklärer.] Göttingen: Dieterich 1794-1816. [Lieferung 13 f.:
Unter neuen Verfassern.]

[Die folgenden Angaben nach der Ausgabe A. – Die genauen Kollationen der
ersten fünf Lieferungen, ebenfalls nach A, stehen jeweils bei ihrem ersten Erscheinen (Bd 1, 1794: Nr 350; Bd 2, 1795: Nr 363; Bd 3, 1796; Nr 372: Bd 4, 1798;
Nr 389: Bd 5, 1799: Nr 402); siehe dort. – Zur Fortsetzung des Unternehmens
nach Lichtenbergs Tod siehe auch Ludwig Christian Lichtenberg an Dieterich,
7.8.1799 (Dieterich 1993, S. 289 f. 294). Zu den anderen Ausgaben unter Nr 411. –
Lieferung 6-14 im Einzelnen:]

(a) [6:] Mit Zusätzen nach den Schriften der Englischen Erklärer. Sechste Lieferung.
Vorrede. – Fleiß und Faulheit. [XXXIII = Siebente Platte bis XXXVIII. =
Zwölfte Platte.] Göttingen, im Verlag von Joh. Christ. Dieterich 1800. XII,
168 S.
[Die Vorrede ist gezeichnet und datiert: „Johann Christian Dieterich. Göttingen,
im Febr. 1800." Der Unterzeichnete habe „einen Freund" zur Herausgabe über-
redet (S. IV) und zitiert dort (S. V f.) ausgiebig eine dessen Anonymität begrün-
dende Bemerkung. Siehe noch unten zur 8. Lieferung. Mit Achenbach (2021,
S. 232-236, hier besonders 235 f.) halten wir bei Lieferung 6 f. und 12 Friedrich
Ludewig Bouterwek für wahrscheinlich. – Einen Schemazettel mit 11 Notizen
für diese 6. Lieferung besitzt die UB Göttingen, aber nicht im Nachlass, sondern
unter Ms Philos 182: Lichtenberg; publiziert von Erich Ebstein: Beiträge zur
Lichtenberg-Forschung. In: C. G. v. Maaßens Der Grundgescheute Antiquarius
1. Jg 3. Heft (November 1920), S. 90 f. (seinerzeit im Besitz von Karl Wolfskehl).
Nach Ebstein im Photorin Heft 2, 1986, S. 41. 44 (= Anm.). Fehlt in den SB.]
Rezension: ELZ 1800, Bd 1, Nr 115 vom 13.6., S. 913 f. (gemäß Jördens Bd 3,
S. 363. Bd 6, S. 502). – Gd. [Johann Joachim Eschenburg]: NADB, Bd 60, 2. St.
(1801), S. 359-363 (5. und 6. Lieferung). – J. J. Eschenburg: ALZ 1804, Bd 1, Nr 2
vom 2.1., Sp. 11-16. (5.-7. Lieferung).

(b) [7:] Mit Zusätzen nach den Schriften der Englischen Erklärer. Siebente Lieferung. [VII = 1. Platte bis XII = 6. Platte]. Göttingen, bey Heinrich Dieterich 1801. IV, 151 S.;
[Die Vorrede ist datiert und gezeichnet: „Göttingen, nach der Ostermesse 1801.
Heinrich Dieterich." Zum Herausgeber heißt es darin: „Von den Zusätzen darf
ich nichts sagen, als daß der Verfasser derselben nur auf mein wiederholtes und
inständiges Bitten sich der Arbeit unterzogen hat, zu der er sich selbst allen Be-
ruf absprach". Zum Herausgeber beziehungsweise Verfasser der Ergänzungen
siehe die Anmerkung zur 6. Lieferung. Siehe noch unten zur 12.]
Rezensionen: [Johann Joachim Eschenburg]: NADB, Bd 87, St. 1 (1801), S. 209-
211. – J. J. Eschenburg: ALZ 1804, Bd 1, Nr 2 vom 2.1., Sp. 11-16. (5.-7. Lieferung).

(c) [8:] Mit Zusätzen nach den Schriften der Englischen Erklärer. Achte Lieferung. [VII = 1. Platte bis XII = 6. Platte]. Göttingen bey Heinrich Dieterich
1805. 196 S.;
[Die Vorrede ist datiert und gezeichnet: „Göttingen, im Februar 1805. Heinrich
Dieterich." Zu den Zusätzen und dem Herausgeber heißt es darin: „Nur einige

Stellen, denen es wegen der Zerstückelung der kleinen Copien in den Calendern an Zusammenhang, Rundung und feinen verbindenden Zusätzen fehlte, erforderten eine Umänderung. Die Zusätze, und die Erklärung der letzten Platte [„Die Vorlesung"] hat man einem Verehrer Lichtenbergs's zu verdanken, da sich der Gelehrte, welcher die sechste und siebente Lieferung besorgte, dieser Arbeit nicht mehr unterzog". Zu Letzterem siehe noch unsere Anmerkung oben zur 6. Lieferung. – Als Herausgeber beziehungsweise Verfasser von Lieferung 8-11 hat Johannes Tütken Johann Raphael Fiorillo nachgewiesen; vgl. eingehend Achenbach 2021, S. 232-235. – Hierin erstmals auch ein Blatt, das nicht zuvor von Lichtenberg im GTC kommentiert wurde; siehe unten in Nr 412.]

(d) [9:] Mit Zusätzen nach den Schriften der Englischen Erklärer. Neunte Lieferung. [VII = 1. Platte bis XII = 6. Platte]. Göttingen bei Heinrich Dieterich 1806. 172 S.;

[Die Vorrede ist datiert und gezeichnet: „Göttingen, im Februar 1806. Heinrich Dieterich." Keine Angaben zu dem Herausgeber; siehe die Anmerkung zu Lieferung 8. – Hierin zwei Kommentare zu Hogarth-Stichen, die nicht zuvor von Lichtenberg im GTC kommentiert wurden (demnach auch nicht von ihm stammen); siehe unten in Nr 412.]

Rezension: „– y – H" [lt. Karl Bulling: Die Rezensenten der Jenaischen Allgemeinen Literaturzeitung 1804-1813. 1962, 150 ist das „Prof. Meyer in Weimar": mithin Goethes „Kunscht-Meyer".] In: Jenaische ALZ. 4. Jg 1807. Bd 1 vom März, Sp. 503 f.

(e) [10:] Mit Zusätzen nach den Schriften der Englischen Erklärer Zehnte Lieferung. [VII = 1. Platte bis XII = 6. Platte]. Göttingen bei Heinrich Dieterich 1808. 116 S.;

[Die Vorrede ist datiert und gezeichnet: „Göttingen, im Januar 1808. Heinrich Dieterich." Keine Angaben zu dem Herausgeber; siehe die Anmerkung zu Lieferung 8. – Hierin wieder zwei Blätter, die nicht zuvor von Lichtenberg im GTC kommentiert wurden; siehe unten in Nr 412.]

(f) [11:] Eilfte Lieferung. Mit Zusätzen nach den Schriften der Englischen Erklärer. [VII = 1. Platte bis XII = 6. Platte], mit verkleinerten aber vollständigen Copien derselben von E.[rnst Ludwig] Riepenhausen, Göttingen bei Heinrich Dieterich 1809. 158 S.

[Die Vorrede ist datiert und gezeichnet: „Im Frühling 1809. Heinrich Dieterich." Darin heißt es: „Die Zusätze zu Lichtenbergs's Erklärungen, sowie die Erläuterungen der übrigen Blätter, rühren von einem vertrauten Freunde her, und werden gewiß dem Publikum ein angenehmes Geschenk seyn." Siehe die Anmerkung zu Lieferung 8. – Hierin wieder zwei Blätter, die nicht zuvor von Lichtenberg im GTC kommentiert wurden; siehe unten in Nr 412.]

(g) [12:] fortgesetzt vom Herausgeber der sechsten Lieferung mit Benutzung der englischen Erklärer. Zwölfte Lieferung. [VII = 1. Platte bis XII = 6. Platte]. Göttingen im Verlage der Dieterichschen Buchhandlung 1816. IV, 204 S.

[Die „Vorrede der Verlagshandlung" ist weder datiert noch gezeichnet; Geschäftsführer der inzwischen subhastierten Firma und mithin (jetzt in der 1. Person Plural redendender) Verfasser der Vorrede ist aber wohl immer noch Heinrich Dieterich. Über den *Herausgeber* heißt es dort: „Der Verfasser der

Erklärungen [...] ist [wieder] derselbe, der schon vor sechzehn Jahren [siehe die Anmerkung zur 6. Lieferung] sich überreden ließ, den Faden dort aufzunehmen, wo Lichtenberg ihn fallen lassen mußte". – Diese und die folgenden beiden Lieferungen enthalten gar keine früheren Erklärungen Lichtenbergs mehr; siehe unten in Nr 412.]

(h) [13:] Johann Peter Lyser's [d. i. Ludwig Peter August Burmeister's][110] ausführliche Erklärung der Hogarthischen Kupferstiche, mit verkleinerten aber vollständigen Copien derselben von E.[rnst Ludwig] Riepenhausen. Dreizehnte Lieferung. Göttingen, in der Dieterich'schen Buchhandlung 1833. XII, 117 S. [ungezählte S. 118:] Druckfehler.

[Widmung S. III: „[...] Obermedicinalrath Blumenbach [...] Hofrath Böttiger [...] Hofrath Friedrich Rochlitz [...] in kindlicher Liebe und Verehrung Der Verfasser." Der Titelbogen ist zu 36, der Hauptteil zu 24 Zeilen umbrochen. – Diese, die vorangehende und die folgende Lieferung enthalten gar keine Erklärungen Lichtenbergs mehr; siehe unten in Nr 412.]

(i) [14:] Dr. Le Petit's ausführliche Erklärung der Hogarthischen Kupferstiche, mit verkleinerten aber vollständigen Copien derselben von E.[rnst Ludwig] Riepenhausen, herausgegeben von Karl Gutzkow. Vierzehnte Lieferung. Göttingen, in der Dieterichschen Buchhandlung. 1835. XVI, 132 S.

[Die Vorrede ist datiert und gezeichnet: „Stuttgart, im Dezember 1834. Karl Gutzkow." Der Titelbogen ist zu 27, der Hauptteil zu 25 Zeilen umbrochen. – Diese und die beiden vorangehenden Lieferungen enthalten gar keine Erklärungen Lichtenbergs mehr; siehe unten in Nr 412.

[Alle jeweils nebst Stichen (in Mappe oder gebunden) mit dem Titelblatt:] Hogarth's Werke in verkleinerten aber vollständigen Copien derselben von E.[rnst Ludwig] Riepenhausen. 88 Taf. Quer-4°. Hierzu eingehend Achenbach 2021, S. 200-203. 208. 231-244.]

[Jung 308]

110 Über ihn und seine Hogarth-Erklärung vgl. Hirth 1911. Sie wurde bereits 1832 (erschienen ist sie mit Jahresangabe 1833) von Karl August Böttiger im *Artistischen Notizenblatte* Nr 22 wohlwollend besprochen. Böttigers Briefe an Lyser bei Hirth 1911, S. 140 f.

411. Vergleichungstabelle der fünf Ausgaben der „Ausführlichen Erklärung"

Achenbach hatte in beiden Versionen (1984 und auch in der durchgesehenen Version 2021) vermutlich besserer Übersicht zuliebe die römischen Bezifferungen der Titelbogen fortgelassen. Trotz dem Risiko der Fehlerträchtigkeit habe ich sie hier wieder aufgenommen.

Lieferung	A = Jung 308; Gumbert I[111]	B = Jördens, Gumbert II	C	D = Gumbert III	E = Jung 309; Gumbert IV
1.: 1794	XXVIII, 270	XXVIII,236	XXVIII, 236	XIV, 129	XIV, 89
2.: 1795	XIV, 376	XVI, 352	XVI, 328	X, 194	VIII, 136
3: 1796.	VI, 368	VI, 368	VI, 338	IV, 200	IV, 144
4.: 1798	V [+III], 312	V[+III], 312	V, 312	V, 173[112]	IV, 124
5.: 1799	IV, 235	IV, 235	IV, 220	IV, 132	IV, 96
6.: 1800	XII, 168	XII, 168	XII, 138	VIII, 88	VI, 65
7.: 1801	IV, 151	IV, 151	IV, 124	– , 84	– , 60
8.: 1805	– , 196	– , 196	– , 160	– , 104	– , 76
9.: 1806	[IV], 172	[IV], 172	[IV], 76[113]	[IV], 86	[IV], 64
10.:1808	– , 116	– , 116	–, 98	– , 66	– , 52
11.:1809	–, 158	– , 158	–, 124	– , 81	IV, 60
12.:1816	IV, 204	IV, 204	IV, 204	IV, 97	IV, 76
13.:1833	XII, 117			(XII, 117)	(XII, 117)
14.:1835	XVI, 132			(XVI, 132)	(XVI, 132)

Auch wenn dieses Werk, da sogar deren erste fünf (vorgeblich 1794-1799 erschienene) Lieferungen offenbar als Nachdrucke ab der Ausgabe C trotz der identischen Titelangaben erst nach 1800 erschienen, und sie daher strenggenommen so wenig in diese unsere Bibliographie gehören wie alle Ausgaben der erst seit 1800

111 Gumbert 1974, S. 328 ergänzt dann noch als Ausgabe V nach Grisebach 1913, S. 369: Nr 1517 eine Mischausgabe aus B (1. Lfg) und A (2.-6. Lfg). – Er hat außerdem noch bei der 3. Lfg (wohl Druckfehler) 369 S.

112 Hier hat Gumbert 1974, S. 328 die Kollation „V, 172", Achenbach 2021, S. 187 bloß 171 S.: offenbar Druckfehler, denn bei den Mischexemplaren S. 192 auch zweimal 173 S.; mir fehlt ausgerechnet dieser Band in der Ausgabe D, doch Herr Antiquar Rolf Bulang in Dautphetal bestätigt mir die Angabe: „V, 173".

113 Ich kann nicht mehr rekonstruieren, aufgrund welcher Befunde und Exemplare Bernd Achenbach diese Kollation bestimmt hat, bestreite auch hier nicht die Zuverlässigkeit seiner Entscheidung, zumal da mir selber zwei Mischexemplare überwiegend aus C mit genau solchem Befund vorliegen, doch gibt es doppelten Anlass zum Zweifel: Erstens fällt sofort auf, dass der Buchbinder schon bis dicht an den Satzspiegel schneiden musste, um dieses Heft dem Format des vorangehenden und des folgenden Heftes der Auflage C überhaupt anpassen zu können; zweitens (und das wiegt schwerer) widerspricht es aller Regel, dass der Seitenumfang erst so stark verkleinert wurde (von 172 auf 76 Seiten), um dann in der nächsten Auflage auf 86 Seiten wieder hochgesetzt zu werden. Möglich ist natürlich, dass gerade dieses buchbinderische Gravamen den Verleger dann veranlassen sollte, die verbilligende, aber allzu sehr verändernde Entscheidung bei der nächsten Auflage, die er ja zudem nur als einen *Nachschuss* empfand, wieder *etwas* zurückzunehmen.

erschienenen Hefte 6-14, sondern zu den Nachdrucken des 19. Jahrhunderts zu schlagen wären, muss sie hier doch aufgenommen werden, eben weil sie in Wortlaut und Jahresangaben identische Titelformulierungen haben und zumal als rezeptionsgeschichtliche Einheit zu betrachten sind. Den Philologen interessieren zudem bei den ersten fünf Lieferungen alle Hefte, die noch zu Lichtenbergs Lebzeiten gedruckt wurden und folglich bis 1798 Fehlerkorrekturen von ihm empfangen haben könnten – mithin die Ausgaben A und B bis zur 4. Lieferung.

Es gibt mit oft erheblichem Unterschied in Typographie und Kollation, aber unter nahezu identischem Titelwortlaut, allenfalls orthographisch leicht abweichend, fünf, zumindest in einzelnen Lieferungen sogar sechs verschiedene Abdrucke bis zum Anfang der 40er-Jahre (diese letzte Ausgabe ist Jungs Nr 309, unsere E)[114], die vor allem sämtlich gleiche Erscheinungsjahre führen und zudem oft (bei Lieferung 13 f. sogar systematisch) in gemischten Exemplaren zusammengestellt und eingebunden sind. Kaum ein Antiquar oder Bibliothekar kann diese Ausgaben beziehungsweise Auflagen bislang präzise auseinanderhalten. Jung kannte 1972 nur zwei Ausgaben (A und E); Gumbert 1974, S. 327 f. ergänzte die Auflage C (dort S. 328: seine ist in Wahrheit eine Mischauflage aus C und A) und vermutete wegen einzelner ihm bekannter Exemplare auch B (II seiner Siglierung – dies ist indessen die Ausgabe, die schon Jördens Bd 3, S. 361 als *einzige* kannte und die trotzdem immer übersehen wurde); Achenbach sodann präsentierte 1984 erstmalig D, gab den fünf ungekennzeichneten Auflagen nach vorbildlicher Kombination und mit starken Argumenten erstmals die richtige Reihenfolge und stellte vor allem die wichtigsten Unterscheidungsmerkmale bei gleichen Kollationen zusammen, welche ich hier in einigen bisher noch gar nicht beachteten Aspekten (Bogenausschuss, Zeilenzahl) unbedeutend ergänzen kann; ich wies 1988 wenigstens für den „Rake" noch einen differenten Abdruck nach, das nahm Achenbach 2021, S. 213. 224. 245 ff. auf und ergänzte es. In der vorstehenden Tabelle notieren wir lediglich die ergänzten und leicht korrigierten Kollationen der römisch und arabisch paginierten Seiten (also auch der Vorworte in Lieferung 1-6. 14 und – unpaginiert – 9); bibliographisch erfasst und typographisch beschrieben sind sie unter Nr 410 (a)-(i) mit ganz wenigen Korrekturen bzw. vorsichtigen Rücknahmen früherer Annahmen.

Diese verschiedenen Versionen: Ausgaben oder Auflagen bzw. „Nachschüsse" waren den Zeitgenossen mit Ausnahme von Lichtenberg selber, seinem Verleger Dieterich und dessen Setzern und Druckern gänzlich unbekannt, und folgerichtig haben sie allenfalls Sammler und Antiquare, aber weder Bibliothekare noch Literaturhistoriker (selbst Jördens, Goedeke und Lauchert nicht!) in den folgenden anderthalb Jahrhunderten bemerkt, ihre Erforschung hat erst Gumbert 1974 angestoßen. Zum Verständis dieser Problematik muss man sich nunmehr noch folgende buch- und verlagsgeschichtliche Fakten in Erinnerung rufen: Bis zur

---

114 Die Problematik der bibliographischen Lage, die viel schwieriger ist, als Jung Nr 308 f. annehmen ließen, hat erst Gumbert 1974, S. 327-329 aufgezeigt und zu klären versucht, dann vor allem Achenbach 1984, S. 5-33, bes. 10-20 (wiedergedruckt Achenbach 2021, S. 179-212) insgesamt gelöst; winzige Ergänzung biete ich noch im Katalog Hogarth und die Nachwelt 1988, S. 75 f., die wiederum Achenbach auf die Spur setzten (2021, S. 231 f.) – und habe jetzt hier noch bei den letzten Überprüfungen ein paar kleine Korrekturen, neue Hinweise (z.B. die vorige Anmerkung) und unterscheidende Kriterien (Zeilenzahl und Bogenausschuss) angebracht.

sogenannten Sattelzeit, dem gesellschaftlichen und ökonomischen Übergang während der Epoche Napoleons, bestand im deutschen Buchhandel noch immer das uralte Tauschsystem: Verleger waren zugleich Sortimenter, welche ihre Bücher fast nur untereinander handelten und dazu Druckbogen gegen Druckbogen tauschten. Erst allmählich begann man seit den ersten Dezennien des 19. Jahrhunderts, geldlich mit auf das individuelle Buch bezogenen Preisen abzurechnen: Das noch heute übliche Barsortiment entstand. Daher und vor allem wegen des mangelnden rechtlichen Schutzes vor räuberischem „Nachdruck" musste ein Verleger möglichst mit dem Gewinn aus der ersten Auflage seine Kosten hereinholen („break even" herstellen, würde man heute wohl sagen), bevor ihn in einem Erfolgsfall ein unrechtmäßig Nachdruckender zumeist durch kompresser gesetzte und zumal ohne Honorar entstandene billigere Ausgaben zu unterbieten vermochte, selbst dann noch, wenn dieser nicht auch noch billigeres und daher schlechteres Papier verwendete. Solche Raubdrucke konnten sogar in den offenen Handel, soweit er ungeschützt war, eindringen (also nur nicht über die Messplätze, vor allem nicht über Leipzig, gehandelt werden – was aber dennoch oft klandestin geschah). Als landesherrliches Regal war der Buchhandel nämlich andernorts weitgehend einem übergreifenden Reichsrecht und vor allem der Durchsetzung von Schutzprivilegien entzogen, und die Wiener Nachdrucker etwa versorgten seit dem letzten Drittel des 18. Jahrhunderts die gesamte Donaumonarchie mit ihren Raubdrucken, dabei vollständig von ihrer habsburgischen Obrigkeit gebilligt, ja sogar gefördert: Einer dieser „Schleichdrucker" (wie Lichtenberg sie genannt hat)[115] in Wien wurde für diese Tätigkeit zum „Edlen von Trattner" erhoben – mithin in den Adelsstand. Aber ungefähr gleichzeitig mit dem Wandel zum Barsortiment bildete sich (freilich nur sehr langsam) ein Verlagsrecht heraus, welches derlei Machenschaften unterband. Es bestand indessen noch immer der den Erstverleger gegen fremde Übergriffe, aber auch gegen eventuelle Forderungen des Verfassers schützende Grundsatz, dass bei Beibehaltung des Titelwortlauts und dessen Datierung nur von (erlaubten) neuen *Auflagen*, nicht aber von neuen *Ausgaben* geredet wurde: Insofern wäre also unsere moderne Bezeichnung der hier gelisteten Auflagen als „Ausgaben" nach damaligen Rechtsbegriffen nicht zutreffend oder zumindest strittig. Mit solcher erneuter Titelverwendung wurden etwaige landesherrliche oder Leipziger kaiserliche Schutzprivilegien beibehalten, gleichzeitig konnten alle Honorarforderungen des Autors als abgegolten zurückgewiesen werden (siehe hierzu). Man erkennt sonach die jeweils erste Ausgabe nicht gleich an Titel und Erscheinungsjahr, sondern vor allem an ihrem äußerlich größeren Umfang und besserer Papierqualität, sonst nur mehr an Feinheiten wie den Errataverzeichnissen, die nachher verschwinden – und manchmal kleinsten typographischen (Zierleisten, Spationierung) oder papierqualitativen Änderungen sowie natürlich, bei auch seitenidentischen Exemplaren, an Druckfehlern. Nun regte offenbar jede neue Lieferung der „Ausführlichen Erklärung" eine Belebung der Nachfrage nach den früheren an, so dass die jüngeren Folgen wahrscheinlich für Nachschüsse größeren Umfangs sorgten und ihre jeweiligen Ersterscheinensdaten auch

---

115 In der *Epistel an Tobias Göbhard in Bamberg über eine auf Johann Christian Dieterich in Göttingen bekannt gemachte Schmähschrifft* 1776 (oben Nr 56), S. 15 – und passim, sowie in der Folgeschrift (Nr 59): *Friedrich Eckardt an den Verfasser der Bemerkungen zu seiner Epistel an Tobias Göbhard.* (insgesamt zwei Dutzend mal).

manchmal Anhaltspunkte für die Datierung ihres Auflagenstatus' bieten. Jedoch ergaben sich aus diesen je nach Marktbedarf nicht vom Stehsatz, sondern durch Neusatz hergestellten Lagerergänzungen zahlreiche individuell aus mehreren Auflagen zusammengestellte Mischausgaben (vielleicht zahlenmäßig mehr als die ‚reinen' Ausgaben). Zu diesen vergleiche man die als heuristisches Mittel hergestellte Tabelle bei Achenbach 2021, S. 189, die wir hier nicht wiederholt haben, und seine Erläuterungen dazu. Die häufige Identität der Seitenzahlen, etwa bei der Ausgabe A bis C, lässt zwar die prinzipielle Möglichkeit zu, dass jeweils die Startauflage gleich beim Erstdruck (A) erhöht und nicht notwendig ein Neusatz ‚Männchen auf Männchen' (in zeilenidentischer Wiedergabe) veranstaltet wurde; aber zumindest bei der 3. Lieferung haben wir genau dieses Verfahren in der Ausgabe B in mehreren Bänden bereits nachweisen können. Die Lieferung 13 f., die in Achenbachs ursprünglicher Tabelle dreimal identisch erscheint, habe ich zweimal in Klammern gesetzt. Sie ist vermutlich nur ein einziges Mal (A) gedruckt worden und in so hinlänglich großer Auflagenhöhe und in ähnlich großem Satzspiegel ausgegeben, dass sie auch den Auflagen D (kurz vor ihnen erschienen) und E (bald nach ihnen) beigemischt werden konnte; jedenfalls waren bislang an den durchgesehenen Exemplaren kein Unterschied im Satz und nur minimale in der Papierqualität zu erkennen gewesen.

Da die ausgedruckten Rohbogen damals (und ins erste Drittel des 19. Jahrhunderts) zunächst ungefalzt und damit auch ungebunden gelagert wurden, gibt ein spezifischer Einbandzustand (wie z. B. Mamorpapier- oder Karton-Umschläge, Titelschildchen oder vom Buchbinder aufgedruckter / aufgeprägter Heft-Numerierung), die sich zudem nur auf Jahrzehnte genau aus der buchgeschmacklichen Mode und Technik bestimmen lassen, bloß einen *Verkaufs*termin und zumal nur als Terminus post quem non – ist also höchst ungenau.

Den Sammler, den Antiquar und den Bibliothekar interessieren notwendig alle Ausgaben; für den Editor hingegen sind diese Erkenntnisse nur relevant, um die zu Lebzeiten Lichtenbergs erschienenen und damit *möglicherweise* von ihm noch beeinflussten, vielleicht gar korrigierten Drucke herauszuschälen – mithin ohnedies nur die Auflagen A und B der Lieferungen 1 bis 5.

Die Ausgabedaten der Erstdrucke (A), welche vorliegende Bibliographie eigentlich allein interessiert, sind relativ gleichförmig; hier noch einmal die durch Lichtenberg zu Lebzeiten selber zum Druck gebrachten Lieferungen, gemäß den Datierungen der Vorworte beziehungsweise der Briefzeugnisse. Aus dieser Liste ergibt sich übrigens unmittelbar die Einsicht: Angestrebt war von Verleger und Autor immer die Leipziger Oster-Messe, die jeweils am Sonntag Jubilate begann und genau acht Tage (bis zum Sonntag Cantate) dauerte, mithin der vierten Woche nach dem Fest. Ich habe hier die Messe-Daten in Klammern beigefügt:
– 1. Lieferung: Mai 1794 (11.5.-25.5.)
– 2. Lieferung: April 1795 (26.4.-3.5.)
– 3. Lieferung: April 1796 (17.4.-24.4.)
– 4. Lieferung: Januar? 1798 (29.4.-6.5.)
– 5. Lieferung: März 1799 (14.4.-21.4.).

Im Folgenden noch eine Übersicht über die einzelnen Ausgaben A-E mit ihren (mutmaßlichen) wahren Erscheinungsjahren und nach ihrem äußeren Erscheinungsbild sowie den wichtigsten Unterscheidungskriterien (außer den schon zweimal aufgeführten Seitenumfängen):

A: Das Exemplar der Göttinger NsuUB ist das Pflichtexemplar des Verlagsbuchhändlers gewesen und damit zuverlässig eins aus der ersten Druckquote.

Ein gleiches besitzt die ULB Darmstadt. Diese könnten also ehestens zum Maßstab dienen. (Titelfaksimile bei Achenbach 2021, S. 189; nach seinem Exemplar.) Demnach ist die gesamte Ausgabe A bis zur 12. Lieferung von guter (starker und fester) Papierqualität, im Oktav-Format ausgeschossen (8 Blatt bzw. 16 Seiten auf den Druckbogen). Die einzelnen Seiten haben überall Kustoden[116] und sind mit kleinen Einschränkungen durchgängig bei den Lieferungen 1. 3-5 zu je 19, bei Lfg 2. 6-12 zu je 16 Zeilen umbrochen (längere Vorreden sind zu 22-23 Zeilen ausgeschossen). A und B haben außerdem bis zu Johann Christian Dieterichs Tod die Angabe „im Verlag von Joh. Christ. Dieterich". Es gibt ferner zumindest bis zur achten Lieferung keinen Apostroph beim Genetiv des Autornamens („Lichtenbergs") auf dem Titel (vgl. Achenbach 2021, S. 186. 190. 195. 203). Die Erscheinungsjahre stimmen mit den Titelangaben überein, zumal da der Ostermessetermin eine Vordatierung überflüssig machte.

B: (Achenbach 2021, S. 190 f. 214 (Anm.). 248; Titelfaksimile S. 193). Die 1. Lfg hat S. 69 den markanten Zahlendreher in der Pagina („96"). – Hier bietet Lichtenbergs Tagebuch vom Mai 1795 sogar einmal einen zeitlichen Anhalt (siehe oben Anm. 94, S. 223 zu Nr 350), da der erste Nachschuss zur 1. Lieferung bereits ein Jahr nach der Erstausgabe gedruckt wurde: Lieferung 1 könnte also vielleicht mit der 2. Lieferung von A (1795), Lieferung 2 mit der 3. von A (1796); 3.-12. Lieferung gleich mit angehobener Auflage gedruckt worden sein. – Allerdings weist Achenbach (2021, S. 190. 193) zwei vermutlich „Männchen auf Männchen" gesetzte Versionen der Lieferungen 1 und 6 f. nach; hier einige definierende Druckfehler zur Unterscheidung von B_1 und B_2, 1. Lfg: S. IX Z. 12: auf Classen B_1 auf Classen B_2; ebd. Bogensignatur A 5 größer – S. X Z. 8 v. u.: Dieser weg B_1 Dieser Weg B_2 – S. XXI Z. 9 v. u.: Die Naccht B_1 Die Nacht B_2; ebd. Bogensignatur A 3 größer. – S. XXIII Z. 3 v. u.: 1768 8 (Ziffern kleiner und dadurch breiter spationiert) B_1; ebd. Bogensignatur B 4 kleiner. – S. XXIV Z. 7 v. u.: Ungeannte B_1 Ungenannte B_2 – S. XXVIII Z. 1 f.: Ver-weslicche B_1 Ver-weslicke B_2 – S. 68 Z. 4: höherer Gottheiten B_1 höhererGottheiten B_2. – Auch bei dieser Auflage ist die Papierqualität gut; die Zeilenzahl, in der die Seiten umbrochen sind, ähnelt A (Lfg 1-5 haben 19, 6-12: 16 Zeilen). – Auflage A-C wurde verlagsseitig als Broschur in marmorpapierkaschierten Karton-Umschlägen mit vom Buchbinder aufgeklebten (hie und da leicht varianten) gedruckten Titelschildchen ausgegeben.

C: Diese erstmals von Achenbach beschriebene Auflage ist wohl die verwirrendste (vgl. Achenbach 2021, S. 190 f. 194. 248; Titelfaksimile: S. 195 f.). Sie ist von mittlerer Papierqualität, hat wie D einen Bogenausschuss der Abdrucke im halben Duodez-Format[117] (6 Blatt bzw. 12 Seiten auf den Druckbogen). In der

---

116 Das ist insofern ungewöhnlich, als Kustoden im deutschen Buchdruck seit 1790 langsam abnehmen und nach 1800 sogar selten werden – nach 1810 begegnen sie eigentlich nur mehr bei Titelauflagen alter Druckbestände (denen also nunmehr ein neues Titelblatt vorgeklebt wurde) oder Nachdrucken vom aufbewahrten Stehsatz.

117 Das bedarf der Erklärung: Zum Heften braucht der Buchbinder Lagen aus Doppelblättern. Das ist bei den damals üblichen Grundformaten Folio, Quart, Oktav und Sedez unproblematisch: Sie bekommen ihre heftbare Gestalt durch je ein-, zwei-, drei- oder vierfaches Falzen. Beim Duodez-Format, bei dem der Setzer den Bogen zu 12 Blatt / 24 Seiten ausschießt, ist das (wegen des ungeraden Divisors 3) nicht möglich: Der Buchbinder muss vor dem Falzen vom Bogen ein bestimmtes Drittel

Vorrede ist die Seite je 18- bis 24-, Hauptteil 19- bis 30-zeilig umbrochen, näm-lich 1. Lfg: 19zeilig, 2.-7. Lfg 20-, 8. und 9. Lfg (siehe Anm. 113, S. 266) 30-, 10. und 11. Lfg wieder 20zeilig. Diese Ausgabe findet sich oft gemischt mit Exem-plaren von A/B. Durchgängig mit Genetiv-Apostroph beim Verfassernamen („Lichtenberg's") und *ohne* Kustoden gesetzt, womit sich die zwar seitenidenti-schen Exemplare B/C bei den Lieferungen 1 und 4 sofort unterscheiden lassen. Das Impressum der Lieferungen 1 f. und 4 f.: „im Verlag von Joh. Christian Die-terich", erweckt den Anschein (soll das tun?), dass sie vor Johann Christian Die-terichs Tod und damit vor 1801 ausgegeben sei. Vermutlich lagen von der 1. Lie-ferung noch genügend Expl. von B vor; Lieferung 2 erschien wohl mit der 3. Lieferung, also vermutlich 1796, spätestens 1800: mithin eine frühe Nach-schuss-Auflage. Indes: Lieferung 3, 6 und 9 haben das Impressum „in der Diete-rich'schen Buchhandlung": Das weist sie auf die Zeit nach 1813, vielleicht sogar in die zweite Hälfte der 20er-Jahre. Lieferung 7, 8, 10 und 11 erschienen aber schon „bei Heinrich Dieterich" (wieder Mimikry?), da B noch bis zur 11. Liefe-rung (1809) „bey" hatte, und diese Schreibung wiese jene Lieferungen auf die Zeit nach 1809. Titelfaksimiles bei Achenbach 2021, S. 195 f. Als Broschur in marmorpapierkaschierten Karton-Umschlägen ausgegeben, mit vom Buchbin-der aufgeklebtem Titelschildchen (spätestens seit der 3. Lieferung „Beschreibung Hogarthischer Kupferstiche. Dritte Lieferung."); später offenbar auch in grauen Karton-Umschlägen, aber auch mit aufgeklebten Titelschildchen.

D: (Vgl. Achenbach 2021, S. 187. 194 f. 241. 248.): Als im März 1831 das „Li-thographische Institut Elias Poenicke & Sohn" per „Subscriptions-Anzeige" (in meinem Besitz), datiert „Leipzig im März 1831" mit der Begründung, dass „die verkleinerten Copien von Riebenhausen [!]" „nicht mehr im Handel zu bekommen sind", eine neue Sammlung „von William Hogarths sämmtlichen künstlerischen Werken in 74 Blättern Steindruck" ankündigten, welche zwischen Ostermesse 1831 und Ostern 1832 erscheinen sollten, setzte sich die „Dieterichsche Buch-handlung" im Juni desselben Jahres mit einer „Literarischen Anzeige" von die-sem Datum (Ms. Lichtenberg IV, 51 Bl. 2 f.), die Riepenhausen'schen Kupfersti-che betreffend, zur Wehr (gedruckt Achenbach 2021, S. 194). Sie erklärte darin, diese wie Lichtenbergs „Erklärung" seien zu billigem Preis noch vollständig lieferbar. Achenbach vermutet meines Erachtens zu Recht, dass Poenickes Vor-stoß Anlass zur Ausgabe D gewesen ist, die sich offenbar auch rasch verkaufte. Nichtsdestoweniger schaffte Poenicke (im Frakturdruck: Pönicke) noch eine 2. Auflage (ca. 1838) und eine 3. (1841/1842). – Von Achenbachs Annahme und der daraus folgenden Datierung (2. Hälfte 1831, alsbald nach dem Erscheinen der Dieterich'schen Anzeige im Juni) ganz unabhängig: D mit seinen zwölf Lie-ferungen ähneln zwar etwas in Papierqualität, verwendeter Drucktype und Bo-genausschuss (wie bei Auflage C – siehe dort – halbes Duodez-Format: der Druckbogen ist zu 6 Blatt, also 12 Seiten ausgeschossen) den Lieferungen 13 und 14, sie haben aber den typographischen Unterschied, dass in Lieferung 1-12 die

abschneiden, dann können die beiden Teile (8 und 4 Blatt bzw. 16 und 8 Seiten) einzeln gefalzt und zum Heften ineinandergelegt werden. Vermutlich um die zu heftende Lage nicht zu dick werden zu lassen oder eher weil man kleinere Plano-bogen bedruckte (also mit kleineren Pressen und geringerem Druck arbeiten konnte), sind bei den Auflagen C und D sowie den Lieferungen 13 und 14 halbe Duodez-Bogen aus 6 Blatt / 12 Seiten gebildet worden.

Seiten je 30-zeilig, die Lieferungen 13 und 14 aber nur 24- beziehungsweise
25-zeilig umbrochen sind. Ich folgere daraus, dass die letzten beiden Lieferungen (13.: 1833; 14.:1836) nicht zusammen mit D und E gedruckt, auch wenn sie
offenbar oft mit ihnen zusammen ausgegeben worden sind: Ausgabe D, welche
die Fortsetzung vielleicht sogar angeregt hat, vorher, Ausgabe E hinterdrein.
Möglicherweise war die Auflagenhöhe von D niedriger als bei den vorangegangenen A-C, oder sie verkaufte sich besonders schnell (nicht zuletzt, weil Poenicke keine „Erklärungen" zu seinen Kupfertafeln anbot).
D führt wie nachher E das Impressum „in der Dieterich'schen Buchhandlung";
Titelfaksimiles von D bei Achenbach 2021, S. 192. 196; vgl. die dortigen Erläuterungen dazu. – Die Titelrückseiten der Lieferungen 1-3 haben im Unterschied zu
den anderen Auflagen das Motto in zwei statt in vier Zeilen gesetzt (Achenbach
2021, S. 186f.). – Als Broschur wurde D in grauen Karton-Umschlägen mit vom
Buchbinder mittig angebrachtem Aufdruck (vermutlich zuerst ausgeschrieben,
z.B.: „Dritte", „Zwölfte" Lieferung", später nur mehr in Ziffern, z.B.: „V."
(=5"); aber „13.") ausgegeben (von beiden liegen mir Exemplare vor).
    E: (Achenbach 2021, S. 195. 198f. 224). Diese letzte Auflage hatte Jung [als
seine Nr 309] besonders verfehlt aufgenommen, was er eigentlich schon beim
Kollationieren der Seitenangaben selber hätte erkennen müssen: Er war vermutlich durch die (wohl aus einem Katalog übernommene und richtig angegebene!)
veränderte Formatangabe „12°" (= Duodez, also 12 Blatt / 24 Seiten pro Bogen:
mithin eigentlich ein Format für sehr kleine Bücher) zu seiner absurden Anmerkung angeregt worden, die vollständig in die Irre führt: „Ein vom Verleger ver-
anstalteter Nachdruck *auf kleinerem Format*"; Autopsie fand jedenfalls nicht
statt. Richtig ist: ‚ein *kompresser* gesetzter Nachdruck der Lieferungen 1-12 in
kleinerer Drucktype und mit *größerem* Satzspiegel als bisher, kombiniert mit
Exemplaren von 13f. in der Auflage D'.
Die ersten 12 Lieferungen von E haben gleichförmig die Verlagsangabe: „Göttingen, in der Dieterich'schen Buchhandlung", wären also allerfrühestens nach
der Sequestrierung des Verlags von Heinrich Dieterich, 1813, mit der die Ver-
lagsbezeichnung „bey" oder „bei Heinrich Dieterich" endete, eher noch nach
der Übernahme der Geschäftsführung mit der Volljährigkeit durch seinen Sohn
Hermann (im März 1824: vgl. Achenbach 2021, S. 186), wahrscheinlicher erst in
den späten 30er-Jahren oder vielleicht sogar nach der Aufspaltung der Firma in
Buchhandlung, Druckerei und Verlag, also Anfang der 40er-Jahre: Denn sie sind
jetzt auf Maschinen-Velinpapier gedruckt und erst *nach* dem Erscheinen der 13.
und 14. Lieferung (siehe oben Nr 410h und i) erschienen, welche handgeschöpf-
tes Papier und etwas größere Drucktype haben, möglicherweise weil diese beiden eine neue Nachfrage nach den früheren, nicht mehr auf Lager vorhandenen
Heften angeregt hatte. Die einzelnen Seiten der Lieferungen 1-12 in der Auflage
E sind nämlich ganz gleichförmig in etwas kleinerer Type als alle anderen Auflagen und 30-zeilig umbrochen. Der Druckbogen ist 24seitig ausgeschossen (also
auch anders als die Auflagen C und D jetzt im *ganzen* Duodez-Format), wäh-
rend die Lieferungen 13 und 14 in deren erster (und m.E. einziger) Ausgabe A
noch zu *halben* Duodezbogen ausgeschossen sind: Demnach sind diese beiden
Lieferungen nicht neuerlich gedruckt, sondern wie gesagt mit D und E gemischt.
Ihr Papier ähnelt dem von A-D, ist wohl noch nicht maschinell hergestellt. Die
Seiten sind in allen von mir verglichenen Exemplaren bei Lieferung 13 zu 24
Zeilen umbrochen, in Lieferung 14 zu 25. – Titelfaksimile bei Achenbach 2021,
S. 187.

Der Wiener Buchhändler Rudolf Sammer, der den nur bis zur 9. Lieferung der Ausführlichen Erklärung reichenden (unrechtmäßigen) Nachdruck (1823) des Verlegers Armbruster (Teilhaber und Nachfolger von Kaulfuß) übernommen hatte, ergänzte nun sein Angebot in drei Heften mit den Lieferung 11/12 (aus der Ausgabe E) sowie 13 und 14, welche er sonach von der Dieterich'schen Verlagsbuchhandlung ganz legal als Rohbogen angekauft hatte; nun aber broschiert eingebunden und zu haben in alten Umschlägen der früheren Kaulfuß'schen Nachdrucke, deren Titel- und Rückenbeschriftung jetzt von Hand mit Tinte korrigiert worden war (vgl. Achenbach 2021, S. 224; so ein tintenkorrigiertes Exemplar befindet sich in meinem Besitz).

412. Konkordanz der Hogarth-Stiche und ihrer Beschreibungen in den Ausführlichen Erklärungen, den Kalenderfassungen und Werkausgaben

Die folgende tabellarische Übersicht zeigt die Verteilung der einzelnen Blätter, vertikal geordnet nach den Lieferungen der „Ausführlichen Erklärung" mit ihrem Ersterscheinungsjahr (Kolumne 1), deren Seitenzahlen sehe man jeweils beim Erstdruck (unsere Nummern 350. 363. 372. 389. 402. 410 a-i). Denen folgen horizontal in Kolumne 2 die jeweiligen Titel der Kupferstiche bzw. deren „Erklärungen", weiter (in Kolumne 3) der Fundort der ursprünglichen Versionen im „Göttinger Taschen Calender" mit Kalenderjahr und Seitenzahl darin; ferner (in Kolumne 4) deren kommentierter Neudruck in „Lichtenbergs Hogarth", hrsg. von Wolfgang Promies 1999, darauf die Wiederabdrucke in [2]VS 1850-1853 (Kolumne 5)[118] und schließlich deren Erwähnungen bei Lauchert 1893 (Kolumne 6). Gegenüber ihrem Erstdruck in Joost/Unverfehrt S. 104 f. ist die Konkordanz durchgesehen und korrigiert, horizontal umgegliedert und um eine Kolumne erweitert:

Lfg 1-14, 1794-1835:	Titel der Kupferstiche bzw. der „Erklärungen":	GTC 1784-1795:	Lbg.s Hogarth:	[2]VS 1850 ff.:	Lauchert 1893:
1, 1794	1. Herumstr. Komödianten	1784,28-37	27	9,1-30	94
1, 1794	2. Punschgesellsch.	1786,152-7	91-93	„33-52	106
1, 1794	3-6. Vier Tageszeiten	1790,176-198	167-179	„55-98	121
2, 1795	7-12. Buhlerin 1-6	1784,9-28	11	„93-228	93
3, 1796	13-20. Liederlicher 1-8	1785,119-168	31	10,1-146	100
4, 1798	21-26. Heirat nach d. Mode 1-6	1786,118-152	65	„, 147-267	106
5, 1799	27-31. Fleiß u. Faulheit 1-5	1792,185-211	200	11,1-77	127
6, 1800	32-38. Fleiß u. Faulheit 6-12	1792,185-211	200	„,79-164	127
7, 1801	39-40. Frankreich u. England	1794,194-207	250	12,165-80	137
7, 1801	41. Der Dichter in d. Not	1790,201-203	183	„,181-90	121
7, 1801	42. Das lachende Paterre	1789,206-208	159	„,191-96	117
7, 1801	43. Das Collegium medicum	1789,208-218	161	„,197-210	117

118 Vgl. hierzu Achenbach 2021, S. 207. – Dieser Abdruck hat *keinerlei* Vorzüge außer denen der Vollständig- und vergleichsweise leichteren Erreichbarkeit; er verschleiert in seinen letzten Bänden „mit Fleiß oder unabsichtlich" (Achenbach, a. a. O.; ich meine: absichtlich und gezielt!) die Verfasserschaftsproblematik, die aber unsere Tabelle unmittelbar durchschaubar werden lässt.

Lfg 1-14, 1794-1835:	Titel der Kupferstiche bzw. der „Erklärungen":	GTC 1784-1795:	Lbg.s Hogarth:	²VS 1850 ff.:	Lauchert 1893:
7, 1801	44. Das Ende aller Dinge (Finis)	1791,206-210	197	„ ,211-20	124
8, 1805	45. Das Hahnengefecht	1791,193-206	187	„ ,221-38	124
8, 1805	46. Das Tor von Calais	1788,105-127	115	„ , ,239-57	114
8, 1805	47. Der erzürnte Musicus	1794,207-214	259	„ , ,259-67	138
8, 1805	*48. Der Chor[119]	–	–	„ , ,269-273	–
8, 1805	49. Columbus, wie er ein Ei zerbricht	1793,165-173	233	„ ,275-84	131
8, 1805	50. Die Vorlesung	1793,173-179	239	„ ,287-90	132
9, 1806	51. Ein Wahlschmaus	1787,232-244	105	13,1-16	112
9, 1806	52. Die Parlamentswahl	1788,128-145	125	„ , 17-30	114
9, 1806	53. Die Stimmensammlung	1788,146-156	133	„ , 31-40	114
9, 1806	54. Der Aufzug im Triumphs.	1788,156-171	139	„ , 41-52	114
9, 1806	*55. Simon Lord Lovat[120]	–	–	13, 53-58	–
9, 1806	*56. John Wilkes	–	–	„ , 59-64	–
10, 1808	57. D. Jahrmarkt von Southwark	1793,180-196	243	„ , 65-80	132
10, 1808	58. Biergasse	1795,204-206	262	„ , 80-88	145
10, 1808	59. Branntweingasse	1795,207-215	262	„ , 89-97	145
10, 1808	60. Die schlafende Versammlung	1790,198-200	180 f.	„ ,93-104	121
10, 1808	*61. Der Politiker[121]	–	–	„ ,105-108	–
10, 1808	*62. D. Geschmack d. gr. Welt	–	–	„ ,109-112	–
11, 1809	63. Ausmarsch d. Truppen n. Finchley	1789,177-206	147	14,115-36	117
11, 1809	*64.65. Vorher und Nachher[122]	–	–	„ ,139 f.	–
11, 1809	66.67. Ueber 2 kl. Hog.-Kupfer:	1784, 3(-8)	7-9.	„ ,141-146	92 f.
11, 1809	66. Invitationskarte und	1784, 8 f.	8 f.	„ ,146	92 f.
11, 1809	67. Szene aus Pope's Lockenraub	1796,202-204	271	„ ,147-149	148
11, 1809	68. Leichtgläubgk., Aberglaube und Fanatismus	1787,212-232	95	„ , 150-167	111 f.
11, 1809	*69. Die Bank[123]	–	–	„ ,171 f.	–
12, 1812	*70. Krebschen	–	–	„ ,173-178	–
12, 1812	*71. Paulus vor Felix	–	–	„ ,181-198	–
12, 1812	*72. Paulus vor Felix in einer anderen Manier	–	–	„ , 199-204	–
12, 1812	*73. Zeitgott, e. Gemälde anrauchend	–	–	„ , 207-215	–
12, 1812	*74. Die Entdeckung	–	–	„ , 216-225	–
12, 1812	*75. Die Dorfschenke oder die Landkutsche	–	–	„ , 226-244	–
13, 1833	*76.77. Die Zeiten	–	–	[124](Lfg XIII),1-32	–
13, 1833	*78-81. Tom Nero 1-4	–	–	„ , 33-70	–
13, 1833	*Nachträge zu den Zeiten	–	–	„ , 71-73	–
14, 1835	*82. Garrick	–	–	(Lfg XIV), 1-15	–
14, 1835	*83. Falstaff	–	–	„ , 16-30	–
14, 1835	*84. Der Eid	–	–	„ , 31-41	–
14, 1835	*85. Ein Lotterielos	–	–	„ , 42-53	–
14, 1835	*86. Analyse der Schönheit	–	–	„ , 54-87	–

119 Dieser Kommentar nicht von Lichtenberg.
120 Dieser und der folgende Kommentar nicht von Lichtenberg.
121 Dieser und der folgende Kommentar nicht von Lichtenberg.
122 Dieser Kommentar nicht von Lichtenberg.
123 Dieser und alle folgenden Kommentare nicht von Lichtenberg.
124 Von hier an in den ²VS keine Bandzählung, sondern angebundene Lieferungen 13 f. in gleicher Typographie mit je eigener Seitenzählung.

Für die Fortsetzung der „Ausführlichen Erklärung" mithilfe der im GTC publizierten Kommentare Lichtenbergs suchte Johann Christian Dieterich gleich nach Lichtenbergs Tod geeignete Herausgeber und Verfasser von Zusätzen. Jean Paul dafür zu gewinnen (vgl. Lichtenberg-Jahrbuch 1988, S. 157f.), schlug gleich fehl, dann sagte auch Karl August Böttiger nach anfänglichem Interesse ab, wohl nicht zuletzt infolge des höhnischen Kalauers von August Wilhelm Schlegel im Athenäum 2. Bd 2. St., 1799, S. 310: „Hier gilt es, den Wein selbst anzapfen, nicht bloß wie ein Böttiger das leere Faß vor sich herrollen, worin so oft die angebliche literarische Thätigkeit besteht" – vgl. darüber Dieterich 1984, S. 57f. 60. 62f. 65. 71. 74. 88f.: Nr 22-25. 27. 30f. 45; ferner Dieterich 1993, S. 299-310 und Anm. S. 313-315. Heinrich Dieterich gelang es endlich, wie wir heute recht zuverlässig wissen, Friedrich Bouterwek[125] (Lieferung 6. 7. 12), dann Johann Raphael Fiorillo[126] (Lieferung 8-11) für die Herausgabe zu gewinnen. Denen fügten die Käufer des Verlags 17 bzw. 19 Jahre später und nun namentlich genannt für die 13. Lieferung Johann Peter Lyser hinzu,[127] für die 14. Friedrich (Frederik) Carl le Petit, welcher dann Karl Gutzkow als ursprünglich vorgesehener Verfasser nur ein werbendes Vorwort beisteuerte.

Raphael Fiorillo kommentierte im jetzt „Göttingischen Taschen Calender" für 1810-1812 als „R. F." oder nur „F." auf eigene Faust 18 „Folgen" (meint: Stiche) von Hogarth, die Lichtenberg noch nicht erläutert hatte. Sie wurden aber *nicht* in die „Ausführliche Erklärung" übernommen beziehungsweise – wie im Fall von Nr *71 (GTC 1812, 61-66). *74 (GTC 1812, 66-68). *75 (GTC 1812, 68-74). *82 (GTC 1810, 51-59). *83 (GTC 1811, 97f.) von Bouterwek nachher dort ganz neu und komplett anders gestaltet.

125 Till Kinzel erinnert mich freundlicherweise noch daran, was Bouterwek in seiner *Geschichte der Poesie und Beredsamkeit.* Bd 11, Göttingen: Röwer 1819 über „Johann [!] Christoph Lichtenberg", seinen vormaligen akademischen Lehrer, Korrespondenten und zeitweiligen Mitbewohner, der ihm den Hörsaal für die ersten Kollegien überlassen hatte, speziell zu dessen *Ausführlicher Erklärung* schrieb: „In seinem *Commentar über die hogarthischen Kupferstiche* verdrängt der witzige Kopf zuweilen den Ausleger, aber nicht auf Kosten des Lesers, dem eben so viel oder mehr gelegen ist an dem, was Lichtenberg sagt, als an dem, was Hogarth hat sagen wollen." (S. 498f.).

126 Vgl. Tütken, S. 845. – Der Versuch von Claudia Schrapel (2004, S. 429-449), dem älteren (= Johann Dominicus) Fiorillo die Verfasserschaft für die 8. Lieferung zuzuweisen, ist damit widerlegt (vgl. Achenbach 2015, S. 280f.). J.D. Fiorillos Brief an Heinrich Dieterich (Schrapel S. 429f.: „Wegen des Hogarth muß ich nocheinmal mir Dir sprechen, um die Sache dann ausführen zu können"), ihr vermeintlich stärkstes Argument, lässt eine Autorschaft ja ohnehin noch vollkommen offen.

127 Vgl. Hirth 1911, 145-148.

Apokrypha – einige schon zu Lichtenbergs Lebzeiten entstandene und
ihm schon damals fälschlich zugeschriebene Werke und Schriften

In chronologischer Folge

A 1. [Hippel, Theodor Gottlieb von:] Ueber die Ehe. Berlin 1774; 2. Aufl. 1776.
[Lichtenberg zugeschrieben durch die FGA Nr 85/86 vom 22./25.10.1776,
S. 688; danach auch in Christian Friedrich Daniel Schubarts Deutscher Chronik
1776, 87. St. vom 28.10., S. 684 (und vermutlich öfter!). Vgl. oben Nr 57 (= Lichtenbergs eigene Antwort auf die FGA). – Noch 1797 übrigens musste Kant, dem
die Schrift auch angehängt worden war, dementieren.]

A 2. [Tutenberg, Johann Carl:] Ihro Magnificenz, dem Wohlgebohrnen Herrn,
Herrn Kulenkamp, bey Dero erster Uebernahme des academischen Scep-
ters, am 2ten des Jenners, 1778, zur schuldigen Gratulation gewidmet von
G. S.[!] Lichtenberg, Prof. der Philos. J. F. Blumenbach, Prof. der Medic.
M. V. Sprengel, Prof. der Philos. J. C. Dieterich. P. Dümont. Göttingen,
gedruckt bey Johann Christian Dieterich.
[Einziges bekanntes Exemplar dieses anonymen Drucks, früher im Städtischen
Museum, jetzt im Universitätsarchiv Göttingen. Dieses Casualcarmen „hat HE.
Tutenberg getutet", hätte Lichtenberg gesagt (Bw 2, S. 401: Nr 949). Der Ver-
fasser nahm es in seine Sammlung Vermischte Gedichte. Stendal: Franzen und
Grosse 1782, S. 154 f. auf.]

A 3. [Hottinger, Johann Jakob, und Johann Rudolf Sulzer:] Brelocken an's Allerley der Groß- und Kleinmänner. Leipzig, zu finden in der Dykischen
Buchhandlung, 1778. 184 S.
[Lichtenberg zugewiesen – vielleicht wegen der zahlreichen Ausfälle gegen
Geniewesen (u. a. Goethe), Schwärmerei und Physiognomik – von ⁴Meusel,
1. Nachtrag. Lemgo 1786, S. 380 433. Im 10. Bd der 5. Aufl. 1803, S. 200 f. macht
Meusel dann Hottinger und Sulzer als Autoren namhaft, Lichtenberg habe „gar
keinen Antheil", und Sulzer wird ebd. S. 732 zitiert: er habe sich in der Beylage
zu Nr 211 der Allgemeinen Zeitung 1800 selber als Verfasser bekannt (ähnlich
7. Nachtrag zur 4. Auflage des Meusel von 1804, S. 201). 1808 wird das Schrift-
chen dann auch einmal J. J. Engel zugeschrieben; vgl. Goedeke 4,1, S. 943. Vgl.
auch https://www.sulzer-briefe.uni-halle.de/sb/letter-sb-1777-11-18.html.]

A 4. [N. N.:] Johann Heinrich Lambert. In: Teutscher Merkur. September 1778
S. 259-278. – Wiedergedruckt in: Leben der berühmtesten vier Gelehrten
unsers philosophischen Jahrhunderts Rousseau's, Lambert's, Haller's und
Voltaire's. Frankfurt und Leipzig [in Wahrheit wohl: Berlin: Nicolai] 1779;
dann nochmals (Titelauflage?) 1786.
[Der anonym erschienene Artikel wird von Max Steck (Hrsg.): J. H. Lambert:
Schriften zur Perspektive. Berlin 1943 neuerlich abgedruckt, dann begleitet mit
dem Versuch eines Nachweises der Verfasserschaft, von demselben in seiner Bi-

bliographia Lambertiana. Hildesheim: Gerstenberg 1970, S. 63 u. VII-XIV wiederholt. Wir halten die Beweisführung, die auf eine Äußerung Sulzers zurückgeht, für mehr als fragwürdig, und das stilistische Profil ist überhaupt nicht lichtenbergisch. Richtig wohl doch eher Johann Georg Heinzmann oder Ch. H. Müller; vgl. die in dem zitierten Band folgenden Untersuchungen. Siehe dazu noch Wolfgang Promies: War Lichtenberg Lamberts Biograph? In: Photorin Heft 2 (1980), S. 15-23; ferner auch Photorin Heft 5 (1982), S.74-77 (linguistisch-statistische Untersuchung zum Beweis der Ablehnung durch Dieter B. Herrmann nach der Methode von Wilhelm Fucks 1968 – heute würde man das mit der Kollokations-Methode wahrscheinlich noch sehr viel genauer und plausibler darstellen können).]

A 5.   [Musäus, Johann Karl August]: Physiognomische Reisen. Voran ein physiognomisch Tagebuch. Hefte 1-4. Altenburg: Richter 1778/1779. ³1781. Neue Aufl. 1788.

[In den ersten Jahren nach dem Erscheinen wurde neben u. a. J. K. Wezel auch Lichtenberg als Verf. in Betracht gezogen; im Hannoverischen Magazin 1779, 29. St. vom 9.4., Sp. 449-454 erklärte ein „–rth." aus Nordhausen [daher vermutlich Gottfried Erich Rosenthal]: „behauptete man anfangs, dieser Mann wohne in Hannover [...]. Alle Stimmen fielen jedoch bald auf Lichtenberg, denn man hielt im Tribunal die Physiognomischen Reisen für die beste Widerlegung von Lavaters Physiognomik. Ich flüsterte aber einem unserer Steuermänner ein: Lichtenberg denke ungleich gründlicher als der physiognomische Wanderer, er zeige ungleich mehr physiognomischen Scharfsinn in seinen Einwendungen". Wahrscheinlich wegen dieses Artikels ist in den Briefen Lichtenbergs an Schernhagen während der folgenden Monate (Bw Nr 630. 634. 646) einigemale die Rede von dem Anonymus; Lichtenberg behauptet gar, der Verfasser sei „nunmehr bekannt, er heißt [Friedrich Traugott] Haase und lebt in Dresden". – Doch schon Johann Christoph Wilhelm Müller nennt den wahren Verf. auf dem Titel seiner anonym erschienenen „Fragmente aus dem Leben und Wandel eines Physiognomisten. Ein Pendant zu Musäus physiognomischen Reisen." Halle: Francke und Bispink 1790. Spätestens mit Johann Georg Meusel: Lexikon der vom Jahr 1750-1800 verstorbenen teutschen Schriftsteller. Bd 9, Leipzig 1809, S. 474 besteht allgemein kein Zweifel mehr am Verfasser. – Lichtenberg selber darin erwähnt zumindest Bd 3 (1779), S. 59 und 120. – Gumbert-Auktion 1985, Nr 2573.]

A 6 und 7. [Forster, Georg?:], Beschreibung der Hudson-Bay und der Esquimaux bzw. der Insel New-Foundland'. In: Lauenburger Taschenkalender aufs Jahr 1779 und 1780.

[Nicht autopsiert. – Erschienen September 1778 bzw. 1779. – Oben in Nr 122 (1780), S. 25 in der Anmerkung behauptet der Hrsg. Wilhelm Ludwig Wehrlin: „S. die mit eben so viel Interesse als Präcision entworfene Beschreibung der Insel New-Foundland, von Herrn Professor Lichtenberg, im Lauenburger Taschenkalender aufs Jahr 1780. Item Ebendesselben Beschreibung der Hudson-Bay und der Esquimaux im Lauenburger Kalender vom vorigen Jahr." Vermutlich verwechselt Wehrlin hier Georg Forster mit Lichtenberg. Die erwähnten Items finden sich sonst (was Wehrlins Fehler verursacht haben mag) im GTC 1778,

S. 72. 90 (Nr 70(k) und (t); von Neufundland ist in Nr 120 (dort S. 249 f. 257) die Rede, von den „Esquimaux" ebd. S. 251 und im GTC 1778, S. 45. 62 f. (= Nr 70(g), freilich wohl verfasst von Blumenbach).]

A 8. [Forster, Reinhold:] XII. Nachrichten. In: GMWL 1 (1780), 2. St., S. 330-333.
[Von Jung (seine Nr 90) irrig Lichtenberg zugewiesen. Siehe aber oben Nr 112 / XII.]

[Weil Lichtenberg sie plante und Heyne, dem Herausgeber, bereits angekündigt hatte, sind ihm, da er dann doch nicht fertig wurde, vier *Rezensionen* in den GGA durch Jung irrig zugewiesen worden (die Belege gebe ich oben in Anm. 17): Zu streichen sind nach beiden Handexemplaren der GGA die folgenden vier:]

A 9. [Soemmerring, Samuel Thomas:] **London.** [Rezension über Joseph Priestley: Experiments and observations relating to various branches of natural philosophy with a continuation of the observations on air. Vol. 2. London 1781]. In: GGA 1782, St. 81 vom 6.7., S. 649-656.
[Anonym erschienen; von Jung irrig Lichtenberg zugewiesen, weil er einem Kommentar Leitzmanns zu Br 2, 1902, S. 27 folgte (Brief an Heyne [vor 14. Mai 1782]: Bw 2, S. 321: Nr 911); wurde schon von Hahn, S. 86 Anm. 132 gemäß dem Göttinger Handexemplar der GGA zurückgewiesen. Unsere Zuweisung folgt Hahn bzw. Fambach 1976, S. 98.]

[Jung 145]

A 10. [Soemmerring, Samuel Thomas:] **London.** [Rezension über William Morgan: An Examination of Dr. Crawfords theory on beat and combustion. London 1778]. In: GGA 1782, St. 86 vom 18.7., S. 694-696.
[Anonym erschienen; von Jung irrig Lichtenberg zugewiesen, weil er einem Kommentar Leitzmanns zu Br 2, 1902, S. 27 folgte (Brief an Heyne [vor 14. Mai 1782]: Bw 2, S. 321: Nr 911); wurde schon von Hahn, S. 86 Anm. 132 gemäß dem Göttinger Handexemplar der GGA zurückgewiesen. Unsere Zuweisung folgt Hahn bzw. Fambach 1976, S. 98.]

[Jung 146]

A 11. [Kästner, Abraham Gotthelf:] **Neufchatel.** [Rezension über Horace Benedict de Saussure: Essais sur l'hygrométrie Neufchatel 1783]. In: GGA 1784, St. 187 vom 20.11., S. 1876-1878.
[Anonym erschienen; von Jung irrig Lichtenberg zugewiesen, der zwar an Heyne [Mitte Juli 1784]: Bw 2, S. 873: Nr 1279 die Rezension ankündigte, dann aber wieder nicht lieferte. Unsere Zuweisung folgt Fambach 1976, S. 117.]

[Jung 192]

A 12. [Kästner, Abraham Gotthelf:] **Copenhagen**. [Rezension über Kratzenstein: L'art de naviguer dans l'air. Kiøbenhavn / Leipzig 1784]. In: GGA 1784, St. 202 vom 18.12., S. 2023-2024.

[Anonym erschienen; von Jung irrig Lichtenberg zugewiesen, der zwar an Heyne [Mitte Juli 1784]: Bw 2, S. 873: Nr 1279 die Rezension ankündigte, dann aber wieder einmal nicht lieferte. Unsere Zuweisung folgt Fambach 1976, S. 118.]

[Jung 193]

A 13. [N. N.:] Verschiedene Arten von Gemüthsfarben.

[Gemäß der Erwähnung des Bombardements von Kehl entstanden nach der Belagerung dieser Stadt (zwischen Oktober 1796 und Januar 1797). – Paul Requadt hatte (offenbar auf einer Stippvisite Göttingens, denn er arbeitete damals als Gymnasiallehrer in Hameln) das ungezeichnete Autograph des Textes im Nachlass gefunden (Ms. Lichtenberg; früher Kasten V, Abt. 1, heute: V,17), nach der Provenienz, aber ohne weitere Begründung Lichtenberg zugewiesen und im Anhang seiner Rostocker Habilitationsschrift 1944 publiziert: „Lichtenberg. Zum Problem der deutschen Aphoristik". Hameln: Seifert 1948, S. 144-147; dabei noch das Fragment eines von ihm „Verschiedene Arten von Wahnsinn" betitelten weiteren Aufsatzes (dessen Anfang mit einer Überschrift fehlt) vom selben Schreiber; schließlich beide wiederholt in der 2., erweiterten Auflage des Buchs: Stuttgart: Kohlhammer (1964), S. 166-168 (Jung 3074 bzw. 3104). Die „Gemüthsfarben" übernahm Promies von dort in SB 3, S. 577-582, obgleich er eigentlich die fremde Kalligraphie hätte erkennen müssen, zwei Jahre später auch den „Wahnsinn" und eingehende Erläuterungen, ohne irgend Zweifel an der Echtheit zu artikulieren, in seinen Kommentarband (3K, S. 280-282). Daher übernahm auch Mautner den Text in seine Ausgabe (Bd 1,1983, S. 557-562); Promies rückte ihn (gegen meinen ausdrücklichen Rat) neuerlich ein in „Lichtenberg lesen!" oder: „Wer Augen hat, der sieht alles in allem", das Sonderheft zum 200. Anniversarium von Lichtenbergs Tod von „Die Horen. Zeitschrift für Literatur, Kunst und Kritik". 44. Jg, Bd 1 (1999), H. 193; dort S. 2. – *Das Autograph ist nicht von Lichtenbergs Hand*, sondern gehört offenbar zu einer Reihe von hds. Aufsätzen, die Lichtenberg vermutlich für GMWL oder GTC zugesandt, aber von ihm nicht mehr verwendet wurden – die Zuweisung an ihn ist daher gänzlich ungerechtfertigt.[128] Was derlei Tun für Folgen in der literaturwissenschaftlichen Interpretation haben kann, zeigt trefflich Hans-Jürgen Schings (der die Zuschreibung seinem Lehrer Paul Requadt geglaubt hat): Der melancholische Religionist. In: Ders.: Melancholie und Aufklärung. Melancholiker und ihre Kritiker in Erfahrungsseelenkunde und Literatur des 18. Jahrhunderts. Stuttgart: Metzler 1977, S. 118 f. Anm. dazu S. 352.]

[Jung 388]

---

128 Die Hand ist mir unbekannt, und auch unter den Originalen von Lichtenbergs Korrespondenten erinnere ich mich nicht, sie gesehen zu haben. Kalligraphiegeschichtlich schätze ich den Schreiber anderthalb bis zweieinhalb Jahrzehnte jünger als Lichtenberg ein, das entspricht auch dem stil- und bildungsgeschichtlichen Profil des Textes. Wir suchen also einen durchaus nicht ungebildeten und nicht ungewandten Autor, der zwischen 1755 und 1770 geboren sein möchte.

A 14. Ehrenpreis, Paul [offenbar Pseudonym!:] Dornenstücke. Nebst einem Memento mori für die Verfasser der Xenien. 1797. Mannheim, in der Neuen Kunstverlags- und Buchhandlung. 101 S.
[Geschrieben angeblich „in einem Thale an der Weser, im December 1796" (Vorwort). Eduard Boas: Schiller und Goethe im Xenienkampf. Bd 2, Stuttgart und Tübingen: Cotta 1851, S. 102-119, referiert eingehend mit längeren Zitaten: acht kleine Verssatiren („Dornstücke") und (in einer „Zweiten Abtheilung. Gegengeschenke") Verserzählungen und Anti-Xenien gegen Goethes und Schillers Xenien-Almanach (aus ihr gibt Boas S. 113-119 ein Dutzend Beispiele). Wolfgang Stammler: Anti-Xenien. Bonn: Marcus & Weber 1911, teilt S. 62-67 aus der „Zweiten Abtheilung" (S. 49ff. der Vorlage) 20 Epigramme mit, von denen Boas acht schon hatte. Dieser erwähnt noch (Bd 2, 1851, S. 113) eine 2. (mutmaßlich: Titel-)Auflage 1798. – Das Werkchen passt freilich überhaupt nicht zu Lichtenbergs damaliger Abneigung, in öffentliche Auseinandersetzungen einzugreifen, noch zu seinem Stil (weder in den lyrischen noch den epigrammatischen Teilen); das Bändchen enthält zumal nicht viel weniger Poesie, als Lichtenberg in seinem ganzen Leben sonst produziert hat, aber durchaus schlechtere. Dennoch hatte Boas (in: Schiller's und Goethe's Xenienmanuscript. Berlin: Hirsch 1856, hrsg. durch Wendelin v. Maltzahn, S. 246) „Lichtenberg, diesen feinsinnigen Satyriker" als Autor namhaft gemacht; er sei „der einzige damalige Schriftsteller, auf den die Worte des Allgemeinen litterar. Anzeigers mit gutem Recht bezogen werden können". Dort hatte 1797 (Nr LVII, S. 601) Janus Eremita [d. i. Johann Christian Gretschel] vermutet: „Gewiß sind diese Dornenstücke weder der erste schriftstellerische Versuch ihres Urhebers, noch auch dessen erster Ausflug in das Feld der Satyre". Die möglichen Gegenargumente aus dem Faktischen (wie u. a. der Umstand, dass Göttingen nicht in einem Seitental der Weser liege), wischte Boas mit peremptorischer Kulturgebärde beiseite. Daher „erschienen" denn auch Friedrich W. Ebeling (Geschichte der komischen Literatur. Bd 1, Leipzig: Eduard Haynel 1869, S. 570) jedenfalls zu Recht die „Gründe, welche Eduard Boas bestimmten Lichtenberg, den von den Xenien Unbehelligten, die Autorschaft zu vindicieren," „unzureichend"; ähnlich Stammler (aber nun seinerseits auch ohne Begründung): Anti-Xenien. Bonn: Marcus & Weber 1911, S. 4: „ist vollkommen von der hand zu weisen"; und nicht anders Adolf Stern: Goethe-Schillers Xenien. Aus dem Schillerschen Musen-Almanach für das Jahr 1797 und den Xenien-Manuskripten. 2. Aufl. Leipzig (Reclams UB 402f.) o.J. [1894], S. 37ff. 199f. Unser Kenntnisstand hat sich seither nicht verbessert; vgl. E. Weller: Lexicon Pseudonymorum. 2., verb. und verm. Aufl. Regensburg 1886, S. 163; M. Holzmann und H. Bohatta: Deutsches Anonymen-Lexikon 1501-1928, Bd 7, 1928, Nr 2870 (mit einem Antiquariatskatalog, der vermutlich auf den gewiss grundgelehrten, aber hier eben spekulierenden Boas zurückgriff, als Beleg für Lichtenberg!).
[Jung 2260]

A 15. [Herz, Marcus:] Fragmente aus einer Abendunterhaltung in der Feßlerschen Mittwochsgesellschaft. In: Neuer Teutscher Merkur. November (1798), S. 215-222.
[Vgl. Achenbach 2021, S. 87 und 109f. (zuerst Lichtenberg-Jahrbuch 1993).]

A 16. [Klingemann, August:] Nachtwachen. Von Bonaventura. Penig: F. Diene-
mann und Comp. 1805.

[Dieses wichtige Werk der Frühromantik, das freilich aus dem hier darzustellen-
den Zeitraum fällt, soll indessen schon hier bereits genannt werden. Es ist seit
seinem Erscheinen von der germanistischen Literaturwissenschaft ca. zehn zum
Teil sehr namhaften Autoren zugewiesen worden, bevor zwischen 1973 und
1987 Jost Schillemeit,[129] Horst Fleig[130] und Ruth Haag[131] mit verschiedenen phi-
lologisch-kritischen Methoden und Argumenten sich der Frage genähert hatten
und den Braunschweiger Dichter und Theaterdirektor August Klingemann als
plausibelsten Anwärter auf die Autorschaft benannten. Schon Schillemeits und
Fleigs Indizienbeweise vornehmlich auf der Basis sprachstatistischer Ähnlich-
keiten, thematischer Bezüge und erzählerischer Techniken im Vergleich der
„Nachtwachen" mit dem verbürgten Werk Klingemanns überzeugten, doch seit
der Entdeckung der Autobibliographie Klingemanns durch Haag 1987 wird
man nicht mehr an dem Befund rütteln wollen und darf nunmehr die Diskussion
für unwiderleglich abgeschlossen erklären. Dennoch bemühte sich Linde Katritzky, obgleich vor diesem Hintergrund alle ihre Bemühungen zum Scheitern
verurteilt sein sollten, schon 1984 in ihrer Master-Thesis,[132] dann in ihrer mehr
als zweieinhalbmal so umfangreichen Dissertation 1988[133] und hernach einer
Reihe von mindestens acht Abhandlungen über mehrere Jahrzehnte intensiv,
Georg Christoph Lichtenberg die „Nachtwachen" zuzuerkennen. Zu ihrer Vermutung veranlasste Katritzky der fraglos bemerkenswerte Umstand, den sie in
aufwändigen Studien herausstellte, dass alle literarischen Phänomene und kultu-
rellen Ereignisse, auf die der Verfasser der „Nachtwachen" in diesem Werk an-
spiele, auch Lichtenberg nachweislich bekannt waren, er mithin einen sehr ähnlichen Lektüre- und Kulturerfahrungshintergrund aufweise. Mit Bestimmtheit
hätte der allzu früh Verewigte demnach also ein idealer Leser des Werkchens
werden können. Entscheidend ist aber dieser Umstand: Jene Folgerung Katritz-
kys unterstellte die bloße *Möglichkeit* als eine *Tatsächlichkeit* – sie ist damit
wissenschaftslogisch absolut unzulässig, weil sie einen *hinreichenden* Grund für
einen *notwendigen* annimmt. Völlig ungeklärt blieb auch innerhalb der Argu-

129 *Bonaventura, der Verfasser der „Nachtwachen".* München: Beck 1973. Wieder in:
J. S.: *Studien zur Goethezeit.* Göttingen 2006, S. 311-437.

130 *Zersprungene Identität. Klingemann – Nachtwachen. Von Bonaventura.* Das Typoskript erschien 1974 als Beigabe zu: H. F.: *Sich versagendes Erzählen (Fontane).*
Göppingen 1974. Vgl. auch H. F.: *Literarischer Vampirismus. Klingemanns „Nachtwachen. Von Bonaventura".* Tübingen 1985. – Zur Reihenfolge der beiden Forscher
vgl. Joost: *Lessings Mitleid und Jean Jacques Rousseau – Eine „bahnbrechende Entdeckung" und kein Ende* im *Lichtenberg-Jahrbuch 2009*, S. 267.

131 *Noch einmal der Verfasser der ‚Nachtwachen. Von Bonaventura'.* In: *Euphorion 81*
(1987), S. 286-297.

132 A. J. Dietlinde Katritzky, née Kilian: *Die Nachtwachen des Georg Christoph Lichtenberg. Eine Untersuchung der Eigennamen in den Nachtwachen von Bonaventura.* Master-Thesis, Graduate School of the University of Florida 1984. 151 S.
[masch.].

133 A. J. Dietlinde Katritzky: *The Influence of the English Eighteenth Century Satirists
on G. Ch. Lichtenberg and the „Nachtwachen. Von Bonaventura".* Ph. D. Thesis
University of Florida 1988. 409 S. [masch.].

mentation der Verfasserin, wie das Manuskript, das dann mindestens fünf Jahre vor seinem Erscheinen, aber erst unmittelbar vor Lichtenbergs Tod hätte entstanden sein müssen, sich in seine ohnehin dichtgedrängte Produktion hätte einfügen lassen sollen und vor allem dann unbemerkt aus dem Nachlass verschwinden und in die Hände des Verlegers kommen konnte. Ich halte das bereits für einen plausiblen Ausschließungsgrund, denn über die letzten zwei Lebensmonate Lichtenbergs, seinen Tod und seinen Nachlass sind wir minutiös unterrichtet. Fleiß und Beobachtungsenergie dieser Studie ist freilich insofern nicht völlig nutzlos vergeudet, als mit ihr neuerlich *ad oculos* demonstriert worden ist, wie geistes- und rezeptionsgeschichtlich dicht Lichtenberg und die Frühromantiker beieinanderlagen. Katritzky hätte ihr Buch besser genannt: ‚Bonaventura – ein genauer Leser und ausgezeichneter Kenner Lichtenbergs‘. Denn August Klingemann war das auch über Lichtenbergs „Ausführliche Erklärung" Hogarths hinaus, über welche er sogar publiziert hatte, und bis 1804 waren von den VS bereits acht Bände erschienen.]

Register

Vorbemerkung

Der erste Teil des Registers ist etwas hybrid: Die *originalen Titel* sind mechanisch aufgenommen; der bestimmte Artikel wird also nicht (wie nach den RAK üblich wäre) übergangen, und die Titel sind wörtlich zu erinnern (was die Suche ein bisschen erschweren könnte). Hingegen sind die *von mir vergebenen* über 260 Titel (siehe oben Vorwort S. 19) jetzt in der Regel nicht stichwortartig, sondern als Schlagwörter vergeben und dadurch etwas leichter zu finden. Außerdem werden sie häufig durch das Personenverzeichnis flankiert.

Orthographische Druckversehen (insbesondere in der französischen Übersetzung des GTC und bei deren Akzenten) blieben gemäß dem Prinzip diplomatischer Wiedergabe in aller Regel ungebessert; ein paarmal habe ich aber dennoch durch Ausrufzeichen darauf aufmerksam gemacht, dass es nicht meine Flüchtigkeit war. Allerdings habe ich mir *kleinere Kürzungen* herausgenommen: bei allzu umständlichen Titeln insbesondere in den Abhandlungen *fremder Autoren* unter Lichtenbergs Herausgeberschaft; ferner gelegentliche Umsetzung von deren *Verfassernamen,* wenn sie in den Titel integriert waren.

Fortgelassen sind im Register die bis zu zehn jeweils immer wiederkehrenden (und in den über zwei Jahrzehnten kaum veränderten) Artikel aus den je 22 deutschen und französischen Taschenkalendern, so v. a. zu den Modekupfern, zur Genealogie der europäischen Herrscherhäuser; zu den Münzen, Maßen und Gewichten; den geographischen Längen und Breiten großer europäischer Städte; der buchhändlerischen „Nachricht" des Verlegers Dieterich über Preise, Rabatte und Ausstattung des GTC, schließlich die „Nachricht an den Buchbinder" betreffend die Hogarth-Kupfer – welche alle sich mit diesem Wissen mühelos auch ohne Register finden lassen würden, sollte Bedarf bestehen (zum Beispiel zur Ermittlung der Preisentwicklung). Diese fast 450 Zeilen schienen mir daher doch entbehrlich. Fast (nämlich mit Ausnahme weniger Polemiken wie die von Jakob Michael Reinhold Lenz oder Christoph Daniel Ebeling) vollständig übergangen sind in diesem Register nur die (ohnehin wohl zu weniger als der Hälfte bekannten) Namen der Rezensenten Lichtenbergs, deren Rezensionen ja ohnehin über die Titel seiner Schriften leicht aufzusuchen sind; nur bei Eschenburg und Kästner habe ich jeweils summarische Hinweise gegeben.

Die von Lichtenberg erwähnten Personen habe ich versucht, mit ihren Vornamen unterscheidbar zu machen und öfter auch die korrekte Schreibung herzustellen; das ist nicht immer gelungen. Jedenfalls sieht man jetzt, wie viel von dem im GTC Erwähnten auch in die Vorlesung einfloss.

Hingegen sind Lichtenbergs eigene *Rezensionen* unter diesem Lemma jeweils mit Kurztiteln der Bücher zusammengefasst; ganz entsprechend seine *Vorlesungen* (darunter Ankündigungen wie Absagen) unter diesem Stichwort. Außerdem finden sich unter „Epigramme" alle Nummern gesammelt.

Die Entscheidung, nicht nur Überschriften von Lichtenbergs Schriften, sondern auch Schlagwörter und Eigennamen in den nicht von ihm betitelten Artikeln zu bieten, fiel erst sehr spät. Das von mir vorgegebene alphanumerische Bezifferungsprinzip ertrug diese Erweiterung zwar problemlos, aber die Darstellung der Nummern mit Punkten und Klammern fiel bei der Arbeit öfter nicht ebenmäßig aus: Daher sind hier Ungleichförmigkeiten möglich, die aber die *Ziffern* nirgendwo tangieren dürften. Solche und andere Unzulänglichkeiten (wie auch die Askese bei der Unterscheidung der Namen im Personenregister) bitte ich mit den Entstehungsbedingungen des Registers, nämlich während der Satzkorrekturen des Bandes, zu entschuldigen. Ausführlich genug dürfte es jetzt wohl dennoch sein – und erstmals einen noch nie ausgeleuchteten Teil des Lichtenberg'schen Werks erschließen helfen. U. J.

Nachschrift: Beim Aufsuchen von Vornamen für das Register, als mithin schon keine Änderungen im Umbruch mehr möglich waren, fand ich noch zwei weitere Abdrucke von kurzen Texten aus dem „Taschen Calender", jedoch mit genauer Herkunftsangabe der Herausgeber – also anders, als bei den beiden nachgewiesenen Nachrichten, die Krünitz „mir abgestohlen" hat (Lichtenberg) –: aus dem GTC für 1790 (Nr 301.i2 und i5), zu Michaelis 1789 erschienen, wurden sie im folgenden Jahr 1790 übernommen ins „Magazin für die Botanik". Diese beiden hätten also nach unseren Prinzipien ihren Platz als die Nummern 304a und 304b erhalten müssen.

Alphabetisches Titel- und Schlagwortregister

Cures miraculeuses des Médecins initiés chés quelques nations de l'Amérique. 284.

Curiosités physiques et autres. 275.

Dachgradierung bei Salzwerken, Verbesserung131 k.4. 178/II

Damenabsätze, hohe, verursachten die Höflichkeit des Führens. 204 e.(9).

Damenhut, dem man alle Formen der Mode geben kann (siehe auch Jean Pauls Exzerpte). 155 i.15.

Dampfmaschine, Verbesserung der. 274 j.(7).

Dampfmaschine, Verbesserung. 239 e.3).

Dampfmaschinen. 301(i6).

Dänemark, Unreinlichkeit der Sachsen 70l(6).

Das Almosen (Monatskupfer). 343(k).

Das Collegium medicum 412/43.

Das Collegium medicum. 293(j). (Consultation of Physicians.) 293(j).

Das Demantene Halsband und der Strick [Epigramm.] 276.

Das Ende aller Dinge (Finis) 412/44.

Das Eselsfest. 89(f3).

Das ewige heilige Feuer der Gebern bei Baku am Kaspischen Meer. 387(f8).

Das Gebeth La priere. 89(m)

Das Gemählde ohne gleiches. 343(g).

Das Hahnengefecht 412/45.

Das Hahnen-Gefecht. 307(g).

Das Hausbuch. 7.

Das Königreich Jaccatra. 170†(b).

Das lachende Parterre. 293(i). 412/42.

Das Leben einer Liederlichen. 204(a1).

Das Luftbad. 358(c).

Das Neueste vom Einhorn. 368(d†10).

Das Neueste von den Kröten. 379(f9).

Das Neueste von der so genannten thierischen Electricität. 343(h10).

Das Neueste von der Sonne; größtentheils nach Herschel. 379(a).

Das Neueste von Japan. Aus einem Schreiben des Hrn. C. P. Thunberg an Hrn. Joseph Banks. (Aus den Transactionen. Vol. LXX. Part I.) 155†(a).

Das Perpetuum mobile zu Lemsal in Liefland. 379(f5).

Das Thor von Calais oder der englische Rinderbraten. Ein Blatt von Hogarth. 283(b).

Das Tor von Calais 412/46.

Das war mir einmahl eine Wurst 395.

Das war mir einmahl eine Wurst. (Ein Beytrag zur Theorie der Processionen). 387(b).

Daß du auf dem Blocksberge wärst. Ein Traum wie viele Träume. 396(c).

De Camphora et partibus quae eam constituunt. 253.

De electricitate sic dicta animali 358(g5).

De l'ajustement des cheveux chés les Anciens, principalement des Dames Romaines. 205.

De l'effet pernicieux des Corps à lacet. 294.

De l'origine des decouvertes, attribuées aux modernes. 387(f2).

De la crainte des orages & des conducteurs de la foudre. (Requis.) 359.

De la fabrication du grand Papier des Chinois. 369.

De la Grotte d'Antiparo. 156.

De la Harpe d'Eole. 319.

De la manière des Chinois de fabriquer les Perles. 71.

De la maniere des Indiens de se procurer des Glaces. 71.

De la maniere dont les sépultures ont pris naissance aux cimetieres & dans les églises. 302.

De la Manipulation chés les peuples de l'Orient. 284.

De la nouvelle Planéte 171.

de la Peyrouse und seine Uhr. 318(h7).

De la progression de notre Sistème solaire. 240.

De la Tactique des Animaux. 319.

De la Traite des Négres 156.

De nova methodo (deutsches Résumé des Vortrags). 77.

De nova methodo naturam ac motvm flvidi electrici investigandi. (I.) 81. 82.

De nova methodo natvram ac motvm flvidi electrici investigandi. Commentatio posterior. 99.

De quelques Animaux Prophétes du tems. 90.

Register der fremden Autoren in Lichtenbergs publizistischem Werk und der in den Titeln bzw. deren Umfeld erwähnten Personen (unter Ausschluss der Forschungsliteratur)

Lichtenbergs Pseudonyme: *Amintor* (307(a). 308); *Photorin*, Johann Conrad (28. *83); *Eckard*, Friedrich (56. 59; S. 268 Anm. 115); *Candidus*, Emmanuel (*188. 196). Lichtenbergs Übersetzer siehe *Eissen*; *Krafft*; *Podschivalov*; *C. E. W. Schulz*; *Trzcinski*; *Olufsen*; *O. Wolff*.

Konkordanz der Numerierung Jungs zur vorliegenden

[Jung 59] 89(j)

[Jung 60] 89(k)

[Jung 61] 89(l)

[Jung 62] 89(m)

[Jung 63] 102

[Jung 64] 91

[Jung 65] 94

[Jung 66] 95

[Jung 67] 107

[Jung 68] 121

[Jung 69] 104(a)

[Jung 70] 104(b)

[Jung 71] 104†(c)

[Jung 72] 104(d)

[Jung 73] 104†(e)

[Jung 74] 104(f)

[Jung 75] 104(g)

[Jung 76] 104(h)

[Jung 77] 104(i)

[Jung 78] 104(k)

[Jung 79] 104(l)

[Jung 80] 104(m)

[Jung 81] 104(n)

[Jung 82] †104(p)

[Jung 83] 110

[Jung 84] 109/VIII

[Jung 85] 114

[Jung 86] 115

[Jung 87] 116

[Jung 88] 117

[Jung 89] 118

[Jung 90] 113/XII. A 6

[Jung 91] 124

[Jung 92] 125

[Jung 93] 126/VIII

[Jung 94] 142

[Jung 95] 127

[Jung 96] 134

[Jung 97] 135. 133

[Jung 98] 119

[Jung 99] 137

[Jung 100] 131(a)

[Jung 101] 131†(b)

[Jung 102] 131 †(e)

[Jung 103] (131†f)

[Jung 104] 131(h)

[Jung 105] 131(i)

[Jung 106] 131(j)

[Jung 107] 131(k)

[Jung 108] 131(l)

[Jung 109] 148

[Jung 110] 149

[Jung 111] 153

[Jung 112] 158

[Jung 113] 159

[Jung 114] 161

[Jung 115] 164

[Jung 116] 165

[Jung 117] 151

[Jung 118] 144

[Jung 119] 155†(b)

[Jung 120] 155†(c)

[Jung 121] 155(d)

[Jung 122] 155(e)

[Jung 123] 155†(f)

[Jung 124] 155†(h)

[Jung 125] 155(i)

[Jung 126] 155†(k)

[Jung 127] 155†(l)

[Jung 128] 155†(m)

[Jung 129] 155(n)

[Jung 130] 176

[Jung 131] 177

[Jung 132] 178/IV

[Jung 133] 179

[Jung 134] 192

[Jung 135] 193

[Jung 136] 194

[Jung 137] 195

[Jung 138] 196

[Jung 139] 188

[Jung 140] 200

[Jung 141] 201

[Jung 142] 202

[Jung 143] 225

[Jung 144] 226

[Jung 145] A 9

[Jung 146] A 10

[Jung 147] 167

[Jung 148] 168

[Jung 149] 181

[Jung 150] 182

[Jung 151] 170(a)

[Jung 152] 170(c)

[Jung 153] 170(d)

[Jung 154] 170† (e)

[Jung 155] 170(f)

[Jung 156] 170†(g)

[Jung 157] 170(h)

[Jung 158] 170(i)

[Jung 159] 251

[Jung 160] 252

[Jung 161] 183

[Jung 162] 216

[Jung 163] 217

[Jung 164] 218

[Jung 165] 228

[Jung 166] 245

[Jung 167] 206

[Jung 168] 207

[Jung 169] 208

[Jung 170] 209

[Jung 171] 210

[Jung 172] 211

[Jung 173] 212

[Jung 174] 214

[Jung 175] 204(a)

[Jung 175a] 204(a1)

[Jung 176] 204(a2)

[Jung 177] 204†(b)

[Jung 178] 204†(c)

[Jung 179] 204†(d)

[Jung 180] 204(e)

[Jung 181] 204(†f)

[Jung 182] 204(g)

[Jung 183] 204(†h)

[Jung 184] 204(i)

[Jung 185] 204(†j)

[Jung 186] 204(k)

[Jung 187] 220

[Jung 188] 221

[Jung 189] 222

[Jung 190] 223

[Jung 191] 234

[Jung 192] A 11

[Jung 193] A 12

[Jung 194] 241

[Jung 195] 242

[Jung 196] 243

[Jung 197] 239(a)

[Jung 198] 239(†b)

[Jung 199] 239(c)

[Jung 200] 239(†d)

[Jung 201] 239(e)

[Jung 202] 239(f)

[Jung 203] 259

[Jung 204] 257(a)

[Jung 205] 257(†b)

[Jung 206] 257(†c)

[Jung 207] 257(†d)

[Jung 349] 379(c)

[Jung 350] 379(d)

[Jung 351] 379(e)

[Jung 352] 379(f)

[Jung 353] 379(g)

[Jung 354] 387(a)

[Jung 355] 387(b)

[Jung 356] 387(c)

[Jung 357] 387(d)

[Jung 358] 387(e)

[Jung 359] 387(f)

[Jung 360] 387(g)

[Jung 361] 387(h)

[Jung 362] 391

[Jung 363] 392

[Jung 364] 399

[Jung 365] 396(a)

[Jung 366] 396(b)

[Jung 367] 396(c)

[Jung 368] 396(d)

[Jung 369] 396†(e)

[Jung 370] 404

[Jung 371] 406

[Jung 372] 407

[Jung 388] A 13

[Jung 389] 1

[Jung 390] 5

[Jung 391] 10

[Jung 392] 13

[Jung 393/I] 18

[Jung 393/II] 19

[Jung 394] 35

[Jung 2008] 409

[Jung 2164] 405

[Jung 2260] A 14